Beck-Wirtschaftsberater:
Zinsfutures und Zinsoptionen

Beck-Wirtschaftsberater:
Zinsfutures und Zinsoptionen

Erfolgreicher Einsatz an DTB und LIFFE

Von Hans Diwald

Deutscher
Taschenbuch
Verlag

Originalausgabe

Februar 1994
Redaktionelle Verantwortung: Verlag C. H. Beck, München
Umschlaggestaltung: Fuhr & Wolf Design-Agentur, Frankfurt a. M.
Satz: Otto Gutfreund, Darmstadt
Druck u. Bindung: C. H. Beck'sche Buchdruckerei, Nördlingen
ISBN 3 423 05866 8 (dtv)
ISBN 3 406 37746 7 (C. H. Beck)

Geleitwort

An der Deutschen Terminbörse DTB haben der Bund- und der Bobl-Future als lang- und mittelfristige Zinsterminkontrakte auf Bundesanleihen bzw. Bundesobligationen und Bundesschatzanweisungen eine umsatzstarke Position errungen. Auch Optionskontrakte auf Bund-Futures und Bobl-Futures nehmen im Gesamtsegment der Optionen auf Futures eine beachtliche Stellung ein. Es gibt Überlegungen der DTB, die eine weitere Ausdehnung der Produktpalette ins Auge fassen. Trotz dieser Markterfolge und Perspektiven, die zum Teil im scharfen Wettbewerb mit konkurrierenden Terminbörsen errungen werden mußten, sind die theoretischen Grundlagen, die vielfältigen Anwendungsmöglichkeiten und die exakten Bewertungskriterien für die derivativen Finanzinstrumente im Zinsbereich den Marktteilnehmern nicht immer in allen Einzelheiten bekannt oder präsent. Daher erscheint es besonders verdienstvoll, in diesem Band einen breiten Überblick über die Theorie und Praxis der Zinsfutures und Zinsoptionen, aber auch über spezielle institutionelle und methodische Fragen des Zinsmanagements vorzulegen und damit dem interessierten Laien wie dem Fachmann Orientierungshilfe und Sachinformationen an die Hand zu geben.

Der Einsatz von Zinsfutures und Zinsoptionen ist nur vor dem Hintergrund quantitativ orientierter Ansätze des Zinsmanagements darstellbar und erklärbar. Dazu werden in diesem Buch die grundlegenden Modelle des Zinsmanagements ebenso behandelt wie die wichtigen institutionellen Details, die den Handel mit den neuen Instrumenten an den Terminbörsen kennzeichnen. Die Handelsmotive Trading, Hedging und Arbitrage werden für die verschiedenen Märkte spezifiert, den Fragen der Bewertung der Kontrakte wird eine spezielle Aufmerksamkeit gewidmet. Konkrete Überlegungen des praktischen Einsatzes der Instrumente stehen dabei stets im Vordergrund der Überlegungen.

Ich wünsche dem Leser, daß er das in diesem Buch zusammengetragene und für ihn aufbereitete Wissen zu seinem Nutzen, und das heißt auch zum Hedging seiner Wissenslücken nutzen kann. Hat er keine Wissenslücken, dann stellen die Ausführungen in diesem Buch Spekulationspotential dar: Er kann spekulieren, aus einem noch größeren Wissensschatz einen noch größeren Vorteil zu ziehen.

Frankfurt/M., im November 1993   *Prof. Dr. Bernd Rudolph*
Lehrstuhl für Kreditwirtschaft
und Finanzierung
Johann Wolfgang Goethe-Universität
Frankfurt am Main

Vorwort

Genauso wie man dem Geld nicht nachlaufen darf, sondern ihm entgegengehen muß, ist es besser, auch steigenden bzw. fallenden Kursen durch geschickten Einsatz von Terminkontrakten entgegenzugehen. Gerade die in den letzten Jahren zunehmende Bewegung der Kurse an den Kapitalmärkten bei Währungen, Aktien und besonders bei den Zinsen führte zu einer steigenden Nachfrage nach derivativen (abgeleiteten) Finanzprodukten seitens vieler Anleger, und zwar sowohl bei Institutionellen als auch bei Privaten. Dieser Anstieg der Nachfrage war unter anderem bedingt durch die erhöhte Notwendigkeit von Absicherungen.

Das in den Rohstoffmärkten bewährte Konzept der Preisabsicherung mit Hilfe des Terminhandels wurde auf die Finanzmärkte übertragen. Nach und nach wurden Terminkontrakte (Futures) auf verschiedene Finanztitel eingeführt. Besonders Zinsfutures haben hierbei eine erhebliche Bedeutung erlangt, da Anleihen häufig in Portfolios eine starke Gewichtung besitzen.

In diesem Buch werden ausschließlich Zinsterminkontrakte und Optionen auf Zinsinstrumente behandelt. Gegenstand sind sämtliche an der DTB und LIFFE gehandelten Zinstermininstrumente. Diese Instrumente decken den kurz-, mittel- und langfristigen Bereich für festverzinsliche Wertpapiere ab. Die Vielzahl der Kontrakte umfaßt nicht nur den deutschen Markt, sondern auch wichtige internationale Zinsmärkte (USA, Japan, Großbritannien, Italien, Spanien und die Schweiz).

Diese Finanzinstrumente werden sowohl aus theoretischer als auch aus praktischer Sicht detailliert analysiert und ihre Anwendungsmöglichkeiten dargestellt.

Angesprochen sind unter anderem private Anleger, die eine verständliche und gleichzeitig detaillierte Erläuterung und Hinführung an diese Instrumente und ihre vielfältigen Anwendungsmöglichkeiten suchen. Ihnen wird ein fundiertes Grundwissen vermittelt, das sie in die Lage versetzt, eigenständig und vor allem erfolgreich mit diesen Finanzinstrumenten umzugehen. Dabei

werden unter anderem auch die rechtlichen Grundlagen für Termingeschäfte in der Bundesrepublik Deutschland, Aufbau der
DTB und LIFFE, Ordererteilung, Risiken und Erbringung von Sicherheiten berücksichtigt.

Des weiteren wendet sich das Buch überwiegend an Praktiker
bzw. Professionelle, die eine in die Tiefe gehende Betrachtung dieser Instrumente suchen. In einer theoretischen Analyse werden
die wissenschaftlichen Aspekte der Terminkontrakte behandelt.
Dabei wird unter anderem die Preisbildung von Zinsfutures erläutert, das Verhältnis des Futures zum Anleihe- bzw. Geldmarkt,
die Duration, Konvexität und Rendite des Futures und in Futures
eingebettete Optionen.

Einen breiten Raum nimmt die Darstellung der praktischen Anwendungsmöglichkeiten ein. Es werden Themen behandelt wie
z. B. Kursabsicherung (Hedging), Arbitrage, Spekulation (u. a. Basis Trading und Spread Trading) und Bildung von synthetischen
Instrumenten, Einsatz von Optionen und Terminkontrakten im
Portfoliomanagement. Da es für viele Portfoliomanager, Mitarbei-
ter in Banken und Hedger darauf ankommt, wie effektiv eine
Kursabsicherung mit Zinsterminkontrakten ist, findet sich im Kapitel über Hedging ein Test, der Anwendungsstrategien mit dem
Bund-Future empirisch auf ihre Wirksamkeit untersucht. Des weiteren werden Verbesserungsmöglichkeiten zur Optimierung des
Hedge Ratios vorgestellt, u. a. ein neues Konzept, das auf dem zusätzlichen Einsatz von Optionen basiert. Durch eine ausführliche
Behandlung des Themas der Arbitrage wird auch für Professionelle eine Grundlage für ihr Handeln gelegt.

Obwohl das Schwergewicht der Ausführungen auf den Futures
liegt, wird eine ausführliche Behandlung von Optionen und ihrer
für den Zinsbereich spezifischen Einsatzmöglichkeiten nicht vernachlässigt.[1]

---

1 Von der Darstellung grundlegender Optionsstrategien, die nicht für den
  Zinsbereich spezifisch sind, wird abgesehen. Eine anschauliche und detaillierte Behandlung dieses Themas findet sich bei *Uszczapowski, I.*: Optionen und Futures verstehen, 2. A. München 1993, Beck-Wirtschaftsberater im dtv 5808. Im übrigen stellt dieses Buch eine sehr gute Hinführung an
  das gesamte Thema Optionen und Futures dar.

Durch die ausführliche Behandlung des Themas wird der versierte Leser Punkte finden, die ihm möglicherweise schon bekannt sind. Er kann dann die entsprechenden Kapitel ohne weiteres überspringen und sich den für ihn interessanten Themen zuwenden. Professionelle werden sich unter Umständen für andere Kapitel interessieren als private Investoren. Für Leser, die mit der Materie weniger vertraut sind, ist das Buch so aufgebaut, daß ihnen zunächst die Grundlagen und dann auf verständliche Weise, Schritt für Schritt, auch die komplexeren Sachverhalte dargelegt werden.

Zinstermininstrumente sind aus einem effektiven Finanzmanagement nicht mehr wegzudenken. Sie sind Bestandteil des täglichen Geschäftes, nicht nur bei Professionellen wie Banken, Portfoliomanagern und Unternehmen, sondern werden auch zunehmend von privaten Anlegern und Investoren genutzt. Ihnen wird mit diesem Buch ein Werk an die Hand gegeben, das es ermöglicht, fundierte Entscheidungen zu treffen.

An dieser Stelle möchte ich mich herzlich bei Herrn *Gordian Weber* bedanken für die Möglichkeit, schwierige Probleme und Fragestellungen mit ihm zu diskutieren, sowie für seine Bereitschaft, Korrektur zu lesen.

Frankfurt/M., im Juli 1993   *Hans Diwald*

Inhaltsverzeichnis

Abkürzungsverzeichnis

α	= Absolutglied	CD	= Certificate of Deposit
A	= Aufgelaufene Stückzinsen vom letzten Kuponzahlungstag bis zum Valutatag	CTD	= Cheapest to Deliver
		CF	= Conversion Factor
		Corr	= Korrelation
A	= Anleihe	Cov	= Kovarianz
AB	= Andienungsbetrag	d	= Delta
abs.	= absolut	D	= Duration
AI	= Accrued Interest (aufgelaufener Stückzins)	DCM	= Direct Clearing Member
APT	= Automated Pit Trading	D_{Mac}	= Macaulay Duration
ATOM	= Automated Trade Order Matching	D_{Mod}	= Modified Duration
AZ	= Aufgelaufene Stückzinsen	DD	= Dollar Duration
ß	= Steigungsparameter	Dol.	= Dollar
B	= Bestimmtheitsmaß	DTB	= Deutsche Terminbörse
BBA	= British Bankers' Association	Dur.	= Duration
BBAISR	= British Bankers' Association Interest Settlement Rate	e	= zufällige Fehler
		E	= Erträge, die aus dem Halten der Anleihe vom Valutatag bis zum Kontraktliefertag anfallen
BGH	= Bundesgerichtshof		
BP	= Basispunkt		
BoE	= Bank of England		
BoS	= Bank of Spain		
BTP	= Buoni del Tesoro Poliennali	EDSP	= Exchange Delivery Settlement Price
BPV	= Basis Point Value	EIB	= European Investmentbank
Bulis	= Bundesbankliquiditätsschätze	ERP	= European Recovery Programme
c	= Kupon der Anleihe in %	F	= Finanzierungskosten, die durch das Fremdfinanzieren der Anleihe anfallen
CBOT	= Chicago Board of Trade		
CEDEL S.A.	= Centrale de Livraison de Valeurs Mobilières S.A.	f	= Anzahl der Monate zwischen dem Liefertag und dem nächsten

	Kuponzahlungszeit-punkt dividiert durch 12
f.	= folgende
F	= Future
FED	= Federal Reserve System
FDE	= Fonds Deutsche Einheit
FF	= Für den Future gültige Forward-Rate
FIBOR	= Frankfurt Interbank Offered Rate
Fin.Ko.	= Finanzierungskosten
FOTRA	= Free of tax to residents abroad
Fow	= Forward Contract
FP	= Futurepreis
FP_e	= theoretischer Preis des entferntliegen- den Kontraktes
FP_n	= aktueller Preis des naheliegenden Kontraktes
FR	= Forward-Rate
FRA	= Forward-Rate Agreement
FS	= fixe Seite des Swap
Fut.	= Future
g	= Gewichtungsfaktor
G	= Gewinn
GCM	= General Clearing Member
GTC	= Good Till Cancelled
H	= Hedge
HR	= Hedge Ratio
i	= Zinssatz
IBRD	= Weltbank
ICCH	= International Commodity Clearing House
IMM	= International Monetary Market
IRR	= Implied Repo Rate
ITL	= italienische Lira
J.	= Jahr

J	= Anzahl der Jahre bis Fälligkeit
JGB	= Japanese Government Bond
K	= Kupon der Anleihe, Basispreis oder Konvexität
KA	= Kassaanleihe
K_t	= Kurs der Anleihe im Zeitpunkt t
Kup.	= Kupon
Konv.	= Konvexität
$Konv_{Mod}$	= Modifizierte Konvexität
Kost.	= Kosten
KP	= Aktueller Kassapreis der Anleihe
KP	= Kassaposition
LCH	= London Clearing House
LFB	= lieferbar
LIBOR	= London Interbank Offered Rate
LIBID	= London Interbank Bid Rate
LIFFE	= London International Financial Futures and Options Exchange
LSE	= London Stock Exchange
LTOM	= London Traded Options Market
LZ	= Laufzeit
LZB	= Landeszentralbank
M	= Gesamte Zeit zwischen den einzelnen Zahlungs-überschüssen
Mac.	= Macaulay
n	= Anzahl der ganzen Jahre bis zur Fälligkeit, Laufzeit
N	= Liquidationszeitpunkt, Laufzeitende

NCM	= Non Clearing Member	TT	= total
N.L.	= nicht lieferbar	T_{KL}	= Anzahl der Tage vom
NW	= Nominalwert		Kuponzahlungszeit-
o.	= ohne		punkt bis zum Liefer-
OTC	= over the counter		tag
p	= Nominalzinssatz,	TSE	= Tokio Stock Exchange
	Kupon	T_{VK}	= Anzahl der Tage vom
P	= Preis, Kurs der Anleihe		Valutatag bis zum Ku-
PF	= Preisfaktor		ponzahlungszeitpunkt
PF_e	= Preisfaktor des CTD	V	= Verlust
	des entferntliegenden	vgl.	= vergleiche
	Kontraktes	Vol.	= Volatilität
PF_n	= Preisfaktor des CTD	VS	= variable Seite des Swap
	des naheliegenden	w	= Zeitpunkt
	Kontraktes	w	= Zeit von heute bis zum
Pta	= spanische Peseten		nächsten Zahlungs-
PV	= Barwert		überschuß
r	= Zinssatz, Rendite oder	WK	= Wechselkurs
	Korrelationskoeffizient	WPKN.	= Wertpapierkennummer
rf	= Forward-Zinssatz	WV	= Wertveränderung
RL	= Restlaufzeit	WVPF	= Wertveränderung des
S	= Aktienkurs		Portfolios
SCT	= Stanza di Compensa-	$x_1...x_n$	= Realisationen von X
	zione Titoli	X	= Zufallsvariable
SO	= Seller's Option	$y_1...y_n$	= Realisationen von Y
SOFFEX	= Swiss Options and Fi-	Y	= Zufallsvariable
	nancial Futures	y	= beobachtete Werte
	Exchange	$\hat{y}$	= geschätzte Werte
SPAN	= Standard Portfolio	$\bar{y}$	= Mittelwert der beob-
	Analysis of Risk		achteten Werte Y
SYM	= Simple Yield to	YTM	= Yield to Maturity
	Maturity	Z	= Zinssatz
SW	= Swap	Z_t	= Zahlungsüberschuß
Syn.	= Synonym		(Cash Flow) in
t	= Zeitpunkt (Laufindex)		Periode t
T	= Restlaufzeit	Z_t	= Zero-Rate bis zum
T	= Anzahl der Tage vom		Zeitpunkt t
	Valutatag bis zum Kon-	Z_T	= Zero-Rate bis zum
	traktliefertag		Zeitpunkt T
T	= Tage bis zum Auflösen	ZN	= Zinsniveau am Kapital-
	der Position minus 1		markt
T	= Tilgungsbetrag	σ	= Standardabweichung
T-Bond	= Treasury Bond		

1. Einführung

Zinsterminkontrakte bzw. Zinsoptionen sind derivative Instrumente. Ihnen liegen im Fall des Bund-Futures Bundesanleihen zugrunde; ebenso liegen Bundesobligationen dem Future auf Bundesobligationen zugrunde. Bevor man sich einer Betrachtung der verschiedenen Zinstermininstrumente zuwendet, ist es sinnvoll, zuerst einen Blick auf die Instrumente zu werfen, die ihnen zugrunde liegen. Das sind im Falle von Zinsfutures Anleihen, Obligationen und Geldmarkteinlagen. Anleihen beispielsweise stehen wiederum nicht für sich alleine. Sie sind eingebettet in den Rentenmarkt und dieser wird in seiner Entwicklung nicht nur vom Rest des Kapitalmarktes, sondern besonders auch vom Geldmarkt beeinflußt. Deshalb soll in den folgenden Kapiteln ein kurzer Überblick über die Renten- und Geldmärkte gegeben werden, die für Kontrakte der DTB und LIFFE relevant sind.

1.1 Der Markt für festverzinsliche Wertpapiere in der BRD

1.1.1 Der Rentenmarkt in der BRD

Eine Rente ist ein Einkommen, das nicht auf einer Arbeitsleistung, sondern als Boden- oder Kapitalrente (Kapitalzins) auf Vermögen beruht. Deshalb wird der Markt für festverzinsliche Wertpapiere auch Rentenmarkt genannt. Der Rentenmarkt steht im Gegensatz zum Aktienmarkt, dem Markt für Beteiligungspapiere. Beide zusammen bilden den Kapitalmarkt im engeren Sinne (Markt für langfristige Wertpapiere). Er dient im Gegensatz zum Geldmarkt (Markt für kurzfristige Einlagen bzw. Kredite) der langfristigen Finanzierung. Am Kapitalmarkt finanzieren sich neben Bund und Ländern, Bahn und Post auch Kreditinstitute, Banken, Sparkassen und Unternehmen. Auch ausländische Unternehmen und Regierungen haben Zugang zum deutschen Kapitalmarkt. Der Kapitalmarkt im weiteren Sinne ist der Markt für langfristige Kredite und Kapitalanlagen. An ihm wird Kapital als Kredit angeboten und nachgefragt, so z. B.: Hypothekenkredite, Investitionskredite, langfristige Finanzierungskredite und finanzielle Beteiligungen.

Anleihen stehen in der Beachtung der Öffentlichkeit meist im Schatten der Aktien. Tatsache ist aber, daß die Rentenmärkte sowohl bezüglich des Emissionsvolumens als auch bezüglich des Handelsvolumens wesentlich stärker entwickelt sind als die Aktienmärkte. 1992 nahm die Bundesrepublik mit 8,18% Anteil am Weltmarkt für Regierungsanleihen den dritten Platz hinter Japan und den USA ein. Das gesamte Umlaufvolumen von festverzinslichen Wertpapieren (inklusive DM-Anleihen ausländischer Emittenten) betrug 1980 627,80 Mrd. DM Nominalwert, stieg bis 1986 auf 1158,97 Mrd. und betrug im August 1993 2562,53 Mrd. DM Nominalwert.[2]

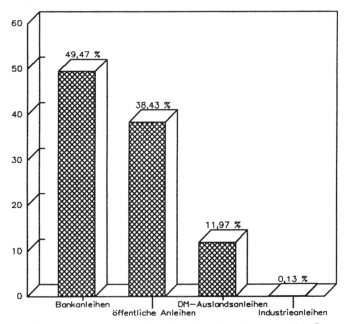

Abb. 1.1: Emittentenstruktur des deutschen Rentenmarktes[3]
Quelle: *Deutsche Bundesbank:* (Monatsbericht Oktober 1993).

2 *Deutsche Bundesbank:* (Monatsbericht Oktober 1993), S. 66.
3 Stand Ende August 1993.

Am deutschen Rentenmarkt gibt es eine Vielzahl von verschiedenen festverzinslichen Wertpapieren. Diese lassen sich am besten nach ihrer Herkunft, d. h. nach den ausgebenden Institutionen, den Emittenten, unterteilen. Einen Überblick über die verschiedenen festverzinslichen Wertpapiere in der Bundesrepublik Deutschland gegliedert nach ihren Emittenten, zeigt die folgende Übersicht:

Emittenten von festverzinslichen Wertpapieren

1. Öffentl. Haushalte

1.1 Bund
- Bundesanleihen
- Bundesobligationen
- Bundesschatzbriefe
- Kassenobligationen (Bundesschatzanweisungen)
- Unverzinsliche Schatzanweisungen (U-Schätze)
- Finanzierungsschätze
- Bundesbankliquiditätsschätze (Bulis)
- Schatzwechsel
- Schuldscheindarlehen

1.2 Sondervermögen des Bundes (Bahn, Post, Fonds Deutsche Einheit, Treuhandanstalt, ERP)
- Anleihen
- U-Schätze
- Kassenobligationen
- Schuldscheindarlehen

1.3 Bundesländer
- Anleihen
- U-Schätze
- Kassenobligationen
- Schuldscheindarlehen

1.4 Gemeinden und Kommunalverbände
- Gelegentlich Anleihen (geringe Bedeutung)

2. Kreditinstitute

2.1 Geschäftsbanken
- Bankschuldverschreibungen
- Sparbriefe
- Sparschuldverschreibungen

- Genußscheine
- Wandelanleihen
- Optionsanleihen
- Nullkuponanleihen (Zero Bonds)
- Variabel verzinste Anleihen (Floating-Rate Notes)

2.2 Realkreditinstitute (Private u. a.: priv. Hypothekenbanken, Schiffahrtspfandbriefbanken, Deutsche Genossenschaftsbank, Öffentl. rechtliche u. a.: Landesbanken, Girozentralen, öffentl. rechtl. Hypothekenbanken)

- Anleihen
- Pfandbriefe
- Kommunalobligationen
- Kassenobligationen
- Schuldscheindarlehen

2.3 Kreditinstitute mit Sonderaufgaben (Private u. a.: Industriekreditbank, Öffentl. rechtliche u. a.: Kreditanstalt für Wiederaufbau, Deutsche Ausgleichsbank, Landwirtschaftl. Rentenbank)

- Anleihen
- Schuldscheindarlehen
- Kassenobligationen
- z. T. auch Landwirtschaftsbriefe

3. Industrieunternehmen

- Industrieanleihen
- Wandelanleihen
- Optionsanleihen
- Genußscheine
- Schuldscheindarlehen

4. Ausländische Schuldner (Staaten, ausl. Städte u. Provinzen, ausl. Unternehmen ausl. Töchter inl. Unternehmen supranationale Institutionen)

Es existiert eine Vielzahl von Instrumenten u. a.:

- Anleihen u. Privatplazierungen
- Wandelanleihen
- Optionsanleihen
- Floating-Rate Notes
- Devisenoptionsanleihen
- Zinsoptionsanleihen

- Mediumterm Notes
- Zero Bonds
- Annuitätenanleihen
- Aktienindexanleihen
- Anleihen mit Währungswahlrecht des Emittenten
- Doppelwährungsanleihen

Es ist zu beachten, daß unverzinsliche Schatzanweisungen genauso wie Finanzierungsschätze und Bundesbankliquiditätsschätze nicht zum Rentenmarkt, sondern zum Geldmarkt gehören.

Aus dieser Vielzahl von Instrumenten sollen nur einige wichtige Instrumente herausgegriffen werden.

Bei einer Anleihe handelt es sich um eine langfristige Schuldaufnahme mit festen Zinssatz, im voraus festgelegter Tilgung und (meist) fester Laufzeit. Sie werden gewöhnlich als Schuldverschreibung durch Ausgabe effektiver Urkunden emittiert und lauten in der Regel auf den Inhaber. Schuldbuchforderungen, bei denen die Rechte des Gläubigers nicht verbrieft sind, sondern in ein Schuldbuch eingetragen werden, sind seltener, finden aber in den letzten Jahren zunehmend Anwendung, z. B. bei Bundesanleihen und Bundesobligationen. Das Emissionsvolumen jeder Anleihe ist gestückelt, in Teilbeträge von mindestens DM 100.- oder ein Vielfaches davon. Der Nominalzinssatz einer Anleihe orientiert sich meist an dem bei der Emission geltenden Marktzinssatz und wird in der Regel entweder halbjährlich oder jährlich gezahlt. Der Effektivzinssatz dagegen ist abhängig vom Nominalzinssatz, dem Kurs und der Restlaufzeit der Anleihe. Die Tilgung kann je nach Vertragsausgestaltung in einem Betrag am Ende der Laufzeit, in Raten, oder auch vorzeitig, d. h. vor Ende der ursprünglichen Laufzeit, erfolgen.

Bundesanleihen sind genauso wie Bundesobligationen Schuldverschreibungen des Bundes. Sie dienen der Finanzierung von öffentlichen Ausgaben. Beide Wertpapiere sind Inhaberschuldverschreibungen. Im Gegensatz zu früher werden sie nicht mehr verbrieft ausgegeben, sondern in das Bundesschuldbuch als Forderungen eingetragen. Sie sind somit streng genommen keine Wertpapiere, sondern Wertrechte. Das führt dazu, daß eine Ausgabe von effektiven Stücken nicht mehr möglich ist. Die Verwahrung erfolgt durch die Kassenvereine und die Bundesschuldenverwaltung. Gesichert sind beide Schuldverschreibungen durch das Vermögen des Bundes sowie durch das Steueraufkommen. Die Laufzeit von Bundesanleihen beträgt bei der Emission in der Regel 10 Jahre (z. T. auch 8, 12 und 30 Jahre), von Bundesobligationen 5 Jahre. Sie werden am Ende der Laufzeit in einer Summe zum Nennwert zurückgezahlt. Eine vorzeitige Kündigung ist weder für den Schuldner noch für den Gläubiger möglich. Beide Instrumente haben einen festen Kupon, wobei die Zinszahlung jährlich erfolgt. Sie sind mündelsicher, lombardfähig und deckungsstockfähig. Bundesobligationen werden im Gegensatz zu Bundesanleihen als Daueremission verkauft und in Serien eingeteilt. Die Ausgaberendite wird an die Marktrendite angepaßt. Die Grobsteuerung der Rendite erfolgt über den Kupon und die Feinsteuerung über den Ausgabekurs. Die erste Serie kam im Dezember 1979 an den Markt.

Die deutsche Wiedervereinigung führte dazu, daß der Fonds zur Finanzierung der deutschen Einheit (Fonds Deutsche Einheit, FDE) aufgelegt wurde. Dieser Fonds ist ein Sondervermögen des Bundes. Das Volumen seiner ausstehenden Anleihen betrug Ende August 1993 DM 54 Mrd.[4] Der Fonds Deutsche Einheit tritt zwar als Schuldner auf dem Markt auf, allerdings haftet der Bund direkt für eventuelle Verpflichtungen. Zudem haben diese Anleihen Spezifikationen, die identisch mit Bundesanleihen sind. Deshalb werden sie ebenfalls wie Bundesanleihen im Primär- und Sekundärmarkt gehandelt und liegen auch dem Bund-Future zugrunde.

Die Tatsache, daß der Bund für die Verbindlichkeiten der Treuhandanstalt in vollem Umfang haftet und der Umstand, daß die Anzahl der Anleihen, die die Kriterien der Lieferbarkeit erfüllten, sank, bewogen die DTB Anleihen der Treuhand ab dem Dezember 92 Kontrakt für den Bund-Future lieferbar zu machen. Einige Monate später zog die LIFFE nach. Die Treuhand ist wie der Fonds Deutsche Einheit ein Sondervermögen des Bundes, für dessen Verbindlichkeiten der Bund direkt haftet. Anleihen der Treuhand sollten deshalb dieselbe Bonität haben wie Bundesanleihen.

---

4 *Deutsche Bundesbank:* (Kapitalmarktstatistik Oktober 1993), S. 28.

Das European Recovery Programme (ERP) geht auf ein Kredit-programm des Marshall-Planes zurück, mit dem die europäischen Länder bei dem wirtschaflichen Aufbau nach dem zweiten Welt-krieg unterstützt werden sollten. Die darin enthaltenen DM-Gegenwerte wurden 1949 in Form des ERP-Sondervermögen zu-sammengefaßt. Es ist ein Sondervermögen des Bundes, für das der Bund unmittelbar und uneingeschränkt haftet. Dadurch erfolgt ei-ne kreditmäßige Gleichstellung von ERP-Anleihen mit den Anlei-hen der übrigen Sondervermögen und mit Bundesanleihen. Durch diese Gleichstellung erhalten ERP Anleihen eine höhere Akzep-tanz. Dadurch werden die Zinskosten verringert. Die Mittel die-ses Sondervermögens werden überwiegend zur Vergabe langfristi-ger zinsgünstiger Darlehen an die deutsche Wirtschaft eingesetzt. Die Aufteilung des Marktes für Bundesanleihen zeigt *Abb. 1.2.*

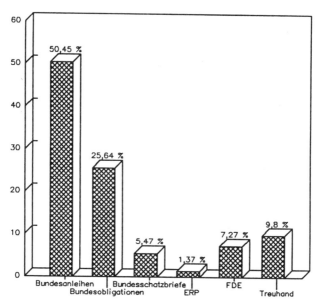

Abb. 1.2: Der Markt für Schuldverschreibungen[5]
Quelle: *Deutsche Bundesbank:* (Kapitalmarktstatistik Oktober 1993)

5 Stand August 93.

Der Markt für Anleihen und Obligationen kann in den Primär-
und in den Sekundärmarkt unterteilt werden. Der Primärmarkt ist
der Teil des Kapitalmarktes, an dem Wertpapiere emittiert werden.
Er wird deshalb auch Emissionsmarkt genannt. Der Sekundärmarkt hingegen dient dem Handel der bereits im Umlauf befindli-
chen Wertpapiere.

Die folgende Übersicht zeigt die Besonderheiten des Primär-
und Sekundärmarktes für Bundesanleihen und Bundesobligationen (sofern nicht explizit unterschieden wird, beziehen sich die
Aussagen auf Bundesanleihen und Bundesobligationen):

Der Primärmarkt

Emissionsverfahren

• Bundesanleihen: Eine Teil der Emission wird durch ein festes
  Emissionskonsortium ausgegeben. Bei diesem Verfahren werden die Anleihen zu einem vorher festgelegten Preis angeboten.
  Das zweite Verfahren ist das Tenderverfahren. Der Ausgabepreis der Anleihe ist hierbei nicht festgelegt, es wird jedoch ein
  Minimumpreis vorgegeben. Käufer, z. B. Kreditinstitute können Kaufgebote abgeben. Die Zuteilung kann dergestalt erfolgen, daß die Käufer mit dem höchsten Gebot den Zuschlag erhalten. In letzter Zeit wurden etwa 45 % des jeweiligen Emissionsvolumens durch ein Konsortium und weitere 45 % im
  Tenderverfahren emittiert. Die restlichen 10 % sind für die
  Bundesbank für Marktinterventionszwecke bzw. Kurspflege
  reserviert.

• Bundesobligationen werden in Form einer Daueremission ausgegeben. Sie werden über Kreditinstitute ausgegeben, die den
  Ausgabekurs ständig an die jeweilige Marktrendite anpassen.

Emissionsvolumen

• Das Emissionsvolumen einer typischen Bundesanleihe liegt bei
  etwa 12 Mrd. DM. Das bisherige Rekordvolumen lag bei 18
  Mrd. DM (Stand Ende 1992). Bei Bundesobligationen liegt das
  typische Volumen bei etwa 10 Mrd. DM.

Umlaufvolumen

• August 1993 betrug das Umlaufvolumen an Bundesanleihen
  und Bundesobligationen 375 Mrd. DM und 191 Mrd. DM.[6]

6 *Deutsche Bundesbank:* (Kapitalmarktstatistik Oktober 1993), S. 28.

Stückelung
- 100 DM Nominalwert oder ein Vielfaches davon.

Marktteilnehmer am Primärmarkt
- Die Mitgliedsbanken des Bundesemissionskonsortiums (98 Banken, davon 20 ausländische Banken)

Der Sekundärmarkt

Handelsplätze
- Der Handel findet statt an den acht deutschen Börsen, im ungeregelten Freiverkehr (OTC-Markt, over the counter, Telefonhandel) und seit April 1991 auch über IBIS, dem Inter Banken Informations System.

Handel und Preisnotierung
- Für die Einführung in den amtlichen Handel an den Börsen ist kein Zulassungsverfahren notwendig. Preise werden auf zwei Stellen nach dem Komma notiert. Neben einem börsentäglichen Einheitskurs (Fixing) gibt es auch variable Notierungen. Die Notierung erfolgt auf zwei Stellen nach dem Komma. Die Spanne zwischen Geld und Brief schwankt im Interbankenhandel in der Regel zwischen 0,08 DM und 0,10 DM.

Stückzinsen
- Stückzinsen werden jährlich gezahlt und beruhen auf einer 30/360 Tage Berechnung.

Umsatz
- Die Hauptumsatztätigkeit findet am OTC-Markt statt. An diesem Markt beteiligen sich Banken und institutionelle Investoren. Im Februar 1992 betrug der Umsatz in Bundesanleihen (Bundesbahn und Bundespost eingeschlossen) an den Börsen 178 Mrd. DM, während er am OTC-Markt mehr als 180 Mrd. (nur Berücksichtigung des Handels, der über Euroclear und Cedel lief) betrug.

Handelbare Einheit
- 100 DM Nominalwert oder ein Vielfaches davon.

Handelszeiten:

Börse:	10:30 bis 13:30
Ungeregelter Freiverkehr:	09:30 bis 17:00
IBIS:	08:30 bis 17:00

Abrechnung und Abwicklung:
- Die Übertragung erfolgt durch eine entsprechende Bucheintragung. Die Abrechnung erfolgt üblicherweise innerhalb von zwei Geschäftstagen über das Abwicklungssystem des Kassenvereins, an das die acht deutschen Börsen angeschlossen sind. Transaktionen mit ausländischen Parteien werden in der Regel innerhalb von sieben Geschäftstagen abgerechnet und können über den Auslandskassenverein, Euroclear oder Cedel abgewickelt werden.

Verwahrung:
- Da Bundesanleihen und Bundesobligationen Wertrechte sind und daher keine physischen Zertifikate mehr ausgegeben werden, kann die Verwahrung nur über die Kassenvereine und die Bundesschuldenverwaltung erfolgen.

Besonderheiten:
- Während es für Bundesanleihen keine Erwerbsbeschränkungen gibt, können Bundesobligationen bei der Emission nur von natürlichen Personen und gemeinnützigen Institutionen erworben werden. Nach der Emission fallen allerdings diese Erwerbsbeschränkungen weg.

Steuern:
- Zinsabschlagssteuer in Höhe von 30 %. Bei Tafelgeschäften 35 %.[7] Der Zinsabschlag wird von der den Zins auszahlenden Stelle (Kreditinstitute, Bausparkassen etc.) anonym vorgenommen und wird nur bei Inländern im Inland erhoben. Es gilt ein Freibetrag für Einkünfte aus Kapitalvermögen von DM 6000 für Ledige und von DM 12000 für Verheiratete. Erteilt der Steuerpflichtige der auszahlenden Stelle einen Freistellungsauftrag, so wird der Freibetrag schon bei der Auszahlung der Zinsen geltend gemacht.
- Keine Börsenumsatzsteuer.

Nach diesem Überblick über den Rentenmarkt soll im folgenden Kapitel ein Blick auf den Geldmarkt geworfen werden. Dies ist insofern wichtig, als starke Interdependenzen zwischen beiden Märkten herrschen; so wird z. B. die Zinsentwicklung am Rentenmarktes oft beträchtlich von der Zinsentwicklung am Geld-

---

7 Stand Anfang 1993.

markt beeinflußt. Außerdem werden am Geldmarkt die dem Euro-DM-Terminkontrakt zugrundeliegenden Euro-DM Einlagen gehandelt.

1.1.2 Der Geldmarkt in der BRD

Der Geldmarkt wird oft als Markt für kurzfristige Einlagen und Ausleihungen bezeichnet. Es tritt dabei das Problem auf, abzugrenzen, ab welcher Laufzeit ein Papier lang- oder kurzfristig ist. Aus diesem Grund hat sich die Bezeichnung des Geldmarktes als Markt für Zentralbankgeld und Geldmarktpapiere durchgesetzt. Auf ihm agieren vornehmlich die Bundesbank und Kreditinstitute, ferner auch Finanzabteilungen großer Unternehmen, öffentliche Verwaltungen und Kapitalsammelstellen. Die wichtigste Aufgabe des Geldmarktes ist der Ausgleich von Liquiditätsdefiziten und -überschüssen zwischen Kreditinstituten. Banken, die kurzfristig über überschüssiges Zentralbankgeld verfügen, können dieses Geld anderen Banken, die sich in einem Liquiditätsdefizit befinden, auf dem Geldmarkt gegen Zinszahlung anbieten. Die am Geldmarkt gehandelten Mittel weisen einen hohen Liquiditätsgrad auf. Die Laufzeit beträgt oft nur einen Tag (Tagesgeld), reicht aber über einen Monat, drei Monate, bis zu zwei Jahren (z. B. U-Schätze)[8.] Der Diskontsatz und Lombardsatz sind zwei wichtige Einflußparameter auf die Geldmarktzinsen. Durch sie hat die Notenbank Einfluß auf die Kosten der Refinanzierungsmöglichkeiten der Kreditinstitute und somit einen – wenn auch nur indirekten – Einfluß auf die Kreditgewährung des Bankensektors an den Nichtbankensektor. Eine Zu- bzw. Abnahme der Kreditgewährung führt dann zu einer entsprechenden Zu- bzw. Abnahme der Geldmenge. Da die Banken nicht gezwungen sind, eine Änderung ihrer Refinanzierungskosten weiterzugeben, ist der Einfluß der Notenbank auf die Soll- und Habenzinsen auch hier nur indirekt. In der Regel besteht aber ein sehr enger Zusammenhang. Ob die Kosten der Refinanzierungssätze (Diskont-, Lombardsatz) über oder unter den vergleichbaren Geldmarktsätzen liegen, hängt von der Liquiditätslage der Banken ab. Befinden sich die

---

8 Vgl. *Issing, O.:* (Geldpolitik), S. 43.

Kreditinstitute in einer angespannten Liquiditätslage, werden sie ihre Rediskontkontingente (Grenze, bis zu der Wechsel diskontiert werden dürfen) bei der Bundesbank ausnutzen. Haben sie einen darüber hinausgehenden Liquiditätsbedarf, so werden sie sich an den Geldmarkt wenden. Dies führt zu steigenden Zinsen auf dem Geldmarkt. In dieser Situation bildet der Diskontsatz eine Untergrenze für Monats- und Dreimonatsgeld. Je mehr die Kreditinstitute ihre Refinanzierungskontingente bei der Bundesbank in Anspruch genommen haben, desto eher werden die Geldmarktzinsen über die vergleichbaren Notenbankzinssätze steigen. Dagegen wird der Lombardsatz bei einer ausreichenden Liquiditätsausstattung der Kreditinstitute eine Obergrenze der Zinssätze für Tagesgeld bilden. Verfügen die Banken über genügend Geld aus anderen Quellen, werden sie nicht bereit sein, sich teuer bei der Notenbank zu verschulden und werden andererseits auch nicht bereit sein, für Geldmarktkredite mehr zu bezahlen, als für Lombardkredite.

Neben Zentralbankgeld werden am Geldmarkt auch Geldmarktpapiere gehandelt. Zu den Geldmarktpapieren gehören neben Schatzwechseln und unverzinslichen Schatzanweisungen (U- Schätze) auch Privatdiskonte (Bankakzepte, die der Finanzierung von Außenhandelsgeschäften dienen), Bundesbankliquiditätsschätze (Bulis, diskontierte Papiere mit Laufzeiten von drei, sechs und neun Monaten) und Pensionsgeschäfte. Unter Pensionsgeschäften werden in diesem Zusammenhang kurzfristige Offenmarktgeschäfte[9] mit einer vorher festgelegten Rückkaufvereinbarung verstanden. Schatzwechsel sind wie U-Schätze Diskontpapiere, d. h. die Zinsen werden im voraus vom Ausgabepreis abgezogen (diskontiert). Schatzwechsel werden vom Bund, den Bundesländern und der Bundesbahn begeben, dienen der Deckung eines vorübergehenden Finanzierungsbedarfs und haben eine Laufzeit von 30 Tagen bis 6 Monaten. In seltenen Fällen besitzen sie auch eine Laufzeit von weniger als 10 Tagen. Bei U-Schätzen dagegen schwankt die Laufzeit zwischen 3 Monaten

---

9 Kauf und Verkauf von Wertpapieren am offenen Markt, d. h. an dem Markt, der allen Teilnehmern offensteht, z. B. die Börse. Die Notenbank betreibt Offenmarktpolitik u. a. mit dem Ziel der Liquiditätssteuerung.

und 2 Jahren. Sie werden ebenfalls vom Bund, den Bundesländern und der Bundesbahn, sowie von der Bundespost und anderen Emittenten ausgegeben.

Diese Geldmarktpapiere werden zwar vom Bund und anderen öffentlichen Institutionen emittiert, die Bundesbank jedoch hat ebenfalls die Möglichkeit, diese Papiere auf eigene Rechnung auszugeben und tut dies im Rahmen ihrer Offenmarktpolitik.

Von einer Änderung der Geldmarktzinsen werden die Kapitalmarktzinsen im allgemeinen nicht unberührt bleiben. Erwartungen der Marktteilnehmer spielen dabei eine beträchtliche Rolle.

Ein starker Anstieg der Geldmarktzinsen, z.B. bedingt durch eine restriktive Geldpolitik der Notenbank, kann auch zu einer inversen Zinsstrukturkurve führen. In diesem Fall liegen die kurzfristigen über den langfristigen Zinsen. Diese Situation besteht seit November 1990 in der BRD. Liegen die kurzfristigen Zinssätze deutlich über den langfristigen Sätzen, kann es zu einer Umschichtung aus Geldkapitalanlagen in Termingelder kommen. Das Fließen von Geldern in relativ liquide Anlagen wird nicht nur die Kurse der langfristigen Papiere unter Druck setzen, sondern kann auch den für die Bundesbank meist unerwünschten Effekt eines Wachstums der Geldmenge (z.B. Erhöhung der Geldmenge M3) haben.

Ebenso kann ein Sinken der Geldmarktzinsen zu einem Sinken der langfristigen Zinsen führen. Investitionen in kurzfistige Anlagen werden in diesem Fall unattraktiver. Dies kann zu einem Umschichten der Gelder in Kapitalmarktpapiere führen. Steigen durch die Umschichtung die Kurse dieser Papiere, ist damit auch ein Sinken der langfristigen Zinsen verbunden. Das ist aber nicht zwangsläufig der Fall. Es kann auch das Gegenteil eintreten. Wenn die Marktteilnehmer eine expansive Geldpolitik mit Inflationsgefahren verbinden, werden sie nicht bereit sein, ihr Geld langfristig anzulegen. Eine Erhöhung der Inflation führt nämlich zu einer Verminderung des Realzinses für den Fall, daß der Nominalzins für einen bestimmten Zeitraum festgelegt ist und nicht angepaßt werden kann. Dadurch fallen die Kurse der Wertpapiere und die langfristigen Zinsen steigen.

1.2 Internationale Märkte für festverzinsliche Wertpapiere

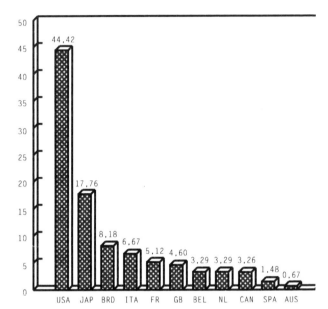

Abb. 1.3: Prozentualer Anteil der einzelnen Länder am
Weltmarkt für Regierungsanleihen[10]

1.2.1 Der Markt für festverzinsliche Wertpapiere in Großbritannien

Goßbritannien nimmt mit 4,60 % Anteil am Weltmarkt für Regierungsanleihen den sechsten Platz ein und liegt somit hinter Frankreich an vierter Stelle in Europa.

Die wichtigsten Instrumente des britischen Geldmarktes sind: Treasury Bills, Schatzwechsel, die diskontiert von der Bank of England mit einer Laufzeit von 90 Tagen emittiert werden.

Corporate Bills entsprechen den Treasury Bills, mit dem Unterschied, daß sie von Körperschaften ausgegeben werden und daher eine leicht höhere Rendite aufweisen.

---

10 Stand Anfang 1993.

Banker's Acceptance sind Handelswechsel, die auf eine Bank gezogen sind.

Certificates of Deposit (CD's) sind verbriefte und fungible Termineinlagen.

Die am britischen Rentenmarkt gehandelten Titel können in drei Gruppen unterteilt werden: öffentliche, private und Auslandsschuldverschreibungen.

Ausländische Schuldverschreibungen von Emittenten, die nicht dem Commonwealth angehören, werden Bulldog-Bonds genannt.

Private Schuldverschreibungen können in Unternehmens- und Finanzierungssektorschuldtitel aufgegliedert werden.

Der öffentliche Sektor wiederum unterteilt sich in Schuldverschreibungen der Gebietskörperschaften und Schuldverschreibungen des Staates.

Der Markt für staatliche Titel wird Gilt Market genannt. An diesem Markt (nicht nur an diesem Markt) wird eine Vielzahl von Instrumenten gehandelt, unter anderem die Gilt Anleihen, die dem Long-Gilt-Future der LIFFE zugrunde liegen. Aus diesem Grund soll dieser Markt etwas näher betrachtet werden.

Die herkömmliche Form der Anleihen stellen die Straight Bonds dar, die auch Bullet Bonds genannt werden. Diese Anleihen stellen unter den Regierungsanleihen den bei weitem größten Sektor dar. Sie haben einen festgelegten Rückzahlungsbetrag und einen fixen Nominalzins, der in der Regel halbjährlich gezahlt wird. Bei einigen Titeln (ca. 13 % des Gilt Market) hat sich der Staat das Recht einer vorzeitigen Kündigung vorbehalten. Die Kündigung kann ab einem vorher festgelegten Datum zu pari erfolgen.

Bei Index Linked Bonds ist sowohl die Höhe der Kuponzahlung als auch die Höhe des Tilgungswertes an den Index der Lebenshaltungskosten (RPI) gekoppelt. Durch diese Konstruktion wird dem Anleger ein außerordentlich hohes Maß an Schutz vor Inflation geboten.

Irredeemables (ewige Anleihen) können vom Staat ab einem bestimmten vorher festgelegten Datum gekündigt werden. Sie müssen aber nicht gekündigt werden. Dadurch kann ihre Laufzeit theoretisch unendlich sein.

Daneben gibt es u. a. Floating-Rate Notes und Convertible Bonds (Anleihen mit Wandelmöglichkeit). Wandelbare Anleihen sind oft dergestalt ausgestattet, daß sie dem Inhaber das Recht der Wandlung in eine Anleihe mit längerer Laufzeit einräumen.

Dem Future auf englische Staatsanleihen, der an der LIFFE gehandelt wird, liegt der herkömmliche Sektor der Staatsanleihen zugrunde.

Auch dieser Markt kann in einen Primär- und einen Sekundärmarkt unterteilt werden.

Der Primärmarkt

Die Bank of England ist für die Emission von Staatsanleihen zuständig. Das vorwiegend praktizierte Verfahren, mit dem sie die Papiere emittiert, ist das Tenderverfahren. Bei diesem Verfahren gibt es keinen vorher festgelegten Emissionskurs. Zeichner geben Gebote ab und werden in der Reihenfolge der Höhe ihrer Gebote berücksichtigt. Es ist zu beachten, daß ein bestimmter Mindestkurs nicht unterschritten werden darf.

Die Ankündigung der Emission einer neuen Anleihe kann im Prinzip an jedem Tag erfolgen; sie erfolgt aber in der Regel an einem Freitag um 15.30 Uhr. Die Auschreibung, an der sich sämtliche Marktteilnehmer beteiligen können, findet gewöhnlich am dritten Arbeitstag nach der Bekanntmachung um 11.00 Uhr statt. Die Gebote der Marktteilnehmer werden entweder über Market Maker oder direkt an die Bank of England gerichtet. Besteht bei der Emission ein Überhang, der bei der Emission nicht verkauft werden konnte, dann behält die Bank of England diesen Betrag zunächst zurück. Wollen Market Maker mehr von dieser Emission kaufen, so können sie dies tun, indem sie sich mit ihren Geboten an die Emissionsstelle der Bank of England richten. Zusätzliche Beträge einer schon bestehenden Anleihe können auf dieselbe Weise emittiert werden. Dieser zusätzliche Betrag unterscheidet sich dann gewöhnlich in bezug auf die erste Kuponzahlung von dem schon emittierten Titel und wird mit diesem erst nach dem ersten Kuponzahlungszeitpunkt voll fungibel. Diese Tranchen haben dann verschiedene Tranchenkennungen, z.B. A,B,C.[11]

---

11 Vgl. *McLean, S. K.*: (The European Bond Markets), S. 1513.

Die Bank of England (BoE) kann auch eine weitere Tranche einer schon bestehenden Emission herausbringen. Diese Tranche ist dann identisch mit der schon existierenden Emission, hat denselben aufgelaufenen Stückzins und ist sofort fungibel. Die Emission erfolgt über Market Maker und wird auch Direct to the Market genannt. Der Handel in dieser Tranche beginnt in der Regel am ersten Handelstag nach der Bekanntmachung.

Eine weitere Methode der Emission ist das Auktionsverfahren. Bei diesem Verfahren, das 1987 nach dem Big Bang eingeführt wurde, können sowohl Market Maker als auch Investoren ihre Gebote direkt an die Bank of England richten.

Papiere können auch in Form einer teileingezahlten Anleihe herausgegeben werden. In diesem Fall kann der Zeichner den Kaufpreis in einer oder mehreren Raten zu einem späteren Zeitpunkt begleichen.

Am Primärmarkt agieren zur Zeit (März 1993) 19 Market Maker (Primärhändler). Diese Market Maker[12] (Mitglieder der International Stock Exchange London) sind verpflichtet, in sämtlichen Gilt Anleihen zu jeder Marktsituation feste Geld- und Briefkurse zu stellen; sie sollen dadurch für eine ausreichende Liquidität sorgen. Market Maker haben direkte Handelskontakte zu der BoE, was besonders bei Plazierungen und Tenderemissionen von Bedeutung ist.

Der Sekundärmarkt
Sämtliche Gilt Anleihen werden an der London Stock Exchange (LSE) notiert. Der „Big Bang" Ende 1986 hatte zur Folge, daß der Handel an dieser Börse computerisiert wurde. Der Handel, an dem sich Market Maker und Inter Dealer Broker (Zwischenhändler, die in Geschäftsbeziehungen zwischen Market Maker treten) beteiligen, findet daher über Bildschirme statt. Über Telefon erfolgt der Handel zwischen den Market Makern und ihren Kunden (z. B. Broker oder Institutionelle).

Der Handel an der Börse in London findet von 8.00 Uhr bis 17.00 Uhr statt.

Der Hauptumsatz in den britischen Staatsanleihen konzentriert sich auf die größeren Emissionen. Die Preisnotierung erfolgt in

---

12 Auch Gilt Edged Market Makers „GEMM's" genannt.

1/32 und der Geld-Brief Spread schwankt in der Regel je nach Liquidität des Titels um den Wert von 3/32.

Stückzinsen werden in der Regel halbjährlich gezahlt und beruhen auf einer actual/365 Tage Berechnung.

Die Notiz der Anleihen erfolgt „clean", d. h. im Kurs sind die Stückzinsen nicht inbegriffen und werden gesondert ausgewiesen. 37 Tage vor dem Kuponzahlungszeitpunkt (dividend date) werden die meisten Gilt-Edged Anleihen „ex-dividend"[13] (oder ex-interest) notiert. Ist der Kuponzahlungszeitpunkt ein Feiertag oder ein Wochenendtag, so wird die Anleihe am folgenden Geschäftstag ex-dividend notiert. Für Anleihen mit einer Restlaufzeit von über 5 Jahren gibt es vor der ex-dividend Periode eine zusätzliche special-ex-dividend Periode von drei Wochen, in der die Anleihen sowohl cum- als auch special-ex-dividend notieren können.[14]

Die Abwicklung und Abrechnung wird überwiegend von dem Central Gilt Office der Bank of England über ein computerisiertes System vorgenommen und erfolgt an dem folgenden Börsentag. Die Valutierung findet somit üblicherweise einen Geschäftstag nach dem Geschäftsabschluß statt.

Findet die Abrechnung über das System des Central Gilt Office statt, erfolgt die Übertragung der Anleihen durch eine entsprechende Bucheintragung; ansonsten durch eine physische Lieferung.

Von der Kuponzahlung der Anleihe wird eine 25 % ige Quellensteuer abgezogen. Ausgenommen davon sind Fotra-Titel (Free of Taxation to Residents Abroad).

Es existiert keine Börsenumsatzsteuer.

1.2.2 Der Markt für festverzinsliche Wertpapiere in Italien

Die wichtigsten Instrumente, die am Markt für italienische Regierungsanleihen gehandelt werden sind:

Certificati di Credito del Tesoro a Cedola Variable (CCT) sind variabel verzinsliche Anleihen. Es handelt sich um Inhaberpapie-

---

13 Siehe Glossar.
14 Vgl. *McLean, S. K.:* (The European Bond Markets), S. 1531 f..

re mit einer Restlaufzeit bei der Emission von 5 Jahren, deren Kupon halbjährlich gezahlt wird. Bei den inzwischen seltenen 10 jährigen Papieren wird der Kupon jährlich gezahlt. Der Kupon ist variabel. Die Höhe des Kupons richtet sich nach der Rendite der Schatzwechsel (BOT).[15] Der Marktanteil dieser Titel am Markt für Regierungsanleihen beträgt etwa 50 %.

Certificati del Tesoro a Sconto (CTS) sind teils variabel verzinsliche Anleihen. Ein Teil des Kupons ist fix, der andere Teil richtet sich nach der Rendite der BOT's. Ihre Laufzeit liegt meist zwischen 4 und 7 Jahren. Die Emission erfolgt mit einem Disagio.

Certificati del Tesoro con Opzione (CTO). Hierbei handelt es sich um Anleihen mit einem fixen Kupon, die von dem Gläubiger drei Jahre nach Emission zu pari gekündigt werden können (Put Option). Die Laufzeit bei Emission beträgt meist 6 Jahre (gelegentlich 8 Jahre). Kuponzahlungen erfolgen halbjährlich.

Buoni del Tesoro Poliennali (BTP) sind optionsfreie Staatsanleihen, mit einem festen Kupon[16,] der halbjährlich gezahlt wird. Die Laufzeit bei der Emission liegt zwischen 4 und 10 Jahren. Diese Anleihen liegen dem an der LIFFE gehandelten BTP-Future zugrunde. Die Betrachtung des Primär- und Sekundärmarktes bezieht sich daher auf diese Anleihen.

Der Primärmarkt

Emissionen erfolgen über die Banca d'Italia im Auktionsverfahren, bei dem vorher ein Mindestpreis festgesetzt wird. Die Bekanntmachung der Emission Banca d'Italia erfolgt eine Woche vor der Auktion in offiziellen Gazetten, sowie über Reuters.

Teilnehmer am Primärmarkt sind 25 Primary Dealer, die von der Banca d'Italia über Telex über die Emissionen informiert werden. Ausländische Investoren können sich über diese Primärhändler an den Auktionen beteiligen. Diese Händler sind zudem verpflichtet am elektronischen Markt (Mercato Telematico) verbindliche Geld- und Briefkurse zu stellen.

---

15 BOT = Buoni ordinari del Tesoro sind Schatzwechsel des Staates, die abgezinst mit Laufzeiten von drei, sechs, und zwölf Monaten ausgegeben werden.

16 Unter den Festkuponanleihen gibt es zudem noch Certificati di Credito del Tesoro denominati in Euroscudi (CTE, Festkuponanleihen in ECU), Certificati del Tesoro a Indicatione Reale (CTR, inflationsindexierte Anleihen), sowie ewig laufende Anleihen.

Der Sekundärmarkt

Der börsenmäßige Handel in BTP's findet vorwiegend an der Mailänder Börse (Borsa Valori di Milano) statt und zwar zwischen 10.00 Uhr und 15.00 Uhr. Allerdings ist diese Form des Handels inzwischen relativ unbedeutend.

Der Mercato Telematico ist ein computerisierter Markt, an dem der Handel über Bildschirme erfolgt. Durch seine Gründung im Mai 1988 mußte der OTC-Markt, an dem bis dato der Großteil des Volumens an Festverszinslichen gehandelt wurde, starke Umsatzeinbußen hinnehmen. Der Großteil des Umsatzvolumens in BTP Anleihen entfällt auf den Mercato Telematico. An diesem Markt quotieren die Primärhändler. Auch Sekundärhändler (mehr als 200) haben Zugang, können aber nicht wie die Primärhändler quotieren. Die Handelszeiten sind von 9.30 Uhr bis 13.30 Uhr und von 14.30 Uhr bis 16.30 Uhr.

Stückzinsen werden halbjährlich gezahlt. Die Ermittlung der Stückzinsen erfolgt auf der Basis einer 30/360 Tage Berechnung. Zu den auf die herkömmliche Weise ermittelten Tagen wird noch ein Kuponzahlungstag addiert.

Die Kursnotierung erfolgt in Dezimalen (1/100) und „clean", d. h. im Preis sind die aufgelaufenen Stückzinsen nicht enthalten und werden gesondert verrechnet. Gehandelt werden BTP's bezüglich der Quellensteuer mit Nettopreisen, d. h. die Berechnung der Stückzinsen basiert auf Nach-Steuerzahlen. Der beim Kauf einer Anleihe zu entrichtende Preis ist daher der clean Spot-Preis, zuzüglich der Stückzinsen, abzüglich der auf die Stückzinsen zu entrichtenden Quellensteuer.

Die Übertragung von Inhaberpapieren erfolgt überwiegend durch eine entsprechende Schuldbucheintragung.

Abrechnung und Valutierung erfolgt innerhalb von drei Geschäftstagen nach dem Handelstag, durch das Clearing System der Banca d'Italia.

Bei Staatsanleihen, die nach dem 1. September 1987 emittiert wurden, ist auf die Kuponzahlung eine Quellensteuer in Höhe von 12,5 % zu entrichten.

1.2.3 Der Markt für festverzinsliche Wertpapiere in den USA

Der Markt für festverzinsliche Wertpapiere in den USA ist für diese Papiere der bei weitem größte Markt der Welt. Es wird eine ausgesprochene Vielzahl an verschiedenen Instrumenten gehandelt, von denen an dieser Stelle nur einige wichtige genannt werden sollen.

Bankers's Acceptance sind auf eine Bank gezogene (Bank garantiert Rückzahlung) Handelswechsel, die als erstklassige Geldanlage gelten. Sie sind zentralbankfähig und werden an einem aktiven Sekundärmarkt gehandelt. Sie werden vorwiegend zu Finanzierung im Import, Export, Verschiffung und Aufbewahrung von Gütern verwendet.[17]

Commercial Papers sind kurzfristige (Laufzeit i. d. R. bis 9 Monate) Finanzwechsel von Unternehmen.

Treasury Bills (Schatzwechsel) werden vom Staat diskontiert ausgegeben und haben eine Laufzeit von drei Monaten bis zu einem Jahr.

Certificates of Deposit sind, wie die oben genannten Instrumente, Geldmarktpaiere. Sie werden von Banken ausgegeben und stellen Termineinlagen dar, die jedoch verbrieft und fungibel sind.[18] Sie haben überwiegend Laufzeiten von 30 bis 360 Tagen (Am Euromarkt ausgegebene CD's haben Laufzeiten bis zu 5 Jahren) und sind mit einem Kupon ausgestattet. Der Markt in diesen Papieren ist sehr liquide.

Weitere Instrumente des amerikanischen Geldmarktes sind Discount Notes, Municipal Notes und Coupon Securities.

Corporate Bonds sind von Unternehmen begebene Anleihen.

Treasury Notes (T-Notes) und Treasury Bonds (T-Bonds) stellen die wichtigste Form der amerikanischen Staatsanleihen dar.

Treasury Notes haben eine Laufzeit bis zu 10 Jahren und einen festen Kupon mit halbjähriger Zinszahlung. Das ausstehende Volumen der Treasury Notes ist etwa 3 mal höher als das der T-Bonds.

---

17 Vgl. *Federal Reserve:* (FED,Glossary), S. 8.
18 Vgl. *Federal Reserve:* (FED,Glossary), S. 8.

Treasury Bonds werden gewöhnlich mit Laufzeiten zwischen 10 und 30 Jahren ausgegeben. Es sind aber auch längere Laufzeiten möglich. Viele der langlaufenden Anleihen sind vom Staat, ab einem bestimmten Zeitpunkt (z. B. 5 Jahre vor Fälligkeit), vorzeitig abrufbar.

Der Primärmarkt
Die Emission von Treasury Bonds erfolgt über die Federal Reserve Bank von New York meistens im Auktionsverfahren (competitive yield auction). Die Auktionen finden im mittleren Monat des jeweiligen Quartals statt und die Anleihen werden meistens am 15. des Monats ausgegeben.

Am Primärmarkt agieren vorwiegend 36 Primary Dealer, die verpflichtet sind, in sämtlichen Treasury Bonds verbindliche Geld-Briefkurse zu stellen und auch an den Auktionen teilnehmen. Ein einzelner Primary Dealer kann bei einer Emission maximal 35 % des Emissionsvolumens übernehmen.

Der Sekundärmarkt
Der Markt für US-Staatsanleihen steht nicht nur bezüglich des ausstehenden Volumens, sondern auch bezüglich der Liquidität an der Spitze der Weltmärkte.

Treasury Bonds werden zwar auch an der Börse notiert und gehandelt, jedoch ist die Bedeutung des börsenmäßigen Handels im Vergleich zum OTC-Markt relativ gering. Der Großteil des Handelsvolumens konzentriert sich daher auf den Freiverkehr. Der OTC-Markt geht zwar hauptsächlich von New York aus, ist jedoch prinzipiell auf keinen Ort beschränkt. Während der Handel in T-Bonds an der New York Stock Exchange (NYSE) von 9.30 Uhr bis 16.00 erfolgt, geht der Handel im Freiverkehr rund um die Uhr.

Der gesamte Handel untersteht der Aufsicht der SEC (Securities and Exchange Comission).

Die Preisnotierung der Anleihen erfolgt in 1/32 und der Geld-Brief Spread schwankt um den Wert von 3/32.

Stückzinsen werden in der Regel halbjährlich gezahlt und beruhen auf einer actual/actual Tage-Berechnung. Die Kursnotierung erfolgt „clean", d. h. im Preis sind die aufgelaufenen Stückzinsen nicht enthalten und werden gesondert verrechnet.

Die Mindeststückelung der Anleihen beträgt US $ 1000.

Die Abrechnung und Abwicklung erfolgt an dem nächsten Geschäftstag nach Geschäftsabschluß über das System der Federal Reserve. Die Valutierung beträgt daher in der Regel einen Tag. Zur Zeit wird keine Quellensteuer erhoben.

1.2.4 Der Markt für festverzinsliche Wertpapiere in Japan

Der Rentenmarkt Japans nimmt im Weltvergleich hinter den USA den zweiten Platz ein.

Samurai Bonds sind in Japan begebene und gehandelte ausländische Schuldverschreibungen. Gewöhnlich werden diese Anleihen mit einer Restlaufzeit von 5 bis 15 Jahren ausgegeben. Sie haben einen festen Kupon mit halbjähriger Zinszahlung.

Shibosai Anleihen sind ebenfalls in Japan begebene und gehandelte Auslandsanleihen, werden jedoch von privater Seite plaziert.

Auch Shogun Anleihen sind Auslandsanleihen, werden aber nicht in Yen sondern in Drittwährungen begeben.

Daimyo Anleihen werden von supranationalen Emittenten ausgegeben und stellen eine Mischform aus Samurai- und Euro-Yen Anleihen dar.

Euro-Yen Anleihen werden meist mit einer Laufzeit von 4 bis 15 Jahren emittiert und haben eine jährliche Zinszahlung.

Am Markt für Unternehmensanleihen werden u. a. Kuponanleihen, Hypothekenanleihen, Wandelanleihen und Optionsanleihen gehandelt. Sushi Bonds[19] z. B. sind Unternehmensanleihen, die in Dollar emittiert werden, und die von japanischen Institutionen gekauft werden sollen.

Am Markt für Regierungsanleihen können Zero Bonds, Floating-Rate Notes und Anleihen mit festem Kupon (Jigyosasi) unterschieden werden. Die Kuponanleihen haben einen 20 -jährigen und einen 10 jährigen Sektor. Den weitaus bedeutenderen Markt stellt der 10 jährige Sektor dar, der auch dem an der LIFFE gehandelten Kontrakt zugrunde liegt. Der Primär- und Sekundärmarkt dieser Anleihen wird im folgenden kurz betrachtet:

---

19 Vgl. *Büschgen, H. E.:* (Börsen-Lexikon), S. 667.

Der Primärmarkt

Die Anleihen werden in der Regel monatlich von der Bank von Japan emittiert. Ca. 40 % der Emission werden durch ein Übernahmekonsortium begeben. Dieses Konsortium setzt sich aus mehr als 800 verschiedenen Institutionen zusammen, zu denen u. a. regionale und überregionale Banken sowie in- und ausländische Investmenthäuser gehören. Etwa 60 % des Volumens werden mittels einer Auktion plaziert, die dem amerikanischen Verfahren gleicht. Teilmehmer an der Auktion sind die Mitglieder des Konsortiums. Ein einzelnes Konsortialmitglied kann maximal 18 % des Emissionsvolumens übernehmen.

Vor der Emission diskutiert eine Runde, die sich aus Mitgliedern des Emissionskonsortiums, der Bank von Japan und des Finanzministeriums zusammensetzt, die Konditionen der zu begebenden Anleihe. Am Tag der Auktion verkündet das Finanzministerium um 8.30 Uhr die Konditionen der neuen Anleihe.

Die Anleihen können sowohl als Inhaber- als auch als Namenspapiere ausgegeben werden, wobei jederzeit eine Umwandlung möglich ist.

Der Sekundärmarkt

10 und 20 -jährige Regierungsanleihen werden zwar an der Börse in Tokio (TSE) notiert, aber auch hier wird das Hauptvolumen am OTC-Markt, sowie dem Broker-Broker Markt gehandelt.

Die Handelszeiten an der TSE gehen von 9.00 Uhr bis 11.00 Uhr und von 12.30 Uhr bis 15.00 Uhr und am Broker-Broker Markt von 8.40 Uhr bis 11.15 Uhr und von 12.25 Uhr bis 17.00 Uhr.

Stückzinsen werden halbjährlich am 20. des jeweiligen Monats gezahlt (sofern dies ein Geschäftstag ist) und beruhen auf einer actual/365 Tage Berechnung. Für die Kuponzahlung bei Japanischen Anleihen gibt es keine ex-dividend Periode.

Die in Japan übliche Renditeberechnung ist die modifizierte laufende Verzinsung (Simple Yield to Maturity), die sich nach folgender Formel berechnet:

$$SYM = \frac{K + (T - P)/J}{P} * 100$$

mit: SYM = Simple Yield to Maturity in %
          (z. B. 0,09 falls Rendite = 9 %)
    K   = Kupon (8,5 falls Kupon 8,5 %)
    T   = Tilgungsbetrag
    P   = Anleihepreis (clean)
    J   = Anzahl der Jahre bis Fälligkeit

J wird berechnet indem die Anzahl der Tage bis Fälligkeit (exlusive 29. Februar) durch 365 geteilt wird. Diese Art der Renditeberechnung ist im Vergleich zu der von der ISMA verwendeten Berechnungsweise ungenauer.

Die Notierung erfolgt in 1/100. Der Geld-Brief Spread ist von der Liquidität der jeweiligen Anleihe abhängig und schwankt meist um den Wert von 3 Basispunkten.

Die Mindeststückelung 100 000 Yen.

Transaktionen, die über die TSE getätigt wurden, werden innerhalb von 4 Geschäftstagen durch die Japan Securities Clearing Corporation, einer Tochtergesellschaft der TSE, abgewickelt. Die Valutierung von Geschäftsabschlüssen am OTC-Markt kann dagegen bis zu 15 Tage dauern.

1.2.5 Der Markt für festverzinsliche Wertpapiere in Spanien

Die wichtigsten Instrumente des spanischen Geldmarktes sind:
Pagarés del Tesoro, Geldmarktpapiere, die von der spanischen Notenbank mit einer Laufzeit von 18 Monaten emittiert werden. Letras del Tesoro sind ebenfalls diskontierte Geldmarktpapiere. Die Restlaufzeit bei der Emission beträgt 12 Monate.

Beide Instrumente sind Schuldverschreibungen des Staates und werden in Form von Schuldbucheinträgen geführt. Die weitaus größere Bedeutung besitzen jedoch die im Juni 1987 eingeführten Letras del Tesoro.

Pagarés de Empresa werden von Unternehmen ausgegeben. Es handelt sich auch hier um abgezinste Geldmarktinstrumente. Die Restlaufzeit bei der Emission liegt, mit Abstufungen von drei Monaten, zwischen drei und 18 Monaten.

Der Anleihemarkt in Spanien kann in drei Schuldnergruppen unterteilt werden: öffentliche Schuldner, private Schuldner und ausländische Schuldner.

Der Staat ist nicht nur der Bedeutendste unter den Schuldnern der öffentlichen Hand, sondern auch der größte Einzelschuldner des spanischen Rentenmarktes. Seine wichtigsten Finanzierungsinstrumente am Kapitalmarkt sind Bonos del Estado, Obligaciones del Estado sowie Euroanleihen.

Der kurz- bis mittelfristige Laufzeitbereich wird durch Bonos del Estado abgedeckt. Diese Anleihen werden in der Regel mit einer Restlaufzeit von 3 bis 5 Jahren emittiert. Es sind jedoch auch Laufzeiten von einem Jahr möglich. Neue Emissionen werden nur noch in Form von Schuldbucheinträgen verbrieft und werden mit einem Ganzjahreskupon ausgegeben. Diese Anleihen besitzen im Gegensatz zu älteren Emissionen kein Kündigungsrecht des Schuldners.

Obligationes del Estado sind ebenfalls Staatsanleihen und werden zur Zeit mit einer Restlaufzeit von 10 Jahren emittiert. Die neueren Emissionen (ab 1990) besitzen einen Ganzjahreskupon und werden bei Fälligkeit zu pari getilgt.

Offiziell heißen die kurz- bis mittelfristigen Staatsanleihen Bonos del Estado und die langfristigen Staatsanleihen Obligaciones del Estado. An den internationalen Märkten ist es jedoch üblich, spanische Staatsanleihen als „Bonos" zu bezeichnen.

Eine weitere Finanzierungsquelle des Staates ist die Emission von Anleihen am Euromarkt. Diese Euroanleihen besitzen Laufzeiten von fünf bis acht Jahren und werden in ECU und französichen Franc begeben.

Weitere Schuldner der öffentlichen Hand sind öffentliche Banken, öffentliche Industrieunternehmen sowie Gebietskörperschaften. Am Kapitalmarkt sind diese Institutionen überwiegend durch die Emission von Festkuponanleihen mit jährlicher und halbjährlicher Zinszahlung tätig. Öffentliche Banken geben unter anderem Hypothekenanleihen (Cedulas) aus.

Die größten privaten inländischen Schuldner sind Banken, Versorgungsunternehmen (Wasser, Gas, Elektrizität) und Telekommunikationsunternehmen. An diesem Markt wird ein breites Spektrum von verschiedenen Anleihetypen gehandelt: z. B. Wandelanleihen, Floating-Rate Notes (Anleihen mit variabler Verzinsung), Zero Bonds (Nullkuponanleihen), Optionsanleihen (Anleihen mit anhängendem Optionsschein). Neben den herkömmli-

chen Festkuponanleihen werden auch Anleihen mit Kündigungsrecht des Gläubigers und Kündigungsrecht des Schuldners gehandelt. Bonos de Caja sind mittelfristige Anleihen von Invest-
mentbanken und Bonos del Tesoria mittelfristige Anleihen von
Geschäftsbanken.

Matador-Anleihen sind Anleihen ausländischer Schuldner. Sie
werden in Peseten am spanischen Markt emittiert. Diese Anleihen
sind vergleichbar mit Bulldog Anleihen, Yankee Bonds und Samurai Anleihen. Beispiele für Schuldner von solchen Anleihen
sind: European Investmentbank (EIB), Weltbank, Eurofima, Re-
public of Ireland, United States of Mexico, Electricité France. Die
Emission dieser Anleihen bedarf der Genehmigung des spanischen Finanz- und Wirtschaftsministeriums (Direction General
del Tesoro y Politica Financiera).

Eine interessante Gegebenheit ist, daß der spanische Rentenmarkt nicht nur über einen weit entwickelten Spot-Markt, sondern auch über einen sehr großen und liquiden Forward- und
Repo-Markt verfügt.

Der Primärmarkt
Spanische Staatsanleihen können auf drei verschiedene Arten
emittiert werden: Im Auktionsverfahren, durch ein öffentliches
Angebot zu festen Konditionen oder in Form einer direkten Ausgabe an die Bank of Spain ohne eine Auktion. Bei der letzten
Form wird die Emission entweder zu der Ausgabe der zuletzt
durchgeführten Auktion hinzugefügt oder sie wird ein neuer Titel
mit denselben Konditionen.

Das vorwiegend praktizierte Verfahren, mit dem die Papiere
emittiert werden, ist das Auktionsverfahren. An diesen Auktionen
nehmen die Primärhändler teil (Negociandes de Deuda. März 93:
295.) Zu diesen Primärhändlern gehören auch Market Maker
(Creadores de Mercado. März 93: 11). Private Investoren haben
zu diesen Auktionen keinen Zutritt. Sie können jedoch indirekt
über Institutionenelle (z. B. Banken) tätig werden.

Eine Anleihe wird in drei Tranchen emittiert. Für jede Tranche
kann eine zweite Auktionsrunde einberufen werden, an der nur
Market Maker teilnehmen können.

15 Tage vor der Auktion erfolgt die Bekanntmachung der Höhe

des Kupons und des Fälligkeitsdatums der Anleihe. Die Bekanntgabe des Marginalpreises (niedrigster Preis den die Notenbank akzeptiert) und des Emissionsvolumens erfolgt erst nach Abgabe sämtlicher Gebote.[20] Aus den Geboten wird ein gewichteter Durchschnittspreis ermittelt. Gebote, die über dem Durchschnittspreis liegen, sowie „Billigst" -Gebote werden zu dem Durchschschnittspreis abgerechnet, während Gebote zwischen dem Durchschnittspreis und dem Marginalpreis zu dem jeweiligen Preis bedient werden. Gebote, die unter dem Marginalpreis liegen, werden nicht berücksichtigt. Es können nur Gebote abgegeben werden, deren Nominalvolumen größer als Pta 500 000 ist.

Nach Abschluß dieser Auktion wird für dieselbe Tranche eine zweite Auktion (second round) durchgeführt. Diese zweite Auktion kann in zwei verschiedenen Verfahren abgehalten werden. Das erste Verfahren findet Anwendung, wenn das Soll der Zuteilung in der ersten Runde nicht erreicht wurde. In diesem Fall kann (optional) eine zweite Runde angesetzt werden. Voraussetzung ist jedoch, daß mindestens 70 Prozent der Gebote akzeptiert wurden. Nur Market Maker (nicht die übrigen Primärhändler) können, bzw. sind verpflichtet, Gebote abzugeben. Die Höhe des Preises zu dem sie bieten ist jedoch frei.

Das zweite Verfahren findet Anwendung, wenn das Soll der Zuteilung bei der ersten Runde voll erfüllt wurde oder wenn kein Soll gesetzt wurde. In diesem Fall erfolgt automatisch nach Beendigung der ersten Auktion eine zweite Auktion. Zu dieser Auktion haben ebenfalls nur Market Maker Zutritt. Für die Market Maker ist die Abgabe von Geboten bei dieser Auktion nicht zwingend. Die Gebote dürfen jedoch nicht niedriger sein als der Durchschnittspreis, der bei der ersten Auktion ermittelt wurde.

Der Sekundärmarkt

Den Hauptumsatz am Sekundärmarkt tätigen die sogenannten Entidades Gestoras. Hierbei handelt es sich um registrierte Marktteilnehmer (z. B. Großbanken, Investmenthäuser, Sparkassen und Makler) mit Depotkonten beim spanischen Staatsschuldenregister und Barkonten bei der Bank von Spanien. Diese Gestoras un-

---

20 Vgl. *McLean, S. K.:* (The European Bond Markets), S. 1205 ff.

terteilen sich in Vollmitglieder (Entidades Gestoras con Capacidad plena), eingeschränkte Mitglieder (Entidades Gestoras con Capacidad restringida) und einfache Mitglieder (Entidades Gestoras simples). Zu den Vollmitgliedern gehören die Primärhändler (inklusive Market Maker) und die Nicht-Primärhändler. Diese Händler können sowohl im Eigen- als auch im Kundenauftrag handeln. Eingeschränkten Mitgliedern ist zwar der Handel auf eigene Rechnung gestattet, für Kunden können sie jedoch nur am Spot-Kassamarkt agieren. Einfache Mitglieder dürfen nur im Kundenauftrag handeln.

Neben den Entidades Gestoras gibt es noch Kontoinhaber (Titulares de Cuenta).

Investoren ohne eigenes Konto müssen ihre Aufträge über einen Broker abwickeln.

An den vier Börsenplätzen in Spanien (Madrid, Barcelona, Bilbao, Valencia) existieren zwei verschiedene Handelssysteme. Die ursprüngliche Form des Handels ist die des open outcry auf dem Börsenparkett. Das zweite Handelssystem (Sistema de interconexion Bursantil) ist ein elektronisches Netzwerk, das die vier Börsen miteinander verbindet. Der Handel in Staatsanleihen und sonstigen Rentenwerten ist an den Börsenplätzen jedoch relativ bedeutungslos, da Staatsanleihen nicht mehr an der Börse eingeführt werden. Der Handel findet von 09.00 Uhr bis 14.00 Uhr statt und wird von der Comision Nacional Mercado Valores reguliert.

Der Hauptumsatz in Staatsanleihen findet vor allem im OTC-Markt statt, der der Aufsicht der spanischen Notenbank untersteht. Der Handel erfolgt entweder über ein elektronisches Handelssystem oder über Telefon. Trotz der Zunahme von EDV-Systemen werden die meisten Transaktionen über das Telefon abgewickelt. Die Handelszeiten im OTC-Markt sind: 9.00 Uhr bis 17.00 Uhr.

Ein weiterer Markt wurde durch die AIAF (Asociación de Intermediarios de Activos Financieros) geschaffen. Hierbei handelt es sich um einen vom Finanzministerium anerkannten geregelten Markt. Teilnehmer sind Großbanken und Investmenthäuser.

Staatsanleihen werden nur noch als Wertrechte ausgegeben und nicht mehr in Form von physischen Zertifikaten. Die Übertragung erfolgt daher durch einen entsprechenden Eintrag in das von der spanischen Notenbank verwaltete Schuldbuch.

Stückzinsen für Staatsanleihen werden jährlich oder halbjährlich gezahlt. Die Berechnung des aufgelaufenen Stückzinses beruht auf folgender Formel: [21]

$$\frac{\text{Kupon} * T_{KV}}{T_{KK}}$$

mit: T_{KV} = Anzahl der Tage vom letzten Kuponzahlungszeitpunkt bis zum Valutatag

T_{KK} = Anzahl der Tage zwischen dem letzten Kuponzahlungszeitpunkt und dem nächsten Kuponzahlungszeitpunkt.

Diese Vorgehensweise entspricht einer actual/actual Tage-Berechnung.

Die Kursnotierung erfolgt in Dezimalen (1/100) und „clean", d. h. im Preis sind die aufgelaufenen Stückzinsen nicht enthalten und werden gesondert verrechnet.

Bis zu der letzten Auktion haben Anleihen keinen aufgelaufenen Stückzins. Bis zu diesem Zeitpunkt entspricht der clean Spot-Preis der Anleihe dem dirty Spot Preis und wird sich bis dahin bei konstanter Rendite erhöhen.

Die Abrechnung und Abwicklung kann über das Schuldbuchsystem der spanischen Notenbank erfolgen, sowie über Euroclear und Cedel.

Bei den meisten Transaktionen erfolgt die Valutierung innerhalb von sieben Tagen. Andere Zeiträume sind jedoch auch möglich. Hierbei ist es jedoch entscheidend, über welches Institut die Abwicklung erfolgt.

Inländer müssen auf die Stückzinsen von Anleihen eine Quellensteuer in Höhe von 25% entrichten. Diese Quellensteuer findet auch Anwendung auf Diskontpapiere. Ausgenommen davon sind Pagarés del Tesoro und Letras del Tesoro. Investoren mit Ausländereigenschaft sind von der Quellensteuer befreit. Von der Kursgewinnsteuer in Höhe von 35% sind Investoren aus Ländern, mit denen ein Doppelbesteuerungsabkommen besteht, ausgenommen.

---

21 *McLean, S. K.:* (The European Bond Markets), S. 1231.

2. Duration und Konvexität von Anleihen

Der Begriff der Duration und der Konvexität wird in den späteren Kapiteln mehrfach vorkommen. Außerdem sind diese beiden Größen wichtige Kennzahlen zur Bewertung von Anleihen. Es ist daher sinnvoll, sich mit diesen Begriffen vertraut zu machen.

2.1 Duration

2.1.1 Macaulay Duration

Eine Maßzahl für die Preisreagibilität einer Anleihe in bezug auf Renditeänderungen, allgemein bekannt als Duration, wurde 1938 von *Frederick Macaulay* entwickelt.[1] Die am weitesten verbreitete Form der Duration ist die Macaulay Duration. Sie berechnet sich als die durchschnittliche Restlaufzeit der Zahlungsströme einer Anleihe. Dabei dienen die Barwerte der Zahlungströme als Gewichtungsfaktoren.[2] Die Duration ist die durchschnittliche Restbindungsdauer einer Anleihe. Bei Kapitalmarktpapieren, auf die zu mehr als einem Zeitpunkt Zins- oder Tilgungszahlungen getätigt werden, ergibt sich die durchschnittliche Restbindungsdauer als gewogener Mittelwert der Restlaufzeiten aller auf das Papier anfallenden Zahlungen.[3]

Es gibt verschiedene Arten von Duration: Macaulay Duration, Modifizierte Duration, Dollar Duration.

1 *Vgl. Macaulay F. R.:* (Theoretical Problems), S. 46 ff.
2 *Douglas, L. G.:* (Bond Risk Analysis), S. 8.
3 *Rudolph, B.:* (Strategie), S. 25.

Die Formel für die Duration von Macaulay lautet:

$$
D_{Mac} = \frac{-\sum\limits_{t=1}^{T} \dfrac{g * Z_t}{(1+r)^g}}{-\sum\limits_{t=1}^{T} \dfrac{Z_t}{(1+r)^g}} \quad 4
$$

mit: D   = Duration

Mac   = Macaulay

T   = Restlaufzeit gerechnet in Anzahl von verbleibenden Zahlungsüberschüssen

r   = interner Zinsfuß der Anleihe

t   = Zeitpunkt (Laufindex)

Z_t = Zahlungsüberschuß (Cash Flow) in Periode t

g   = Gewichtungsfaktor, mit g = t+((w/M)-1) mit:

w   = Zeit von heute bis zum nächsten Zahlungsüberschuß

M   = Gesamte Zeit zwischen den einzelnen Zahlungsüberschüssen

Der interne Zinsfuß wird benutzt um den Barwert der jeweiligen Zahlungsströme zu berechnen.[5]

---

4 Vgl. *Dattatreya, R. E.:* (Return Management), S. A-2.

5 Oft wird die Duration von Macaulay in folgender Form angegeben:

$$
D_{Mac} = \frac{-\sum\limits_{t=1}^{T} \dfrac{t * Zt}{(1+r)^t}}{\sum\limits_{t=1}^{T} \dfrac{Zt}{(1+r)^t}}
$$

mit: t = Zeitpunkt (Laufindex).

Diese Formel ist aber nur dann korrekt, wenn man sich an dem Zeitpunkt eines Zahlungsüberschusses befindet. Für diesen Fall ist der Faktor w/M in dem Term für den Gewichtungsfaktor g gleich eins. Der Gewichtungsfaktor g entspricht dann t.

Die Macaulay Duration kann auch in folgende Formel gefaßt werden:

$$D_{Mac} = \frac{dK_t}{dr} * \frac{(1+r)}{K_t} \quad {}_6$$

mit: K_t = Kurs der Anleihe im Zeitpunkt t.

Mit Hilfe dieser Formel läßt sich die obige Formel leicht herleiten:

$$K_t = \sum_{t=1}^{T} \frac{Z_t}{(1+r)^{\wedge g}}$$

$$\frac{dK_t}{dr} = -\sum_{t=1}^{T} \frac{g * Z_t}{(1+r)^{\wedge (g+1)}}$$

$$= -\frac{1}{(1+r)} * \sum_{t=1}^{T} \frac{g * Z_t}{(1+r)^{\wedge g}}$$

wird dieser Ausdruck durch K_t dividiert, erhält man:

$$-\frac{\frac{dK_t}{dr}}{K_t} = \frac{1}{(1+r)} * \frac{\displaystyle\sum_{t=1}^{T} \frac{g * Z_t}{(1+r)^{\wedge g}}}{\displaystyle\sum_{t=1}^{T} \frac{Z_t}{(1+r)^{\wedge g}}}$$

mit (1+r) multipliziert:

$$-\frac{\displaystyle -\sum_{t=1}^{T} \frac{g * Z_t}{(1+r)^{\wedge g}}}{\displaystyle\sum_{t=1}^{T} \frac{Z_t}{(1+r)^{\wedge g}}} = \frac{dK_t}{dr} * \frac{(1+r)}{K_t}$$

und damit erhält man wieder die Macaulay Duration.

6 *Rudolph, B.:* (Strategie), S. 25.

Um zu der prozentualen Kursänderung zu gelangen, muß die obige Formel nach dK_t/K_t aufgelöst werden:

$$D_{Mac} = - \frac{dK_t}{dr} * \frac{(1 + r)}{K_t}$$

$$\frac{dK_t}{K_t} = - D_{Mac} * \frac{dr}{(1 + r)}$$

$$\frac{dK_t}{K_t} = - D_{Mac} * \frac{dr}{r} * \frac{r}{(1 + r)}$$

Die letzte Formel gibt den Zusammenhang zwischen der prozentualen Preisänderung der Anleihe und der prozentualen Renditeänderung, unter Zuhilfenahme der Macaulay Duration, an.

z. B.:   Macaulay Duration = 6
        Rendite   = 8 %

Die Rendite steigt um 10 % von 8 % auf 8,8 %. Die prozentuale Kursänderung der Anleihe ergibt sich folgendermaßen:

dK_t in % = –6 * 10 % * (0,08/1,08) = –0,04444 = –4,444 %

10 % entspricht dabei dem Faktor 0,008/0,08 = dr/r
Aus den obigen Formeln ergibt sich:

$$\text{Preisänderung in \%} = - \frac{1}{1 + r} * D_{Mac} * dr$$

Bei der Ermittlung der Duration ist es wichtig zu beachten, daß die Berechnung der Duration auf der Basis eines „Dirty Spot-Price" zu erfolgen hat. Das bedeutet, daß als gebundenes Kapital der aktuelle Kassapreis der Anleihe, zuzüglich der bis zu dem Valutatag aufgelaufenen Stückzinsen genommen werden muß. Durch die Stückzinsen, die man bei dem Kauf der Anleihe zu bezahlen hat, erhöht sich das gebundene Kapital und somit auch die durchschnittliche Kapitalbindungsdauer. Werden die Stückzinsen dagegen vernachlässigt, erhält man eine niedrigere Duration, die nicht der tatsächlichen Duration entspricht. Letztendlich läuft diese Überlegung darauf hinaus, daß der interne Zinsfuß der Anleihe, mit dem der Barwert der Zahlungsströme berechnet wird, auf eine korrekte Weise ermittelt wird.

Läßt man die Restlaufzeit einer Anleihe, bei ansonsten gleichen Parametern, gegen unendlich gehen, so nähert sich die Duration dem Grenzwert von (1+r)/r an. Die folgende Gleichung verdeutlicht diesen Zusammenhang:

Für T → ∞ gilt:

$$
D_{Mac \atop lim \to \infty} = \frac{-\sum\limits_{t=1}^{T} \dfrac{g * Z_t}{(1+r)^{\wedge g}}}{\sum\limits_{t=1}^{T} \dfrac{Z_t}{(1+r)^{\wedge g}}} = \frac{(1+r)}{r}
$$

Für „ewige Renten" weist die Macaulay Duration stets den Wert von (1 + r)/r auf.

Die Macaulay Duration als Maßzahl für die Preisvolatilität einer Anleihe zu nehmen, ist mit einer gewissen Problematik behaftet. Die Duration ist nämlich kein ordinales[7] Risikomaß für die Preisvolatilität von Anleihen. Angenommen, zwei Anleihen haben die gleiche Duration. Damit die Duration ein ordinales Risikomaß liefert, müssen diese beiden Anleihen auch die gleiche Preisvolatilität besitzen. Zwei Anleihen mit derselben Duration haben aber nur dann dieselbe Preisvolatilität, wenn sie auch dieselbe Renditevolatilität besitzen. Zwischen der Duration und der Renditevolatilität besteht jedoch kein zwingender Zusammenhang.[8]

Nur für den Sonderfall, daß zwei Anleihen einen Kupon in derselben Höhe besitzen und beide zu pari notieren, läßt sich die Macaulay Duration als ein ordinales Risikomaß benutzen.

Ebenso kann die Macaulay Duration auch nicht uneingeschränkt als lineares Risikomaß benutzt werden. Bei Linearität muß eine Verdoppelung des Risikomaßes auch eine Verdoppelung des Risikos zur Folge haben. Nimmt man die Preisvolatilität als

---

7 Unter einer Ordinalzahl versteht man eine die Reihenfolge bestimmende Ordnungszahl.
8 Vgl. *Yavitz J. B., Marshall W. J.*: (Shortcoming of Duration), S. 93.

Risikomaß, so erfüllt die Macaulay Duration diese Bedingung nur für kleine parallel verlaufende Renditeänderungen.[9]

Die Tatsache, daß die Duration eine lineare Annäherung an die Zinssensitivität einer Anleihe ist, macht es relativ einfach, die Duration für ein Anleiheportfolio zu bestimmen. Die Duration eines Portfolios aus Anleihen entspricht der Summe der Durationen der einzelnen Anleihen, gewichtet mit ihrem jeweiligen Anteil am Portfolio. Die Duration besitzt somit einen additiven Charakter.

Als ein weiterer Schwachpunkt zu den oben genannten Punkten kommt hinzu, daß der interne Zinsfuß benutzt wird, um den Barwert der jeweiligen Zahlungsströme zu berechnen bzw. es wird unterstellt, daß eine Anlage der Zahlungsüberschüsse zum internen Zinsfuß möglich ist. Diese Vorgehensweise unterstellt eine flache Zinskurve, die sich nur parallel verschiebt und ist unvereinbar mit den Arbitragebedingungen, mit denen Zinskurven berechnet werden.[10]

2.1.2 Modified Duration

Wie im letzten Kapitel gezeigt wurde, ist:

$$\text{Preisänderung in \%} = - \frac{1}{1 + r} * D_{Mac} * dr$$

Üblicherweise werden die beiden ersten Faktoren kombiniert und das Produkt wird dann Modifizierte Duration genannt:

$$\text{Modifizierte Duration} = \frac{\text{Macaulay Duration}}{(1 + r)}$$ [11]

Die Modifizierte Duration gibt die prozentuale Änderung des Preises einer Anleihe für eine absolute Renditeänderung (in Basispunkten) an.[12]

---

9 Vgl. *Yavitz J. B., Marshall W. J.*: (Shortcoming of Duration), S. 96.
10 Andere Formeln der Formeln der Duration, die diesen Schwachpunkt berücksichtigen, wurden von Bierwag, Kaufmann und Toev entwickelt: Duration: Its Delevopment and Use in Bond Portfolio Management, in: Financial Analysts Journal, July/August 1983, S. 15–35.
11 Vgl. *Fabozzi, F. J.*: (Income Mathematics), S. 179.
12 Vgl. *Dattatreya, R. E.*: (Return Management), S. 11.

Für obiges Beispiel gilt dann:

Modifizierte Duration = 6/1,08 = 5,555

Ist die Modifizierte Duration einer Anleihe z. B. 5,555 und die Rendite der Anleihe ändert sich um 8 Basispunkte (Anstieg von 0,08 auf 0,088 = 10 %), so wird sich der Preis der Anleihe um etwa 4,444 Prozent ändern.

Preisänderung in % = − Modifizierte Duration * dr

Hier bezieht sich dr auf eine absolute Renditeänderung.

Für obiges Beispiel gilt dann:

Preisänderung in % = -5,555 * 0,008 = 0,04444 = -4,444 %

2.1.3 Dollar Duration

Eine weitere Maßzahl für die Preisreagibilität einer Anleihe ist die Dollar Duration. Die Dollar Duration gibt die absolute Kursänderung einer Anleihe, ausgedrückt in Dollar oder DM für eine absolute Änderung (Basispunkte/100) der Rendite an. Die Dollar Duration der Anleihe wird durch die Steigung der Tangente an die Preis- Renditekurve bei dem jeweiligen Renditeniveau repräsentiert.[13]

Mathematisch gesehen ist die Dollar Duration die Ableitung des Preises der Anleihe nach der Rendite:

$$K_t = \sum_{t=1}^{T} \frac{Z_t}{(1+r)^{\wedge g}}$$

$$\frac{dK_t}{dr} = -\sum_{t=1}^{T} \frac{g * Z_t}{(1+r)^{\wedge (g+1)}}$$

$$= -\frac{1}{(1+r)} * \sum_{t=1}^{T} \frac{g * Z_t}{(1+r)^{\wedge g}}$$

oder anders hergeleitet:

13 Vgl. *Dattatreya, R. E.:* (Return Management), S. 13.

$$D_{Mac} = -\frac{dK_t}{dr} * \frac{(1 + r)}{K_t}$$

daraus folgt:

$$\text{Dollar Duration} = \frac{dK_t}{dr} - \frac{K_t}{(1 + r)} * D_{Mac}$$

Als absolute Preisänderung erhält man dann:

$$dK_t = -\frac{K_t}{(1 + r)} * D_{Mac} * dr \ ^{14}$$

Man kann die Dollar Duration auch über die Modifizierte Duration herleiten:

$$\text{Dollar Duration} = \frac{\text{Modifizierte Duration} * K_t}{100} \ ^{15}$$

Die Preisänderung in Dollar oder DM beträgt:

$$dK_t \text{ in DM} = - \text{ Dollar Duration} * dr$$

Die Rendite einer Anleihe und somit auch die Duration wird unter Berücksichtigung des dirty Spot-Preises (Kurs inklusive Stückzinsen) berechnet. Um die Dollar Duration zu erhalten muß daher der dirty Spot-Preis der Anleihe mit der Modifizierten Duration multipliziert werden und nicht der clean Spot-Preis. Die Dollar Duration gibt dann die absolute Preisveränderung sowohl des dirty Spot-Preises als auch des clean Spot Preises an.

Am 31. 8. 89 stand der Kurs der Anleihe der Weltbank mit Kupon 6,75 % und Laufzeit bis 28. 7. 99 bei 98,27 DM. Der dirty Spot-Preis betrug 98,87. Die Anleihe hatte eine Rendite von 7,0344 % und eine Macaulay Duration von 7,4627. Daraus errechnet sich eine Modifizierte Duration von 6,9722 und eine Dollar Duration von 6,8934. Wäre die Rendite um 100 Basispunkte auf 8,0344 % gestiegen, hätte sich die Kursänderung der Anleihe approximativ folgendermaßen berechnet:

---

14 *Rudolph, B.:* (Strategie), S. 26.
15 Vgl. *Dattatreya, R. E.:* (Return Management), S. 13.

dK_t in DM $= -$ Dollar Duration $*$ dr

$= -\ 6,8934 * 1$

$= -\ 6,8934$

Das würde zu einem neuen Preis von 91,38 DM führen.

Die Dollar Duration kann auch als eine Tangente an die Preis-Rendite-kurve einer Anleihe angesehen werden. Die Steigung der Tangente gibt dabei die Dollar Duration an. Je steiler die Tangente ist, desto größer ist die Dollar Duration. Je flacher die Tangente ist, desto niedriger ist die Dollar Duration. Die Dollar Duration erhöht sich, wenn die Renditen abnehmen und nimmt ab, wenn die Renditen sich erhöhen.[16] Eine Anleihe hat normalerweise eine konvex gekrümmte Preis-Rendite-Kurve. Die Duration als Tangente ist aber eine Gerade. Das heißt, daß die beiden Kurven sich zwar berühren, dann aber voneinander abweichen. Für kleine Renditeänderungen liefert die Dollar Duration gute Ergebnisse für die Abschätzung der Preisänderung. Je größer die Renditeänderungen und je konvexer die Anleihenkurve gekrümmt ist, desto ungenauer werden die Schätzungen für die Preisänderungen. Diese Meßungenauigkeit gilt nicht nur für die Dollar Duration, sondern auch für die anderen Arten der Duration. Eine Abschätzung mit Hilfe der Duration wird immer zu einer Unterschätzung des zukünftigen Preises bei einer anderen Rendite führen.[17] Bei einer Renditesteigerung wird der Kursverfall überschätzt und bei einem Fallen der Rendite wird der Kursanstieg unterschätzt. Das erklärt sich durch die Konvexität der Anleihe.

2.2 Konvexität

Wie schon oben festgestellt, ist die Abschätzung der Preisänderung einer Anleihe mittels der Duration mit einem leichten Fehler behaftet, der um so größer wird, je größer die Renditeänderung ausfällt. Die Duration ist nur eine lineare Annäherung an die Zinssensitivität einer Anleihe. Bei Anleihen mit Kupon ändert sie sich,

---

16 *Fabozzi, F. J.*: (Income Mathematics), S. 220.
17 *Fabozzi, F. J.*: (Income Mathematics), S. 207.

wenn sich die Rendite ändert. Das liegt an der konvexen Krümmung der Preis-Rendite-kurve. Wird diese Konvexität bei der Berechnung der Preisänderung berücksichtigt, so erhält man ein genaueres Ergebnis.[18]

Die Konvexität ist die zweite Ableitung der Preis- Renditefunktion.[19] Sie ist eine Maßzahl für die Änderung der Dollar Duration einer Anleihe.[20] Der mathematische Ausdruck für die Änderung der Zinssensitivität, die der Änderung der Duration entspricht, ist die zweite Ableitung von K_t in Abhängigkeit von r, was nichts anderes ist, als die Konvexität der Anleihe.[21]

Die zweite Ableitung von K_t (dirty Spot-Preis) nach r ist dasselbe wie die erste Ableitung der Dollar Duration nach r:

$$\text{Konvexität} = \frac{d^{\wedge}2}{dr^{\wedge}2} \left[\sum_{t=1}^{T} \frac{Z_t}{(1+r)^{\wedge}g} \right]$$

$$= \sum_{t=1}^{T} \left[\frac{-g(-g-1) * Z_t}{(1+r)^{\wedge (g+2)}} \right]$$

$$= \frac{1}{(1+r)^{\wedge}2} * \sum_{t=1}^{T} \left[\frac{(g^{\wedge}2 + g) * Z_t}{(1+r)^{\wedge}g} \right]$$

Da diese Formel dasselbe ist, wie die erste Ableitung der Dollar Duration in Abhängigkeit der Rendite, wird sie sehr häufig auch Dollar Konvexität genannt: Die Dollar Konvexität ist gegeben durch die zweite Ableitung der Formel von K_t.[22] Analog ist die erste Ableitung der Modifizierten Duration als Modifizierte Konvexität zu bezeichnen und die erste Ableitung der Macaulay Duration als Macaulay Konvexität. Wenn nur von Konvexität gesprochen wird, so ist meistens die Änderung der Dollar Duration gemeint. Diese Einteilungen der Konvexität sind in der Literatur relativ häufig. Trotzdem sind oft andere Bezeichnungen anzutreffen. Eigentlich ist es glcichgültig, wie man welche Konvexität bezeichnet, man muß nur wissen, wovon man spricht.

---

18 Die Konvexität einer Anleihe ist das Äquivalent zu dem Gamma einer Option.
19 Vgl. *Douglas, L. G.:* (Bond Risk Analysis), S. 325.
20 *Fabozzi, F. J.:* (Income Mathematics), S. 223.
21 Vgl. *Bookstaber, R.:* (Valuation and Exposure Management), S. 868.
22 Vgl. *Dattatreya, R. E.:* (Return Management), Appendix B, o. S..

Die Modifizierte Duration ist definiert als:

$$D_{Mod} = \frac{\text{Macaulay Duration}}{(1 + r)}$$

$$D_{Mod} = \frac{1}{(1+r)} * \frac{-\sum\limits_{t=1}^{T} \dfrac{g * Z_t}{(1 + r)^{\wedge g}}}{\sum\limits_{t=1}^{T} \dfrac{Z_t}{(1 + r)^{\wedge g}}}$$

Wird dieser Ausdruck nach r abgeleitet, erhält man die Modifizierte Konvexität:

$$Konv_{Mod} = \frac{1}{(1 + r)^{\wedge 2}} * \frac{-\sum\limits_{t=1}^{T} \dfrac{(g^{\wedge 2}+g) * Z_t}{(1 + r)^{\wedge g}}}{\sum\limits_{t=1}^{T} \dfrac{Z_t}{(1 + r)^{\wedge g}}}$$

Dies ist nichts anderes als die Dollar Konvexität geteilt durch den Kurs der Anleihe.

Die Ableitung der Macaulay Duration nach der Rendite ist:

$$\frac{d}{dr} \left[\frac{dK_t}{dr} * \frac{(1 + r)}{K_t}\right] =$$

$$\frac{d^{\wedge 2}K_t}{dr^{\wedge 2}} * \frac{(1 + r)}{K_t} + \frac{dK_t}{dr} * \left[\{K_t - (1 + r) * (\frac{dK_t}{dr})\} / K_t^{\wedge 2}\right]$$

Es ist möglich, diese Ableitung auch auf einem anderen Weg herzuleiten:

Die Duration von Macaulay kann in folgende Formel gefaßt werden:

$$D_{Mac} = \frac{(1 + r)}{r} - \frac{(1 + r) + (N - t) * (p - r)}{p * [(1 + r)^{\wedge(N-t)} - 1] + r} \ [23]$$

[23] *Rudolph, B.*: (Strategie), S. 26.

mit: r = Impliziter Zins der Anleihe (Marktzins)
     p = Nominalzinssatz (Kupon)
     t = jeweiliger Zeitpunkt
     N = Liquidationszeitpunkt (Laufzeitende)

nimmt man: (N-t) = RL (Restlaufzeit), kann diese Formel auch folgendermaßen geschrieben werden:

$$D_{Mac} = \frac{(1+r)}{r} - \frac{(1+r) + RL * (p-r)}{p * (1+r)^{RL} - p + r}$$

Die erste Ableitung[24] nach r ist dann:

$$\frac{dD_{Mac}}{dr} =$$

$$\frac{1}{r^2} - \frac{(1-RL)[p(1+r)^{RL}-p+r]-[RL*P(1+r)^{(RL-1)}+1][(1+r)+RL(p-r)]}{[p * (1+r)^{RL} - p + r]^2}$$

Die Eigenschaften der Konvexität von allen optionsfreien Anleihen sind:

Eigenschaft 1: Steigen (fallen) die Renditen, nimmt die Dollar Duration einer Anleihe ab (zu).

Eigenschaft 2: Für eine gegebene Rendite und Fälligkeit ist die Konvexität umso größer, je größer der Kupon ist.

Eigenschaft 3: Für eine gegebene Rendite und modifizierte Duration ist die Konvexität um so geringer, je niedriger der Kupon ist. Die Konsequenz dieser Eigenschaft ist, daß bei einer gegebenen modifizierten Duration Zero Bonds die geringste Konvexität haben.

Eigenschaft 4: Die Konvexität einer Anleihe erhöht sich mit einer steigenden Rate, wenn sich die Duration erhöht. Verdoppelt sich z.B. die Duration, so wird sich die Konvexität mehr als verdoppeln.[25]

Zu Punkt 2 und 3 ist noch anzumerken, daß die Konvexität bei gleichbleibender Fälligkeit, bezogen auf die Macaulay Duration bei einem Zero Bond, immer gleich Null ist. Die durchschnittliche

---

24 Diese Formel wurde auch zur Berechnung der Konvexität im empirischen Test verwendet.
25 Vgl. *Fabozzi, F. J.:* (Income Mathematics), S. 225.

Restbindungsdauer (Duration) ist bei einem Zero Bond immer gleich der Restlaufzeit. Bei einer Renditeänderung ändert sich ceteris paribus die Restlaufzeit nicht. Somit ist die Konvexität gleich Null.

Der Effekt der Konvexität ist immer positiv. Der Effekt der Dollar Duration kann positiv oder negativ sein, je nachdem, ob die Renditeänderung positiv oder negativ ist. Die Dollar Konvexität wird nämlich mit dem Quadrat der Renditeänderung multipliziert. Daher ist der Effekt der Konvexität immer positiv, unabhängig davon, ob die Renditeänderung positiv oder negativ ist.[26] Anleihen mit einer hohen Konvexität sind für einen Anleger insofern interessanter als Anleihen mit einer niedrigen Konvexität, da sie sich bei Renditeänderungen „besser" verhalten. Bei einem Rückgang der Renditen steigt der Kurs stärker und bei einem Steigen der Renditen fällt der Kurs weniger stark als bei Anleihen mit einer niedrigen Konvexität. Deshalb sollten Anleihen mit einer hohen Konvexität teurer, d. h. mit einer niedrigeren Rendite notieren. Bei kleinen Renditeänderungen jedoch ist der Vorteil einer hohen Konvexität gering. Erst bei starken Renditeänderungen kommt der Effekt der Konvexität zum Tragen. Ob eine Anleihe mit einer hohen Konvexität mit einer niedrigeren Rendite notiert, hängt daher von den Erwartungen der Marktteilnehmer bezüglich der Zinsentwicklung ab. Wird eine starke Renditeänderung erwartet, so wird sich, bei gleicher Duration der Anleihen, die Nachfrage nach stark konvexen Anleihen erhöhen. Somit werden diese zu relativ höheren Kursen notieren. Wird hingegen keine stärkere Bewegung erwartet, so wird der Renditeunterschied nur gering sein.

Die Preisänderung einer Anleihe in Abhängigkeit von der Rendite unter Berücksichtigung der Konvexität kann als eine Taylor-Reihe von Ableitungen angeschrieben werden:

$$dK_t = dK_t/dr * dr + 1/2! * d^2K_t/dr^2 * dr^2 +$$
$$+ 1/3! * d^3K_t/dr^3 * dr^3 + \ldots + 1/n! * d^nK_t/dr^n * dr^n \text{ [27]}$$

mit: ! = Fakultät

26 *Dattatreya, R. E.*: (Return Management), S. 23.
27 Vgl. *Douglas, L. G.*: (Bond Risk Analysis), S. 243.

Als Abschätzung der Preisänderung erhält man, wenn nur bis zur zweiten Ableitung gegangen wird, folgende Formel:

$dK_t = -$ Duration $*$ dr $+ 1/2 *$ Konvexität $*$ dr^2 [28]

Hier wird besonders deutlich, daß die Konvexität erst bei starken Renditeänderungen ins Gewicht fällt. Die Renditeänderung wird nämlich ins Quadrat gesetzt und dieser Faktor wird für kleine Werte verschwindend gering.

28 Vgl. *Dattatreya, R. E.*: (Return Management), S. 22.

3. Rechtliche Grundlagen für Termingeschäfte in der BRD

3.1 Termingeschäfte

Der Gesetzgeber hat den Begriff der Termingeschäfte bzw. Börsentermingeschäfte nur sehr vage definiert. So lautet der § 50 (1) BörsG:

„Börsentermingeschäfte bedürfen, soweit sie an der Börse abgeschlossen werden (Börsenterminhandel), der Zulassung durch den Börsenvorstand nach näherer Bestimmung der Börsenordnung. Zu den Börsentermingeschäften gehören auch Geschäfte, die wirtschaftlich gleichen Zwecken dienen, auch wenn sie nicht auf Erfüllung ausgerichtet sind."

Der Begriff wurde unter anderem nicht eindeutig definiert, um den Handel in einer möglichst großen Vielzahl an Produkten zu ermöglichen.

Nach dem Urteil des BGH von 22. 10. 84 sind Börsentermingeschäfte „gegenseitige Verträge über vertretbare Waren, Wertpapiere oder Devisen nach gleichartigen Bedingungen, die von beiden Seiten erst zu einem späteren Zeitpunkt zu erfüllen sind. Sie müssen in Beziehung zu einem Terminmarkt stehen, der es ermöglicht, jederzeit ein Gegengeschäft abzuschließen."[1]

Eine allgemeinere Definition gibt *Büschgen*: Termingeschäfte: „Zeitgeschäfte, vor allem, aber nicht notwendigerweise, an der Börse, bei denen die Erfüllung des Vertrages, das heißt Abnahme und Lieferung der Ware, des Wertpapiers oder von Devisen zu einem späteren Termin zu dem vorher vereinbarten bzw. börsenmäßig festgestellten Kurs erfolgt."[2] Einfacher ausgedrückt: Kauf und Verkauf, sowie die Erfüllung erfolgen nicht zum selben Zeitpunkt.

---

1 BGH, Urteil v. 22. 10. 1984 – II 2 R 262/83.
2 *Büschgen, H. E.:* (Börsen-Lexikon), S. 677.

Termingeschäfte können in folgende drei Arten unterteilt werden:

Fixgeschäfte (auch Festgeschäfte oder Direktgeschäfte genannt)
Beim Fixgeschäft besteht eine feste Abnahme oder Lieferpflicht zu einem vorher bestimmten Termin (z. B. Monatsmitte oder Ultimo). Oft besteht die Möglichkeit, die Erfüllung durch Prolongation hinauszuschieben. Meistens besteht auch die Möglichkeit, von einer Verpflichtung freizukommen, indem man durch Eingehen eines Gegengeschäftes seine Position glattstellt. Die Standardisierung der Bedingungen ist eine Voraussetzung für die Austauschbarkeit und Umlauffähigkeit.

Prämiengeschäfte
Bei Prämiengeschäften behält sich einer der Vertragspartner das Recht vor, gegen Zahlung einer Prämie vom Vertrag zurückzutreten. Diese Prämie wird auch Reuegeld genannt, da der Geschäftspartner bereut daß er das Geschäft eingegangen ist und zum Zeichen seiner Reue die Prämie zahlt.

Optionsgeschäfte
Bei Optionsgeschäften muß die Option (Wahlrecht, das vereinbarte Geschäft durchzuführen oder nicht) bereits bei Vertragsabschluß gezahlt werden. Der Optionsinhaber kann bis Ende der Laufzeit von seiner Option Gebrauch machen. Der Vertragspartner (Stillhalter) erhält für seine Erfüllungsbereitschaft den Preis der Option. Prämien- und Optionsgeschäfte werden auch bedingte Termingeschäfte genannt. Außerdem gibt es noch Stellagegeschäfte und Nochgeschäfte.[3]

3.2 Die geltende Rechtslage

3.2.1 Der Termineinwand und die Börsengesetznovelle von 1989

Die unklare Rechtslage bis zur Börsengsetznovelle von 1989 sorgte dafür, daß sich ein funktionierender Terminmarkt in der BRD nicht etablieren konnte. Das Hauptproblem lag in der Wirksam-

---

3 Siehe Glossar.

keit von Termingeschäften. Diese Problematik fängt jedoch bei der Termingeschäftsfähigkeit an.

Nach § 52 ff. BörsG sind Börsentermingeschäfte nur für termingeschäftsfähige Personen gemäß § 53 BörsG verbindlich. Die alte Fassung des § 53 BörsG hatte jedoch zur Folge, daß die breite Masse der privaten Anleger termingeschäftsunfähig war. Der Nichttermingeschäftsfähige (in der Regel der Privatanleger) konnte daher bei solchen Geschäften den Termineinwand erheben und bereits erbrachte Leistungen (§ 55 BörsG) zurückfordern, soweit diese Leistungen (§ 55 BörsG) nicht als Erfüllung des § 57 BörsG anzusehen sind und keine Sicherheiten gemäß § 54 BörsG (inzwischen aufgehoben) gestellt wurden. Der Leistungsberechtigte (z. B. die Bank) konnte bei einem Vertragsabschluß mit Termingeschäftsunfähigen die Leistung (z. B. die Zahlung eines Nachschusses) nicht durchsetzen, außer die Leistung wurde wirksam erbracht. Anders gesprochen: Wurde die Leistung nicht wirksam erbracht (z. B. durch vorherige Einzahlung der Optionsprämie auf ein Sonderkonto), konnte der Termingeschäftsunfähige den Termineinwand geltend machen und sein Geld zurückfordern.

Diese Ausgestaltung des Gesetzes sollte vor allem den unerfahrenen Privatanleger vor den Gefahren der Terminmärkte schützen. Schon vor der Jahrhundertwende wurden vom Gesetzgeber, wie sich anhand einer Reichsgerichtsentscheidung des Jahres 1899 (RGZ 44, 103) zeigen läßt, die unerwünschten Gefahren eines „börsenmäßig betriebenen, in erster Linie aber rein spekulativen Überlegungen eines Privatpublikums dienenden Terminhandels" erkannt.[4]

Aus diesem Grund traf der Gesetzgeber Vorkehrungen, die allerdings weitgehend unglücklich formuliert waren und jedenfalls teilweise auf irrigen Vorstellungen von den zugrundeliegenden rechtsstaatlichen, insbesondere börsentechnischen und wirtschaftlichen Verhältnissen beruhten.[5]

Dies führte dazu, daß die BRD, obwohl sie zu den führenden Wirtschaftsnationen der Welt gehört, keinen funktionierenden Terminmarkt hatte. Erst 1989 wurde durch eine entsprechende

---

4 RGZ 44, 103.
5 Vgl. *Wach, K. J. T.:* (Der Terminhandel), S. 237.

Gesetzesänderung die Grundlage für die Etablierung eines funktionierenden Terminmarktes gelegt. Die wichtigste Gesetzesänderung betraf den § 53 BörsG, der dahingehend modifiziert bzw. ergänzt wurde, daß Termingeschäftsunfähige durch Unterzeichnung einer Informationsschrift, die sie über die Risiken von Börsentermingeschäften informiert, termingeschäftsfähig werden. Der Anleger wird also kraft Information (nicht jedoch kraft Wissens) termingeschäftsfähig. Die Schutzfunktion des Termin- und Differenzeinwands (siehe folgendes Kapitel) entfällt somit. Zur Begründung wurde angegeben, daß derjenige, der sich in klarer Erkenntnis der Konsequenzen seines Handelns auf ein Rechtsgeschäft einläßt, als mündiger Bürger keines zusätzlichen Schutzes bedarf. Auch ist es jetzt möglich, Termingeschäfte unbeschränkt per Kredit zu finanzieren. Das mag zwar praxisgerecht sein, ob es aber dem Anlegerschutz genügt, ist mehr als fraglich. In den USA gibt es eine „suitability doctrine" die besagt, daß der Kunde „suitable for investment" sein muß. Der Broker muß sich Einblick in die Vermögenslage des Kunden verschaffen und darf ihm nur zu solchen Engagements raten, die seine Möglichkeiten nicht überschreiten. Ein Kunde, der sich zu übermäßig hoher Kreditaufnahme verleiten läßt und somit seine Unerfahrenheit beweist, steht zwar theoretisch unter dem Schutz des § 89 BörsG, wie aber aus der Rechtssprechung der vergangenen Jahre ersichtlich ist, wurde dieser Schutz nur mangelhaft praktiziert.

Auch ist es zweifelhaft, ob ein Informationsblatt, das der Kunde unterzeichnet, ihn ausreichend vor Risiken warnt. Wie die Erfahrung mit amerikanischen Brokern[6] und kriminellen Vermittlergesellschaften zeigte, kann die Wirkung dieses Informationsblattes durch gezielte Gespräche mit dem Kunden verharmlost und z. T. ins Gegenteil verkehrt werden.

---

6 Durch diese Aussage sollen seriöse Broker nicht in Mißkredit gebracht werden. Vielmehr soll auf die kriminellen Machenschaften von unseriösen Vermittlergesellschaften hingewiesen werden. Diese trieben vor allem in den 80er Jahren ihr Unwesen und richten auch heute noch immensen Schaden an. So veröffentlichte 1981 das Marktforschungsinstitut Schimmelpfeng eine Studie über Warentermingesellschaften, nach der allein in den Jahren bis 1980 von den damals 100000 deutschen Anlegern eine Summe zwischen 1–2 Mrd. DM verloren wurde. Diese Zahl hat sich bis heute vervielfacht.

Von den deutschen Großbanken wird der Anlegerschutz in der Form praktiziert, daß Kunden ein relativ hohes Eigenkapital nachweisen müssen, um Termingeschäfte zu tätigen. Zudem werden durch hohe Gebühren Termingeschäfte für Privatanleger unattraktiv gemacht. Als Grund dafür wird die Sorge um das Wohl der Anleger vorgebracht. In Wirklichkeit verursacht eine Privatkundenorder relativ hohe Bearbeitungskosten. Diese hohen Bearbeitungskosten machen derartige Privatkundengeschäfte für Banken unattraktiv. Für Banken ist es zudem profitabler, Kundengelder in andere Bereiche umzuleiten.

3.2.2 Der Differenzeinwand

Ein weiterer Punkt, der der Schaffung eines funktionierenden Terminmarktes im Wege stand, war der sogenannte Differenzeinwand (§ 762, § 764 BGB). Nach der Rechtssprechung, die sich auf § 764 BGB stützte, wurden Termingeschäfte als Spiel oder Wette angesehen. Nach § 762 BGB sind aber Verbindlichkeiten, die sich auf ein Spiel oder eine Wette begründen, nichtig. Der geleistete Einsatz konnte dann unter Berufung auf den sich aus diesen Paragraphen ergebenden Differenzeinwand zurückgefordert werden. Ist aber auch hier bereits wirksam geleistet worden, so kann das Geleistete nicht mehr zurückgefordert werden (=Naturalobligation). Dieses Hindernis wurde durch eine Änderung des § 58 BörsG aus dem Weg geräumt. § 58 BörsG besagt in seiner Neufassung: „Gegen Ansprüche aus Börsentermingeschäften in Waren oder Wertpapieren, die zum Börsenterminhandel zugelassen sind (§ 50), kann von demjenigen, für welchen das Geschäft nach den Vorschriften der §§ 53, 54 und 57 verbindlich ist, ein Einwand aus den §§ 762 und 764 des Bürgerlichen Gesetzbuchs nicht erhoben werden. Soweit gegen die bezeichneten Ansprüche ein solcher Einwand zulässig bleibt, finden die Vorschriften der §§ 54 und 56 über die Befriedigung aus der Sicherheit und die Zulässigkeit der Aufrechnung entsprechende Anwendung."

Für den Privatanleger hat das kurz gesagt zur Folge, daß er den Differenzeinwand nicht mehr geltend machen kann, sobald er termingeschäftsfähig ist.

3.2.3 Praktische Ausgestaltung und Auswirkungen auf den Handel mit Termininstrumenten

Um der Informationspflicht gemäß § 53 (2) BörsG zu genügen, wurde von den Banken ein Informationsblatt entworfen. Ein Anleger, der Termingeschäfte tätigen will, muß diese Informationsschrift unterzeichnen. Er ist dann börsentermingeschäftsfähig kraft Information. Im Gesetz ist zudem bestimmt, daß die Unterrichtung über die Risiken nicht länger als drei Jahre zurückliegen darf. Der Anleger muß daher, um börsentermingeschäftsfähig zu bleiben, das Informationsblatt mindestens alle drei Jahre unterschreiben. Da allerdings der Kaufmann (z. B. die Bank) die Beweislast trägt, ob eine Unterrichtung stattgefunden hat, legen die Banken ihren Kunden aus Sicherheitsgründen die Informationsschrift meistens in kürzeren Abständen vor.

Durch die Gesetzesänderung wurde eine der notwendigen Voraussetzungen für einen funktionierenden Terminmarkt geschaffen. Letztendlich machte sie die Errichtung der Deutschen Terminbörse (DTB) möglich, die im Juli 1988 gegründet wurde und über eines der modernsten und leistungsfähigsten Handelssysteme verfügt.

4. Zinsfutures und Zinsoptionen an der DTB

An der Deutschen Terminbörse (DTB) werden vier verschiedene Zinsinstrumente[1] gehandelt: Der Future auf Bundesobligationen (BOBL), Optionen auf den Bobl-Future, der Future auf Bundesanleihen (Bund-Future) und Optionen auf den Bund-Future. Der Future auf Bundesobligationen wird seit dem 4. Oktober 1991 gehandelt, die Optionen auf den Bobl-Future seit Januar 1993, der Bund-Future seit dem 23. November 1990 und die Optionen auf den Bund-Future seit dem 16. August 1991. Zudem wird im März 1994 ein Drei-Monats-FIBOR-Future eingeführt.

Bevor man zu der Betrachtung der einzelnen Instrumente übergeht, ist es wichtig, einen Blick auf den Markt zu werfen, an dem sie gehandelt werden.

4.1 Die DTB

Ein funktionierender Markt für derivative Instrumente ist eine unabdingbare Voraussetzung für das Bestehen eines Finanzmarktes im internationalen Wettbewerb. Mit der Gründung der Deutschen Terminbörse GmbH (DTB) mit Sitz in Frankfurt am Main im Juli 1988 wurde die Grundlage für einen solchen Markt geschaffen. Seit der Eröffnung des Handels am 26. Januar 1990 avancierte die DTB 1991 mit einem Jahresvolumen von mehr als 11 Millionen Optionskontrakten (1992: ca. 15 Mio. Optionskontrakte) zu der umsatzstärksten Optionsbörse in Europa.

4.1.1 Aufbau der DTB

Die DTB wurde in der Rechtsform einer GmbH gegründet. Sie ist die Trägergesellschaft, die finanziell, personell und sachlich für den Betrieb der Terminbörse und die Durchführung des Clearing (Ab-

1 Stand: Juli 1993.

wicklung und Stellung der Sicherheiten) zuständig ist. Diese beiden Funktionen werden rechtlich getrennt voneinander gesehen. Gemäß dem Börsengesetz bedarf der Betrieb der Terminbörse einer öffentlich rechtlichen Struktur. Nach §1 BörsG unterliegt die Terminbörse öffentlich-rechtlicher Aufsicht. In diesem Fall ist daher die Regierung des Landes Hessen, bzw. das Ministerium für Wirtschaft, Verkehr und Technologie des Landes Hessen die Aufsichtsbehörde. Die Durchführung des Clearing ist dagegen privatrechtlich in Form einer GmbH organisiert. Die rechtliche Regelung des Handels und Clearings unterliegt dem Börsengesetz, der Börsenordnung und den Handels- und Clearing- Bedingungen der DTB.

Die *Deutsche Börse AG* (Träger der Frankfurter Wertpapierbörse) ist der alleinige Eigentümer der *Deutschen Terminbörsen GmbH*.[2] Diese GmbH ist Träger der Deutschen Terminbörse.

Die DTB wurde von 17 Gesellschafterbanken gegründet. Die Gründungsgesellschafter sind im einzelnen:

B. Metzler Seel. Sohn & Co. KGaA

Bayerische Hypotheken- und Wechselbank AG

Bayerische Vereinsbank AG

Berliner Bank AG

Berliner Handels- und Frankfurter Bank (BHF Bank)

Commerzbank AG

Delbrück & Co., Privatbankiers

Deutsche Bank AG

Deutsche Girozentrale – Deutsche Kommunalbank –

Deutsche Genossenschaftsbank (DG Bank)

Dresdner Bank AG

Georg Hauck & Sohn, Bankiers KGaA

Merck, Fink & Co., Privatbankiers

M. M. Warburg-Brinkmann, Wirtz & Co.

Sal. Oppenheim jr. & Cie.

Trinkhaus & Burkhardt KGaA

Vereins- und Westbank AG

---

2 Weiterhin wird von der *Deutschen Börsen AG* zu 80 % die Fördergesellschaft und zu 100 % der *Deutsche Kassenverein AG* gehalten. Dieser ist der alleinige Eigentümer der *Deutschen Wertpapierdaten-Zentrale GmbH* (DWZ) und des *Deutschen Auslandskassenvereins AG*. Zudem hält der Deutsche Kassenverein 14 % der Fördergesellschaft.

Am 1. Januar 1993 wurde die Eingliederung der DTB in die Deutsche Börse AG rechtswirksam. Voraussetzung dafür war die Übertragung sämtlicher Geschäftsanteile der Gesellschafter an die Deutsche Börse AG. Aktionäre der Deutsche Börse AG sind in- und ausländische Kreditinstitute (80%), die Deutsche Börsen Beteiligungsgesellschaft mbH (10%), sowie Kursmakler und Freimakler (10%).

Die ständige Leitung der Gesellschaft wird von der Geschäftsführung übernommen. Die Geschäftsführer der DTB sind: Der Jurist *Dr. Jörg Franke* und seit dem 10.6.1992 der für die Technik zuständige EDV-Fachmann *Friedrich W. Wahl*. Vorsitzender des Aufsichtsrats und des Börsenvorstands ist seit dem 21.12.1992 *Gerhard Eberstadt*. Er löste *Dr. Rolf E. Breuer* von diesen beiden Posten ab.

Für die Leitung der Terminbörse ist der Börsenvorstand zuständig. Er setzt sich aus 14 Mitgliedern zusammen: 10 Mitglieder nehmen das Mandat der für Kreditinstitute zum selbständigen Handel zugelassenen Personen wahr. Für Vertreter – der für Nicht – Kreditinstitute zum selbständigen Handel zugelassenen Personen, – der zum unselbständigen Handel zugelassenen Personen, – der Privatanleger und der Kapitalsammelstellen besteht jeweils ein Mandat. Jedes Vorstandsmitglied hat einen Stellvertreter. Die Aufgaben des Vorstands sind eher grundsätzlicher Natur. Er legt unter anderem die Regeln, Regulierungen und Risikolimite für den Betrieb und Geschäftsablauf der Börse fest. Desweiteren entscheidet er über die Zulassung der Börsenteilnehmer und Einführung von neuen Produkten, sowie über die Bestellung und Überwachung der Geschäftsführung der Börse und der Trägergesellschaft (GmbH).

Die DTB hat eine Vielzahl von Aufgaben zu erfüllen. Eine Aufgabe, die als erstes ins Auge sticht, ist die Ermöglichung eines reibungslosen Handels. Das ist aber nur eine Aufgabe von vielen. Weitere wichtige Aufgaben sind Marktaufsicht, Marketing und Information, Verwaltung, Clearing und Revision. Die Vielzahl der Aufgaben werden in einer Organisationsstruktur zusammengefaßt. Nach einer Neustrukturierung hat die DTB seit Januar 1992 folgende Organisationsstruktur:

Abb. 4.1: Organisationsstruktur der DTB

Die Abteilungen Revision und Recht sind zwei zentrale Stäbe, die der Geschäftsführung unterstellt sind. Darüber hinaus ist der Hauptabteilung Marktaufsicht ein Stab für Statistik und Risikomanagement zugeordnet.

4.1.2 Marktstruktur

4.1.2.1 Marktteilnehmer

Investoren, die an der DTB tätig sein wollen, müssen entweder zugelassene Börsenteilnehmer sein oder ihre Aufträge über solche Börsenteilnehmer in den Markt geben. Will z. B. ein Privatanleger an der DTB eine Option oder einen Terminkontrakt kaufen, so muß er sich zunächst an einen Börsenteilnehmer, wie z. B. eine Bank mit Börsenzulassung wenden. Diese Bank wird dann für ihn den Auftrag an der DTB ausführen.

März 1993 waren 78 Mitgliedsinstitute für den Handel an der DTB zugelassen. Bei diesen 78 Teilnehmern sind mehr als 870 Händler an der DTB tätig.

Zum Handel können sowohl Banken als auch Nicht-Banken zugelassen werden. Allerdings müssen sämtliche Handelsteilnehmer bestimmte Kriterien bezüglich ihrer Zuverlässigkeit, beruflichen Eignung, organisatorischen Struktur und Finanzkraft erfüllen. Zudem muß der Handelsteilnehmer, wenn er nicht selber

Clearing Mitglied ist, eine General Clearing Member/Non Clearing Member (GCM/NCM) Vereinbarung getroffen haben.

Die zum Börsenhandel zugelassenen Institute handeln entweder für eigene Rechnung, im Kundenauftrag (z. B. Auftragserfüllung für private oder institutionelle Investoren) oder sie übernehmen Market Maker Funktionen. Neben der Wahrnehmung von Market Making Funktionen und dem nicht zu vernachlässigendem Eigenhandel ist ein wichtiges Betätigungsfeld für die Teilnehmerinstitute das Gebiet der Arbitrage. Arbitrage wird ausschließlich von professionellen bzw. institutionellen Marktteilnehmern betrieben. Nur diese Teilnehmer verfügen neben einem ausreichenden Kapital und einer günstigen Transaktionskostenstruktur über eine für diese Geschäfte unabdingbare Marktnähe. Unter den professionellen Marktteilnehmern finden sich auch viele Hedger, Spekulanten und risikoaverse Investoren, jedoch können diese Tätigkeitsbereiche auch von privaten Anlegern wahrgenommen werden.

Hedger sichern eine Position (z.B. Aktien- Rentenportefeuille) durch Eingehen einer Gegenposition am Terminmarkt (z.B. durch Kauf/Verkauf einer Option oder eines Kontraktes) gegenüber Risiken wie z.B. Kursrisiken oder Zinsänderungsrisiken ab. Diese Erhöhung der Sicherheit muß aber durch Zahlung einer Versicherungsprämie (z.B. Kaufpreis einer Option) bzw. Verminderung der Rendite oder möglichen Gewinnchancen erkauft werden.

Spekulanten gehören zu den risikofreudigen Markteilnehmern. Sie sind bereit, für einen möglichen hohen Ertrag auch ein hohes Risiko einzugehen. Terminmärkte bieten gerade diesen Investoren ein weites Betätigungsfeld, da unter Übernahme eines gewissen Risikos außerordentlich hohe Gewinne erzielt werden können. Der oft schlechte Ruf des Spekulanten ist meistens vollkommen unbegründet. Absicherungen von bestehenden Positionen (Hedging) wird erst durch Spekulanten möglich. Sie sind nämlich bereit, das Risiko zu übernehmen, das Hedger abwälzen wollen. Die Marktpositionen von diesen beiden Teilnehmergruppen sind in der Regel konträr zueinander. Zudem bringen Spekulanten durch regen Handel Liquidität in den Markt.

Ein weiteres Klischee ist, daß Optionen und Futures nur für „wilde Zocker" in Frage kommen, die bereit sind, ihren gesamten

Kapitaleinsatz zu verlieren. In der Tat könnnen die Risiken an den Terminmärkten bei unbedachtem Einsatz sehr hoch sein. Diese Risiken können höher sein, müssen aber nicht höher sein als Investments in Kassainstrumente, die in vielen Fällen auch hohe Risiken mit sich führen. Optionen und Terminkontrakte bieten nämlich auch für extrem risikoaverse Investoren außerordentlich viele Möglichkeiten. Durch geschickten Einsatz dieser Instrumente können sie risikoarme bis zu risikolose Positionen aufbauen. Weiterhin ist es möglich, mit Hilfe von Optionen und Terminkontrakten ein sichere Rendite zu erzielen bzw. die Rendite eines Portfolios zu erhöhen.

4.1.2.2 Das elektronische Börsenparkett

Im Gegensatz zu dem herkömmlichen Handelssystem des open outcry (Handel auf Zuruf) wurde die DTB nach dem Vorbild der Schweizer Options- und Terminbörse (Soffex) als eine elektronische Börse konzipiert.

Die Tatsache, daß die DTB eine vollelektronische Computerbörse ist, stellt für den Finanzplatz der Bundesrepublik Deutschland ein absolutes Novum dar. Der Handel erfolgt nicht mehr auf Zuruf auf einem Börsenparkett, sondern bundesweit und standortunabhängig über Bildschirme und Terminals, die an das EDV-System der Terminbörse angeschlossen sind. Durch die Computerisierung und durch die Einführung eines sogenannten Market Maker-Systems wurde eine Vielzahl von Vorteilen gegenüber dem herkömmlichen Handel erreicht. Die Markttransparenz erhöht sich beträchtlich, da sämtliche handelbaren Preise und ihr Volumen auf dem Bildschirm ersichtlich sind. Das Computersystem ist so angelegt, daß Käufer bzw. Verkäufer, die eine „billigst" oder „bestens" Order eingeben, stets mit dem günstigsten am Markt erhältlichen Preis abgerechnet werden. Dies stellt besonders für private Anleger einen bedeutenden Schutz bzw. Vorteil dar. Durch die Einführung des Systems der Market Maker wurde ein gewisses Maß an Liquidität geschaffen. Market Maker sind Händler, die verpflichtet sind, während der Börsensitzung auf Anfrage verbindliche Geld- und Briefkurse zu stellen. Dadurch ist es möglich, stets einen handelbaren Kurs zu erhalten. Dies ist ein bedeutender

Vorteil gegenüber Börsen ohne Market Maker. An diesen Börsen kann es einem Marktteilnehmer passieren, daß es mangels Liquidität für ihn nicht möglich ist, eine Position auzubauen bzw. glattzustellen. Allerdings darf nicht übersehen werden, daß Market Maker zwar verpflichtet sind, verbindliche Kurse zu stellen, dies aber nur für ein bestimmtes festgelegtes Minimalvolumen. Dieses Volumen wird für private Anleger in der Regel ausreichend sein. Investoren mit großvolumigen Aufträgen (z. B. institutionelle Anleger) können aber auch an dieser Börse Schwierigkeiten mit der Liquidität bekommen, da das Market Maker System zwar eine Mindestliquidität garantiert, nicht aber eine Liquidität, die für einen professionellen Handel ausreichend ist. Fairerweise muß hinzugefügt werden, daß die DTB in den meisten Produkten eine außerordentlich hohe Liquidität erreicht hat.

Wie oben schon erläutert, ist der Handel an der DTB vollkommen computerisiert. In den folgenden Ausführungen wird dieses Handelssystem etwas genauer unter die Lupe genommen.

Das elektronische Börsenparkett der DTB ist äußerst komplex. Es ist nicht ein großer Rechner, an den die einzelnen Börsenteilnehmer angeschlossen sind, sondern vielmehr ein elektronisches Netzwerk. Dieses Netzwerk besteht aus den Kommunikationswegen bzw. Leitungen, der Kommunikationshard- und -software und den funktional zusammenhängenden Rechnern. Das Kernstück des Netzwerkes bilden die sechs in Frankfurt aufgestellten Zentralrechner (Hosts). An diese Zentralrechner sind Kommunikationsrechner (Communication Server) angeschlossen, die über die ganze Bundesrepublik verteilt sind. Diese Rechner sind anderen Rechnern zwischengeschaltet und dienen der Kommunikation zwischen diesen Rechnern. Die dritte Komponente im Computersystem der DTB sind die sogenannten User Devices. Es sind die Rechner der Börsenteilnehmer vor Ort an den verschiedenen Plätzen in der Bundesrepublik.

Jeder Händler hat seine eigene Workstation mit Bildschirm und Handelsfenstern. An diesem Bildschirm gibt er seine einzelnen Kauf- oder Verkauforders ein. Über die Workstation werden die Orders zunächst in das User Device vor Ort eingegeben. Dieses User Device leitet die Orders weiter. Bei Quotes prüft es zusätzlich, bevor es die Order weitergibt, ob sie syntaktisch sinnvoll ist.

Ein Kommunikationsrechner, auch Router genannt, ist für die Fernübertragung der Order zuständig. Dieser Router, der den Datentransport übernimmt, sendet die Order zu der nächsten Station, dem Communication Server. Die Informationen gehen aber nicht direkt an diesen Zwischenrechner, sondern zunächst ebenfalls an einen Router, der dann die Daten an den Communication Server weiterleitet. Weil die Zentralrechner der DTB nur über eine begrenzte Anzahl an Anschlüssen verfügt, müssen die Anschlüsse der einzelnen Marktteilnehmer zunächst gebündelt werden. Diese Bündelung und die darauffolgende Weiterleitung der Daten übernimmt der Communication Server. Dieser Zwischenrechner ist an einem sogenannten Access Point untergebracht. In der Bundesrepublik gibt es fünf Access Points: Frankfurt, Düsseldorf, München, Berlin und Hamburg. An diesen Access Points stehen insgesamt 19 Communication Server. Die Netzwerkanschlüsse der DTB-Mitglieder führen daher nicht direkt zu den Zentralrechnern in Frankfurt, sondern zunächst zu den jeweiligen Access Points. An den Zwischenrechner (Communication Server) des Access Point ist wieder ein Router angeschlossen, der den Datentransport zu dem Router des Zentralrechners in Frankfurt übernimmt. An diesem Zentralrechner wird die Order dann ausgeführt. Die Information über die Ausführung der Order wird den Marktteilnehmern über eine Aktualisierung des Handelsbildschirmes mitgeteilt. Damit der Handelsbildschirm bei allen Marktteilnehmern gleichzeitig aktualisiert wird, erhalten alle Router den Auftrag, die Informationen an alle Marktteilnehmer zu verteilen. Dieser Vorgang, bei dem die Informationen an alle empfangenden Stationen gesendet werden, wird Broadcasting genannt. Der gesamte Vorgang der Übertragung der Order und der Aktualisierung des Handelsbildschirmes dauert in der Regel weniger als eine Sekunde. Der geschilderte Übertragungsvorgang mag sich zunächst sehr kompliziert anhören. Das Grundprinzip ist aber relativ einfach: Die Daten werden zunächst geprüft, gebündelt und dann wie Pakete bei der Post versendet. Die Versendung und den Empfang übernehmen die einzelnen „Postämter" wie Router und Communication Server. Die Übertragungswege der DTB sind Standleitungen, die eigens für diesen Zweck von der Deutschen Bundespost Telekom angemietet werden.

Im Zentralrechner selber übernimmt das elektronische Orderbuch die Zusammenfühung von Kauf- und Verkaufaufträgen. Entsprechen sich ein Kauf- und Verkaufauftrag, so führt das Orderbuch diese beiden Aufträge zusammen. Die Herbeiführung des
Geschäftsabschlusses durch das Orderbuch wird auch Matching
genannt. Das Orderbuch sortiert zudem die Aufträge nach bestimmten Kriterien. Unlimitierte Aufträge haben Vorrang und
werden – wenn möglich – zuerst ausgeführt. Limitierte Aufträge
werden nach ihrem Preis geordnet. Der jeweils günstigste Preis
steht an erster Stelle. Haben zwei Aufträge den gleichen Preis, so
hat der Auftrag Vorrang, der zuerst in das System eingegeben wurde (first come, first served).

Durch Installierung von verschiedenen Sicherheitsvorkehrun-
gen hat das Übertragungssystem der DTB einen hohen Sicher-
heitsgrad erreicht. Die Zwischenschaltung der Router bewirkt,
daß die Börsenteilnehmer keinen direkten Zugang zum Zentralrechner der DTB haben. Auch können dadurch Börsenteilnehmer
(im Gegensatz zur DTB) keinen Einblick in das System und die
Positionen der einzelnen Marktteilnehmer gewinnen. Ein weiterer Sicherheitsvorgang ist die Tatsache, daß jeder Handelsvorgang
von der DTB festgehalten, gespeichert und um bestimmte Informationen ergänzt wird. Die erste „Markierung" des Handelsvor-
gangs erfolgt am User Device des jeweiligen Börsenteilnehmers.
Neben den einzelnen Informationen über die Art der Order kommen noch Informationen über den Zeitpunkt der Eingabe der Order und über den Absender und Empfänger hinzu. Die Speiche-
rung der Orders übernehmen die Zentralrechner. Dadurch wird
eine Nachvollziehbarkeit jedes getätigten Handels und eine hohe
Markttransparenz erreicht.

60% der Arbeit wird von den sechs Zentralrechnern übernommen. Diese sind nicht nur für die Auftragsausführung und Positionsführung zuständig. Für den aktuellen Handel ist zudem eine
Verwaltung und ständige Aktualisierung der Datenbasis notwendig. Eine weitere Aufgabe der Zentralrechner ist die Stapelverarbeitung (Batch Run). Es ist die Nachverarbeitung des Handelstages. 30% der Datenverarbeitung wird von den User Devices der
Marktteilnehmer übernommen und die restlichen 10% von den
Zwischenrechnern (Communication Server).

Zentralrechner
DTB Frankfurt

Router
Communication Server Standort XY
Router

Router
User Device Standort XY
Workstation + Handelsbildschirm

Abb. 4.2: Technischer Aufbau der DTB

4.1.3 Clearing

Der Kauf einer Option ist nicht nur mit einem Marktrisiko, sondern auch mit einem Erfüllungsrisiko verbunden. Möchte ein Marktteilnehmer einen Call, den er besitzt, ausüben und sein Kontraktpartner, der Verkäufer des Calls, ist nicht in der Lage, ihm die zugrundeliegende Ware (z. B. Anleihen) zu liefern, dann verfällt sein Recht wertlos. Der gleiche Fall tritt ein, wenn ein Put ausgeübt wird und der Verkäufer des Puts z. B. aus Finanzschwäche nicht in der Lage ist, die Ware abzunehmen und zu bezahlen. Dasselbe Risiko kann auch beim Kauf und Verkauf von Terminkontrakten bestehen. Der Verkäufer des Kontraktes hat nämlich die Verpflichtung, den dem Kontrakt zugrundeliegenden Handelsgegenstand zu liefern und der Käufer hat die Verpflichtung, diese Ware abzunehmen.

Um dieses Ausfallrisiko auszuschalten, steht an der DTB zwischen den einzelnen Kontrahenten ein Kontraktpartner mit höchster Bonität. Dieser Kontraktpartner wird Clearing House genannt. Das Clearing House übernimmt das Ausfallrisiko, falls ein Marktteilnehmer seiner Liefer- bzw. Abnahmeverpflichtung nicht nachkommen kann. Durch die Zwischenschaltung des Clearing-Hauses werden die Marktteilnehmer von der Notwendigkeit befreit, die Bonität ihres Kontraktpartners zu überprüfen. Das Clearing-Haus übernimmt nicht nur das Ausfallrisiko, sondern ist als zentrale Abwicklungsstelle auch für die Abwicklung und Kontrolle der Transaktionen zuständig. So übernimmt es die Abwicklung der finanziellen Seite des Geschäftes; es ermittelt börsentäglich den Wert der Positionen (mark to the market) und die Höhe der von den Mitgliedern zu tätigenden Nachschüsse. Außerdem müssen die Sicherheitsleistungen (Margins) der Clearing-Mitglieder bei ihr hinterlegt werden.

Die Clearing-Stelle kann eine selbständige Einrichtung, oder wie es bei der DTB der Fall ist, ein integrierter Bestandteil der Börsen- GmbH sein. Die Deutsche Terminbörse GmbH ist nämlich sowohl Trägergesellschaft der Börse als auch Clearing-Stelle. Somit ist die Trägergesellschaft der DTB der Vertragspartner bei jedem getätigtem Börsengeschäft. Der andere Vertragspartner kann aber nur derjenige werden, der eine Clearing-Mitgliedschaft besitzt. Die DTB unterhält somit in bezug auf den Börsenhandel keinerlei vertragliche Beziehungen mit Personen oder Institutionen, die keine Clearing-Mitgliedschaft besitzen.

Es gibt zwei Arten von Clearing-Mitgliedschaften: General-Clearing-Mitglieder (GCM) und Direct-Clearing-Mitglieder (DCM). Daneben gibt es auch Börsenteilnehmer ohne eine Clearing-Mitgliedschaft (Non-Clearing-Mitglied, NCM). General-Clearing-Mitglieder sind berechtigt, im eigenen Auftrag an der Börse tätig zu sein. Zudem sind sie befugt, auch Geschäfte von Kunden und Börsenteilnehmern ohne Clearing-Lizenz auszuführen. Ein General-Clearing-Mitglied übernimmt die vollständige Abwicklung der Geschäfte seiner Kunden und die daraus entstehenden buchungstechnischen Aufgaben, wie z. B. Verbuchung der gezahlten oder erhaltenen Optionspreise. Weiterhin hat es dafür Sorge zu tragen, daß der Kunde seinen Marginverpflichtungen nachkommt. Das Clearing-Mitglied selber hat bei der DTB eine Margin in einer bestimmten Höhe zu hinterlegen. Diese Margin-Zahlung kann in Form von Geldbeträgen oder Hinterlegung von Wertpapieren erfolgen und dient als Sicherheitsleistung für bestehende Kontraktverpflichtungen. Das General-Clearing-Mitglied trägt das volle Ausfallrisiko, falls ein Vertragspartner (z. B. Privatkunde oder Non-Clearing-Mitglied) seinen Verpflichtungen nicht nachkommen kann. Damit gewährleistet ist, daß auch das General-Clearing-Mitglied seinen Verpflichtungen sowohl der DTB als auch dem Vertragspartner gegenüber nachkommen kann, dürfen nur Institute General-Clearing-Mitglied werden, die über ein haftendes Eigenkapital von mindestens DM 250 Mio. verfügen. Außerdem muß eine Drittbankgarantie von DM 10 Mio. bei der DTB hinterlegt werden. Ist ein Clearing-Mitglied nicht in der Lage, seinen Verpflichungen nachzukommen, werden die Sicherheiten der übrigen Clearing-Mitglieder herangezogen. Sollten diese Sicherheiten nicht ausreichen, haftet die DTB für diese Verbindlichkeiten. Für die technische Durchführung der Geschäfte ist ein Konto beim Deutschen Kassenverein (Verbuchung der Wertpapiertransaktionen) sowie ein Konto bei der Landeszentralbank Hessen (Regulierung des Zahlungsverkehrs) notwendig.

Die zweite Gruppe der Clearing-Mitglieder sind die Direct-Clearing-Mitglieder[4]. Ihre Rechte und Aufgaben entsprechen denen der General-Clearing-Mitglieder, mit der Einschränkung, daß sie nicht berechtigt sind, Geschäfte für Börsenmitglieder abzuwickeln, die keine Clearing-Mitgliedschaft besitzen. Sie sind somit nur zum Clearing eigener Geschäfte sowie zum Clearing von Kundengeschäften berechtigt. Aufgrund dieser Einschränkung besteht ein geringeres Risiko. Deshalb benötigen sie als Zulassungsvoraussetzung nur ein haftendes Eigenkapital in Höhe von DM 25 Mio. und eine Drittbankgarantie in Höhe von DM 2,0 Mio.

Börsenteilnehmer ohne Clearing-Mitgliedschaft können ihre Börsentransaktionen nicht selbständig abwickeln. Sie müssen eine Clearing-Vereinbarung mit einem General-Clearing-Mitglied abschließen. General-Clearing-Mitglieder sind prinzipiell verpflichtet, einem Non-Clearing-Mitglied, das die notwendigen Voraussetzungen erfüllt, eine vertragliche Beziehung zu ermöglichen. Für den Fall, daß sich kein GCM dazu bereiterklärt, ist die DTB befugt, durch Losentscheid ein GCM zuzuweisen.

Für den Fall, daß ein Kunde eines Clearing-Mitgliedes seinen Verpflichtungen nicht mehr nachkommen kann, steht dieses Clearing-Mitglied für die Verpflichtungen seines Kunden ein. Ist ein Clearing-Mitglied nicht in der Lage, seinen Verpflichtungen nachzukommen, werden die Sicherheiten der übrigen Clearing-Mitglieder herangezogen. Sollten diese Sicherheiten nicht ausreichen, haftet die DTB für diese Verpflichtungen. Notfalls werden

---

4 Direct-Clearing-Mitglieder werden gelegentlich auch Individual Clearing-Mitglieder genannt.

dafür Rücklagen der DTB aufgelöst. Dieses Szenario ist allerdings unwahrscheinlich und nur in extremen Fällen denkbar.

Abb. 4.3: Struktur der Clearing-Mitgliedschaften an der DTB

4.2 Handel an der DTB

Der Handel an der DTB wurde am 26. Januar 1990 mit der Einführung von 14 Optionen auf Aktien eröffnet. Der Dax Future folgte am 23. 11. 1990 und die Dax Optionen und Optionen auf den Bund-Future am 16. August 1991. Die Einführung des Bobl-Futures fand am 4. 10. 1991 statt und die der Aktienoptionen mit einer Laufzeit von 9 Monaten am 20. Januar 1992. Die letzte Produkteinführung in Form der Optionen auf den Bobl-Future fand im Januar 1993 statt.

Für die folgenden Ausführungen werden die Zinsprodukte herausgegriffen. Es sind der Bund-Future, Optionen auf den Bund-Future, der Bobl-Future und Optionen auf den Bobl-Future.

4.2.1 Kontraktspezifikationen des Bund-Futures

Der Bund-Future ist ein Zinsterminkontrakt, der auf eine fiktive Anleihe standardisiert wurde. Diese fiktive Anleihe hat einen Kupon von 6 % und eine Restlaufzeit von 8,5 bis 10 Jahren. In den Future einlieferbar sind aber effektive Anleihen. Es handelt sich hierbei nicht nur um eine lieferbare Anleihe, sondern um einen Korb von lieferbaren Anleihen. Es sind Bundesanleihen, Anleihen des Fonds Deutsche Einheit und Anleihen der Treuhandanstalt lieferbar, die am Liefertag eine Restlaufzeit von mindestens 8,5 bis maximal 10 Jahren haben. Die Höhe des Kupons spielt keine Rolle. Die Laufzeit wurde zwischen 8,5 und 10 Jahren gewählt, damit ein Korb an verschiedenen lieferbaren Anleihen vorhanden ist. Das hat bei einem Wechsel des Cheapest to Deliver eine erhöhte Kontinuität des Futureskurses zur Folge.[5] Am Liefertag ist eine beliebige Anleihe aus diesem Korb lieferbar. Diese Anleihen haben in der Regel unterschiedliche Laufzeiten und Kupons. Um die Anleihen bei der Lieferung vergleichbar zu machen und um sie an die fiktive Anleihe anzugleichen, findet am Liefertag eine Anpassung mit Hilfe eines Preisfaktors statt. Ein Kontrakt umfaßt Anleihen im Nominalwert von DM 250 000.

Im Gegensatz zu einer Option ist ein Terminkontrakt kein Recht, sondern einen Verpflichtung. Der Verkäufer eines Bund-Future-Kontraktes hat deshalb die Verpflichtung, am Liefertag Anleihen im Nominalwert von DM 250 000 zu liefern und der Käufer hat die Verpflichtung, diese Anleihen abzunehmen. Durch Glattstellen des Kontraktes vor dem Liefertag hat der Investor die Möglichkeit, von dieser Verpflichtung freizukommen.

Die Preise des Bund-Futures werden analog zu den zugrundeliegenden Bundesanleihen auf zwei Stellen nach dem Komma notiert. Die kleinstmögliche Preisveränderung wird Tick genannt und beträgt 0,01. Der Wert eines Ticks beträgt DM 25 und berechnet sich folgendermaßen: Das Nominalvolumen des Bund-Futures beträgt DM 250 000. Teilt man dieses Nominalvolumen durch 100, erhält man die Anzahl der Anleihen. Diese beträgt 2500. Multipliziert man die Mindestkursveränderung einer Anleihe (0,01) mit 2500, so erhält man den Tick-Wert des Futures in Höhe von DM 25.

Der Preis, der für die Berechnung der täglichen Margin-Zahlungen und für die Berechnung des Andienungsbetrages bei Lieferung relevant ist, ist der Abrechnungspreis, der auch Settlementpreis oder Exchange Delivery Settlement Price (EDSP) genannt wird. Er wird in der Schlußphase der Börsensitzung festgestellt.

---

5 Definition des Cheapest to Deliver siehe: Kapitel 6.1.2.2

Die Kontraktspezifikationen im einzelnen sind in der folgenden Übersicht dargestellt:

Kontraktspezifikationen für den Bund-Future[6]

Kontraktgegenstand:
Fiktive deutsche Bundesanleihe mit einer Nominalverzinsung von 6 %.

Gehandelte Einheit:
DM 250000 Nominalwert.

Kontraktnorm:
Lieferbar sind alle deutschen Bundesanleihen, Anleihen des Fonds Deutsche Einheit und Anleihen der Treuhandanstalt, die am Liefertag eine Restlaufzeit von 8,5 bis 10 Jahren haben.

Aufnahme neuer lieferbarer Anleihen:
Voraussetzung für die Aufnahme in den Korb lieferbarer Anleihen ist der Vollzug der Börseneinführung spätestens am letzten Börsentag vor dem maßgeblichen Liefermonat.

Liefermonate:
März, Juni, September, Dezember. Es werden gleichzeitig die drei nächsten Liefermonate gehandelt. Die maximale Laufzeit eines Kontraktes beträgt daher neun Monate.

Liefertag:
Der 10. Kalendertag des Liefermonats. Wenn dies kein Frankfurter Börsentag ist, fällt der Liefertag auf den nächstfolgenden Frankfurter Börsentag. Als Börsentage an der DTB gelten die Handelstage an der Frankfurter Wertpapierbörse. Ausnahmen werden vom Börsenvorstand bekanntgegeben.

Letzter Handelstag:
Der zweite Börsentag vor dem jeweiligen Liefertag des Liefermonats. Handelsschluß ist 12.30 Uhr des letzten Handelstages.

Anzeigetag:
Zwei Börsentage vor dem 10. Kalendertag eines Liefermonats (während der Post Trading-Periode).

6 Quelle: DTB.

Notierung:
In Prozent pro DM 100 Nominalwert. Die Notierung erfolgt auf zwei Stellen nach dem Komma.

Mindestkursveränderung (Tick):
0,01.
Tick-Wert:
DM 25 (DM 250000 / 100 $*$ 0,01 = DM 25).

Täglicher Abrechnungspreis:
Als täglicher Abrechnungspreis gilt der Durchschnitt der Preise innerhalb der letzten Minute der Handelszeit eines Börsentages. Werden in der letzten Minute weniger als 5 Abschlüsse getätigt, so wird der Durchschnitt der letzten 5 Handelspreise als Abrechnungspreis herangezogen.

Schlußabrechnungspreis:
Der Schlußabrechnungspreis wird nach dem gleichen Verfahren berechnet wie der tägliche Abrechnungspreis, jedoch bereits um 12.30 Uhr des letzten Handelstages.

Abwicklung:
Die Lieferung erfolgt mit einer Erfüllungsfrist von zwei Tagen über den Deutschen Kassenverein AG.

Tägliche Abrechnung:
Grundlage für die Abrechnung der aufgrund von Kursbewegungen entstandenen Gewinne und Verluste bildet der tägliche Abrechnungspreis. Die Gewinne bzw. Verluste werden dem Clearing-Mitglied auf seinem LZB-Konto gutgeschrieben bzw. belastet.

Margin:
Die Ermittlung der Marginverpflichtung erfolgt durch die DTB mit Hilfe eines „Risk-Based-Margining" Verfahrens.

Maximale tägliche Kursschwankungen:
Es existieren keine Limits für tägliche Kursschwankungen. Die DTB behält sich jedoch das Recht vor, derartige Beschränkungen einzuführen, sofern sie das aufgrund besonderer Marktbedingungen für notwendig erachtet.

Handelszeiten:
8.00 Uhr bis 17.30 Uhr Frankfurter Zeit.

4.2.2 Kontraktspezifikationen für Optionen auf den Bund-Future

Eine Option auf den Bund-Future gibt dem Käufer das Recht, während der Laufzeit der Option einen Kontrakt des Bund-Futures zu einem vorher festgelegten Preis (Basispreis) zu kaufen bzw. zu verkaufen. Diese Option ist im Gegensatz zu einem Kontrakt ein Recht und keine Verpflichtung. Bei Ausübung einer Option bekommt der Ausübende einen Terminkontrakt auf Bundesanleihen geliefert (Call) oder er liefert selber einen Kontrakt (Put).

Durch den Einsatz von Optionen eröffnen sich für den Marktteilnehmer neue Möglichkeiten, die der Terminkontrakt alleine nicht bietet. Anderseits hat der Terminkontrakt Einsatzmöglichkeiten, die die Option nicht hat. Die beiden ergänzen sich daher. In vielen Bereichen können sie auch kombiniert eingesetzt werden.

Kontraktspezifikationen für Optionen auf den Bund-Future[7]

Basiswert:
Der an der DTB gehandelte Terminkontrakt auf Bundesanleihen (Bund-Future).

Gehandelte Einheit:
Ein Terminkontrakt auf Bundesanleihen (Bund-Future).

Laufzeiten:
Die maximale Laufzeit einer Option beträgt neun Monate. Die einzelnen Verfallmonate richten sich nach den zur gleichen Zeit verfügbaren Liefermonaten des Bund-Futures, d. h. die drei nächstliegenden Monate des Zyklus März, Juni, September und Dezember. Vom Verfalltag eines Optionskontraktes bis zur Einführung eines neuen Future-Kontraktes stehen nur die beiden letzten Laufzeiten zur Verfügung.

Letzter Handelstag:
Sechs Börsentage vor dem ersten Tag im Liefermonat des Bund-Futures.

Verfalltag:
Verfalltag einer Optionsserie ist der auf den letzten Handelstag folgende Börsentag.

7 Quelle: DTB.

Ausübungsart:
Amerikanisch, das heißt die Ausübung ist an jedem Börsentag während der Börsenzeit und während der Laufzeit der Option möglich. Der letzte Ausübungstag ist somit der letzte Handelstag.

Notierung:
Die Preisnotierung erfolgt in Punkten mit zwei Nachkommastellen (Ticks) z. B.: 2,73.

Mindestkursveränderung (Tick):
0,01.

Tick-Wert:
DM 25.

Maximale Preisspanne:
Es ist eine maximale Preisspanne zwischen Geld und Briefkursen für Quotes festgelegt. Sie beträgt 4 Basispunkte für Optionen im Front-Monat und 8 Basispunkte für Optionen im Back-Monat.

Basispreise:
Die Basispreise haben eine feste Preisabstufung von 0,50 Punkten (z. B.: 91,50, 92,00, 92,50, etc.). Bei Einführung einer neuen Laufzeit werden immmer neun Basispreise eingeführt. Es stehen damit für jede Kaufoption und jede Verkaufsoption mindestens neun Optionsserien zur Verfügung. Die Basispreise werden so ausgewählt, daß im Vergleich zum aktuellen Preis des zugrundeliegenden Futures immer vier im Geld, einer am Geld und vier aus dem Geld sind.

Einführung neuer Basispreise:
Für jede Laufzeit werden am nächsten Börsentag Optionsserien mit neuen Basispreisen eingeführt, wenn der tägliche Abrechnungspreis des Bund-Futures mit der kürzesten Restlaufzeit den Durchschnitt zwischen dem fünft- und vierthöchsten Basispreis überschritten hat. Eine neue Serie wird nicht eingeführt, wenn die Restlaufzeit weniger als 10 Börsentage beträgt.

Optionsprämie:
Die Zahlung des Optionspreises ist nicht sofort in voller Höhe fällig. Der Optionspreis wird vielmehr sukzessiv im Rahmen eines täglichen Gewinn- und Verlustausgleiches (future-style) verrechnet. Die Premium Variation Margin wird täglich auf der Grundlage des Schlußkurses (Settlementpreis) des Optionskontraktes berechnet. Wird eine Option ausgeübt oder verfällt sie, so erfolgt eine Prämienschlußzahlung in Höhe des Tagesendwertes des Optionskontraktes vom Ausübungstag bzw. letzten Handelstag.

Täglicher Abrechnungspreis:
Der tägliche Abrechnungspreis (Settlementkurs) einer Optionsserie ist für die Berechnung des Gewinn- und Verlustausgleiches und die Berechnung der Sicherheitsleistungen entscheidend. Es ist der Preis des letzten während der letzten Handelsstunde eines Börsentages zustande gekommenen Geschäftes in dieser Optionsserie. Sind in diesem Zeitraum in dieser Optionsserie keine Geschäfte zustande gekommen oder entspricht der ermittelte Preis nicht den tatsächlichen Marktverhältnissen, so legt die DTB den Abrechnungspreis fest.

Abwicklung:
Der Erfüllungstag ist der Börsentag nach dem Ausübungstag. Die Ausübung der Option resultiert in einer entsprechenden Bund-Future-Position. Die Positionen werden im Anschluß an den Ausübungstag während der nächtlichen Datenverarbeitung eröffnet.

Margin:
Die Ermittlung der Marginverpflichtung erfolgt durch die DTB mit Hilfe eines „Risk-Based-Margining" Verfahrens.

Maximale tägliche Kursschwankungen:
Es existieren keine Limits für tägliche Kursschwankungen. Die DTB behält sich jedoch das Recht vor, derartige Beschränkungen einzuführen, sofern sie das aufgrund besonderer Marktbedingungen für notwendig erachtet.

Handelszeiten:
8.00 Uhr bis 17.30 Uhr Frankfurter Zeit.

4.2.3 Kontraktspezifikationen des Futures auf Bundesobligationen (Bobl)

Der Future auf Bundesobligationen (Bobl) ist ähnlich dem Bund-Future ein Zinsterminkontrakt. Im Gegensatz zu diesem liegen ihm keine langfristigen Anleihen, sondern mittelfristige Wertpapiere, d. h. Bundesobligationen mit einer Restlaufzeit von 3,5 bis 5 Jahren zugrunde. In den übrigen Punkten, d. h. Preisbildung, Handel und in den meisten Punkten der Kontraktspezifikationen, entspricht der Aufbau des Bobl-Futures dem des Bund-Futures. Neben den Unterschieden in den lieferbaren Anleihen ist ein weiterer Unterschied die Höhe der Marginverpflichtung. Durch die niedrigere Preissensitivität der zugrundeliegenden Obligationen ist die Preissensitivität des Bobl-Futures für Renditeänderungen niedriger als die des Bund-Futures. Dieser Umstand resultiert in einer niedrigeren Marginverpflichtung.

Der Future auf Bundesobligationen mag zwar ähnlich dem Bund-Future sein, trotzdem stellt er eine unschätzbare Bereicherung des Marktes für derivative Produkte dar. Durch ihn wird der mittelfristige Bereich in der Laufzeitstruktur des deutschen Rentenmarktes abgedeckt.

Wie die Kontraktspezifikationen für dieses Instrument im einzelnen aussehen, zeigt die folgende Übersicht:

Kontraktspezifikationen für den Bobl-Future[8]

Kontraktgegenstand:
Fiktive Bundesobligation mit einer Nominalverzinsung von 6 %.

Gehandelte Einheit:
DM 250 000 Nominalwert.

Kontraktnorm:
Lieferbar sind alle deutschen Bundesobligationen und Bundesschatzanweisungen (inklusive Schatzanweisungen des Fonds Deutsche Einheit), die am Liefertag eine Restlaufzeit von 3,5 bis 5 Jahren haben und die ein Mindestemissionsvolumen von DM 4 Milliarden besitzen.

Lieferbar sind auch Anleihen, Obligationen und Schatzanweisungen der Treuhandanstalt, sofern sie am Kontraktliefertag eine Restlaufzeit von 3,5 bis 5 Jahren aufweisen.

Zusätzlich müssen sämtliche Emissionen, damit sie lieferbar sind, am ersten Tag ihrer Börsennotierung eine Restlaufzeit von maximal 5 $\frac{1}{4}$ Jahren aufweisen. Nicht lieferbar sind dagegen, unabhängig von der Restlaufzeit, Bundesanleihen.

Aufnahme neuer lieferbarer Obligationen:
Voraussetzung für die Aufnahme in den Korb lieferbarer Obligationen ist der Vollzug der Börseneinführung spätestens 10 Börsentage vor der Fälligkeit des jeweiligen Kontraktes.

Liefermonate:
März, Juni, September, Dezember. Es werden gleichzeitig die drei nächsten Liefermonate gehandelt. Die maximale Laufzeit eines Kontraktes beträgt daher neun Monate.

8 Quelle: DTB.

Liefertag:
Der 10. Kalendertag des Liefermonats. Wenn dies kein Frankfurter Börsentag ist, fällt der Liefertag auf den nächstfolgenden Frankfurter Börsentag. Als Börsentage an der DTB gelten die Handelstage an der Frankfurter Wertpapierbörse. Ausnahmen werden vom Börsenvorstand bekanntgegeben.

Letzter Handelstag:
Der zweite Börsentag vor dem jeweiligen Liefertag des Liefermonats. Handelsschluß ist 12.30 Uhr des letzten Handelstages.

Anzeigetag:
Zwei Börsentage vor dem 10. Kalendertag eines Liefermonats (während der Post Trading Periode).

Notierung:
In Prozent pro DM 100 Nominalwert. Die Notierung erfolgt auf zwei Stellen nach dem Komma.

Mindestkursveränderung (Tick):
0,01.

Tick-Wert:
DM 25 (DM 250000/100 * 0,01 = DM 25).

Täglicher Abrechnungspreis:
Als täglicher Abrechnungspreis gilt der Durchschnitt der Preise innerhalb der letzten Minute der Handelszeit eines Börsentages. Werden in der letzten Minute weniger als 5 Abschlüsse getätigt, so wird der Durchschnitt der letzten 5 Handelspreise als Abrechnungspreis herangezogen.

Schlußabrechnungspreis:
Der Schlußabrechnungspreis wird nach dem gleichen Verfahren berechnet wie der tägliche Abrechnungspreis, jedoch bereits um 12.30 Uhr des letzten Handelstages.

Abwicklung:
Die Lieferung erfolgt mit einer Erfüllungsfrist von zwei Tagen über den Deutschen Kassenverein AG.

Tägliche Abrechnung:
Grundlage für die Abrechnung der aufgrund von Kursbewegungen entstandenen Gewinne und Verluste bildet der tägliche Abrechnungspreis. Die Gewinne bzw. Verluste werden dem Clearing-Mitglied auf seinem LZB-Konto gutgeschrieben bzw. belastet.

Margin:
Die Ermittlung der Marginverpflichtung erfolgt durch die DTB mit Hilfe eines „Risk-Based-Margining" Verfahrens.

Maximale tägliche Kursschwankungen:
Es existieren keine Limits für tägliche Kursschwankungen. Die DTB behält sich jedoch das Recht vor, derartige Beschränkungen einzuführen, sofern sie das aufgrund besonderer Marktbedingungen für notwendig erachtet.

Handelszeiten:
8.00 Uhr bis 17.30 Uhr Frankfurter Zeit.

4.2.4 Kontraktspezifikationen für Optionen auf den Future auf Bundesobligationen

Seit Januar 1993 werden an der DTB auch Optionen auf den Bobl-Future gehandelt. Diese Optionen entsprechen in ihren Kontraktspezifikationen den Optionen auf den Bund-Future. Der Unterschied besteht zum einen darin, daß ihnen der Future auf Bundesobligationen zugrundeliegt und zum anderen in dem Abstand der Basispreise. Während die Basispreise der Optionen auf den Bund-Future eine Preisabstufung von 0,5 Punkten haben, beträgt der Abstand der Basispreise der Optionen auf den Bobl-Future 0,25 Punkte.

Kontraktspezifikationen für Optionen auf den Bobl-Future[9]

Basiswert:
Der an der DTB gehandelte Terminkontrakt auf Bundesobligationen (Bobl-Future).

Gehandelte Einheit:
Ein Terminkontrakt auf Bundesobligationen (Bobl-Future).

Laufzeiten:
Die maximale Laufzeit einer Option beträgt neun Monate. Die einzelnen Verfallmonate richten sich nach den zur gleichen Zeit verfügbaren Liefermonaten des Bobl-Futures, d. h. die drei nächstliegenden Monate des Zyklus März, Juni, September und Dezember. Vom Verfalltag eines Options-

9 Quelle: DTB.

kontraktes bis zur Einführung eines neuen Future-Kontraktes stehen nur die beiden letzten Laufzeiten zur Verfügung.

Letzter Handelstag:
Sechs Börsentage vor dem ersten Tag im Liefermonat des Bobl-Futures.

Verfalltag:
Verfalltag einer Optionsserie ist der auf den letzten Handelstag folgende Börsentag.

Ausübungsart:
Amerikanisch, das heißt die Ausübung ist an jedem Börsentag während der Börsenzeit und während der Laufzeit der Option möglich. Der letzte Ausübungstag ist somit der letzte Handelstag.

Notierung:
Die Preisnotierung erfolgt in Punkten mit zwei Nachkommastellen (Ticks) z. B.: 2,95.

Mindestkursveränderung (Tick):
0,01.

Tick-Wert:
DM 25.

Maximale Preisspanne:
Es ist eine maximale Preisspanne zwischen Geld und Briefkursen für Quotes festgelegt. Sie beträgt 4 Basispunkte für Optionen im Front-Monat und 8 Basispunkte für Optionen im Back-Monat.

Basispreise:
Die Basispreise haben eine feste Preisabstufung von 0,25 Punkten (z. B.: 93,25, 93,50, 93,75, etc.). Bei Einführung einer neuen Laufzeit werden immmer neun Basispreise eingeführt. Es stehen damit für jede Kaufoption und jede Verkaufsoption mindestens neun Optionsserien zur Verfügung. Die Basispreise werden so ausgewählt, daß im Vergleich zum aktuellen Preis des zugrundeliegenden Futures immer vier im Geld, einer am Geld und vier aus dem Geld sind.

Einführung neuer Basispreise:
Für jede Laufzeit werden am nächsten Börsentag Optionsserien mit neuen Basispreisen eingeführt, wenn der tägliche Abrechnungspreis des Bobl-Futures mit der kürzesten Restlaufzeit den Durchschnitt zwischen dem fünft- und vierthöchsten Basispreis überschritten hat. Eine neue

Serie wird nicht eingeführt, wenn die Restlaufzeit weniger als 10 Börsentage beträgt.

Optionsprämie:
Die Zahlung des Optionspreises ist nicht sofort in voller Höhe fällig. Der Optionspreis wird vielmehr sukzessiv im Rahmen eines täglichen Gewinn- und Verlustausgleiches (future-style) verrechnet. Die Premium Variation Margin wird täglich auf der Grundlage des Schlußkurses (Settlementpreis) des Optionskontraktes berechnet. Wird eine Option ausgeübt oder verfällt sie, so erfolgt eine Prämienschlußzahlung in Höhe des Tagesendwertes des Optionskontraktes vom Ausübungstag bzw. letzten Handelstag.

Täglicher Abrechnungspreis:
Der tägliche Abrechnungspreis (Settlementkurs) einer Optionsserie ist für die Berechnung des Gewinn- und Verlustausgleiches und die Berechnung der Sicherheitsleistungen entscheidend. Es ist der Preis des letzten während der letzten Handelsstunde eines Börsentages zustande gekomenen Geschäftes in dieser Optionsserie. Sind in diesem Zeitraum in dieser Optionsserie keine Geschäfte zustande gekommen oder entspricht der ermittelte Preis nicht den tatsächlichen Marktverhältnissen, so legt die DTB den Abrechnungspreis fest.

Abwicklung:
Der Erfüllungstag ist der Börsentag nach dem Ausübungstag. Die Ausübung der Option resultiert in einer entsprechenden Bobl-Future-Position. Die Positionen werden im Anschluß an den Ausübungstag während der nächtlichen Datenverarbeitung eröffnet.

Margin:
Die Ermittlung der Marginverpflichtung erfolgt durch die DTB mit Hilfe eines „Risk-Based-Margining" Verfahrens.

Maximale tägliche Kursschwankungen:
Es existieren keine Limits für tägliche Kursschwankungen. Die DTB behält sich jedoch das Recht vor, derartige Beschränkungen einzuführen, sofern sie das aufgrund besonderer Marktbedingungen für notwendig erachtet.

Handelszeiten:
8.00 Uhr bis 17.30 Uhr Frankfurter Zeit.

4.2.5 Kontraktspezifikationen des Drei-Monats-FIBOR-Futures

Die DTB plant im März 1994 einen Drei-Monats-Zinsfuture mit folgenden Kontraktspezifikationen einzuführen:

Kontraktspezifikationen des Drei-Monats-Zinsfutures[10]

Basiswert:
Zinssatz für Drei-Monats-Termingelder in DM.

Kontraktwert:
DM 1 000 000.

Preisermittlung:
In Prozent auf zwei Dezimalstellen auf der Basis 100 abzüglich Zinssatz.

Mindestkursveränderung (Tick):
0,01.

Tick-Wert:
DM 25.

Laufzeiten:
März, Juni, September, Dezember. Fünf Kontrakte stehen gleichzeitig für den Handel zur Verfügung. Die einzelnen Kontrakte haben eine Laufzeit bis zu 15 Monaten in dreimonatigen Intervallen.

Kombinationshandel:
Kombinationen stehen für die ersten drei Erfüllungsmonate zur Verfügung und können automatisch gegen die individuellen Erfüllungsmonate ausgeführt werden (entsprechend dem Handel beim Bund- und Dax Future).

Abwicklung:
Erfüllung in bar, fällig am ersten Börsentag nach dem letzten Handelstag.

Letzter Handelstag:
Zwei Börsentage vor dem 3. Mittwoch im Erfüllungmonat. Handelsschluß für den fälligen Liefermonat ist 11.00 Uhr.

Schlußabrechnungspreis:
FIBOR für Drei-Monats-Termingelder in DM (ermittelt von Telerate).

10 Quelle: DTB.

Täglicher Abrechnungspreis:
Durchschnitt der Preise der letzten fünf zustande gekommenen Geschäfte bzw. Durchschnitt der Preise aller während der letzten Handelsminute zustande gekommenen Geschäfte, je nach höherer Anzahl.

Margin:
Die Ermittlung der Marginverpflichtung erfolgt durch die DTB mit Hilfe eines „Risk-Based-Margining" Verfahrens.

Tägliche Abrechnung:
Basis für die tägliche Abrechnung von Gewinnen und Verlusten ist der tägliche Abrechnungspreis. Die sich aufgrund der Preisentwicklung ergebenden Gewinne bzw. Verluste werden dem Clearing-Mitglied auf seinem LZB-Konto gutgeschrieben bzw. belastet.

Maximale tägliche Preisschwankungen:
Zunächst keine Begrenzungen für Preisschwankungen. Die DTB behält sich jedoch das Recht vor, derartige Beschränkungen einzuführen, sofern sie das aufgrund besonderer Marktbedingungen für notwendig erachtet.

Handelszeiten:
Noch nicht festgelegt.

4.2.6 Margin

Positionen in Terminkontrakten oder Optionen sind von vornherein mit einem gewissen Risiko behaftet. Durch die Zwischenschaltung des Clearing-Hauses werden die Marktteilnehmer von der Notwendigkeit befreit, die Bonität ihres Kontraktpartners zu überprüfen. Das Clearing-Haus wiederum muß sich gegenüber dem Ausfallrisiko seiner Mitglieder absichern. Um sich vor diesem Verlustrisiko zu schützen, verlangt die DTB von ihren Clearing-Mitgliedern ein haftendes Eigenkapital in bestimmter Höhe und die Hinterlegung einer Sicherheitsleistung bei Eingehen von Positionen. Diese Sicherheitsleistung dient der Sicherung der Kontraktverpflichtungen des einzelnen Mitgliedes. Die Sicherheitsleistung kann in Geld oder Wertpapieren erbracht werden und wird Margin genannt. Die Clearing-Mitglieder wiederum geben diese Marginverpflichtung an ihre Kunden weiter. Kunden müssen bei dem Clearingmitglied oder der Bank eine Margin hinterlegen, die in ihrer Höhe mindestens der Sicherheitsleistung entspricht, die die Clearing-Mitglieder bei der DTB hinterlegen müssen.

Die verschiedenen Arten von Margin zeigt die folgende Übersicht:

Abb. 4.4: Arten von Margins

4.2.6.1 Margin bei Terminkontrakten

Wenn man sich in einem Terminkontrakt engagiert, muß man nicht das Geld für den gesamten Kontraktwert aufbringen, sondern nur einen Teil, dessen Höhe nach Marktlage variiert. Dieser Teil wird Einschuß oder auch Margin genannt. Die Margin ist keine Anzahlung auf den Termingegenstand, sondern stellt eine Sicherheitsleistung dar, mit der mögliche spätere Verluste abgegolten werden sollen, falls ein Marktteilnehmer seinen Verpflichtungen nicht nachkommen kann. Aus der Margin ergibt sich auch die Hebelwirkung; je niedriger die Margin (relativ zum Kontraktvolumen), desto höher der Hebel. Da im Vergleich zum Nominalvolumen ein relativ geringer Betrag hinterlegt wird, ist der auf die Margin berechnete prozentuale Gewinn bzw. Verlust, der bei einer Kursbewegung entsteht, wesentlich höher als bei einer Bezahlung des gesamten Kontraktwertes.

4.2.6.1.1 Initial Margin

Die Initial Margin ist die Mindesteinschußhöhe, die vom Käufer und Verkäufer des Kontraktes am Anfang, d. h. bei Eingehen der Position hinterlegt werden muß. Sie wird von der DTB festgelegt. Die von der DTB bzw. dem Clearing-Haus gegenüber Banken geforderte Initial Margin wird auch als Exchange Minimum bezeichnet. Die Clearingmitglieder und Banken sind an die Initial Margin nach unten hin gebunden. Allerdings sind sie befugt, von ihren Kunden eine höhere als von der Börse festgelegte Initial Margin zu verlangen. Die meisten Clearing-Häuser und Banken verlangen aus Sicherheitsgründen eine Initial Margin, die zwei bis drei mal so hoch ist wie die von der DTB festgelegte Initial Margin. Es hängt allerdings von der Finanzkraft und dem Einfluß des Kunden ab, wieweit er die Initial Margin nach unten drücken kann. Institutionelle Investoren haben diesbezüglich eine bessere Ausgangssituation als es Privatanleger haben.

Sowohl der Käufer als auch der Verkäufer des Terminkontraktes müssen die Initial Margin sofort bei Abschluß des Geschäftes hinterlegen. Die Hinterlegung kann in Form von Geld oder bestimmten lombardfähigen, festverzinslichen Wertpapieren erfolgen.

Die von der DTB festgelegte Initial Margin richtet sich nach der erwarteten Volatilität der dem Kontrakt zugrundeliegenden Anleihen. Die DTB nimmt zu der Berechnung der Initial Margin die in Ticks ausgedrückte historische 30 Tage- oder 250 Tage-Volatilität und multipliziert sie mit einem vorher festgelegten Risikofaktor. Von den beiden Volatilitäten wählt die DTB die Volatilität mit dem jeweils größeren Wert.[11] Mit dieser Berechnung erhält man ein sogenanntes Marginintervall.

Beträgt das Marginintervall z. B. 100 Ticks, dann entspricht dies einer erwarteten Schwankung von 100 Ticks nach unten und 100 Ticks nach oben. Durch Multiplikation der Anzahl der Ticks mit ihrem DM Wert erhält man den DM-Betrag der Initial Margin. Die Höhe der Initial Margin beträgt in diesem Beispiel dann: 100 Ticks * DM 25 = DM 2500.

Für einen volatilen Kontrakt wird in der Regel eine höhere Initial Margin verlangt als für einen weniger volatilen Kontrakt. So wird für den Bobl-Future ein geringerer Einschuß verlangt als für den Bund-Future. Obligationen weisen eine geringere Kursempfindlichkeit bei Renditeänderungen[12] auf als Bundesanleihen. Da-

---

11 Der Risikofaktor schwankt in der Regel zwischen 3,6 und 4.
12 Siehe Kapitel 2.1 Duration.

durch bewegt sich der Kurs des Bobl-Futures bei Renditeänderungen weniger stark als der Kurs des Bund-Futures. Dies führt zu einem niedrigeren Einschuß.

Die von der DTB festgesetzte Initial Margin für den Bobl-Future betrug im Juni 1993 DM 1250, während sie für den Bund-Future DM 2500 betrug.

Die Initial Margin ist keine fixe Größe, sondern wird von der DTB in unregelmäßigen Abständen an sich ändernde Volatilitäten angepaßt. In Zeiten mit großen Kurschwankungen wird die Börse eine höhere Margin verlangen.

4.2.6.1.2 Variation Margin

Ein Kontrakt ist in der Regel täglichen Kursschwankungen ausgesetzt. Das bedeutet, daß sich der Wert des Kontraktes ändert. Wie hoch die Wertänderung des Kontraktes ist, wird mit Hilfe des mark to the market-Prinzips börsentäglich festgestellt. Die Wertveränderung der Position gegenüber dem Vortag wird aufgrund des täglichen Settlement-Preises vom Clearing-Haus ermittelt (Daily Settlement). Diese Wertveränderung des Terminkontraktes wird Variation Margin genannt. Die Bewertung erfolgt börsentäglich für jeden Fälligkeitstermin. Die entstehenden Gewinne und Verluste werden den einzelnen Clearing-Mitgliedern entsprechend den Positionen, die sie innehaben, von der DTB bzw. von dem Clearing-Haus der DTB täglich belastet bzw. gutgeschrieben. Die Verrechnung erfolgt über die Landeszentralbank (LZB) und wird auf dem von der DTB geführten internen Geldverrechnungskonto verbucht.

Die durch die Kursveränderungen entstehenden Gewinne werden den Clearing-Mitgliedern sofort gutgeschrieben; Verluste sind von den Mitgliedern sofort zu zahlen. Da sich die Kursgewinne und Kursverluste insgesamt ausgleichen, sind die insgesamt zu tätigenden Zahlungen für das Clearing-Haus der DTB Nullsummentransaktionen.

Für die Clearing-Mitglider sind die Variation Margin-Zahlungen in der Regel keine Nullsummentransaktionen, da sie meistens neben Kundengeschäften auch eigene Transaktionen tätigen. Die Abrechnungen mit ihren Kunden tätigen die Clearing-Mitglieder ebenfalls täglich.

Erhöht sich durch eine günstige Kursentwicklung und dadurch entstehende Variation Margin-Zahlungen der Kontostand eines Marktteilnehmers über das Niveau der Initial Margin, so kann er den überschüssigen Betrag auf dem Konto stehenlassen (z. B. als Sicherheitspolster gegenüber ungünstigen Kursentwicklungen). Er kann aber den Betrag, sofern er ausreichend ist, als Einschuß für den weiteren Kauf bzw. Verkauf von Kontrakten verwenden oder er kann sich den Betrag auszahlen lassen.

4.2.6.1.3 Maintenance Level

Die Initial Margin kann durch ungünstige Kursentwicklungen und damit einhergehende Variation Margin-Zahlungen angegriffen werden. Es gibt ein bestimmtes Niveau, das die Initial Margin nicht unterschreiten darf. Dieses Niveau wird Maintenance Level genannt und ist nur für den Fall einer ungünstigen Kursentwicklung relevant.

Dieses Maintenance Level ist besonders für die Kunden der Clearing-Mitglieder und Banken von Bedeutung und beträgt in der Regel 75 % der Initial Margin. Allerdings haben die verschiedenen Investmenthäuser und Banken nicht immer dasselbe Maintenance Level. Die absolut untere Grenze für das Maintenance Level ist jedoch immer das Exchange Minimum.

Die Initial Margin kann solange durch Variation Margin-Zahlungen geschmälert werden, bis das Maintenance Level unterschritten ist. Wird es allerdings unterschritten, so hat der Kunde die Verpflichtung, den Kontostand sofort bis auf die Höhe der Initial Margin wieder aufzufüllen. In diesem Fall wird er von seinem kontoführenden Institut einen sogenannten Margin Call erhalten, der eine Aufforderung darstellt, den Kontostand bis auf die ursprüngliche Höhe der Inital Margin aufzufüllen. Der Kunde muß in der Regel innerhalb des folgenden Geschäftstages diesem Margin Call Folge leisten. Tut er das nicht, dann wird seine Position glattgestellt. Er wird sozusagen „zwangsexekutiert". Um ihr Risiko zu begrenzen, liquidieren die kontoführenden Institute solche Positionen meistens sehr schnell.

4.2.6.1.4 Marginberechnung

Marginberechnung für Non Spread-Positionen

Es wird angenommen, daß das Exchange Minimum bezüglich der Initial Margin für einen Bund-Future-Kontrakt DM 2500 beträgt. Die Bank verlangt aus Sicherheitsgründen von ihren Kunden einen Einschuß, der doppelt so hoch ist wie das Exchange Minimum, d. h. DM 5000. Das Maintenance Level liegt bei 75 % der Initial Margin, d. h. bei DM 3750 für einen Kontrakt.

Aus der von der Börse festgelegten Initial Margin von DM 2500 ergibt sich ein Marginintervall von einem Punkt (100 Ticks), d. h. der Kontrakt kann um einen Punkt steigen, bevor die Initial Margin des Verkäufers aufgezehrt ist und um einen Punkt fallen, bevor die Initial Margin des Käufers aufgezehrt ist. Das gilt aber lediglich unter der Voraussetzung, daß als Initial Margin nur das Exchange Minimum zu hinterlegen ist.

An diesem Tag kauft ein Käufer vom Verkäufer 7 Bund-Future-Kontrakte bei einem Kurs von 91,45.

Die Initial Margin beträgt für den Käufer und Verkäufer:

Käufer	Verkäufer
DM 5000 * 7 = DM 35000	DM 5000 * 7 = DM 35000

Das Maintenance Level beträgt:

Käufer	Verkäufer
DM 35000 * 0,75 = DM 26250	DM 35000 * 0,75 = DM 26250

Am nächsten Tag ist der Settlement-Preis (Abrechnungs- und Bewertungspreis) 92,38. Daraus errechnet sich eine Futureveränderung von 93 Ticks.

Die Kontowertänderung beträgt:

93 Ticks * DM 25 * 7 Kontrakte = DM 16275

Der neue Kontostand beträgt:

Käufer	Verkäufer
DM 35000	DM 35000
+ DM 16275	– DM 16275
DM 51275	DM 18725

Weil das Maintenance Level unterschritten wurde, erhält der Verkäufer einen Margin Call d. h. er muß sein Konto bis zur Höhe der Initial Margin auffüllen. Der Käufer kann sein Geld auf dem Konto stehen lassen, es als Einschuß für weitere Kontrakte verwenden, oder er kann es sich wie in diesem **Beispiel**, auszahlen lassen. Der neue Kontostand beträgt dann:

Käufer	Verkäufer
DM 51275	DM 18725
– DM 16275	+ DM 16275
DM 35000	DM 35000

Am nächsten Tag fällt der Future um 45 Ticks und schließt bei 91,93. Die Kontowertänderung beträgt:

45 Ticks * DM 25 * 7 Kontrakte = DM 7875

Käufer	Verkäufer
DM 35000	DM 35000
– DM 7875	+ DM 7875
DM 27125	DM 42875

Aufgrund dieser Kursveränderung erhält der Käufer noch keinen Margin Call, da der Kontowert noch über DM 26250 liegt (Maintenance Level) liegt.

Zeigt sich der Markt an einem Tag sehr volatil, kann es auch ohne Unterschreiten dieser Grenze zu Margin Calls kommen. Diesen muß, genauso wie den üblichen Margin Calls sofort nachgekommen werden.

Nach Abschluß der Transaktion ergibt sich für die Marktteilnehmer folgender Gewinn und Verlust:

Käufer	Verkäufer
+ DM 16275	– DM 16275
– DM 7875	+ DM 7875
+ DM 8400	– DM 8400

Aus dem gegenüber dem Nominalwert des Kontraktes geringen Einschuß ergibt sich eine Hebelwirkung. Der Kurs des Kontraktes ist am ersten Tag von 91,45 auf 92,38 gestiegen. Das entspricht einer Kurssteigerung von 1,017 Prozent. Der Gewinn des Käufers beträgt aber an diesem Tag 46,5 Prozent (Anfangswert der Initial Margin: DM 35000, Endkontostand DM 51275) und der Verlust des Verkäufers 46,5 Prozent. Hätte die Initial Margin nur die Hälfte betragen, nämlich DM 2500, dann hätte der Gewinn des Käufers 93 Prozent betragen, während der Verkäufer fast einen Totalverlust erlitten hätte. Ein Engagement in Terminkontrakten ist daher nicht nur mit enormen Gewinnmöglichkeiten verbunden, sondern auch mit außerordentlichen Risiken behaftet.

Marginberechnung für Spread-Positionen
Der Kauf (Verkauf) eines Kontraktes mit naheliegendem Liefermonat und der gleichzeitige Verkauf (Kauf) eines Kontraktes mit einem einem entfernteren Liefermonat wird Spread genannt. Ein Spread kann auch zwischen zwei verschiedenen Kontrakten aufgebaut werden, z. B. zwischen Bund-Future und Bobl-Future.

Das in DM ausgedrückte Verlustpotential ist bei einem Spread im Vergleich zu einer einfachen Long- oder Short-Position geringer, da sich durch die Kombination von Long- und Short-Position das Risiko teilweise ausgleicht.[13] Aus diesem Grund wird bei einer Spreadposition eine geringere Initial Margin gefordert. Auch andere sich in ihrem Verlustrisiko gegenseitig kompensierende Positionen werden mit einer geringeren Margin belastet.

Dieser Umstand ist besonders für Investoren von Bedeutung, die ein Portfolio mit verschiedenen Terminkontrakt- und Optionspositionen haben. Viele Positionen werden sich in ihrem Risiko kompensieren. Dies führt zu einer geringeren Marginverpflichtung für die Gesamtposition. Durch die geringere Marginverpflichtung wird weniger Geld gebunden. Das ist insofern von Vorteil, da das Geld für Marginverpflichtungen in vielen Fällen unverzinslich auf einem Konto geführt wird.

Für die Höhe der Margin ist das Gesamtrisiko der Positionen entscheidend. Daher wird diese Art der Marginberechnung auch Risk Based Margin-Berechnung genannt.

Anfang 1993 erhob die DTB für Spread-Positionen folgende Sätze für die Initial Margin:

---

13 Allerdings ist auch das Gewinnpotential geringer.

Bund-Future:
Future back month spread rate: DM 300
Future spot month spread rate: DM 1300
Bobl-Future:
Future back month spread rate: DM 250
Future spot month spread rate: DM 550

Liegt kein Kontraktliefermonat der Spreadposition im aktuellen Kalendermonat, so hinterlegt man die „future back month spread rate". Diese ist niedriger als die „future spot month spread rate" die dann Anwendung findet, wenn ein Kontraktliefermonat der aktuelle Kalendermonat ist. Ist der aktuelle Kalendermonat zum Beispiel der November und man hat eine Spread-Position zwischen dem Dezember- und dem März-Kontrakt, so ist die future back month spread rate zu hinterlegen. Ist der aktuelle Kalendermonat aber der Dezember, so hat man für denselben Spread die future spot month spread rate zu hinterlegen. Dieser Einschuß ist unter anderem deswegen höher, um die Marktteilnehmer zu einem rechtzeitigen Rollen ihrer Positionen in dem nächsten Monat zu bewegen.

Die Initial Margin einer Spread-Position wird Spread Margin genannt. Im Gegensatz dazu wird die Initial Margin einer Non-Spread-Position als Additional Margin bezeichnet.

Wie sich die Margin für Spread-Positionen berechnet zeigt das folgende **Beispiel***:*

Im Mai 1993 hat ein Marktteilnehmer in seinem Bund-Future-Portfolio, Positionen mit verschiedenen Liefermonaten:

Juni 93: 75 Kontrakte Long
Sept. 93: 30 Kontrakte Short
Dez. 93: 35 Kontrakte Short

In dem Portfolio befinden sich als Gesamtposition 140 Kontrakte. Davon sind 75 Kontrakte Kaufpositionen (Long) und 65 Kontrakte Verkaufspositionen (Short). Da sich das Risiko der Long- und Short- Positionen teilweise ausgleicht, werden sie als Spread-Positionen bezüglich der Margin gesondert behandelt. Die einzelnen Positionen in den verschiedenen Kontraktmonaten können folgendermaßen zu Spread-Positionen zusammengefaßt werden:

75 Juni-Kontrakte zu 30 September-Kontrakten ergibt eine Juni-September Spread-Position von 30 Kontrakten.

Es bleiben 45 Juni-Kontrakte übrig. Diese 45 Kontrakte können teilweise mit den 35 Dezember-Kontrakten zu einer Spread-Position zusammengefaßt werden. Es ergibt sich dann eine Juni-Dezember Spread-Position von 35 Kontrakten.

Es bleiben netto als Non-Spread-Position übrig: 10 Juni-Kontrakte.

Die 75 Juni-Kontrakte könnten aber auch zuerst mit den 35 Dezember-Kontrakten verrechnet werden und die verbleibenden Kontrakte dann mit den September-Kontrakten. Für das Endergebnis macht das aber keinen Unterschied.

Netto hält der Investor in seinem Portfolio 65 Spread-Positionen und 10 Non-Spread-Positionen.

Für die Spread-Positionen hinterlegt er eine Spread Margin in Höhe von:

65 Kontrakte * DM 300 (back month spread rate) = DM 19500. [14]

Für die Non-Spread-Positionen hinterlegt er eine Additional Margin in Höhe von:

10 Kontrakte * DM 2500 (Additional Margin Satz) = DM 25000.

Zum Schluß ist noch zu beachten, daß auch die Sätze für Spread Margins schwanken können. Die DTB behält sich das Recht vor, der Marktlage entsprechend zu erhöhen oder zu senken.

4.2.6.2 Margin bei Optionen

Das herkömmliche Verfahren zur Berechnung der Margin für Optionen ist die Premium Based-Methode. Sie findet Anwendung unter anderem in den USA und in der Schweiz. Bei dieser Methode zahlt der Käufer der Option die Prämie sofort in voller Höhe, während der Verkäufer diese Prämie sofort erhält. Verkäufer von Optionen haben bei dieser Methode Sicherheitsleistungen zu hinterlegen, die sich nach dem Wert des der Option zugrundeliegenden Instrumentes und nach dem Basispreis der Option richten. So ist beim Verkauf einer Option, die im Geld ist und deren

---

14 Die hier genannten Marginsätze sind nur Beispielswerte.

Underlying (zugrundeliegendes Instrument) einen hohen Kurs hat, eine höhere Margin zu hinterlegen als für eine Option, die sich aus dem Geld befindet und deren Underlying einen niedrigeren Kurs hat.

Bis Ende 1990 benutzte die DTB dieses System zur Berechnung der Marginverpflichtungen. Mit der Einführung von Terminkontrakten wurde von dieser Methode auf das sogenannte Risk Based Margining umgestellt. Diese Methode weist gegenüber dem Premium Based Margining einige deutliche Verbesserungen auf. Neben einer besseren Berücksichtigung von sich gegenseitig im Risiko kompensierenden Positionen, werden hier die unterschiedlichen Volatilitäten der Basiswerte in die Berechnung mit einbezogen.

Wie dieses System für Optionen auf den Bund-Future ausgestaltet wurde, zeigen die folgenden Kapitel.

4.2.6.2.1 Berechnung der Variation Margin-Zahlungen

Bei Eingehen einer Optionsposition auf den Bund-Future ist die Optionsprämie zunächst nicht zu bezahlen. Ändert sich durch Kursbewegungen der Wert der Option, so werden die Wertänderungen auf der Basis des täglichen Settlementpreises der Option gutgeschrieben bzw. abgebucht. Diese Variation Margin-Zahlungen erfolgen genauso wie bei Future-Positionen. Erst am Verfalltag oder am Ausübungstag wird die Prämie vom Konto des Käufers abgebucht und dem Verkäufer gutgeschrieben. Dieser Vorgang wird auch Final Settlement genannt.

Beispiel: Ein Marktteilnehmer kauft 12 Verkaufsoptionen zu einem Preis von 0,89. Am Ende des Tages notiert die Option bei 0,82 (Settlementpreis). Die Wertveränderung beträgt 7 Ticks.

Die Kontostandveränderungen für Käufer und Verkäufer betragen:

Käufer: $- 7 * 25 * 12 = - DM\ 2100$.

Dieser Betrag wird dem Konto des Käufers belastet.

Verkäufer: $7 * 25 * 12 = DM\ 2100$.

Dieser Betrag wird dem Konto des Verkäufers der Option gutgeschrieben.

Am nächsten Tag beträgt der Settlementpreis der Option 1,19. Das ergibt eine Wertveränderung von 37 Ticks.

Die Variation Margin-Zahlungen betragen:

37 (Tickveränderung) * 25 (Tick Wert) * 12 (Kontraktanzahl) = DM 111000.

Dieser Betrag wird von dem Konto des Verkäufers der Option abgebucht und dem Käufer der Option gutgeschrieben.

Entsteht auf dem Konto durch eine günstige Kursentwicklung und dadurch erfolgende Variation Margin-Zahlungen ein Überschuß, der das Niveau der Additional Margin-Forderung übersteigt, so kann, wie bei der Future Margin, über diesen Überschuß frei verfügt werden.

4.2.6.2.2 Berechnung der Additional-Margin

Da bei Optionen auf den Bund-Future eine tägliche Gewinn- und Verlustabrechnung nach dem Future Style-Verfahren erfolgt, ist die Optionsprämie bei dem Kauf der Option nicht zu bezahlen. Es ist daher auch nicht wie bei DTB Kassaoptionen eine Premium Margin zu entrichten, sondern eine sogenannte Additional Margin.

Zur Berechnung dieser Additional Margin legt die DTB zunächst dasselbe Marginintervall zugrunde wie bei der Ermittlung der Initial Margin für den Bund-Future. Aufgrund dieses Marginintervalls läßt sich ein angenommener größtmöglicher Sprung des Bund-Futures nach oben und nach unten ermitteln. Auf der Basis dieser beiden Futurepreise können für den nächsten Tag mit Hilfe von Optionspreismodellen theoretische Optionspreise errechnet werden. Die in DM ausgedrückte Tick-Differenz zwischen dem aktuellen und dem ungünstigsten theoretischen Optionspreis des nächsten Tages ist als Additional Margin zu hinterlegen. Die DTB verwendet zur Berechnung der theoretischen Optionswerte das Binomialmodell von Cox, Ross, Rubinstein. Dieses Modell wird aus Gründen der Vereinfachung zur Berechnung von allen theoretischen Optionspreisen bei DTB Optionen verwendet.

Bei der Ermittlung der Additional Margin werden sich im Risiko kompensierende Positionen berücksichtigt. Positionen, die sich im Risiko ausgleichen, können unter anderem das gleichzeitige Halten von Calls und Puts oder Options Spread-Positionen sein. Es ist stets das Gesamtrisiko des Portfolios relevant. Werden neben Optionen auch noch Bund-Future-Kontrakte gehalten, so wird deren risikomindernde oder risikoerhöhende Wirkung mit denen der Optionspositionen zusammengefaßt und so bei der Berechnung der Margin berücksichtigt.

Beispielrechnung zur Ermittlung der Risk Based Margin für Optionen auf den Bund-Future:

Für die Berechnung der theoretischen Optionswerte wurde analog zu der Berechnungsweise der DTB das Binomialmodell von *Cox, Ross, Rubinstein* gewählt. Die Optionen haben eine Restlaufzeit von 91 Tagen. Die entsprechende 91 Tages Volatilität beträgt 5,2 Prozent und der Zinssatz 0 Prozent.

Ein Marktteilnehmer kauft 13 Kaufoptionen (Calls) auf den Dezember-Kontrakt des Bund-Futures, Basis 92, und kauft zusätzlich 23 Verkaufsoptionen (Puts), Basis 91,50, desselben Liefermonats. Der Verkäufer der Optionen geht dieselbe Gegenposition ein.

Der Dezember-Kontrakt schließt bei 91,77. Der Settlementpreis des Calls beträgt 0,85 und der Settlementpreis des Puts 0,82. Die DTB hat zu diesem Zeitpunkt ein Marginintervall von einem Punkt festgelegt. Das bedeutet, daß für den nächsten Tag mit einem größtmöglichen Sprung von einem Punkt (100 Ticks) nach oben und nach unten gerechnet wird.

Aus diesem Marginintervall ergibt sich 92,77 als oberer Preis für den Future. Der Call hätte dann einen theoretischen Wert von 1,40 und der Put einen Wert von 0,45. Die potentielle Wertveränderung der Position des Käufers errechnet sich folgendermaßen:
Käufer:
Wertveränderung der Call Position:

+ 55 (Tickveränderung) * 25 (Tickwert) * 13 (Kontraktanzahl) =
+ DM 17875.

Wertveränderung der Put Position:

– 37 (Tickveränderung) * 25 (Tickwert) * 23 (Kontraktanzahl) =
– DM 21275.

Die potentielle Wertveränderung der Gesamtposition beträgt somit:

+ DM 17875 – DM 21275 = – DM 3400.

Die potentielle Wertveränderung der Position des Verkäufers errechnet sich analog, aber mit umgekehrtem Vorzeichen:

Wertveränderung der Call Position:

– 55 (Tickveränderung) * 25 (Tickwert) * 13 (Kontraktanzahl) =
– DM 17875.

Wertveränderung der Put Position:

+ 37 (Tickveränderung) * 25 (Tickwert) * 23 (Kontraktanzahl) =
+ DM 21275.

Die potentielle Wertveränderung der Gesamtposition beträgt somit:

– DM 17875 + DM 21275 = + DM 3400.

90,77 ist der untere Preis für den Future. Bei diesem Kurs errechnet sich ein theoretischer Wert für den Call von 0,46 und ein theoretischer Put Preis in Höhe von 1,36.
Die potentielle Wertveränderung der Position des Käufers der Optionen beträgt:
Wertveränderung der Call Position:

– 39 (Tickveränderung) * 25 (Tickwert) * 13 (Kontraktanzahl) =
– DM 12675.

Wertveränderung der Put Position:

+ 44 (Tickveränderung) * 25 (Tickwert) * 23 (Kontraktanzahl) =
+ DM 25300.

Die Wertveränderung der Gesamtposition beträgt somit:

– DM 12675 + DM 25300 = + DM 12625.

Die potentielle Wertveränderung der Position des Verkäufers beträgt:
Wertveränderung der Call Position:

+ 39 (Tickveränderung) * 25 (Tickwert) * 13 (Kontraktanzahl) =
+ DM 12675.

Wertveränderung der Put Position:

– 44 (Tickveränderung) * 25 (Tickwert) * 23 (Kontraktanzahl) =
– DM 25300.

Die Wertveränderung der Gesamtposition beträgt somit:

+ DM 12675 – DM 25300 = – DM 12625.

Die erste Situation, der Kursanstieg, ist für den Käufer der Optionen das ungünstigste Szenario. Er müßte in diesem Fall einen Glattstellungsverlust hinnehmen. Dieser potentielle Glattstellungsverlust in Höhe von DM 3400 ist für ihn die zu hinterlegende Additional Margin.

Der Verkäufer der Optionen hat dagegen eine Additional Margin von DM 12625 zu hinterlegen, da er im ungünstigsten Fall (Kursverfall) einen Verlust in derselben Höhe erleiden würde.

Hätte der Verkäufer nur Puts verkauft, so müßte er eine Margin von DM 25300 hinterlegen. Der gleichzeitige Verkauf der Kaufoptionen kompensiert aber das Risiko seiner Position teilweise. Es entstehen aus dieser Position nämlich Glattstellungserlöse von DM 12675. Durch die Verrechnung dieser Erlöse mit den Kosten ergibt sich die verminderte Additional Margin von DM 12625.

Am nächsten Tag schließt der Future bei 91,09, der Call bei 0,57 und der Put bei 1,16.

Für den angenommenen Maximumpreis des Futures von 92,09 errechnet sich ein theoretischer Preis für den Call von 1,01 und ein Put Preis von 0,68.

Die potentielle Wertveränderung der Position des Käufers der Optionen beträgt:

Wertveränderung der Call Position:

+ 44 (Tickveränderung) * 25 (Tickwert) * 13 (Kontraktanzahl) =
+ DM 14300.

Wertveränderung der Put Position:

– 48 (Tickveränderung) * 25 (Tickwert) * 23 (Kontraktanzahl) =
– DM 27600.

Die Wertveränderung der Gesamtposition beträgt somit:

+ DM 14300 – DM 27600 = – DM 13300.

Die potentielle Wertveränderung der Position des Verkäufers beträgt:
Wertveränderung der Call Position:

– 44 (Tickveränderung) * 25 (Tickwert) * 13 (Kontraktanzahl) =
– DM 14300.

Wertveränderung der Put Position:

+ 48 (Tickveränderung) * 25 (Tickwert) * 23 (Kontraktanzahl) =
+ DM 27600.

Die Wertveränderung der Gesamtposition beträgt somit:

– DM 14300 + DM 27600 = + DM 13300.

Für den angenommenen Minimumpreis des Futures von 90,09 errechnet sich ein theoretischer Preis für den Call von 0,29 und ein Put Preis von 1,80.

Die potentielle Wertveränderung der Position des Käufers der Optionen beträgt:

Wertveränderung der Call Position:

– 28 (Tickveränderung) * 25 (Tickwert) * 13 (Kontraktanzahl) =
– DM 9100.

Wertveränderung der Put Position:

+ 64 (Tickveränderung) * 25 (Tickwert) * 23 (Kontraktanzahl) =
+ DM 36800.

Die Wertveränderung der Gesamtposition beträgt somit:

– DM 9100 + DM 36800 = + DM 27700.

Die potentielle Wertveränderung der Position des Verkäufers beträgt:
Wertveränderung der Call Position:

+ 44 (Tickveränderung) * 25 (Tickwert) * 13 (Kontraktanzahl) =
+ DM 9100.

Wertveränderung der Put Position:

– 64 (Tickveränderung) * 25 (Tickwert) * 23 (Kontraktanzahl) =
– DM 36800.

Die Wertveränderung der Gesamtposition beträgt somit:

+ DM 9100 – DM 36800 = – DM 27700.

An diesem Tag beträgt die Additional Margin für den Käufer DM 13300 und für den Verkäufer DM 27700.

Auch hier wird die Wirkung des Risk Based Margining deutlich. Hätte der Käufer nur einen Put gekauft, so müßte er eine Additional Margin von DM 27600 hinterlegen. Durch den gleichzeitigen Kauf des Calls vermindert sich seine Marginverpflichtung um DM 14300 auf DM 13300.

Zum Schluß ist noch anzumerken, daß bei einfachen Long- oder Short-Positionen 25 Prozent von dem Marginintervall das absolute Minimum für die Marginanforderung ist. Das entspricht DM 625 bei einem Margin-Intervall von einem Punkt.

4.2.7 Formen der Erstellung von Sicherheiten

Die Hinterlegung von Sicherheiten für die Erfüllung der Marginverpflichtung kann auf verschiedene Weise erfolgen. Als Sicherheit wird von der DTB sowohl die Erbringung von Geldbeträgen als auch die Hinterlegung von bestimmten lombardfähigen Wertpapieren anerkannt. Auch Privatkunden haben bei den meisten Banken die Möglichkeit, ihre Margin in Form von Wertpapieren zu hinterlegen. Diese Wertpapiere werden in der Regel mit einem Kurswert von 75 % (festverzinsliche Wertpapiere) bzw. 50 % (Aktien) angerechnet. Diese Prozentsätze sind jedoch nicht fix, sondern schwanken von Bank zu Bank und hängen auch von der Art des Wertpapiers ab. Viele Banken akzeptieren darüber hinaus auch Drittbankgarantien. Der Kunde kann einem Margin Call durch Hinterlegung von Geld oder Wertpapieren Folge leisten. Muß er dagegen eine Variation Margin-Zahlung erbringen, so kann dies nur durch eine Geldzahlung erfolgen.

Für Geschäfte in Terminkontrakten und Optionen müssen Privatkunden bei deutschen Banken ein separates Options- bzw. Future-Bestandskonto eröffnen. Die Verbuchung der Optionsprämie, Gebühren und Spesen, Variation Margin-Zahlungen und Sicherheiten, die in Geld hinterlegt werden, erfolgt über ein Geldsonderkonto. Da dieses Options- und Future- Geldsonderkonto nur auf Guthabenbasis geführt wird, muß der Kunde vor der Tätigung des ersten Geschäftes eine Einzahlung leisten. Ob das Guthaben auf diesem Konto verzinst wird und in welcher Höhe, hängt von der Verhandlungsposition des Kunden ab. Privatkunden, die kleinere Beträge investieren, erhalten im Gegensatz zu institutionellen Investoren von den meisten Banken in der Regel keine Verzinsung. Allerdings haben bei einem Großteil der Banken die Kundenbetreuer in den Filialen diesbezüglich einen Ermessensspielraum. Es hängt dann von dem Verhandlungsgeschick des Kunden ab, ob er eine Verzinsung erhält.

Banken hinterlegen ihre Margin meistens in Form von festverzinslichen Wertpapieren. Auch diese Papiere werden von der DTB nur zu 75 % des Kurswertes angerechnet.

Für die Hinterlegung dieser Wertpapiere müssen die Clearing; Mitglieder beim Deutschen Kassenverein AG ein Unterdepot zugunsten der Deutschen Terminbörse unterhalten. Diese Papiere werden genauso wie die Wertpapiere der Privatkunden bei den Banken börsentäglich bewertet.

Die Hinterlegung der Geldguthaben der Clearing-Mitglieder erfordert die Unterhaltung eines Geldkontos sowohl bei der DTB als auch bei der Landeszentralbank in Hessen. Die Geldguthaben bei der DTB werden nicht verzinst und werden in voller Höhe als Sicherheitsleistungen anerkannt. Erfüllt ein Clearing-Mitglied seine Marginverpflichtungen nicht in voller Höhe, dann verrechnet die DTB sofort die fälligen Forderungen über das Landeszentralbankkonto des jeweiligen Mitglieds.

4.2.8 Ausübung von Optionen

Bei Terminkontrakten erfolgen keine Ausschüttungen, wie z. B. Dividendenzahlungen. Außerdem erfolgt die Prämienabrechnung der Optionen auf den Bund-Future und auf den Future auf Bundesobligationen nach dem Future-Style-Verfahren. Diese beiden Umstände haben zur Folge, daß im Gegensatz zu Optionen auf Aktien oder zu Future-Optionen, bei denen die Prämienabrechnung nach dem herkömmlichen Verfahren erfolgt, eine vorzeitige Ausübung von Optionen auf den Bund- oder Bobl-Future bei normalen Marktverhältnissen nie vorteilhaft ist. Lediglich wenn die Option unter ihrem inneren Wert gehandelt wird, macht eine vorzeitige Ausübung Sinn.

Wie der Prozeß der Ausübung der Option und der Zuteilung des Terminkontraktes abläuft, zeigt das folgende **Beispiel**. Zu diesem Zweck wird an das Beispiel aus Kapitel 4.2.6.2.2 angeknüpft.

Am Ende des zweiten Tages entschließt sich der Optionskäufer, seine Kaufoptionen zu verkaufen. Es gelingt ihm, sie zum Settlementpreis von 0,57 zu verkaufen. In diesem Beispiel kauft der ursprüngliche Verkäufer der Optionen diese auch wieder zurück. Da beim Kauf der Option keine Prämienzahlung geleistet wurde und weil ein ständiger Gewinn- und Verlustausgleich am Ende jeden Tages auf beiden Konten stattfand, ist für den Rückkauf der Option keine Prämienzahlung zu entrichten.

Die offene Position beider Marktteilnehmer hat sich auf 23 Verkaufsoptionen reduziert. Daraus ergibt sich eine veränderte Marginverpflichtung. Der Future schloß bei 91,09. Für einen Kurs des Futures von 92,09 am nächsten Tag errechnet sich ein theoretischer Preis für den Put von 0,68, und für einen Future Kurs von 90,09 ergibt sich ein Put Preis von 1,80.

In dem für den Käufer ungünstigsten Fall sinkt der Preis des Puts um 48 Ticks von 1,16 auf 0,68. Der Käufer hat daher insgesamt folgende Additional Margin zu hinterlegen:

48 (Tickveränderung) * 25 (Tickwert)* 23 (Kontraktanzahl) =
DM 27600.

Ein Anstieg der Put Prämie um 64 Ticks ist das für den Verkäufer ungünstigste Szenario. Seine gesamte Marginverpflichtung beträgt daher:

64 (Tickveränderung) * 25 (Tickwert) * 23 (Kontraktanzahl) =
DM 36800.

Am nächsten Börsentag fällt der Bund-Future auf 90,17 (Settlementpreis).
Der Put mit Basis 91,50 schließt bei 1,31. Das bedeutet, er wurde zum
Handelsschluß mit zwei Ticks unter seinem inneren Wert notiert.[15] Der
Käufer entschließt sich zu der Ausübung seiner Verkaufsoption. Der Ausübende muß die DTB bis spätestens zum Ende der Post Trading-Periode
des jeweiligen Tages bzw. des letzten Handelstages von seinem Begehren
in Kenntnis setzen.[16] Die Verarbeitung der Ausführung wird von dem System der DTB übernommen und zwar in der dem Ausübungstag folgenden nächtlichen Datenverarbeitung. Die DTB informiert die von der Ausübung betroffenen Clearing-Mitglieder und Marktteilnehmer noch
während des Vormittages des dem Ausübungstag folgenden Börsentages.
Das Verfahren der Ausübung und Zuteilung läuft an der DTB dann in folgenden Schritten ab:

Zunächst erfolgt die tägliche Abrechnung der Optionspositionen. Der
Put stieg um 15 Ticks. Dem Käufer werden daher 15 * 25 * 23 = DM 8625
auf seinem Konto gutgeschrieben. Dem Verkäufer wird derselbe Betrag
belastet.

Danach werden die ausgeübten Positionen zugeteilt. Welcher Börsenteilnehmer ausgeübt wird, entscheidet die DTB durch ein Zufallsverfahren.

Im nächsten Schritt werden die Optionsprämien verrechnet. Als Optionsprämie wird der Settlementpreis der Option am Ausübungstag genommen. Der Käufer der Option hat diesen Betrag an den Verkäufer der
Option zu zahlen. In dem Beispiel beträgt der zu zahlende Betrag: 131
(Settlementpreis der Option in Ticks) * 25 (Tickwert) * 23 (Kontraktanzahl) = DM 75325. Dieser Betrag wird von dem Konto des Käufers abgebucht und dem Konto des Verkäufers gutgeschrieben. Summiert man die
täglichen Variation Margin-Zahlungen und die Prämienabschlußzahlung
auf, so erhält man den ursprünglichen Optionspreis in Höhe von DM
47150 (82 (Anfangswert der Option in Ticks) * 25 (Tickwert) * 23 (Kontraktanzahl)).

15 Solche Marktunvollkommenheiten sind äußerst selten anzutreffen.
16 An der DTB werden keine Optionen automatisch ausgeübt. Jeder Börsenteilnehmer ist selber dafür verantwortlich, daß er seine Option vor Verfall
   ausübt bzw. vorher glattstellt. Allerdings informiert die DTB an jedem der
   10 Börsentage vor dem letzten Handelstag die Teilnehmer über fällig wer-
   dende Positionen.

Die Ausübung eines Calls resultiert in einer Long Future-Position für den Ausübenden. Der Ausgeübte hat dann eine Short Future-Position. Umgekehrt führt die Ausübung eines Puts zu einer Short Future-Position für den Ausübenden, während dem Ausgeübten eine Long Future-Position zugeteilt wird. Diese Zuteilung der Positionen findet auf der Grundlage des Basispreises der Option statt. Die Eröffnung der Positionen erfolgt während der nächtlichen Datenverarbeitung im Anschluß an den Ausübungstag. In dem Beispiel ist der Käufer des Puts jetzt 23 Bund-Future-Kontrakte Short. Der Verkäufer ist 23 Kontrakte Long. Beide sind diese Position zu einem Preis von 91,50 (Basispreis) eingegangen. Der Settlementpreis des Futures betrug aber 90,17. Es erfolgt daher noch der tägliche Gewinn- bzw. Verlustausgleich der Future-Position. Der Settlementpreis liegt 133 Ticks unter dem Basispreis. Der Ausübende (Inhaber der Short-Position) erhält daher DM 76475 (133 * 25 * 23) gutgeschrieben, während derselbe Betrag dem Ausgeübten (Inhaber der Long-Position) abgebucht wird. Die Differenz zu der Prämienabschlußzahlung beträgt DM 1150. Der Käufer des Puts hat daher durch die Ausübung einen Gewinn von DM 1150 gemacht. Dieser Betrag ist genau der Wert, um den die Option unter ihrem inneren Wert notierte (2 * 25 * 23 = DM 1150).

Der letzte Schritt in dem Ausübungsprozeß ist die Anpassung der zu hinterlegenden Margin. Durch die Optionsposition hat der ursprüngliche Käufer der Option eine Margin von DM 27600 hinterlegt. Auf dem Marginkonto des Verkäufers befinden sich noch DM 36800. Da beide Marktteilnehmer statt der Optionsposition jetzt eine Futureposition haben, müssen sie die entsprechende Future Margin hinterlegen. Die Initial Margin pro Future-Kontrakt beträgt DM 2500. Das bedeutet, daß beide insgesamt eine Margin von DM 57500 (2500 * 23) erbringen müssen. Für den Inhaber der Short-Position stellt dies einen Nachschuß von DM 29900 (57500–29900) dar und für den Inhaber der Long-Position einen Nachschuß von DM 20700 (57500–36800).

4.2.9 Der Andienungsprozeß bei Terminkontrakten

Hält ein Investor einen Financial Future bis zum Ende des letzten Handelstages, dann bekommt er am Liefertag die dem Kontrakt zugrundeliegenden Wertpapiere angedient. Ist er an einer Lieferung nicht interessiert, so muß er seine Position bis 12.30 Uhr des letzten Handelstages durch ein Gegengeschäft glattstellen. Tut er das nicht, erfolgt die Lieferung in folgenden Schritten:

Der letzte Handelstag ist auch der Anzeigetag (Notification Day). An diesem Tag müssen noch während der Post Trading-Periode die Marktteilnehmer bzw. die zuständigen Clearing-Mitglieder, die noch offene Short-Positionen haben, dem Clearing-Haus mitteilen, welche Anleihen bzw. Obligationen sie liefern wollen.

Mit Hilfe eines Zufallsverfahrens weist die DTB während der nächtlichen Datenverarbeitung die zu liefernden Anleihen den offenen Long-Positionen zu. Dieser Vorgang wird auch Allocation Prozeß genannt.

Nach der Zuordnung der einzelnen Wertpapiere kann die DTB nun den Andienungsbetrag für die einzelnen Positionen berechnen.

Die Clearing-Mitglieder werden während des Vormittages des ersten Börsentages nach dem letzten Handelstag darüber informiert, welche Wertpapiere geliefert werden und welcher Betrag zu zahlen ist bzw. gezahlt wird.

Der Liefertag ist der darauffolgende Börsentag (10. Kalendertag des Liefermonats). Die Lieferung findet zwischen den betroffenen Clearing-Mitgliedern und der DTB statt und wird über den Deutschen Kassenverein AG abgewickelt. Das jeweils zuständige Clearing-Mitglied übernimmt die Ausführung der Lieferung an die Kunden und Börsenteilnehmer.

Der Betrag, der bei der Lieferung zu zahlen ist bzw. erhalten wird, hängt von den Papieren ab, die geliefert werden und wird von der DTB nach folgendem Verfahren berechnet:

Andienungsbetrag = (FP * PF * 2500) + AZ

mit: FP = Futurepreis (hier EDSP[17]).
AZ = Aufgelaufene Zinsen der Anleihe, die geliefert wird vom letzten Kuponzahlungstag bis zum Kontraktliefertag (=Stückzinsen), berechnet auf einen Nominalwert von DM 250 000.
PF = Preisfaktor (der Preisfaktor bezieht sich auf die Anleihe, die geliefert wird).

Die Stückzinsen werden nach folgender Formel berechnet:

$$AZ = \frac{T * K * 2500}{360}$$

mit: T = Tage von letzten Kuponzahlungstag bis zum Kontraktliefertag (exklusive des Liefertages)
K = Kupon in Prozent (z. B. Kupon 8 %, dann 0,08).

17 Definition, siehe Glossar.

Für den Monat werden 30 Tage und für das Jahr 360 Tage genommen.
Die Formel für den Preisfaktor lautet:

$1/(1,06)^f[c/6\{1.06-1/(1,06)^n\}+1/(1,06)^n]-c(1-f)/100$

mit: PF = Preisfaktor

n = Anzahl der ganzen Jahre bis zur Fälligkeit der Anleihe.

f = Anzahl der vollen Monate bis zum nächsten Kuponzahlungstermin dividiert durch 12. (Außer wenn f=0, dann f=1 und n=n-1)[18]

c = Kupon der Anleihe (z. B.: wenn Kupon=7 %, dann c=7,000)

Der Preisfaktor dient der Angleichung der verschiedenen lieferbaren Anleihen bezüglich ihres Kupons und ihrer Restlaufzeit.[19]

Oft wird die Formel für den Andienungsbetrag folgendermaßen angegeben:

Andienungsbetrag = (FP * PF + AZ) * 2500

In diesem Fall bezieht sich der Stückzins auf eine Anleihe im Nominalwert von DM 100 und nicht auf einen Nominalwert von DM 250000. Die Berechnung führt dann zu demselben Ergebnis.

Beispiel für die Berechnung des Andienungsbetrages:

Ein Marktteilnehmer hat eine Short-Position im Dezember 92-Kontrakt des Bund-Futures. Am letzten Handelstag ist die Bundesanleihe mit Kupon von 8,00 Prozent und einer Laufzeit bis 20. 1. 2002 der Cheapest to Deliver. Er entscheidet sich deshalb, diese Anleihe zu liefern.

Der Preisfaktor dieser Anleihe beträgt: 1,142062
Als Stückzinsen erhält er: 8 * 140/360 * 2500 = DM 7777,77

Der Settlementpreis des Futures am letzten Handelstag beträgt 91,02.
Der gesamte Andienungsbetrag, den der Investor für die Lieferung seiner Anleihe pro Kontrakt erhält, beträgt dann:

Andienungsbetrag = 91,02 * 1,142062 * 2500 + 7777,77
= DM 267653,98.

---

18 DTB: (Bund-Future), S. 25.
19 Eine detaillierte Behandlung des Preisfaktors findet sich in Kapitel 6. 1. 2.1.

4.2.10 Orderarten

4.2.10.1 Orderarten bei Terminkontrakten

Bei der Erteilung von Orders hat der Anleger eine Vielzahl von Möglichkeiten. Neben der Erteilung von „herkömmlichen" Orders (billigst, bestens, limitierte Orders) hat der Anleger die Möglichkeit, Aufträge zu erteilen, die in der BRD bis dahin nicht möglich waren.

Ein Beispiel für eine Auftragsart, die bisher nicht möglich war, ist die „good till cancelled" (gtc) Order. Diese Order liegt solange gültig im Markt, bis sie der Auftraggeber widerruft. Sie kann sowohl limitiert als auch unlimitiert erteilt werden.

Die „immediate or cancel" Order muß dagegen sofort ausgeführt werden. Der Händler gibt eine solche Order in das Handelssystem ein; ist eine unmittelbare Ausführung der Order nicht möglich, so wird sie automatisch sofort gelöscht. Ist eine Teilausführung der Order möglich, so wird nur der überhängende Teil der Order gelöscht und der andere Teil ausgeführt.

Ein Stop-Auftrag wird erst bei Erreichen bzw. Über- oder Unterschreiten eines bestimmten Preises zu einem unlimitierten Auftrag. Eine Stop Buy Order liegt oberhalb des augenblicklichen Marktpreises. Bei Erreichen oder Überschreiten eines bestimmten Preises wird diese Order zu einer unlimitierten Kauforder. Bei der Stop Sell Order hingegen muß der Marktpreis unter ein bestimmtes Niveau fallen, bevor die Order zu einer unlimitierten Verkaufsorder wird. Diese Orders werden gerne zur Verlustbegrenzung oder zur Gewinnrealisierung benutzt. Oft legen Händler, die eine Trendbewegung nicht verpassen wollen, eine solche Order in den Markt.

Kombinierte Aufträge stellen den gleichzeitigen Kauf und Verkauf von der gleichen Anzahl an Kontrakten dar. An der DTB ist dies nur bezüglich der unterschiedlichen Fälligkeit von Kontrakten möglich. Ein Beispiel dafür wäre ein Time Spread im Bund-Future: z. B. gleichzeitiger Kauf (Verkauf) von 50 September-Kontrakten und Verkauf (Kauf) von 50 Dezember-Kontrakten. Eine Spread Order stellt somit die Kombination von zwei Einzelaufträgen dar. Ein solcher Spread-Auftrag kann auch innerhalb des Bobl-Futures erteilt werden, nicht aber zwischen Bund und Bobl-

Future. Spread Aufträge werden immer mit Preislimiten versehen. Die Spanne zwischen Kauf- und Verkaufspreis der beiden Einzelaufträge entspricht dabei dem angegebenen Preislimit. Spread Aufträge werden zum Rollen von Positionen in den nächsten Monat und für Spread Trading benutzt.

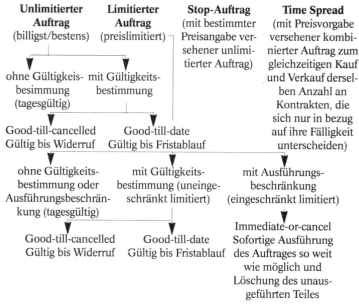

Abb. 4.5: DTB-Auftragsarten für den Handel mit Zinsfutures
Quelle: DTB[21]

4.2.10.2 Orderarten bei Optionen

Für den Handel mit Optionen stehen an der DTB im Prinzip dieselben Orderarten zur Verfügung wie für den Handel mit Terminkontrakten. Zusätzlich zu den im letzten Kapitel geschilderten Ordermöglichkeiten kann der Anleger von folgenden Auftragsarten gebrauch machen:

Die „fill or kill" Order verlangt ähnlich wie die immediate or cancel Order eine sofortige Ausführung. Andernfalls wird sie

21 Quelle: DTB: (Bund-Future), S. 21.

gelöscht. Anders als die immediate or cancel Order, bei der auch eine teilweise Ausführung möglich ist, muß die fill or kill Order in ihrem Gesamtumfang ausgeführt werden. Sie kann als normaler preislimitierter Auftrag oder als kombinierter Auftrag erteilt werden.

Kombinierte Aufträge können wie im Future Handel nur für jeweils einen Basiswert erteilt werden. Ein kombinierter Auftrag, auch Spread-Auftrag genannt, stellt den gleichzeitigen Kauf und Verkauf von zwei Optionen dar, die sich im Basispreis und/oder Fälligkeit unterscheiden. Die Anzahl an Kontrakten des Verkaufauftrages muß der des Kaufauftrages entsprechen. Ein Spread-Auftrag kann zum Beispiel mit dem Ziel erteilt werden, einen Bull Spread, Bear Spread, Time Spread oder andere Spread-Positionen einzugehen. Zudem wird er oft genutzt, um bestehende Positionen in den nächsten Monat zu rollen. Auch im Optionshandel werden Spread Aufträge immer mit Preislimiten versehen. Die Spanne zwischen Kauf- und Verkaufspreis der beiden Einzelaufträge entspricht dabei dem angegebenen Preislimit. Diese Auftragsart muß aber in jedem Fall entweder den Zusatz fill or kill oder immediate or cancel tragen. Das bedeutet, daß die Order dem augenblicklichen Marktpreis entsprechen muß, um ausgeführt zu werden.

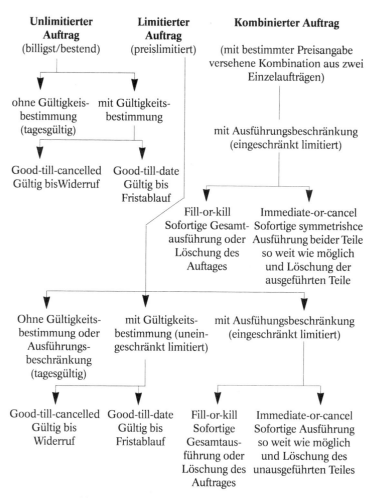

Abb. 4.6: Auftragsarten im DTB-Optionshandel
Quelle: DTB[22]

---

22 Quelle: DTB: (Bund Optionen), S. 23.

5. Zinsfutures und Zinsoptionen an der LIFFE

Die folgenden Kapitel behandeln die LIFFE, ihre Produkte und den Handel an dieser Börse. In vielen Punkten bestehen Gemeinsamkeiten zu der DTB. Um Überschneidungen zu vermeiden, werden Sachverhalte, die schon in den vorherigen Kapiteln behandelt wurden, nicht noch einmal dargestellt bzw. wird nur auf die eventuell existierenden Unterschiede eingegangen. Es wird dann auf die entsprechenden Kapitel verwiesen. Das betrifft unter anderem das Clearing, Margining und die Orderarten.

5.1 Die LIFFE

5.1.1 Aufbau der LIFFE

Im September 1982 wurde die London International Financial Futures and Options Exchange (LIFFE) gegründet. Seit ihrer Gründung erfuhr sowohl das Handelsvolumen als auch die Produktpalette der LIFFE ein stetiges Wachstum. Die LIFFE ist im derivativen Bereich die führende Börse Europas. Im Dezember 1991 verließ sie ihr ursprüngliches Börsengebäude in der Royal Exchange und zog um in das vielfach größere Gebäude an der Cannon Bridge. Im März 1992 folgte die Fusion mit der LTOM (London Traded Options Market)[1], an der Aktienoptionen, Aktienindexoptionen und Währungsoptionen (der Handel in Währungsoptionen wurde inzwischen eingestellt) gehandelt wurden.

Die LIFFE ist eine von der SIB (Securities and Investment Board) anerkannte Börse. Die SIB ist für die Regulierung des finanziellen Dienstleistungssektors in Großbritannien zuständig.

---

1 Die LTOM wurde 1978 gegründet und war der London Stock Exchange (LSE) zugehörig.

5.1.2 Marktstruktur

Die Börsenmitglieder an der LIFFE setzen sich aus den verschiedensten internationalen Institutionen zusammen. Zur Zeit zählt die LIFFE mehr als 210 Börsenmitglieder mit mehr als 1400 Handelszulassungen. Die Aufteilung der Börsenmitglieder auf die verschiedenen Nationen zeigt *Abb. 5.1.*

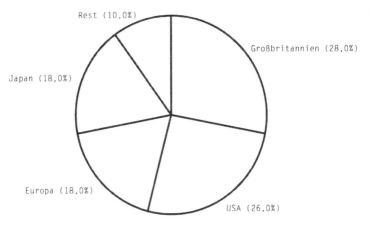

Abb. 5.1. Aufteilung der Börsenmitgliedschaften an der LIFFE[2]

Die LIFFE ist eine Präsenzbörse. Der Handel an ihr erfolgt somit nach dem traditionellen System des open outcry (Handel auf Zuruf bzw. durch Handzeichen). Die computerisierten Handelssysteme werden mit hohem technischem Aufwand immer weiter entwickelt. Dennoch hat sich bislang das System des Open Outcry, besonders in extremen Marktsituationen, als das leistungsfähigste erwiesen. Vor allem konnten an solchen Börsen, in Phasen der Marktübertreibung (z. B. Crash), hohe Umsätze wesentlich reibunsloser getätigt werden als an computerisierten Börsen. Ein weiterer Vorteil ist die Möglichkeit der Ausführung einer Vielzahl von Orderkombinationen. Durch die räumliche Nähe der verschiedenen Pits (Handelsplätze an der Börse) ist es möglich, auch Spread-Orders zwischen verschiedenen Kontrakten zu er-

2 Quelle: *LIFFE:* (Introduction), S. 10.

teilen. Eine Computerbörse tut sich diesbezüglich schwerer, da ein Spread-Handel eine neue Soft- und Hardware erfordert.

Nach dem offiziellen Börsenschluß werden die umsatzstärksten Kontrakte der LIFFE über APT (Automated Pit Trading) gehandelt. APT ist ein computerisiertes Handelssystem, das die Prinzipien des open outcry am Bildschirm simuliert. Auf den Bildschirmen der Händler befindet sich ein stilisiertes Modell der Börse mit verschiedenen Pits und Marktteilnehmern, die sich unter anderem in ihrer Farbe unterscheiden. Der Handel erfolgt vorwiegend gesteuert über eine Maus, wobei der Händler die anderen Marktteilnehmer am Bildschirm „anklickt". Zugang zu diesem System besteht von Workstations, die sich in der Börse bzw. in den Büros der Börsenmitglieder befinden. Der Handel an APT beginnt um 16.20 Uhr und endet um 18.00 Uhr. Der Kontrakt auf japanische Regierungsanleihen wird ausschließlich über APT gehandelt, und zwar von 7.00 Uhr bis 16.00 Uhr.

Verstärkt wird APT durch ATOM (Automated Trade Order Matching), ein zentrales Order-Buch, das Limit Orders aufnimmt und gegebenenfalls ausführt.

Über Autoquote (Automated Quotation System) ist es möglich, für Bund-, BTP- und Euroswiss-Optionen Preisindikationen zu erhalten, und zwar für alle Strike-Preise in allen Liefermonaten. Diese Indikationen sind für Optionsserien von Vorteil, in denen noch kein Handel bzw. nur wenig Handel stattfindet. Sie werden aus den liquideren Serien hochgerechnet. Autoquote liefert allerdings nur Indikationen. Jeder professionelle Marktteilnehmer sollte wissen, wo sich der Markt in den einzelnen Optionsserien befindet, bzw. verfügt über eine entsprechende Software und sollte daher in der Lage sein, seinen Kunden entsprechende Indikationen zu liefern.

5.1.3 Clearing

Im Gegensatz zur DTB ist die Clearing-Stelle der LIFFE kein integrierter Bestandteil der Börse, sondern eine selbständige Einrichtung.

Diese Clearing-Stelle ist das London Clearing House (LCH) dessen Eigentümer sechs britische Banken sind. Die Funktion des

LCH ist dieselbe wie die der Clearing-Stelle der DTB. Auch hier gibt es General-, Direct-, und Non-Clearing-Mitglieder[3] Das LCH verfügt über ein computerisiertes Clearing-System, das sämtliche Transaktionen aufzeichnet. In dieses System geben die Clearing-Mitglieder die Transaktionen ein. Findet eine Transaktion statt, so geben die betroffenen Clearing-Mitglieder diese in das System ein und müssen gleichzeitig diese Transaktion auch bestätigen. Jede bestätigte Transaktion wird von dem LCH an dem der Transaktion folgenden Börsentag eingetragen. Zu diesem Zeitpunkt tritt das Clearing House als Garant zwischen die Kontrahenten[4] Das LCH seinerseits sendet Handelsbestätigungen an die Mitglieder.

Das LCH ist zudem zuständig für das Margining (z. B. Initial und Variation Margin). Dazu aber mehr in dem Kapitel über Margining.

Mit ca. 120 Angestellten ist das LCH das drittgrößte Clearing House der Welt und das größte außerhalb der USA. Mit einem Anteil von mehr als zwei Dritteln am Geschäftsvolumen ist die LIFFE der mit Abstand größte Kunde.[5]

5.2 Handel an der LIFFE

Nachdem sich der Handel am Anfang auf Terminkontrakte beschränkte, wurden 1985 auch Optionen auf Futures eingeführt. Die Produktpalette ist inzwischen äußerst umfangreich und umfaßt allein im Zinsbereich 18 verschiedene Kontrakte. Im Aktienbereich bietet die LIFFE den FT-SE 100 Index-Future an, Optionen auf den FT-SE 100 Index-Future (European und American Style) sowie Optionen auf 76 verschiedene britische Aktien.

Die LIFFE hat sich bislang sehr flexibel gezeigt bei der Einführung neuer Produkte. Auch zögerte die Börse nicht, Kontrakte, nach denen nicht genügend Nachfrage bestand, von der Liste der gehandelten Produkte zu streichen. Dies betrifft unter anderem die Währungsoptionen und den Ecu-Bond-Future.

---

3 Direct-Clearing-Mitglieder werden gelegentlich auch Individual-Clearing-Mitglieder genannt.
4 Vgl. *LIFFE:* (Accounting & Administration), S. 11.
5 Vgl. *LIFFE:* (Into The Future), S. 10.

5.2.1 Kurzfristige Zinstermininstrumente

Euro-Dollars sind Dollarguthaben, die von US-Banken und anderen Institutionen außerhalb der Vereinigten Staaten gehalten werden.[6] Dieser Begriff entstand durch die großen Dollarbeträge, die bei Banken in Westeuropa gehalten wurden. Inzwischen hat sich diese Bezeichnung auf ähnliche Einlagen in der ganzen Welt ausgeweitet. Der Euromarkt ist der Sammelbegriff für den internationalen Geld- und Kapitalmarkt, bei dem zwar immer noch der US-$ dominiert, aber auch die wichtigsten Währungen europäischer Länder beteiligt sind (DM, Sfr, £). Im Laufe der Zeit hat sich der Euromarkt weltweit ausgedehnt; sein Schwergewicht liegt aber weiter in Europa.[7] Den kurzfristigen Zinsterminkontrakten der LIFFE liegen solche Euro-Geldmarkteinlagen zugrunde.

Diese Instrumente weisen eine Reihe von Gemeinsamkeiten auf. Die erste Gemeinsamkeit ist, daß bei Geldmarktfutures im Gegensatz zu Anleihefutures (physische Lieferung) ein Cash Settlement stattfindet. Die Festlegung auf ein Cash Settlement wurde durch den Umstand notwendig, daß derartige Geldmarkteinlagen nicht übertragbar sind.

Die Kursnotierung der Kontrakte beträgt 100 abzüglich Zinssatz. Der für den Abrechnungspreis geltende Zinssatz ist die British Banker's Association Interest Settlement Rate (BBAISR) für Dreimonatseinlagen. Die BBAISR ist ein Referenzzinssatz, der von über 30 britischen Banken anerkannt wird. Die LIFFE ermittelt die für den Settlement-Preis der Kontrakte relevante BBAISR durch eine Umfrage bei 16 BBA-designierten Banken um 11 Uhr Londoner Zeit. Sie läßt sich hierbei Quotierungen geben, die für erstklassige Banken in London Gültigkeit haben. Die vier höchsten und vier niedrigsten Quotierungen werden gestrichen. Von den verbleibenden acht Briefkursen (offered rate) wird ein Durchschnitt gebildet. Falls notwendig, wird der so erhaltene Zinssatz auf fünf Dezimalen aufgerundet.[8] Bei Absicherung oder Arbitrage von Instrumenten, die auf der LIBOR beruhen, muß beachtet werden, daß diese beiden Zinssätze zwar die gleiche Zeitperiode umfassen können, der Settlement-Preis jedoch differieren kann.

6 Vgl. Federal Reserve: (FED,Glossary), S. 21.
7 Vgl. *Büschgen, H. E.:* (Börsen-Lexikon), S. 246.
8 Vgl. *LIFFE:* (The DM Fact Sheets).

Die Berechnung des Tick-Werts bei kurzfristigen Terminkontrakten erfolgt nach der folgenden Formel:

Kontraktvolumen * 0,0001 * 90/360. 0,0001 entspricht der Mindestkursveränderung von einem Prozent. So beträgt beispielsweise für den Euro-DM-Future der Tick-Wert DM 25 = 1 000 000 * 0,0001 * 90/360. Verändern sich die Zinsen um einen Basispunkt, so verändern sich die Zinszahlungen, die für einen Betrag von DM 1 000 000 über 90 Tage zu tätigen sind, um DM 25. Aus diesem Beispiel wird auch ersichtlich, daß die Abrechnung der Futures auf einer 90/360-Tage-Kalkulation beruht. Die tatsächliche Anzahl an Tagen einer Dreimonatsperiode kann aber davon abweichen. Marktgepflogenheit bei der Quotierung von Zinssätzen für Geldmarkteinlagen ist jedoch die Verwendung von tatsächlichen Tagen, d. h. actual/360[9.] Dieser Aspekt ist wichtig für Berechnungen wie z. B. Forward-Sätze, theoretischer Futurepreis oder Hedge Ratios.

5.2.1.1 Der Drei-Monats-Euro-DM-Future

Kontraktspezifikationen für den Drei-Monats-Euro-DM-Future[10]

Handelseinheit:
DM 1 000 000.

Liefermonate:
März, Juni, September, Dezember.

Liefertag:
Der erste Geschäftstag nach dem letzten Handelstag.

Letzter Handelstag:
Zwei Geschäftstage vor dem dritten Mittwoch des Liefermonats. Handelsschluß ist um 11 Uhr Londoner Zeit.

Notierung:
Die Preisnotierung beträgt 100,00 abzüglich Zinssatz.

Mindestkursveränderung (Tick):
0,01

Tick-Wert:
DM 25.

9 In einigen Ländern ist auch die Verwendung von actual/365 Tagen üblich.
10 Quelle: *LIFFE.*

Kontraktnorm:
Cash Settlement (Barausgleich). Dieser Barausgleich basiert auf dem Settlement-Preis, der durch die Börse am letzten Handelstag festgestellt wird.

Abrechnungspreis (Exchange Delivery Settlement Price, EDSP) der Börse bei Lieferung:
Der Abrechnungspreis basiert auf dem Settlement-Zinssatz der British Bankers' Association (British Bankers' Association Interest Settlement Rate, BBAISR) für Drei-Monats-Euro-DM-Einlagen um 11 Uhr des letzten Handelstages. Der Settlement-Preis beträgt 100 abzüglich der kaufmännisch gerundeten BBAISR.

Handelszeiten:
8.00 Uhr bis 16.10 Uhr Londoner Zeit.

APT-Handelszeiten:
16.29 Uhr bis 17.59 Uhr Londoner Zeit.

5.2.1.2 Optionen auf den Drei-Monats-Euro-DM-Future

Kontraktspezifikationen für Optionen auf den Drei-Monats-Euro-DM-Future[11]

Handelseinheit:
Ein Euro-DM-Terminkontrakt.

Verfallmonate:
März, Juni, September, Dezember.

Laufzeiten:
Die maximale Laufzeit einer Option beträgt neun Monate. Die einzelnen Verfallmonate richten sich nach den zur gleichen Zeit verfügbaren Liefermonaten des Bund-Futures, d. h. die drei nächstliegenden Monate des Zyklus März, Juni, September und Dezember.

Ausübungsart:
Amerikanisch. Die Ausübung ist an jedem Geschäftstag bis 17 Uhr während der Laufzeit der Option möglich. Die Option verfällt am letzten Handelstag um 12.30 Uhr.

Liefertag:
Die Lieferung erfolgt am ersten Geschäftstag nach dem Ausübungstag.

11 Quelle: *LIFFE.*

Letzter Handelstag:
Zwei Geschäftstage vor dem dritten Mittwoch des Liefermonats. Handelsschluß ist um 11 Uhr Londoner Zeit. Dies entspricht dem letzten Handelstag des Euro-DM-Futures.

Notierung:
Die Preisnotierung erfolgt in Punkten mit zwei Nachkommastellen (Ticks), z. B.: 1,07.

Mindestkursveränderung (Tick):
0,01.

Tick-Wert:
DM 25.

Kontraktnorm:
Die Ausübung einer Option führt zu der Andienung eines Euro-DM-Kontraktes des entsprechenden Liefermonats zu dem jeweiligen Basispreis.

Andienung:
Die Andienung des Kontraktes erfolgt auf der Basis der Settlementpreise des Ausübungstages bzw. des letzten Handelstages.

Basispreise:
Die Basispreise haben eine feste Preisabstufung von 0,25 Punkten (z. B.: 91,50, 92,00, 92,50 etc.). Bei Einführung einer neuen Laufzeit werden immer neun Basispreise eingeführt. Es stehen damit für jede Kaufoption und jede Verkaufsoption mindestens neun Optionsserien zur Verfügung.

Einführung neuer Basispreise:
Hat sich der Settlementpreis des Bund-Futures auf 12 Ticks oder weniger an den vierthöchsten oder viertniedrigsten der bestehenden Basispreise genähert, werden für die betreffende Laufzeit am folgenden Geschäftstag neue Basispreise eingeführt.

Optionspreis:
Der Käufer hat den Kontraktpreis an den Verkäufer bei Ausübung oder Verfall der Option zu bezahlen, nicht zum Zeitpunkt des Kaufs. Die Positionen werden täglich zum Settlementpreis des jeweiligen Tages bewertet.

Handelszeiten:
8.02 Uhr bis 16.10 Uhr Londoner Zeit.

5.2.1.3 Der Drei-Monats-Euro-Dollar-Future

Kontraktspezifikationen für den Drei-Monats-Euro-Dollar-Future[12]

Handelseinheit:
US-$ 1 000 000.

Liefermonate:
März, Juni, September, Dezember.

Liefertag:
Der erste Geschäftstag nach dem letzten Handelstag.

Letzter Handelstag:
Zwei Geschäftstage vor dem dritten Mittwoch des Liefermonats.
Handelsschluß ist um 11 Uhr Londoner Zeit.

Notierung:
Die Preisnotierung beträgt 100,00 abzüglich Zinssatz.

Mindestkursveränderung (Tick):
0,01.

Tick-Wert:
US-$ 25.

Kontraktnorm:
Cash Settlement (Barausgleich). Dieser Barausgleich basiert auf dem Settlementpreis, der durch die Börse am letzten Handelstag festgestellt wird.

Abrechnungspreis (Settlement Price) der Börse bei Lieferung:
Der Abrechnungspreis basiert auf dem Settlement-Zinssatz der British Bankers' Association (British Bankers' Association Interest Settlement Rate, BBAISR) für Drei-Monats-Euro-Dollar-Einlagen um 11 Uhr des letzten Handelstages. Der Settlementpreis beträgt 100 abzüglich der kaufmännisch gerundeten BBAISR.

Handelszeiten:
8.30 Uhr bis 16.00 Uhr Londoner Zeit.

APT-Handelszeiten:
16.26 Uhr bis 17.56 Uhr Londoner Zeit.

12 Quelle: *LIFFE.*

5.2.1.4 Optionen auf den Drei-Monats-Euro-Dollar-Future

Kontraktspezifikationen für Optionen auf den Drei-Monats-Euro-Dollar-Future[13]

Handelseinheit:
Ein Euro-Dollar-Terminkontrakt.

Verfallmonate:
März, Juni, September, Dezember.

Laufzeiten:
Die maximale Laufzeit einer Option beträgt neun Monate. Die einzelnen Verfallmonate richten sich nach den zur gleichen Zeit verfügbaren Liefermonaten des Euro-Dollar-Futures, d. h. die drei nächstliegenden Monate des Zyklus März, Juni, September und Dezember.

Ausübungsart:
Amerikanisch. Die Ausübung ist an jedem Geschäftstag bis 17 Uhr während der Laufzeit der Option möglich. Die Option verfällt am letzten Handelstag um 12.30 Uhr.

Liefertag:
Die Lieferung erfolgt am ersten Geschäftstag nach dem Ausübungstag.

Letzter Handelstag:
Zwei Geschäftstage vor dem dritten Mittwoch des Liefermonats. Handelsschluß ist um 11 Uhr Londoner Zeit. Dies entspricht dem letzten Handelstag des Euro-Dollar-Futures.

Notierung:
Die Preisnotierung erfolgt in Punkten mit zwei Nachkommastellen (Ticks), z. B.: 1,07.

Mindestkursveränderung (Tick):
0,01.

Tick-Wert:
US-$ 25.

Kontraktnorm:
Die Ausübung einer Option führt zu der Andienung eines Euro-Dollar-Kontraktes des entsprechenden Liefermonats zu dem jeweiligen Basispreis.

13 Quelle: *LIFFE.*

Andienung:
Die Andienung des Kontraktes erfolgt auf der Basis der Settlementpreise des Ausübungstages bzw. des letzten Handelstages.

Basispreise:
Die Basispreise haben eine feste Preisabstufung von 0,25 Punkten (z. B.: 91,50, 92,00, 92,50 etc.). Bei Einführung einer neuen Laufzeit werden immer neun Basispreise eingeführt. Es stehen damit für jede Kaufoption und jede Verkaufsoption mindestens neun Optionsserien zur Verfügung.

Einführung neuer Basispreise:
Hat sich der Settlementpreis des Euro-Dollar-Future auf 12 Ticks oder weniger an den sechsthöchsten oder sechstniedrigsten der bestehenden Basispreise genähert, werden für die betreffende Laufzeit am folgenden Geschäftstag neue Basispreise eingeführt.

Optionspreis:
Der Käufer hat den Kontraktpreis an den Verkäufer bei Ausübung oder Verfall der Option zu bezahlen, nicht zum Zeitpunkt des Kaufs. Die Positionen werden täglich zum Settlementpreis des jeweiligen Tages bewertet.

Handelszeiten:
8.32 Uhr bis 16.00 Uhr Londoner Zeit.

5.2.1.5 Der Drei-Monats-Sterling-Future

Kontraktspezifikationen für den Drei-Monats-Sterling-Future[14]

Handelseinheit:
£ 500 000.

Liefermonate:
März, Juni, September, Dezember.

Liefertag:
Der erste Geschäftstag nach dem letzten Handelstag.

Letzter Handelstag:
Der dritte Mittwoch des Liefermonats. Handelsschluß ist um 11 Uhr Londoner Zeit.

---

14 Vgl. *LIFFE:* (Short-Sterling), S. 8.

Notierung:
Die Preisnotierung beträgt 100,00 abzüglich Zinssatz.

Mindestkursveränderung (Tick):
0,01.

Tick-Wert:
£ 12,50.

Kontraktnorm:
Cash Settlement (Barausgleich). Dieser Barausgleich basiert auf dem Settlement-Preis, der durch die Börse am letzten Handelstag festgestellt wird.

Abrechnungspreis (Settlement Price) der Börse bei Lieferung:
Der Abrechnungspreis basiert auf dem Settlement-Zinssatz der British Bankers' Association (British Bankers' Association Interest Settlement Rate, BBAISR) für Drei-Monats-Sterling-Einlagen um 11 Uhr des letzten Handelstages. Der Settlement-Preis beträgt 100 abzüglich der kaufmännisch gerundeten BBAISR.

Handelszeiten:
8.05 Uhr bis 16.02 Uhr Londoner Zeit.

APT Handelszeiten:
16.27 Uhr bis 17.57 Uhr Londoner Zeit.

5.2.1.6 Optionen auf den Drei-Monats-Sterling-Future

Kontraktspezifikationen für Optionen auf den Drei-Monats-Sterling-Future[15]

Handelseinheit:
Ein Drei-Monats-Sterling-Terminkontrakt

Verfallmonate:
März, Juni, September, Dezember.

Laufzeiten:
Die maximale Laufzeit einer Option beträgt neun Monate. Die einzelnen Verfallmonate richten sich nach den zur gleichen Zeit verfügbaren Liefermonaten des Drei-Monats-Sterling-Futures, d. h. die drei nächstliegenden Monate des Zyklus März, Juni, September und Dezember.

---

15 Vgl. *LIFFE:* (Short-Sterling), S. 9.

Ausübungsart:
Amerikanisch. Die Ausübung ist an jedem Geschäftstag bis 17 Uhr während der Laufzeit der Option möglich. Die Option verfällt am letzten Handelstag um 12.30 Uhr.

Liefertag:
Die Lieferung erfolgt am ersten Geschäftstag nach dem Ausübungstag.

Letzter Handelstag:
Zwei Geschäftstage vor dem dritten Mittwoch des Liefermonats. Handelsschluß ist um 11 Uhr Londoner Zeit. Dies entspricht dem letzten Handelstag des Euro-DM-Futures.

Notierung:
Die Preisnotierung erfolgt in Punkten mit zwei Nachkommastellen (Ticks), z. B.: 1,07.

Mindestkursveränderung (Tick):
0,01.

Tick-Wert:
£ 12,50.

Kontraktnorm:
Die Ausübung einer Option führt zu der Andienung eines Drei-Monats-Sterling-Terminkontraktes des entsprechenden Liefermonats zu dem jeweiligen Basispreis.

Andienung:
Die Andienung des Kontraktes erfolgt auf der Basis der Settlementpreise des Ausübungstages bzw. des letzten Handelstages.

Basispreise:
Die Basispreise haben eine feste Preisabstufung von 0,25 Punkten (z. B.: 91,50, 92,00, 92,50 etc.). Bei Einführung einer neuen Laufzeit werden immer neun Basispreise eingeführt. Es stehen damit für jede Kaufoption und jede Verkaufsoption mindestens neun Optionsserien zur Verfügung.

Einführung neuer Basispreise:
Hat sich der Settlementpreis des Drei-Monats-Sterling-Terminkontraktes auf 12 Ticks oder weniger an den sechsthöchsten oder sechstniedrigsten der bestehenden Basispreise genähert, werden für die betreffende Laufzeit am folgenden Geschäftstag neue Basispreise eingeführt.

Optionspreis:
Der Käufer hat den Kontraktpreis an den Verkäufer bei Ausübung oder Verfall der Option zu bezahlen, nicht zum Zeitpunkt des Kaufs der Option. Die Positionen werden täglich zum Settlementpreis des jeweiligen Tages bewertet.

Handelszeiten:
8.07 Uhr bis 16.02 Uhr Londoner Zeit.

5.2.1.7 Der Drei-Monats-Euro-Schweizer-Franken-Future

Kontraktspezifikationen für den Drei-Monats-Euro-Schweizer-Franken-Future[16]

Handelseinheit:
SFr 1 000 000.

Liefermonate:
März, Juni, September, Dezember.

Liefertag:
Der erste Geschäftstag nach dem letzten Handelstag.

Letzter Handelstag:
Zwei Geschäftstage vor dem dritten Mittwoch des Liefermonats. Handelsschluß ist um 11 Uhr Londoner Zeit.

Notierung:
Die Preisnotierung beträgt 100,00 abzüglich Zinssatz.

Mindestkursveränderung (Tick):
0,01.

Tick-Wert:
SFr 25.

Kontraktnorm:
Cash Settlement (Barausgleich). Dieser Barausgleich basiert auf dem Settlement-Preis, der durch die Börse am letzten Handelstag festgestellt wird.

---

16 Vgl. *LIFFE:* (Euro-Swiss), S. 52.

Abrechnungspreis (Settlement Price) der Börse bei Lieferung:
Der Abrechnungspreis basiert auf dem Settlement Zinsatz der British Bankers' Association (British Bankers' Association Interest Settlement Rate, BBAISR) für Drei-Monats-Euro-Schweizer Franken-Einlagen um 11 Uhr des letzten Handelstages. Der Settlement-Preis beträgt 100 abzüglich der kaufmännisch gerundeten BBAISR.

Handelszeiten:
8.10 Uhr bis 16.00 Uhr Londoner Zeit.

APT-Handelszeiten:
16.31 Uhr bis 17.55 Uhr Londoner Zeit.

5.2.1.8 Optionen auf den Drei-Monats-Euro-Schweizer Franken-Future

Kontraktspezifikationen für Optionen auf den Drei-Monats-Euro-Schweizer Franken-Future[17]

Handelseinheit:
Ein Euro-Schweizer Franken-Terminkontrakt.

Verfallmonate:
März, Juni, September, Dezember.

Laufzeiten:
Die maximale Laufzeit einer Option beträgt neun Monate. Die einzelnen Verfallmonate richten sich nach den zur gleichen Zeit verfügbaren Liefermonaten des Drei-Monats-Euro-Schweizer Franken-Futures, d. h. die drei nächstliegenden Monate des Zyklus März, Juni, September und Dezember.

Ausübungsart:
Amerikanisch. Die Ausübung ist an jedem Geschäftstag bis 17.00 Uhr während der Laufzeit der Option möglich. Die Option verfällt am letzten Handelstag um 12.30 Uhr.

Liefertag:
Die Lieferung erfolgt am ersten Geschäftstag nach dem Ausübungstag.

---

17 Vgl. *LIFFE:* (Euro-Swiss), S. 53.

Letzter Handelstag:
Zwei Geschäftstage vor dem dritten Mittwoch des Liefermonats. Handelsschluß ist um 11 Uhr Londoner Zeit. Dies entspricht dem letzten Handelstag des Drei-Monats-Euro-Schweizer Franken-Futures.

Notierung:
Die Preisnotierung erfolgt in Punkten mit zwei Nachkommastellen (Ticks), z. B.: 1,07.

Mindestkursveränderung (Tick):
0,01.

Tick-Wert:
SFr 25.

Kontraktnorm:
Die Ausübung einer Option führt zu der Andienung eines Euro-Schweizer Franken-Kontraktes des entsprechenden Liefermonats zu dem jeweiligen Basispreis.

Andienung:
Die Andienung des Kontraktes erfolgt auf der Basis der Settlementpreise des Ausübungstages bzw. des letzten Handelstages.

Basispreise:
Die Basispreise haben eine feste Preisabstufung von 0,25 Punkten (z. B.: 91,50, 92,00, 92,50 etc.). Bei Einführung einer neuen Laufzeit werden immer neun Basispreise eingeführt. Es stehen damit für jede Kaufoption und jede Verkaufsoption mindestens neun Optionsserien zur Verfügung.

Einführung neuer Basispreise:
Hat sich der Settlementpreis des Euro-Schweizer Franken-Futures auf 12 Ticks oder weniger an den vierthöchsten oder viertniedrigsten der bestehenden Basispreise genähert, werden für die betreffende Laufzeit am folgenden Geschäftstag neue Basispreise eingeführt.

Optionspreis:
Der Käufer hat den Kontraktpreis an den Verkäufer bei Ausübung oder Verfall der Option zu bezahlen, nicht zum Zeitpunkt des Kaufs. Die Positionen werden täglich zum Settlementpreis des jeweiligen Tages bewertet.

Handelszeiten:
8.12 Uhr bis 16.00 Uhr Londoner Zeit.

5.2.1.9 Der Drei-Monats-Euro-Lira-Future

Kontraktspezifikationen für den Drei-Monats-Euro-Lira-Future[18]

Handelseinheit:
Italienische Lira (ITL) 1 000 000 000.

Liefermonate:
März, Juni, September, Dezember.

Liefertag:
Der erste Geschäftstag nach dem letzten Handelstag.

Letzter Handelstag:
Zwei Geschäftstage vor dem dritten Mittwoch des Liefermonats. Handelsschluß ist um 11 Uhr Londoner Zeit.

Notierung:
Die Preisnotierung beträgt 100,00 abzüglich Zinssatz.

Mindestkursveränderung (Tick):
0,01

Tick-Wert:
ITL 25 000

Kontraktnorm:
Cash Settlement (Barausgleich). Dieser Barausgleich basiert auf dem Settlement-Preis, der durch die Börse am letzten Handelstag festgestellt wird und auch für Lieferungen gültig ist.

Abrechnungspreis (Settlement Price) der Börse bei Lieferung:
Der Abrechnungspreis basiert auf dem Settlement-Zinssatz der British Bankers' Association (British Bankers' Association Interest Rate, BBAISR) für Drei-Monats-Euro-Lira-Einlagen um 11 Uhr des letzten Handelstages. Der Settlement-Preis beträgt 100 abzüglich der kaufmännisch gerundeten BBAISR.

Handelszeiten:
7.55 Uhr bis 16.10 Uhr Londoner Zeit.

18 Vgl. *LIFFE:* (Euro-Lira), S. 39.

5.2.1.10 Der Drei-Monats-ECU-Future

Kontraktspezifikationen für den Drei-Monats-ECU-Future[19]

Handelseinheit:
ECU 1 000 000.

Liefermonate:
März, Juni, September, Dezember.

Liefertag:
Der erste Geschäftstag nach dem letzten Handelstag.

Letzter Handelstag:
Zwei Geschäftstage vor dem dritten Mittwoch des Liefermonats. Handelsschluß ist um 11 Uhr Londoner Zeit.

Notierung:
Die Preisnotierung beträgt 100,00 abzüglich dem Zinssatz.

Mindestkursveränderung (Tick):
0,01

Tick-Wert:
ECU 25.

Kontraktnorm:
Cash Settlement (Barausgleich). Dieser Barausgleich basiert auf dem Settlement-Preis, der durch die Börse am letzten Handelstag festgestellt wird.

Abrechnungspreis (Settlement Price) der Börse bei Lieferung:
Der Abrechnungspreis basiert auf dem Settlement-Zinssatz der British Bankers' Association (British Bankers' Association Interest Rate, BBAISR) für Drei-Monats-ECU-Einlagen um 11 Uhr des letzten Handelstages. Der Settlement-Preis beträgt 100 abzüglich der kaufmännisch gerundeten BBAISR.

Handelszeiten:
8.05 Uhr bis 16.05 Uhr Londoner Zeit.

---

19 Vgl. *LIFFE:* (Summary), S. 6.

5.2.2 Langfristige Zinstermininstrumente

Die ungefähre prozentuale Aufteilung der langfristigen Zinsfutures bezüglich ihres Volumens (Ende 1992)[20] zeigt *Abb. 5.2.*

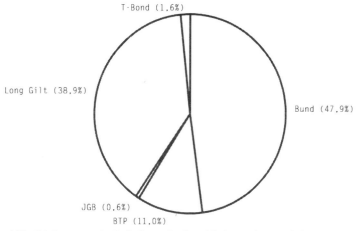

Abb. 5.2 Prozentuale Aufteilung der langfristigen Zinsterminkontrakte an der LIFFE bezüglich des Handelsvolumens

5.2.2.1 Der Bund-Future

Der Bund-Future der LIFFE ist der an den europäischen Finanzmärkten am meisten gehandelte Zinsterminkontrakt. Eingeführt wurde er am 29. September 1988 an der „London International Financial Futures Exchange" (LIFFE) und entwickelte sich in kurzer Zeit zum erfolgreichsten Kontrakt dieser Börse. Er erzielte 1992 bis zum Juni ein durchschnittliches tägliches Volumen von über 57 120 Kontrakten und im Januar 1992 ein Rekordvolumen von 1 335 716 gehandelten Kontrakten. Zwei Jahre nach der LIFFE, im Oktober 1990, führte die „Deutsche Terminbörse" (DTB) ihren Bund-Future ein. Auch er stieß auf eine äußerst große Resonanz sowohl bei Banken und Professionellen als auch bei Privatpersonen und erfreut sich ständig wachsender Beliebtheit.

20 Zu dieser Zeit wurde der Bobl- und Bonos-Future an der *LIFFE* noch nicht gehandelt.

Kontraktspezifikationen für den Bund-Future[21]

Gehandelte Einheit:
DM 250 000 Nennwert einer fiktiven Bundesanleihe mit einem Kupon von
6 %.

Kontraktnorm:
Die Lieferung kann in jeder Bundesanleihe (seit März 1991 auch Anleihen des Fonds Deutsche Einheit und seit Juni 1993 auch Anleihen der Treuhandanstalt) mit einer Restlaufzeit am 10. des Liefermonats von 8,5 bis 10 Jahren erfolgen. Die Lieferung der Papiere selbst erfolgt bonifikationsfrei. Die LIFFE führt eine Liste der lieferbaren Anleihen. Die Lieferung kann sowohl über das Kassenvereinssystem der Bundesrepublik Deutschland als auch über Euroclear oder Cedel erfolgen.

Liefermonate:
März, Juni, September, Dezember.

Liefertag:
Der 10. des Liefermonats. Wenn dies kein Frankfurter Arbeitstag ist, fällt der Liefertag auf den nächstfolgenden Frankfurter Arbeitstag. Liefertag in Bezug auf Bund-Terminkontrakte ist der Tag, an dem die Bundesanleihen des Verkäufers und die Zahlungen des Käufers bei der Lieferbank des Clearing House im Frankfurter Kassenverein (Frankfurt) eingehen. Der Rechnungsbetrag wird dem Konto des Verkäufers am selben Tag gutgeschrieben. Den Kassenvereinskonten des Käufers werden die Bundesanleihen zwei Frankfurter Arbeitstage später gutgeschrieben.

Letzter Handelstag:
Drei Frankfurter Arbeitstage vor dem Liefertag. Handelsschluß ist um 11.00 Uhr Frankfurter Zeit.

Notierung:
In Prozent pro DM 100 Nominalwert. Die Notierung erfolgt auf zwei Stellen nach dem Komma.

Mindestkursveränderung (Tick):
0,01

Tick-Wert:
DM 25 (DM 250 000/100 * 0,01 = DM 25).

---

21 Quelle: *LIFFE.*

Abrechnungspreis (Settlementpreis) der Börse bei Lieferung:
Am letzten Handelstag wird der Durchschnitt der gehandelten Preise während der letzten Handelsminute gebildet. Bei der Durchschnittsbildung werden die Preise mit der jeweiligen Anzahl der gehandelten Kontrakte gewichtet. Fand zu dieser Zeit kein Handel statt, so wird der Settlementpreis in Anlehnung an die zu dieser Zeit vorhandenen Geld- und Briefkurse festgelegt. Für den Fall, daß kein Handelsabschluß zustande kam und daß auch keine Geld- oder Briefkurse genannt wurden, wird der EDSP von offiziellen Mitarbeitern der LIFFE festgelegt. Der Preis richtet sich dann nach dem Kassamarktpreis der dem Kontrakt zugrundeliegenden Anleihen während dieser Periode.

Der Andienungsbetrag für jede lieferbare Anleihe wird durch das Preisfaktor-System berechnet. Eine endgültige Liste der lieferbaren Anleihen und ihrer Preisfaktoren wird zwei Wochen vor dem letzten Handelstag des Liefermonats durch die Börse bekanntgegeben. Für die bis zum Liefertag anfallenden Zinsen werden Anpassungen vorgenommen ohne Abzug einer Zinsabschlagssteuer.

Handelszeiten:
07.30 bis 16.15 Londoner Zeit.

APT-Handelszeiten:
16.20 bis 17.55 Londoner Zeit.

Der Preisfaktor berechnet sich nach folgender Formel:

$$PF = 1/(1{,}06)\hat{}f * [C/6 * \{1.06 - 1/(1{,}06)\hat{}n\} + 1/(1{,}06)\hat{}n] - C * (1 - f)/100$$

mit: PF = Preisfaktor
    f = Anzahl der Monate zwischen dem Liefertag und dem nächsten Kuponzahlungszeitpunkt (abgerundet auf die nächste ganze Zahl) dividiert durch 12. (Außer wenn f=0, dann f=1 und n=n–1)
    n = Anzahl der verbleibenden ganzen Jahre von dem nächsten Kuponzahlungszeitpunkt bis zum Endfälligkeitsdatum der Anleihe.
    c = Kupon der Anleihe (z. B.: wenn Kupon=7 %, dann c=7,000)

Andienungsbetrag = (EDSP * PF * DM 2500) + Stückzins

Der Lieferprozeß des Bund-Futures:

London	Frankfurt
	Letzter Handelstag:
	10.00 Einstellung des Handels. Ermittlung des EDSP.
12.00	13.00 Inhaber der Short-Position (Verkäufer) gibt Lieferdokumentation an das LCH.

15.00	16.00 Das LCH informiert den Käufer über den Andienungsbetrag und den Inhaber der Long-Position (Käufer) über die Anleihen.
16.00	17.00 Käufer gibt Lieferdokumentation an das LCH.

Geschäftstag nach dem letzten Handelstag:

11.00	12.00 Inhaber der Short-Position bestätigt dem LCH seine Lieferbereitschaft.

Geschäftstag unmittelbar vor dem Liefertag:

09.00	10.00 Käufer und Verkäufer bestätigen dem LCH ihre Bereitschaft zum Transfer.
11.00	12.00 Verkäufer veranlaßt Transfer der Anleihen.

Liefertag:

07.00	08.00 LCH empfängt Lieferung des Verkäufers.
11.30	12.30 Andienungsbetrag wird dem Verkäufer gutgeschrieben.

Zweiter Frankfurter Arbeitstag nach dem Liefertag:

09.00	10.00 Käufer erhält die Lieferung.

Abb. 5.3: Kursverlauf des Bund-Futures[22]

22 Kurse, Quelle: *LIFFE.*

5.2.2.2 Optionen auf den Bund-Future

Kontraktspezifikationen für Optionen auf den Bund-Future[23]

Gehandelte Einheit:
Ein Terminkontrakt auf Bundesanleihen.

Kontraktnorm:
Die Ausübung einer Option führt zu der Andienung cincs Terminkontraktes auf Bundesanleihen des entsprechenden Liefermonats zu dem jeweiligen Basispreis.

Verfallmonate:
März, Juni, September, Dezember

Laufzeiten:
Die maximale Laufzeit einer Option beträgt neun Monate. Die einzelnen Verfallmonate richten sich nach den zur gleichen Zeit verfügbaren Liefermonaten des Bund-Futures, d. h. die drei nächstliegenden Monate des Zyklus März, Juni, September und Dezember.

Ausübungstag:
Ausübung an jedem Geschäftstag bis 17.00 Uhr, verlängert bis 18.30 Uhr am letzten Handelstag.

Liefertag:
Lieferung am ersten Geschäftstag nach dem Ausübungstag.

Verfalltag:
Verfall um 18.30 Uhr des letzten Handelstages.

Letzter Handelstag:
6 Geschäftstage vor dem ersten Tag des Liefermonats des Bund-Futures. Handelsschluß ist um 16 Uhr Londoner Zeit.

Notierung:
Die Preisnotierung erfolgt in Punkten mit zwei Nachkommastellen (Ticks), z. B.: 1,72.

Mindestkursveränderung (Tick):
0,01

---

23 Quelle: *LIFFE.*

Tick-Wert:
DM 25.

Basispreise:
Die Basispreise haben eine feste Preisabstufung von 0,50 Punkten (z. B.: 92,50, 93,00, 93,50 etc.). Bei Einführung einer neuen Laufzeit werden immer neun Basispreise eingeführt. Es stehen damit für jede Kaufoption und jede Verkaufsoption mindestens neun Optionsserien zur Verfügung.

Einführung neuer Basispreise:
Hat sich der Settlementpreis des Bund-Futures auf 25 Ticks oder weniger an den vierthöchsten oder viertniedrigsten der bestehenden Basispreise genähert, werden für die betreffende Laufzeit am folgenden Geschäftstag zusätzliche Basispreise eingeführt.

Optionspreis:
Der Käufer hat den Kontraktpreis an den Verkäufer bei Ausübung oder Verfall der Option zu bezahlen, nicht zum Zeitpunkt des Kaufs. Die Positionen werden täglich zum Settlementpreis des jeweiligen Tages bewertet.

Handelszeiten:
7.32 Uhr bis 16.15 Uhr Londoner Zeit.

5.2.2.3 Der Bobl-Future

Kontraktspezifikationen für den Bobl-Future[24]

Gehandelte Einheit:
DM 250000 Nennwert einer fiktiven Bundesobligation mit einem Kupon von 6 %.

Kontraktnorm:
Lieferbar sind alle deutschen Bundesobligationen und Bundesschatzanweisungen (inklusive Schatzanweisungen des Fonds Deutsche Einheit), die am Liefertag eine Restlaufzeit von 3,5 bis 5 Jahren haben und die ein Mindestemissionsvolumen von DM 4 Milliarden besitzen.
   Lieferbar sind auch Anleihen, Obligationen und Schatzanweisungen der Treuhandanstalt, sofern sie am Kontraktliefertag eine Restlaufzeit von 3,5 bis 5 Jahren aufweisen.
   Zusätzlich müssen sämtliche Emissionen, damit sie lieferbar sind, am ersten Tag ihrer Börsennotierung eine Restlaufzeit von maximal 5 $\frac{1}{4}$ Jah-

---

24 Vgl. *LIFFE:* (The DM Fact Sheets).

ren aufweisen. Nicht lieferbar sind dagegen, unabhängig von der Rest-laufzeit, Bundesanleihen.

Die Lieferung kann sowohl über das Kassenvereinssystem der Bundes-republik Deutschland als auch über Euroclear oder Cedel erfolgen.

Liefermonate:
März, Juni, September, Dezember.

Liefertag:
Der 10. des Liefermonats. Wenn dies kein Frankfurter Arbeitstag ist, fällt der Liefertag auf den nächstfolgenden Frankfurter Arbeitstag.

Letzter Handelstag:
Drei Frankfurter Arbeitstage vor dem Liefertag. Handelsschluß ist um 11.30 Uhr Frankfurter Zeit.

Notierung:
In Prozent pro DM 100 Nominalwert. Die Notierung erfolgt auf zwei Stel-len nach dem Komma.

Mindestkursveränderung (Tick):
0,01

Tick-Wert:
DM 25 (DM 250 000/100 * 0,01 = DM 25).

Abrechnungspreis (Settlementpreis) der Börse bei Lieferung:
Am letzten Handelstag wird der Durchschnitt der gehandelten Preise während der letzten Handelsminute gebildet. Bei der Durchschnittsbil-dung werden die Preise mit der jeweiligen Anzahl der gehandelten Kon-trakte gewichtet. Fand zu dieser Zeit kein Handel statt, so wird der Sett-lementpreis in Anlehnung an die zu dieser Zeit vorhandenen Geld- und Briefkurse festgelegt. Für den Fall, daß kein Handelsabschluß zustande kam und daß auch keine Geld- oder Briefkurse genannt wurden, wird der EDSP von offiziellen Mitarbeitern der LIFFE festgelegt. Der Preis richtet sich dann nach dem Kassamarktpreis der dem Kontrakt zugrundeliegen-den Anleihen während dieser Periode.

Der Andienungsbetrag für jede lieferbare Anleihe wird durch das Preis-faktor-System berechnet. Eine endgültige Liste der lieferbaren Anleihen und ihrer Preisfaktoren wird zwei Wochen vor dem letzten Handelstag des Liefermonats durch die Börse bekanntgegeben. Für die bis zum Liefertag anfallenden Zinsen werden Anpassungen vorgenommen ohne Abzug ei-ner Zinsabschlagssteuer.

Handelszeiten:
07.30 bis 16.15 Londoner Zeit.

APT-Handelszeiten:
16.22 bis 17.56 Londoner Zeit.

Andienungsbetrag = (EDSP * PF * DM2500) + Stückzins

Die Berechnung des Preisfaktors entspricht der des Bund-Futures.

Der Lieferprozeß des Bobl-Futures:

London	Frankfurt	
		Letzter Handelstag:
10.30	11.30	Einstellung des Handels in dem Kontrakt. Ermittlung des EDSP.
12.30	13.30	Inhaber der Short-Position (Verkäufer) gibt Lieferdokumentation an das LCH.
15.30	16.30	Das LCH informiert den Käufer über den Andienungsbetrag und den Inhaber der Long-Position (Käufer) über die Anleihen.
16.30	17.30	Käufer gibt Lieferdokumentation an das LCH.
		Geschäftstag nach dem letzten Handelstag:
11.00	12.00	Inhaber der Short-Position bestätigt dem LCH seine Lieferbereitschaft.
		Geschäftstag unmittelbar vor dem Liefertag:
09.00	10.00	Käufer und Verkäufer bestätigen dem LCH ihre Bereitschaft zum Transfer.
11.00	12.00	Verkäufer veranlaßt Transfer der Anleihen.
		Liefertag:
07.00	08.00	LCH empfängt Lieferung des Verkäufers.
11.30	12.30	Andienungsbetrag wird dem Verkäufer gutgeschrieben.
		Zweiter Frankfurter Arbeitstag nach dem Liefertag:
09.00	10.00	Käufer erhält die Lieferung.

5.2.2.4 Der Future auf britische Staatsanleihen (Long-Gilt-Future)

Beim Long-Gilt-Future ist anzumerken, daß der Inhaber der Short-Position nicht nur die zu liefernde Anleihe bestimmen kann, sondern auch den Zeitpunkt des Liefertages während des Liefermonats.

Kontraktspezifikationen für den Future auf britische Staatsanleihen (Long-Gilt-Future)[25]

Gehandelte Einheit:
£ 50 000 Nennwert einer fiktiven britischen Staatsanleihe mit einem Kupon von 9 %.

Kontraktnorm:
Die Lieferung kann in jeder Gilt-Anleihe erfolgen, die auf der Liste für lieferbare Anleihen des betreffenden Liefermonats steht. Die LIFFE veröffentlich eine Liste dieser Anleihen vor oder an dem zehnten Geschäftstag vor dem ersten Notice Day des betreffenden Kontraktliefermonats. Alle Anleihen, die auf dieser Liste stehen, weisen die folgenden Charakteristika auf:

1. Die Restlaufzeit der Anleihe muß am ersten Tag des Liefermonats zwischen 10 und 15 Jahren liegen. Die Tilgungsmodalitäten der Anleihe müssen dergestalt sein, daß die Rückzahlung sämtlicher Stücke nur an einem einzigen Tilgungstermin erfolgen kann.
2. Vorzeitige Tilgung darf nicht möglich sein.
3. Ein fester Kupon, der halbjährlich, nachschüssig bezahlt wird. Ausgenommen davon ist die erste Kuponzahlungsperiode, die kürzer oder länger als sechs Monate sein kann.
4. Begebung sowie Tilgung und Zinszahlung dürfen nur in Pfund und Penny erfolgen.
5. Die Anleihen müssen volleingezahlt sein. Für den Fall, daß die Anleihe sich in ihrer ersten Zinszahlungsperiode befindet und teileingezahlt ist, muß es für den Ausschuß absehbar sein, daß sie am oder vor dem letzten Notice Day des relevanten Liefermonats volleingezahlt ist.
6. Nicht wandelbar.
7. Anleihe darf nicht in „bearer form"[26] ausgegeben sein.
8. Muß offiziell börsennotiert sein an der London Stock Exchange.
9. Für den Ausschuß muß absehbar sein, daß die Anleihen an einem oder mehreren Tagen während des Liefermonats ein ausstehendes Volumen von mindestens £ 500 Millionen haben. Falls eine Emission „on tap" oder in mehreren Tranchen stattfand, so müssen diese Stücke fungibel sein.

---

25 Vgl. *LIFFE:* (Long-Gilt), S. 7.
26 Die Ausgabe von Anleihen in effektiven Stücken mit einem an der Urkunde anhängenden Kupon, wird Emission in „bearer form" oder „coupon form" genannt. Heutzutage werden Anleihen überwiegend durch Bucheintrag (book-entry form) emittiert (z. B. durch Eintrag in eine Globalurkunde). Vgl. *Fabozzi, F. J., Wilson, R. S., Sauvin, H. C., Ritchie, J. C.:* (Corporate Bonds), S. 259.

Liefermonate:
März, Juni, September, Dezember.

Liefertag:
Jeder Geschäftstag des Liefermonats. Der Verkäufer des Terminkontraktes hat das Recht den Liefertag zu bestimmen.

Letzter Handelstag:
Zwei Geschäftstage vor dem letzten Geschäftstag des Liefermonats. Handelsschluß ist um 11.00 Uhr Londoner Zeit.

Notierung:
In Prozent pro £ 100 Nominalwert.

Mindestkursveränderung (Tick):
1/32.

Tick-Wert:
£ 15,625.

Abrechnungspreis (Settlementpreis) der Börse bei Lieferung:
Es gilt der Marktpreis an der LIFFE um 11.00 Uhr Frankfurter Zeit am letzten Handelstag. Fand zu dieser Zeit kein Handel statt, so wird der Settlementpreis in Anlehnung an die zu dieser Zeit vorhandenen Geld- und Briefkurse festgelegt. Für den Fall, daß kein Handelsabschluß zustande kam und daß auch keine Geld- oder Briefkurse genannt wurden, wird der EDSP von offiziellen Mitarbeitern der LIFFE festgelegt. Der Preis richtet sich dann nach dem Kassamarktpreis der dem Kontrakt zugrundeliegenden Anleihen während dieser Periode.

Handelszeiten:
8.30 bis 16.15 Londoner Zeit.

APT-Handelszeiten:
16.30 bis 18.00 Londoner Zeit.

Der Preisfaktor[27] berechnet sich nach folgender Formel:

$$PF = 1/(1{,}045)\char94(x/182{,}5) * [C'+C/0{,}09 * \{1-1/(1{,}045)\char94 n\} + {} + 100/(1{,}045)\char94 n]-C/2 * (y-z)/182{,}5$$

---

27 Vgl. *LIFFE:* (International Bond Market), o. S.

mit: Preisfaktor = PF/100

C = jährlicher Kupon (z. B.: wenn Kupon=7 %, dann c=7,000).

C' = Kupon der am nächsten Zinszahlungstag gezahlt wird, in Prozent.

n = Anzahl der verbleibenden halben Jahre von dem nächsten Kuponzahlungszeitpunkt bis zum Endfälligkeitsdatum der Anleihe.

x = Anzahl der Tage von und inklusive des ersten Tages des Liefermonats bis zum und exklusive des nächsten Zinszahlungsdatums.

y = Anzahl der Tage nach dem letzten Kuponzahlungsdatum bis zum und inklusive des nächsten Kuponzahlungsdatums.

Sollte die Anleihe an dem erstmöglichen Liefertag des Liefermonats ex dividend geliefert werden, dann ist PF folgendermaßen anzupassen:

1. C'= 0
2. Der letzte Term der Formel soll sein: +C/2 * (x/182,5)

Für den Fall, daß für eine lieferbare Anleihe folgendes zutrifft: 1. Die Anleihe befindet sich am erstmöglichen Liefertag des Liefermonats noch in der ersten Zinszahlungsperiode.

2. Die Ausgabe erfolgte auf einer „partly yield"-Basis.
3. Die Anleihe ist cum dividend einlieferbar.

ist der letzte Term in der Formel folgendermaßen anzupassen:

Minus der Summe des für die Anleihe an jedem Tag aufgelaufenen Stückzinses von und einschließlich des Emissionsdatums der Anleihe bis zu und ausschließlich des ersten Tages des Liefermonats, wobei der Stückzins eines jeden solchen Tages gemäß der untenstehenden Formel berechnet wird:

(C/365)+(I/P)

mit: C = Kuponrate in Prozentsätzen pro Jahr, zahlbar halbjährlich.

P = a) für den Fall, daß die Anleihe im Auktionsverfahren emittiert wurde, £ 100; oder

b) für den Fall, daß die Anleihe im Tenderverfahren emittiert wurde, der Minimum-Tender-Preis pro £ Nominal; oder

c) für den Fall, daß die Anleihe direkt an das Emissions Department der Bank of England für den späteren Verkauf am Sekundärmarkt ausgegeben wurde, der Preis, den das Department für £ 100 Nominal der Anleihe bezahlte.

I = Der gesamte Betrag, der pro £ 100 (nominal) für Anleihen mit teileingezahlten Raten an jedem Tag entrichtet wurde. Für den Fall, daß eine solche Anleihe im Auktionsverfahren emittiert wurde, wird als erste Rate £ 100 genommen, abzüglich jeder folgenden zu zahlenden Rate.

Andienungsbetrag: (EDSP * Preisfaktor * £500) + Stückzins

Der Lieferprozeß des Long-Gilt-Futures:

Notice Day:
11.00   Inhaber der Short-Position (Verkäufer) gibt Lieferdokumentation an das LCH (Clearing House der LIFFE).
11.30   Ermittlung des EDSP.
15.00   Das LCH informiert den Käufer über den Andienungsbetrag und den Inhaber der Long-Position (Käufer) über die Anleihen.
Geschäftstag vor dem Settlement Tag:
12.00   Käufer gibt Lieferdokumentation an das LCH.
Settlement Day:
10.00   Verkäufer informiert das Central Gilt Office (CGO) über die Details der Lieferung.
13.15   Käufer erkärt seine Annahmebereitschaft dem CGO gegenüber.
17.00   Die Übertragung der Anleihen und der Zahlungsströme ist vollzogen.

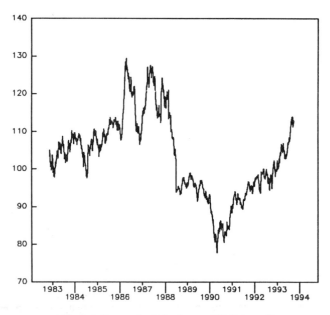

Abb. 5.4: Kursverlauf des Long-Gilt-Futures[28]
28 Kurse, Quelle: *LIFFE.*

5.2.2.5 Optionen auf den Long-Gilt-Future

Kontraktspezifikationen für Optionen auf den Future auf britische Staatsanleihen[29]

Gehandelte Einheit:
Ein Long-Gilt-Future-Kontrakt.

Kontraktnorm:
Die Ausübung einer Option führt zu der Andienung eines Long-Gilt-Futures des entsprechenden Liefermonats zu dem Basispreis.

Verfallmonate:
März, Juni, September, Dezember

Laufzeiten:
Die maximale Laufzeit einer Option beträgt neun Monate. Die einzelnen Verfallmonate richten sich nach den zur gleichen Zeit verfügbaren Liefermonaten des Long-Gilt-Futures, d. h. die drei nächstliegenden Monate des Zyklus März, Juni, September und Dezember.

Ausübungstag:
Ausübung an jedem Geschäftstag bis 17.00 Uhr, verlängert bis 18.30 Uhr am letzten Handelstag.

Liefertag:
Lieferung am ersten Geschäftstag nach dem Ausübungstag.

Verfalltag:
Verfall um 18.30 am letzten Handelstag.

Letzter Handelstag:
6 Geschäftstage vor dem ersten Tag des Liefermonats des Long-Gilt-Futures. Handelsschluß ist um 16.15 Uhr Londoner Zeit.

Notierung:
Die Preisnotierung erfolgt in Punkten mit 1/64 nach dem Komma.

Mindestkursveränderung (Tick):
1/64

Tick-Wert:
£ 7,8125

29 Vgl. *LIFFE:* (Long-Gilt), S. 8.

Basispreise:
Die Basispreise haben eine feste Preisabstufung von £ 1 (z. B.: £ 84–00, £ 85–00, £ 86–00). Bei Einführung einer neuen Laufzeit werden immmer 13 Basispreise eingeführt. Es stehen damit für jede Kaufoption und jede Verkaufsoption mindestens 13 Optionsserien zur Verfügung.

Einführung neuer Basispreise:
Hat sich der Settlementpreis des Long-Gilt-Futures auf £ 16/32 oder weniger an den sechsthöchsten oder sechstniedrigsten der bestehenden Basispreise genähert, werden für die betreffende Laufzeit am folgenden Geschäftstag zusätzliche Basispreise eingeführt.

Optionspreis:
Der Käufer hat den Kontraktpreis an den Verkäufer bei Ausübung oder Verfall der Option zu bezahlen, nicht zum Zeitpunkt des Kaufs. Die Positionen werden täglich zum Settlementpreis des jeweiligen Tages bewertet.

Handelszeiten:
8.32 Uhr bis 16.15 Uhr Londoner Zeit.

5.2.2.6 Der Future auf italienische Staatsanleihen (BTP-Future)

Kontraktspezifikationen für den Future auf italienische Staatsanleihen[30]

Gehandelte Einheit:
ITL 200 Mio. Nennwert einer fiktiven italienischen Staatsanleihe mit einem Kupon von 12 %.

Kontraktnorm:
Die Lieferung kann in jeder italienischen Staatsanleihe (Buoni del Tesoro Poliennali, BTP) mit einer Restlaufzeit am 10. des Liefermonats von 8 bis 10,5 Jahren erfolgen. Die jeweilige Anleihe muß jedoch ein Mindestemissionsvolumen von ITL 4 000 000 000 000 (4 Billionen) aufweisen. Die Lieferung der Papiere erfolgt über die Stanza di Compensazione Titoli in Italien[31] und muß mit Hilfe eines Finanzinstituts abgewickelt werden, das ein Konto auf eigenem Namen bei der Stanza di Compensazione Titoli besitzt.

Liefermonate:
März, Juni, September, Dezember.

---

30 Vgl. *LIFFE:* (BTP), S. 10.
31 Es handelt dich hierbei um das inländische italienische Clearing-System.

Liefertag:
Der 10. des Liefermonats. Wenn dies kein Arbeitstag an der Stanza di Compensazione Titoli in Italien ist, fällt der Liefertag auf den nächstfolgenden Arbeitstag der Stanza di Compensazione Titoli in Italien.

Letzter Handelstag:
Vier Stanza di Compensazione Titoli Arbeitstage vor dem Liefertag. Handelsschluß ist um 12.30 Uhr italienischer Zeit.

Notierung:
In Prozent pro ITL 100 Nominalwert auf zwei Stellen nach dem Komma.

Mindestkursveränderung (Tick):
0,01

Tick-Wert:
ITL 20 000. (ITL 200 Mio./100 * 0,01 = ITL 20 000).

Abrechnungspreis (Settlementpreis) der Börse bei Lieferung:
Es gilt der Marktpreis an der LIFFE um 12.30 Uhr italienischer Zeit am letzten Handelstag. Fand zu dieser Zeit kein Handel statt, so wird der Settlementpreis in Anlehnung an die zu dieser Zeit vorhandenen Geld- und Briefkurse festgelegt. Für den Fall, daß kein Handelsabschluß zustande kam und daß auch keine Geld- oder Briefkurse genannt wurden, wird der EDSP von offiziellen Mitarbeitern der LIFFE festgelegt. Der Preis richtet sich dann nach dem Kassamarktpreis der dem Kontrakt zugrundeliegenden Anleihen während dieser Periode.

Der Andienungsbetrag für jede lieferbare Anleihe wird durch das Preisfaktor-System berechnet. Die LIFFE veröffentlicht eine Liste der lieferbaren Anleihen und ihrer Preisfaktoren 10 Geschäftstage vor dem letzten Handelstag des Liefermonats. Es erfolgt eine Anpassung an den bis zum Liefertag aufgelaufenen anteiligen Brutto-Stückzins, abzüglich des Betrages der Quellensteuer.

Handelzeiten:
8.00 bis 16.10 Londoner Zeit.

APT Handelszeiten:
16.21 bis 17.58 Londoner Zeit.

Der Preisfaktor berechnet sich nach folgender Formel:

$$PF = 1/(1,06)\hat{\ }(x/182,5) * [(C/2) + (C/0,12) * \{1 - 1/(1,06)\hat{\ }m\} + 100/(1,06)\hat{\ }m] - C * [0,5 - y + (1/360)]$$

mit: Preisfaktor = PF/100

C = jährlicher Kupon (z. B.: wenn Kupon= 13,50 %, dann c=13,50).

x = Anzahl der Tage von und inklusive dem Liefertag bis zum und exklusive dem nächsten Zinszahlungsdatum (berechnet auf der Basis von tatsächlichen Tagen).

y = Bruchteil der Jahre von und inklusive dem Liefertag bis zum und exklusive dem nächsten Kuponzahlungsdatum.

m = Anzahl der verbleibenden halben Jahre von dem nächsten Kuponzahlungszeitpunkt bis zum Endfälligkeitsdatum der Anleihe.

Der Preisfaktor basiert auf einem notional brutto 12 % Kupon, halbjährlich aufgezinst. Er basiert auf der Restlaufzeit der Anleihe von und inklusive dem Liefertag.

Der aufgelaufene Stückzins (AI_{net}) berechnet sich nach der folgenden Formel:

$$AI_{net} = C * (z+1/360) * (1-W)$$

mit:

C = jährlicher Kupon (z. B.: wenn Kupon= 13,50 %, dann c=13,50).

z = Bruchteil der Jahre von und inklusive dem letzten Kuponzahlungsdatum bis zum und exklusive dem Liefertag.

W = Quellensteuersatz, der für die betreffende lieferbare Anleihe zutrifft, angeschrieben in Dezimalen (z. B. falls der Steuertsatz 12,5 % beträgt, dann ist W = 0,125).

Andienungsbetrag = (EDSP * Preisfaktor * ITL 2 Mio) + Netto Stückzins

Der Netto-Stückzins bezieht sich auf den bis zum Liefertag aufgelaufenen anteiligen Brutto-Stückzins, abzüglich des Betrages der Quellensteuer. Zudem ist es Marktgepflogenheit bei der Berechnung des Stückzinses, zu der herkömmlichen Anzahl der Tage einen Stückzinszahlungstag zu addieren; z. B. die Anzahl der Tage von dem letzten Kuponzahlungsdatum bis (inklusive) dem Settlement Datum plus einem zusätzlichen Tag.

Der Lieferprozeß des BTP-Futures

London Mailand

Letzter Handelstag:

London	Mailand	
11.30	12.30	Einstellung des Handels in dem Kontrakt. Ermittlung des EDSP.
13.30	14.30	Inhaber der Short-Position (Verkäufer) gibt Lieferdokumentation an das LCH.
15.30	16.30	Inhaber der Long-Position (Käufer) gibt Lieferdokumentation an das LCH.

16.30	17.30	LCH bestätigt den Erhalt der Dokumentation und informiert den Verkäufer über den Andienungsbetrag.
		Drei Stanza di Compensazione Titoli (SCT) Arbeitstage vor dem Liefertag:
14.00	15.00	Käufer und Verkäufer unterrichten Lieferagenten in Stanza.
		Zwei (SCT) Arbeitstage vor dem Liefertag:
12.00	13.00	Käufer und Verkäufer bestätigen dem LCH das prematching für die Lieferung.
		Liefertag:
12.00	13.00	Die Übertragung der Anleihen und der Zahlungsströme ist vollzogen.

Abb. 5.5: Kursverlauf des BTP-Futures[32]

32 Kurse, Quelle: *LIFFE.*

5.2.2.7 Optionen auf den BTP-Future

Kontraktspezifikationen für Optionen auf den Future auf italienische Staatsanleihen[33]

Gehandelte Einheit:
Ein BTP-Terminkontrakt.

Kontraktnorm:
Die Ausübung einer Option führt zu der Andienung eines BTP-Terminkontraktes des entsprechenden Liefermonats zu dem Basispreis.

Verfallmonate:
März, Juni, September, Dezember

Laufzeiten:
Die maximale Laufzeit einer Option beträgt 9 Monate. Die einzelnen Verfallmonate richten sich nach den zur gleichen Zeit verfügbaren Liefermonaten des BTP-Futures, d. h. die drei nächstliegenden Monate des Zyklus März, Juni, September und Dezember.

Ausübungstag:
Ausübung an jedem Geschäftstag bis 17.00 Uhr, verlängert bis 18.30 Uhr am letzten Handelstag.

Liefertag:
Lieferung am ersten Geschäftstag nach dem Ausübungstag.

Verfalltag:
Verfall um 18.30 am letzten Handelstag.

Letzter Handelstag:
6 Geschäftstage vor dem ersten Tag des Liefermonats des Bund-Futures. Handelsschluß ist um 16.05 Uhr Londoner Zeit.

Notierung:
Die Preisnotierung erfolgt in Punkten mit zwei Nachkommastellen (Ticks) z. B.: 1,57.

Mindestkursveränderung (Tick):
0,01

---

33 Vgl. *LIFFE:* (BTP), S. 11.

Tick-Wert:
ITL 20000.

Basispreise:
Die Basispreise haben eine feste Preisabstufung von 0,50 Punkten (z. B.: 92,50, 93,00, 93,50, etc.). Bei Einführung einer neuen Laufzeit werden immmer 9 Basispreise eingeführt. Es stehen damit für jede Kaufoption und jede Verkaufsoption mindestens 9 Optionsserien zur Verfügung.

Einführung neuer Basispreise:
Hat sich der Settlementpreis des BTP-Futures auf 25 Ticks oder weniger an den vierthöchsten oder viertniedrigsten der bestehenden Basispreise genähert, werden für die betreffende Laufzeit am folgenden Geschäftstag zusätzliche Basispreise eingeführt.

Optionspreis:
Der Käufer hat den Kontraktpreis an den Verkäufer bei Ausübung oder Verfall der Option zu bezahlen, nicht zum Zeitpunkt des Kaufs. Die Positionen werden täglich zum Settlementpreis des jeweiligen Tages bewertet.

Handelszeiten:
8.02 bis 16.10 Uhr Londoner Zeit.

5.2.2.8 Der Treasury-Bond-Future

Der Treasury-Bond-Future der LIFFE hat dieselben Kontraktspe-zifikationen wie der T-Bond-Future, der an der CBOT in Chicago gehandelt wird. Auch der Lieferprozeß ist derselbe. Der Handel wurde jedoch Mitte 1993 eingestellt.

Kontraktspezifikationen für den Treasury-Bond-Future[34]

Gehandelte Einheit:
US-$ 100000 Nennwert einer fiktiven US Staatsanleihe, Kupon von 8 %.

Kontraktnorm:
1. Die Lieferung kann in jeder nicht vorzeitig kündbaren US-Staatsanlei-he mit einer Restlaufzeit am ersten Tag des Kontraktmonats von min-destens 15 Jahren erfolgen. Falls die Anleihe vorzeitig kündbar ist, muß der erste Kündigungstermin mindestens 15 Jahre von dem ersten Tag des Kontraktmonats entfernt liegen.

34 Quelle: *LIFFE.*

2. Die Anleihen müssen in Vielfachen des Nominalwerts von US $ 100000 geliefert werden.
3. Zinszahlung muß halbjährlich erfolgen.
4. Es muß möglich sein, die Anleihen mittels des US Federal Reserve wire transfer system zu übertragen.

Liefermonate:
März, Juni, September, Dezember.

Liefertag:
Jeder Geschäftstag des Liefermonats. Der Verkäufer des Terminkontraktes hat das Recht, den Liefertag zu bestimmen.

Letzter Handelstag:
Sieben Geschäftstage vor dem letzten Geschäftstag an dem Chicago Board of Trade (CBOT). Der letzte Handelstag stimmt somit mit dem letzten Handelstag des Treasury-Bond-Futures der CBOT für den Fall überein, daß dies auch ein Handelstag an der LIFFE ist. Handelsschluß ist um 16.10 Uhr Londoner Zeit. Ein Geschäftstag im Lieferprozeß des Treasury-Bond-Futures ist festgelegt als ein Tag, an dem Banken in New York und Chicago gleichzeitig mit der LIFFE für Geschäfte geöffnet sind.

Notierung:
In Prozent pro US $ 100 Nominalwert. Die Notierung erfolgt in Punkten mit 1/32 nach dem Komma, z. B. 82–07 oder 82–7/32

Mindestkursveränderung (Tick):
1/32.

Tick-Wert:
US $ 31,25. (US-$ 100000/100 $*$ 1/32 = US-$ 31,25)

Abrechnungspreis (Settlementpreis) der Börse bei Lieferung:
Der Settlementpreis des Treasury-Bond-Futures der LIFFE ist derselbe Settlementpreis, der für den Treasury-Bond-Future am Chicago Board of Trade am selben Tag festgestellt wird.

Handelzeiten:
8.15 bis 16.10 Londoner Zeit.

APT-Handelszeiten:
16.29 bis 17.59 Londoner Zeit.

Der Preisfaktor berechnet sich nach folgender Formel:

$$PF = 1/(1{,}04)\hat{} f * [C/8 * \{1.04 - 1/(1{,}03)\hat{} n\} + 1/(1{,}04)\hat{} n] - C/2 * (1 - f)/100$$

mit: PF = Preisfaktor

    f = Anzahl der Quartale zwischen dem Liefertag und dem nächsten Kuponzahlungszeitpunkt (abgerundet auf die nächste Quartal) dividiert durch 2. f ergibt entweder 0 oder 0,5.

    n = Anzahl der verbleibenden halben Jahre von dem nächsten Kuponzahlungszeitpunkt bis zum Endfälligkeitsdatum der Anleihe.

    c = Kupon der Anleihe (z. B.: wenn Kupon=7 %, dann c=7,000)

Der Preisfaktor wird auf die vierte Stelle nach dem Komma gerundet.

Andienungsbetrag: (EDSP * PF * $1000) + Stückzins

Der Liefermonat und der Lieferprozeß des T-Bond-Futures an der LIFFE, ist identisch mit dem Liefermonat und dem Lieferprozeß des Kontraktes, der an der CBOT gehandelt wird.

Der Lieferprozeß des T-Bond-Futures:[35]

Position Day:

08.00 a. m.	Eröffnung des Futures Marktes.
02.00 p. m.	Schließung des Futures Marktes.
08.00 p. m.	Schlußtermin für den Inhaber der Short-Position, die Liefernotiz abzugeben.

Notice of Intention Day:

08.30 a. m.	Schlußtermin, um den Inhaber der Long-Position zu benachrichtigen.
02.00 p. m.	Schlußtermin für den Inhaber der Short-Position um die zu liefernde Anleihe zu bestimmen. Der Inhaber der Long-Position wird benachrichtigt.
03.00 p. m.	Schlußtermin für den Inhaber der Long-Position um die Bankinformation an den Inhaber der Short-Position zu geben.

Delivery Day

10.00 a. m.	Schlußtermin für den Inhaber der Short-Position die Anleihen zur Bank des Inhabers der Long-Position zu transferieren.
01.00 p. m.	Schlußtermin für den Inhaber der Long-Position, die Anleihen zu bezahlen.

35 Der erste Tag des drei Tage umfassenden Lieferprozesses wird von der CBOT offiziell Position Day genannt. Die meisten Marktteilnehmer nennen ihn jedoch Notice Day. Der zweite Tag wird auch Tender Day genannt.

Der Liefermonat für den T-Bond-Future:

First Position Day: Zweiter Geschäftstag vor Beginn des des Kontrakt-
                      monats.

First Notice of
Intention Day: Erster Geschäftstag vor Beginn des Kontraktmonats.

Beginn des Kontraktmonats.

Erster Liefertag: Erster Geschäftstag des Kontraktmonats.
Letzter Handelstag: Achter Geschäftstag vor Ende des Kontraktmonats.[36]
Letzter Liefertag: Letzter Geschäftstag im Kontraktmonat.

Ende des Kontraktmonats.

Abb. 5.6: Kursverlauf des Treasury-Bond-Futures[37]

36 Oder: 7 Geschäftstage vor dem letzten Geschäftstag im Liefermonat.
37 Kurse, Quelle: *LIFFE.*

5.2.2.9 Optionen auf den Treasury-Bond-Future

Kontraktspezifikationen für Optionen auf den Treasury-Bond-Future[38]

Gehandelte Einheit:
Ein US Treasury Bond Kontrakt

Kontraktnorm:
Die Ausübung einer Option führt zu der Andienung eines Treasury-Bond-Futures des entsprechenden Liefermonats zu dem jeweiligen Basispreis.

Verfallmonate:
März, Juni, September, Dezember.

Laufzeiten:
Die maximale Laufzeit einer Option beträgt neun Monate. Die einzelnen Verfallmonate richten sich nach den zur gleichen Zeit verfügbaren Liefermonaten des Treasury-Bond-Futures, d. h. die drei nächstliegenden Monate des Zyklus März, Juni, September und Dezember.

Ausübungstag:
Ausübung an jedem Geschäftstag bis 17.00 Uhr, verlängert bis 20.30 Uhr am letzten Handelstag.

Liefertag:
Der erste Geschäftstag nach dem Ausübungstag.

Verfalltag:
Verfall um 20.30 Uhr am letzten Handelstag.

Letzter Handelstag:
Der letzte Handelstag stimmt mit dem letzten Handelstag des Treasury-Bond-Futures der CBOT für den Fall überein, daß dies auch ein Handelstag an der LIFFE ist. Handelsschluß ist um 16.10 Uhr Londoner Zeit.

Notierung:
Die Preisnotierung erfolgt in Punkten mit 1/62 nach dem Komma, z. B.: 2 3/64.

Mindestkursveränderung (Tick):
1/64.

---

38 Vgl. *LIFFE:* (International Bond Market), o.S.

Tick-Wert:
US-$ 15,625.

Basispreise:
Die Basispreise haben eine feste Preisabstufung von einem US-$ (z. B.: 94–00, 95–00, 96–00, etc.). Bei Einführung einer neuen Laufzeit werden immmer 13 Basispreise eingeführt. Es stehen damit für jede Kaufoption und jede Verkaufsoption mindestens 13 Optionsserien zur Verfügung.

Einführung neuer Basispreise:
Hat sich der Settlementpreis des Bund-Futures auf 16/32 oder weniger an den sechshöchsten oder sechsniedrigsten der bestehenden Basispreise genähert, werden für die betreffende Laufzeit am folgenden Geschäftstag zusätzliche Basispreise eingeführt.

Optionspreis:
Der Käufer hat den Kontraktpreis an den Verkäufer bei Ausübung oder Verfall der Option zu bezahlen, nicht zum Zeitpunkt des Kaufs. Die Positionen werden täglich zum Settlementpreis des jeweiligen Tages bewertet.

Handelszeiten:
8.17 Uhr bis 16.10 Uhr Londoner Zeit.

5.2.2.10 Der Future auf japanische Staatsanleihen

Der Future auf japanische Staatsanleihen (JGB) entspricht mit einigen Abwandlungen dem Future, der in Tokio gehandelt wird. Der Future der Börse in Tokio (Tokio Stock Exchange, TSE), ist auf eine fiktive Anleihe mit einem Kupon von 6 % genormt. Einlieferbar sind japanische Staatsanleihen, die am Kontraktliefertag eine Restlaufzeit von 7 bis 10 Jahren besitzen und in das offizielle Kursblatt der Börse in Tokio (TSE) eingetragen sind. Der Future an der LIFFE ist zwar auch auf einen Kupon von 6 % normiert, jedoch sind in ihn keine Anleihen einlieferbar. Seine Abrechnung beruht auf einem Cash Settlement. Der Handel findet ausschließlich über APT statt und beginnt um 7.00 Uhr Londoner Zeit, unmittelbar im Anschluß an den Börsenschluß in Tokio.

Das Cash Settlement und der Handel über APT haben einige weitere Besonderheiten zur Folge. So werden alle offenen Positionen am Ende eines jeden Börsentages automatisch geschlossen. Das hat zur Folge, daß es gewöhnlich am Ende des Tages kein Open Interest in den Kontrakten mehr gibt.

Abgerechnet werden die Kontrakte in bar, auf der Basis des Eröffnungskurses des JGB-Futures der TSE des folgenden Börsentages. Dieser Eröffnungskurs wird von dem Itayose System der TSE ermittelt, wobei alle Aufräge die billigst bzw. bestens erteilt wurden, zu einem einheitlichen Kurs ausgeführt werden.[39] Die Variation Margin-Zahlungen des einzelnen Investors basieren somit auf der Differenz des Einstandskurses an der LIFFE und dem Eröffnungskurs der TSE. Ist der dem Handelstag (der LIFFE) folgende Tag ein Feiertag an der TSE, oder kam an der TSE kein Eröffnungskurs zustande, so wird von der LIFFE ein sogenannter Interim Settlement Price gebildet. Dieser Preis basiert auf den Kursen, die während der Schlußphase der APT Session festgestellt wurden. Offene Positionen an der LIFFE werden solange nicht geschlossen, bis an der TSE ein Eröffnungskurs ermittelt wurde. Sobald an der TSE ein Eröffnungskurs zustande kommt, werden die Positionen auf der Basis dieses Kurses abgerechnet (Berechnung der endgültigen Margin) und geschlossen.

Wie schon erwähnt, werden alle offenen Postionen am Ende des Tages geschlossen. Es gibt jedoch die Möglichkeit, Positionen der LIFFE in den Kontrakt der TSE zu rollen. Zu diesem Zweck wird gleichzeitig mit dem Schließen der Position an der LIFFE eine entsprechende market (bestens bzw. billigst) Order für die Eröffnung der TSE erteilt. Das Rollen der Position ist insofern risikolos, da der Abrechnungskurs der LIFFE dem Eröffnungskurs der TSE entspricht. Der Ausstandskurs an der LIFFE entspricht somit dem Einstandskurs an der TSE.

Als wichtiger Punkt ist noch anzumerken, daß der Kontrakt der LIFFE und der Kontrakt der TSE sich zwar ähnlich sind, aber nicht miteinander fungibel. Eine Short- (Long-) Position an der TSE kann somit *nicht* durch eine Long- (Short-) Position an der LIFFE geschlossen werden.[40]

---

39 Vgl. *LIFFE:* (Japan), Ṣ.4.
40 Vgl. *LIFFE:* (Japan), S. 4.

Kontraktspezifikationen für den Future auf japanische Staatsanleihen[41]

Gehandelte Einheit:
¥ 100 Mio. Nennwert, fiktive Staatsanleihe mit einem Kupon von 6 %.

Kontraktnorm:
Alle offenen Positionen an der LIFFE werden am Ende jedes Geschäftstages automatisch geschlossen. Auf der Basis des Eröffnungskurses des nächsten Tages an der Tokio Stock Exchange erfolgt ein Cash Settlement durch Verrechnung einer entsprechenden Variation Margin. Sollte ein Eröffnungskurs an der TSE nicht vorhanden sein (z. B. aufgrund eines Feiertages an der TSE), so erfolgt die Abrechnung am nächsten Geschäftstag.

Liefermonate:
März, Juni, September, Dezember.

Letzter Handelstag:
Einen Geschäftstag vor dem letzten Handelstag des Kontraktes der TSE. Handelsschluß ist um 15.00 Uhr.

Notierung:
In Prozent pro ¥ 100 Nominalwert. Die Notierung erfolgt auf zwei Stellen nach dem Komma.

Mindestkursveränderung (Tick):
0,01

Tick-Wert:
¥ 10000 (¥ 100000000 / 100 * 0,01 = ¥ 10000).

APT-Handelszeiten:
7.00 bis 16.00 Londoner Zeit.

Preis-Limite:
1. ¥ 1.00 vom TSE Schlußkurs. Falls dieses Limit erreicht wird, werden nach einer Stunde die Preis-Limite für den Rest des Tages aufgehoben.
2. Keine Preislimite während der letzten Handelsstunde.

Der Preisfaktor berechnet sich nach folgender Formel:

$$PF = 1/(1,06)^f * [C/6 * \{1.03-1/(1,03)^n\}+1/(1,03)^n]-C/2 * (1-f)/100$$

41 Vgl. *LIFFE:* (Japan), S. 12.

mit: PF = Preisfaktor

   f   = Anzahl der Monate zwischen dem Liefertag und dem nächsten Kuponzahlungszeitpunkt (abgerundet auf die nächste ganze Zahl) dividiert durch 6.

   n   = Anzahl der verbleibenden halben Jahre von dem nächsten Kuponzahlungszeitpunkt bis zum Endfälligkeitsdatum der Anleihe.

   c   = Kupon der Anleihe (z. B.: wenn Kupon=7 %, dann c=7,000)

Der Preisfaktor wird auf die sechste Stelle nach dem Komma abgerundet.[42]

Abb. 5. 7: Kursverlauf des Futures auf japanische Staatsanleihen[43]

42 Vgl. *LIFFE:* (International Bond Market), o.S.
43 Kurse, Quelle: *LIFFE.*

5. 2. 2.11 Der Future auf spanische Staatsanleihen (Bonos-Future)

Kontraktspezifikationen für den Future auf spanische Staats-anleihen[44]

Gehandelte Einheit:
Pta 20 Mio. Nennwert einer fiktiven spanischen Staatsanleihe mit einem Kupon von 10 %.

Kontraktnorm:
Die Lieferung kann in jeder in Peseten begebenen spanischen Staatsanleihe mit einer Restlaufzeit am 20. des Liefermonats von 7 bis 10,5 Jahren erfolgen. Das Gesamtemissionsvolumen der jeweiligen Anleihe muß jedoch mindestens Pta 250 000 000 000 betragen. Die Lieferung der Papiere erfolgt über Euroclear oder Cedel S. A..[45]

Liefermonate:
März, Juni, September, Dezember.

Liefertag:
Der 20. des Liefermonats. Wenn dies kein Arbeitstag von Euroclear oder Cedel S. A. ist, fällt der Liefertag auf den nächstfolgenden Arbeitstag von Euroclear oder Cedel S. A..

Letzter Handelstag:
7 Geschäftstage vor dem Liefertag. Wenn dieser Tag kein Arbeitstag in Madrid ist, wird der letzte Handelstag der vorhergehende Geschäftstag sein, der auch in Madrid ein Arbeitstag ist. Handelsschluß ist um 11.30 Londoner Zeit.

Notierung:
Pro Pta 100 nominal. Die Notierung erfolgt auf zwei Stellen nach dem Komma.

Mindestkursveränderung (Tick):
0,01

Tick-Wert:
Pta 2000. (Pta 20 Mio./100 * 0,01 = Pta 2000).

44 Quelle: *LIFFE:* (Bonos Future).
45 Um eine Lieferung spanischer Staatsanleihen aus einem Terminkontrakt heraus auszuführen oder zu erhalten, müssen Marktteilnehmer ein Konto oder eine Vereinbarung mit einem Mitglied von Euroclear oder Cedel SA haben.

Abrechnungspreis (Settlementpreis) der Börse bei Lieferung:
Es gilt der Marktpreis an der LIFFE um 11.30 Uhr Londoner Zeit am letzten Handelstag. Fand zu dieser Zeit kein Handel statt, so wird der Settlementpreis in Anlehnung an die zu dieser Zeit vorhandenen Geld- und Briefkurse festgelegt. Für den Fall, daß kein Handelsabschluß zustande kam und daß auch keine Geld- oder Briefkurse genannt wurden, wird der EDSP von offiziellen Mitarbeitern der LIFFE festgelegt. Der Preis richtet sich dann nach dem Kassamarktpreis der dem Kontrakt zugrundeliegenden Anleihen während dieser Periode.

Der Andienungsbetrag für jede lieferbare Anleihe wird durch das Preisfaktor-System berechnet. Die LIFFE veröffentlicht eine Liste der lieferbaren Anleihen, ihrer Preisfaktoren und Stückzinsen 15 LIFFE Geschäftstage vor dem letzten Handelstag des Liefermonats.

Handelszeiten:
8.00 bis 16.10 Londoner Zeit.

Der Preisfaktor berechnet sich nach folgender Formel:

$$PF = \sum_{i=1}^{n} \frac{C}{1,10^{(x_i/365)}} + \frac{100}{1,10^{(d/365)}} - C\left(1 - \frac{z}{y}\right)$$

mit: Preisfaktor = PF/100

C = jährlicher Kupon (z. B.: wenn Kupon= 11,50 %, dann c=11,50).

n = Anzahl der verbleibenden Kuponzahlungszeitpunkte von dem Kontraktliefertag bis zum Endfälligkeitsdatum der Anleihe.

i = erste, zweite, dritte, …,i'te Kuponzahlung nach dem Kontraktliefertag.

x_i = Anzahl der Tage von und inclusive dem Liefertag bis zum und exclusive dem i'ten Zinszahlungsdatum nach dem Kontraktliefertag.

d = Anzahl der Tage von und inklusive dem Liefertag bis zum und exklusive dem Fälligkeitsdatum.

z = Anzahl der Tage von und inklusive dem Liefertag bis zum und exklusive dem nächsten Kuponzahlungdatum.

y = Anzahl der Tage von und inklusive dem letzten Kuponzahlungsdatum bis zum und exklusive dem nächsten Kuponzahlungsdatum.

Andienungsbetrag = (EDSP * PF * Pta200 000) + Stückzins

Der Lieferprozeß des Bonos-Futures:

London	Madrid	
		Letzter Handelstag:
11.30	12.30	Einstellung des Handels in dem Kontrakt. Ermittlung des EDSP.

13.30	14.30 Inhaber der Short-Position (Verkäufer) gibt Lieferdokumentation an das LCH.
15.30	16.30 Inhaber der Long-Position (Käufer) gibt Licferdokumentation an das LCH.
17.30	18.30 Lieferinformation für Käufer und Verkäufer sind vom LCH erhältlich.

Geschäftstag nach dem letzten Handelstag:

17.30	18.30 LCH informiert Verkäufer und Käufer über Lieferinstruktionen (delivery versus payment DVP, bzw. receipt versus payment RVP).

Dritter Geschäftstag vor dem Liefertag:

10.00	11.00 Lieferinstitut des Verkäufers erhält Instruktionen zur Lieferung gegen Zahlung aus dem Terminkontraktlieferkonto
10.00	11.00 Lieferinstitut des Käufers erhält Anweisung, Stücke gegen Zahlung zu empfangen.

Zweiter Geschäftstag vor dem Liefertag:

10.00	11.00 Stücke des Verkäufers sind im Lieferkonto. Das LCH hat Zugang zum Lieferkonto und überprüft, ob Stücke vorhanden sind.
10.00	11.00 Käufer hat eine Zahlungsbestätigung eingereicht, die bestätigt, daß die Mittel zur Zahlung des Rechnungsbetrages bereitstehen.

Liefertag:

17.00	18.00 Bestätigung von Stücken und Geldmitteln.

Der Bonos-Future wurde inzwischen gestrichen.

5.2.3 Margin

Das Margining wird an der LIFFE von dem LCH übernommen. Das LCH empfängt und verbucht somit die Initial Margin und Variation Margin-Zahlungen. Außerdem berechnet es die für ein Portfolio zu tätigende Gesamt-Margin-Verpflichtung. Sich im Risiko kompensierende Positionen (z. B. Spreads, Optionskombinationen oder Kombinationen aus Optionen mit Futures) eines Teilnehmers resultieren, ähnlich wie an der DTB, in einer entsprechenden Verminderung der zu tätigenden Margin. Die Gesamt-Margin-Verpflichtung eines Teilnehmers wird mit Hilfe von SPAN (Standard Portfolio Analysis of Risk) berechnet. Diese über Computer erfolgende Berechnungsmethode ermittelt für die einzelnen Portfolios die zu tätigende Margin und wurde im April 1991 eingeführt. Für 16 verschiedene Szenarien wird der maximale Verlust des Portfolios bestimmt. Dieser Betrag, aus dem sich die Margin berechnet, wird durch 4 weitere Faktoren, die von der LIFFE je nach Marktlage verändert werden können, angepaßt.[46] Unter diesen Fakoren befindet sich unter anderem ein Minimum Betrag für geschriebene Optionen. Mit sich ändernden Marktverhältnissen und veränderter Portfoliostruktur wird sich die über SPAN berechnete Margin-Verpflichtung auch verändern. Der Teilnehmer hat dann die Differenz zu dem ursprünglichen Betrag zu hinterlegen, bzw. bekommt ihn gutgeschrieben.

Broker verlangen eine Margin, die meistens um das zwei- bis dreifache über der von der Börse festgelegten Margin liegt.

5.2.3.1 Margin bei Terminkontrakten

Die Initial Margin ist von Kontrakt zu Kontrakt verschieden und wird an sich ändernde Volatilitäten der Märkte angepaßt.

5.2.3.2 Margin bei Optionen

Auch die Berechnung der Margin für Optionen auf Terminkontrakte wird an der LIFFE für die verschiedenen Optionskontrakte nach einem einheitlichen Schema vorgenommen. Auf kleinere Unterschiede zwischen den einzelnen Kontrakten wird an der entsprechenden Stelle hingewiesen. Lediglich mit einem Unterschied, der in den folgenden Absätzen erläutert wird, entspricht das Prinzip demjenigen, das die DTB für Optionen auf den Bund-Future anwendet.

Bei Eingehen der Position erfolgt keine Prämienzahlung. Die Verrechnung der Gewinne und Verluste erfolgt täglich nach dem mark to the market-Prinzip (Future Style). Daraus resultieren entsprechende Margin-Zahlungen. Die Zahlung der restlichen Prämie erfolgt erst am Ausübungs- oder Verfalltag. An diesem Tag zahlt der Optionskäufer die restliche Optionsprämie an das Clearing House. Das Clearing House wiederum zahlt diese Optionsprämie am folgenden Geschäftstag an den Verkäufer der Option.

---

46 Vgl. *LIFFE:* (Accounting & Administration), S. 12.

Die Berechnung der Margin für die einzelne Optionsposition erfolgt nach einer anderen Methode, als an der DTB. Der Einschuß ist dabei abhängig von dem Deltawert der jeweiligen Option. Je höher das Delta der ge- oder verkauften Option ist, desto höher ist der zu leistende Einschuß. Das Delta der Option wird mit dem Betrag der Initial Margin, die für den zugrundeliegenden Kontrakt zu hinterlegen ist, multipliziert. Zusätzlich zu diesem Betrag addiert die LIFFE bei Short-Positionen noch einen Risikofaktor, auch Add-on-Faktor genannt. Dieser Add-on-Faktor kann von Option zu Option verschieden sein. Eine Liste mit sämtlichen Risikofaktoren wird von der LIFFE täglich veröffentlicht.

Die Formel für den Originaleinschuß bei Optionen auf Zinsfutures lautet:

Bei einer Long-Position (z. B.: Kauf Call oder Put):
Initial Margin des Bund-Futures * Delta der Option
Bei einer Short-Position (z. B.: Schreiben von Call oder Put):
Initial Margin des Bund-Futures * Delta der Option + Add On Factor

Beispiel:

Ein Investor kauft einen Call auf den Bund-Future. Der Bund-Future hat zu dieser Zeit eine Initial Margin von DM 2100 und der Call hat ein Delta von 0,52. Für diese Positon ist folgende Margin zu hinterlegen:

3000 * 0,52 = DM 1560

Bei einer Short-Position in diesem Call addiert die LIFFE noch einen Risikofaktor in Höhe von DM 1100 zu der obigen Margin. Hätte der Investor diesen Call statt zu kaufen verkauft, dann würde folgende Margin anfallen:

3000 * 0,52 = DM 2660

Trotz der Hinzufügung eines Risikofaktors kann bei einer Optionsposition die zu erbringende Margin nie größer sein als die Initial Margin des zugrundeliegenden Terminkontraktes.

Hat ein Investor Options- und/oder Terminkontraktpositionen in seinem Portfolio, die sich in ihrem Risiko kompensieren, so wird die Höhe des Einschusses entsprechend reduziert.

5.2.4 Ausübung von Optionen

Die Ausübung von Optionen an der LIFFE erfolgt ähnlich wie an der DTB.

Entschließt sich der Inhaber einer Option, so muß er das Clearing House benachrichtigen, welches durch ein Zufallsverfahren den Inhaber der Short-Position bestimmt.

Ein Unterschied zu der Ausübung an der DTB besteht darin, daß Optionen, die sich am Verfalltag im Geld befinden, von der Clearing-Stelle automatisch ausgeübt werden.[47] Automatisch ausgeübt werden alle Optionen, die sich einen Tick oder mehr im Geld befinden. Relevant hierfür ist der Settlementkurs des Futures. Wünscht ein Marktteilnehmer mit einer Long-Position keine automatische Ausübung, so kann er dies durch eine Benachrichtigung der LIFFE verhindern.

Am Verfalltag der Optionen können bei der Ausübung Risiken aber auch zusätzliche Gewinnmöglichkeiten entstehen. Handelsschluß der Optionen ist identisch zu dem Handelsschluß des entsprechenden Terminkontraktes. So ist beispielsweise Handelsschluß für den Bund-Future und für die Optionen auf den Bund-Future 16.15 Uhr Londoner Zeit. Ausübung einer Optionsposition ist jedoch bis 18.30 Londoner Zeit möglich. Die Handelszeiten im APT Handel gehen von 16.20 bis 17.55. Falls der Future am Ende der regulären Handelszeit in der Nähe eines Basispreises schließt, ergeben sich für den Inhaber einer Long Position in Optionen Trading-Möglichkeiten während des APT-Handels. Anstatt seine Optionen auszuüben bzw. verfallen zu lassen, wartet er und hofft auf eine günstige Kursbewegung des Futures während des APT-Handels. Findet diese Kursbewegung statt, so eröffnet er eine zu der Optionsposition gegenläufige Futureposition. Durch eine jetzt erfolgende Optionsausübung wäre seine Gesamtposition glattgestellt und er hätte einen zusätzlichen Gewinn erzielt. Anstatt sofort auszuüben könnte er auch zuwarten in der Hoffnung, daß sich der Future in die entgegengesetzte Richtung bewegt.[48] Die im APT-Handel eröffnete Futureposition würde nun

---

47 Vgl. *LIFFE:* (Accounting & Administration), S. 54.
48 Bewegt sich der Future in dieselbe Richtung, so besteht keine weitere Trading-Möglichkeit. Der zusätzliche Gewinn ist trotzdem gesichert.

geschlossen werden. Auch in diesem Fall hätte er einen zusätzlichen Gewinn erzielt. Bei einer günstigen Futurebewegung könnte jetzt erneut eine Futureposition eröffnet werden usw. Der Händler hat somit die Möglichkeit derartige Kursbewegungen während der 95 Minuten des APT-Handels auszunutzen.

Durch die automatische Ausübung können Risiken entstehen. Eine Call-Option z. B. befindet sich einen Tick im Geld und wird automatisch ausgeübt. Ein Marktteilnehmer der keine Long-Position in den Futures wünscht, müßte als Gegenposition sofort die entsprechende Anzahl an Kontrakten verkaufen. Dies kann er jedoch frühestens 5 Minuten später im APT Handel. Er ist bis dahin dem Risiko fallender Kurse ausgesetzt.

Die Anzeige ob eine Option ausgeübt wurde erfolgt durch die LIFFE bis spätestens 19.30 Londoner Zeit. Für den Inhaber einer Short-Position in Optionen kann daher der Fall eintreten, daß er die gegenläufige Futureposition erst am nächsten Tag eröffnet oder das Risiko eingeht eine Futureposition zu eröffnen ohne zu wissen ob er ausgeübt wurde.

5.2.5 Der Andienungsprozeß bei Terminkontrakten

Die Vielfalt der Produkte an der LIFFE hat zur Folge, daß die meisten Terminkontrakte in ihrem Lieferprozedere unterscheiden. Der Lieferprozeß der einzelnen Kontrakte ist jedoch in den jeweiligen Kontraktspezifikationen beschrieben.

5.2.6 Orderarten

Das System des Open Outrcry ermöglicht es, äußerst flexibel auf die Kundenwünsche bezüglich der Orderarten einzugehen. Durch die räumliche Nähe der Pits sind auch Kombinations- und Spread-Orders zwischen verschiedenen Kontrakten (z. B. Bund-BTP Spread) möglich. Prinzipiell sind den Ordermöglichkeiten keine Grenzen gesetzt. Inwieweit jedoch ein Broker (Aufträge werden stets über Broker getätigt) auf die individuellen (mitunter exotischen) Wünsche des einzelnen Kunden eingeht, hängt von der Leistungsfähigkeit bzw. dem angebotenen Service des Hauses ab. Zunächst sind alle Orderarten, die an der DTB möglich sind, auch an der LIFFE möglich. Auf den nächsten Seiten werden einige wichtige Orderarten, die an der LIFFE zusätzlich möglich sind, erläutert.[49]

An der LIFFE sind Kombinationsaufträge zwischen sämtlichen gehandelten Kontrakten möglich. Beispiele dafür sind Spreads zwischen dem Euro-DM-Future und dem Bund-Future, Long-Gilt-Future und Treasury-Bond-Future oder Euro-DM-Future und Euro-Dollar-Future.

Ein Stop-Limit-Auftrag entspricht einer Stop Order, mit dem Unterschied, daß bei Erreichen eines bestimmten Marktniveaus die Order nicht zu einer Market Order, sondern zu einer limitierten Order wird.

Eine Market-If-Touched (MIT) Order, wird bei Erreichen eines festgelegten Marktniveaus zu einer unlimitierten Order. Im Gegensatz zu einer Stop-Order wird eine MIT Kauf-Order *unter* das gegenwärtige Marktiveau gelegt. Eine MIT Verkaufsorder dagegen liegt *über* dem gegenwärtigen Marktniveau.

Bei einer Discretionary Order (Ermessensauftrag) hat der Händler bei der Ausführung einen Ermessensspielraum, ob, wann und zu welchem Preis er die Order ausführt. Oft ist die Ermessensorder so ausgestaltet, daß der Händler, sobald ein vorgegebenes Marktniveau erreicht wird, einen festgelegten Kursspielraum hat, innerhalb dessen er die Order nach seinem Ermessen auszuführen hat.

Auch bei der Zeitbestimmung der Aufträge sind die Gestaltungsmöglichkeiten vielfältig. Aufträge können unter anderem tagesgültig, wochengültig, monatsgültig oder gültig bis Widerruf sein.

Bei der Erteilung von Optionskombinationsaufträgen sind der Phantasie des Kunden prinzipiell keine Grenzen gesetzt. Je kom-

---

49 Daß an der DTB weniger Orderarten möglich sind, liegt nicht an dem Unwillen der Börsenleitung oder Banken, sondern daran, daß für zusätzliche Ordermöglichkeiten die Hard- und Software unter einem hohen Kostenaufwand erweitert werden müßte. Obwohl manche Spread Orders als solche nicht in das DTB-System eingegeben werden können, ist es dennoch möglich, über manche Banken solche Orders exekutieren zu lassen. Die Händler der Banken müssen die Orders dann seperat ausführen, was unter Umständen ein gewisses Geschick erfordert. Dies ist allerdings ein spezieller Service der einzelnen Bank.

plexer die Optionsstrategie jedoch ist, desto schwieriger wird es werden, eine Ausführung der Order zu bekommen. Der Broker mag unter Umständen bereit sein, eine Order für einen Conversion entgegenzunehmen, ob der Kunde in diesem Fall jedoch eine Ausführung erhält, ist eine andere Frage.

5.3 Unterschiede der Kontrakte an der LIFFE gegenüber den Produkten der DTB

Der Bund-Future und Bobl-Future der LIFFE und die Optionen auf den Bund-Future sind mit den vergleichbaren Produkten, die an der DTB gehandelt werden, in den wichtigsten Punkten identisch. Dennoch gibt es einige Unterschiede, deren Betrachtung interessant ist. Diese Unterschiede mögen auf den ersten Blick unerheblich wirken, in Wirklichkeit sind sie jedoch äußerst bemerkenswert.

Der erste Punkt ist die u. U unterschiedliche Höhe der MarginVerpflichtung an DTB und LIFFE. Die Margin an beiden Börsen hängt von den Volatilitäten an den Märkten ab, weicht jedoch meist leicht voneinander ab. Dieser Unterschied ist relativ gering. Der Einschuß, den deutsche Banken für den DTB Bund-Future und Brokerhäuser für den LIFFE Bund-Future verlangen, ist ebenfalls unterschiedlich und kann den obigen Unterschied noch erhöhen. Hinzu kommen Unterschiede in den Gebührenstrukturen. Die DTB verlangt zwar geringere Gebühren als die LIFFE, dieser Vorteil wird aber durch die relativ hohen Gebühren der deutschen Banken überkompensiert.

Die Gebühren der deutschen Banken sind besonders für Privatanleger (für institutionelle Investoren sind sie günstiger) relativ hoch und dienen meist dem Zweck, Private von diesem Markt fernzuhalten. Als Begründung wird gerne angegeben, der Anleger solle vor möglichen Verlusten bewahrt werden. Der tatsächliche Grund für dieses Vorgehen liegt unter anderem in den relativ hohen Kosten, die den Banken durch Kleinkundenaufträge entstehen. Außerdem ist es für Banken oft ertragreicher, Kundengelder in andere Anlageformen zu lenken.

Diese Punkte betrafen mehr die verschiedenen Marktgegebenheiten als die Kontraktspezifikationen. Ein wichtiger Unterschied in den Kontraktspezifikationen ist die Feststellung des Settlementpreises. An der DTB wird der Durchschnitt der gehandelten Preise innerhalb der letzten Handelsminute herangezogen. Dabei werden die Preise nicht nach dem einzelnen gehandelten Volumen gewichtet. Es wird nur ein Durchschnitt gebildet. Fanden in der letzten Handelsminute weniger als fünf Abschlüsse statt, so wird für den Abrechnungspreis der Durchschnitt der letzten fünf zustandegekommenen Preise herangezogen. Durch aggressives Handeln und in der Anzahl viele Käufe bzw. Verkäufe können Händler den Settlementpreis bis zu einem gewissen Maß beeinflussen bzw. manipulieren.

An der LIFFE wird auch ein Durchschnitt der gehandelten Preise während der letzten Handelsminute gebildet. Nach Aussagen der LIFFE werden diese Preise jedoch entsprechend der Anzahl der jeweils gehandelten Kontrakte gewichtet. Diese Gewichtung erschwert eine Manipulation des Settlementpreises.

Findet eine Andienung statt, so werden an der DTB noch am selben Tag, nämlich am Liefertag, die zu liefernden Stücke und Zahlungen gebucht. Im Gegensatz dazu erhält der Verkäufer an der LIFFE zwar sein Geld noch am Liefertag, der Käufer aber kann über die gelieferten Anleihen erst zwei Tage später verfügen.

2 Wochen vor letztem Handelstag veröffentlicht die LIFFE eine Liste mit lieferbaren Anleihen. Falls die Börseneinführung einer neuen Anleihe oder Obligation zu diesem Zeitpunkt noch nicht stattfand, wird die LIFFE dieses Papier unter Umständen nicht auf die Liste der lieferbaren Titel setzten, obwohl die Anforderungen an die Restlaufzeit erfüllt sind und obwohl absehbar ist, daß die Börseneinführung vor dem letzten Handelstag des Kontraktes stattfinden wird. Die DTB handhabt diesen Sachverhalt etwas anders. Voraussetzung für die Lieferbarkeit an der DTB ist der Vollzug der Börseneinführung spätestens 10 Börsentage vor der Fälligkeit des Kontraktes. Es kann somit der Fall eintreten, daß eine Anleihe an der LIFFE nicht einlieferbar ist, während sie an der DTB einlieferbar ist. Das kann wiederum dazu führen, daß beide Kontrakte einen unterschiedlichen Cheapest to Deliver haben. Dieser Sachverhalt gilt sowohl für den Bund als auch für den Bobl-Future.

Darüber hinaus bestehen Unterschiede in den Handelszeiten. Der Handel an der DTB beginnt um 8.00 Uhr Frankfurter Zeit. Der Handel an der LIFFE beginnt um 7.30 Uhr Londoner Zeit. Der Bund-Future wird für jeden Liefermonat an der DTB einen Börsentag und 1,5 Stunden länger gehandelt. Der letzte Handelstag ist an der DTB zwei Börsentage vor dem Liefertag (LIFFE: drei Börsentage vor dem Liefertag) und somit um einen Börsentag später. Außerdem endet der Handel an der DTB um 12.30 Uhr des letzten Handelstages, während er an der LIFFE schon um 10.00 Uhr Londoner Zeit endet. Für den Bobl-Future wird der Handel am letzten Handelstag um 10.30 Uhr Londoner Zeit eingestellt.

Als letzter Unterschied ist die automatische Ausübung von Optionskontrakten an der LIFFE zu beachten.

6. Theoretische Analyse von Zinsterminkontrakten

6.1 Preisbildung von lang- und mittelfristigen Zinsterminkontrakten

6.1.1 Das Verhältnis vom Terminpreis zum Kassapreis

Die Tatsache, daß Terminkontrakte an Börsen gehandelt werden macht deutlich, daß ihr Preis durch Nachfrage und Angebot zustande kommt. Der aktuelle Kurs ist somit abhängig von der Meinung der Marktteilnehmer. Anderseits stehen Futures nicht für sich alleine. Der Bund-Future beispielsweise ist zwar ein synthetisches Instrument, das auf eine fiktive Bundesanleihe mit einem Kupon von 6 % und einer Restlaufzeit von 8,5 bis 10 Jahren standardisiert ist. Am Kontraktliefertag hat der Verkäufer des Kontraktes jedoch die Verpflichtung, effektive Anleihen zu liefern und der Käufer hat die Verpflichtung, diese effektiven Anleihen abzunehmen. Das zeigt, daß sich der Preis des Terminkontraktes in irgendeiner Weise an dem Kurs der zugrundeliegenden lieferbaren Anleihen orientieren muß.

Beim Zustandekommen des Preises des Terminkontraktes ist, wie in vielen anderen Fällen auf den Terminmärkten (aber auch Kassamärkten), das Arbitragekalkül entscheidend. Ist z. B. der Terminkontrakt im Verhältnis zu den Anleihen überbewertet, so wird ein Arbitrageur den überwerteten Kontrakt verkaufen, die unterbewerteten Anleihen kaufen und die Anleihen am Kontraktliefertag als Erfüllung für seine Verpflichtung (die durch den Verkauf des Kontraktes entstanden ist) liefern. Wird diese Arbitrage oft genug getätigt, so erreicht der Future schnell wieder seinen Gleichgewichtskurs. Eine analoge Arbitrage wird stattfinden, wenn der Future im Verhältnis zu den Anleihen unterbewertet ist. Aufgrund dieses Arbitragekalküls ist es möglich, einen Gleichgewichtskurs für den Future zu berechnen: den theoretischen Futurepreis.

6.1.2 Der theoretische Futurepreis für lang- und mittelfristige Zinsterminkontrakte

Sämtliche an der LIFFE gehandelten lang- und mittelfristigen Zinsterminkontrakte, sind in ihrem Aufbau und ihrer Funktionsweise sehr ähnlich. Die Preisbildung dieser Instrumente vollzieht sich daher nach demselben Prinzip. In den folgenden Ausführungen wird anhand des Bund-Futures und des Futures auf Bundesobligationen die Preisbildung von solchen Instrumenten dargelegt. Sollten Unterschiede zu anderen Futures bestehen, wird explizit darauf hingewiesen oder in einem eigenen Kapiteln darauf eingegangen.

Bevor man zu der Berechnung des theoretischen Futurepreises übergeht, ist es notwendig, einige der Kontraktspezifikationen der Anleiheterminkontrakte näher zu betrachten. Diese Kontraktspezifikationen haben starke Auswirkungen auf das Zustandekommen des theoretischen Futurepreises.

6.1.2.1 Der Preisfaktor

Der Bund-Future ist auf eine fiktive Anleihe mit einem Kupon von 6 % und einer Restlaufzeit von 8,5 bis 10 Jahren standardisiert. Am Kontraktliefertag ist aber nicht nur eine Anleihe lieferbar, sondern ein ganzer Korb von Anleihen. Diese Anleihen haben in der Regel unterschiedliche Kupons, die meist von 6 % abweichen. Außerdem haben sie meistens auch noch unterschiedliche Restlaufzeiten.

Der Preisfaktor hat die Aufgabe, die Unterschiede der einzelnen Anleihen bezüglich Kupon und Restlaufzeit anzugleichen und eine Standardisierung des Kontraktes auf die obig genannten Kriterien zu bewirken. Warum eine Angleichung notwendig ist, erkennt man relativ leicht, wenn man die Auswirkungen der Höhe des Kupons und der Länge der Restlaufzeit auf den Kurs der einzelnen Anleihen betrachtet.

Anleihen mit einem höheren Kupon haben bei gleicher Restlaufzeit und gleicher Rendite einen höheren Kurs als Anleihen mit einem niedrigeren Kupon. Eine Anleihe mit einem Kupon von 6 % und einer Restlaufzeit von 9 Jahren notiert, wenn sie eine Rendite von 9 % hat, zu einem Kurs von 82,014. Eine Anleihe mit einem

Kupon von 8 % und derselben Restlaufzeit notiert dagegen bei einer Rendite von 9 % zu einem Kurs von 94,005. Diese Anleihe hat einen höheren Kurs als die Anleihe mit dem Kupon von 6 %, also muß sie bei der Lieferung auch höher angerechnet werden. Anderseits hat eine Anleihe mit einer Restlaufzeit von ebenfalls 9 Jahren und einer Rendite 9 %, aber mit einem Kupon von nur 4 %, einen Kurs von nur 70,024. Da sie einen geringeren Kurs als die 6 prozentige Anleihe hat, muß sie auch geringer angerechnet werden, wenn sie am Kontraktliefertag geliefert wird.

Bei der Lieferung muß aber nicht nur die unterschiedliche Höhe des Kupons berücksichtigt werden, sondern auch die unterschiedliche Länge der Restlaufzeit der einzelnen Anleihen. Eine Anleihe mit einer Restlaufzeit von 8,5 Jahren und einem Kupon von 6 % hat bei einer Rendite von 9 % einen Kurs von 82,631. Dieselbe Anleihe hat aber bei einer längeren Restlaufzeit und derselben Rendite, einen niedrigeren Kurs. So hat sie beispielsweise bei einer Restlaufzeit von 10 Jahren nur einen Kurs von 80,747. Bei einer längeren Restlaufzeit wird diese Anleihe daher geringer angerechnet werden.

Die genannten Unterschiede der einzelnen Anleihen werden beim Bund-Future genauso wie beim Future auf Bundesobligationen am Kontraktliefertag berücksichtigt. Die Angleichung erfolgt über den sogenannten Preisfaktor, auch „conversion factor" genannt. Wie schon erwähnt hat der Preisfaktor die Aufgabe, die Unterschiede in der Fälligkeit und in dem Kupon von jeder lieferbaren Bundesanleihe (Bundesobligation im Falle des Bobl-Future) auf eine gemeinsame Basis zu bringen.

Der Preisfaktor mit hundert multipliziert, ist der Preis, zu dem die Anleihe am Liefertag des jeweiligen Kontraktes notieren würde, wenn sie eine Rendite von 6 Prozent abwerfen würde.

Der Preisfaktor jeder Anleihe ist bestimmt durch:
1. Die Fälligkeit der jeweiligen lieferbaren Anleihe am Zehnten des Liefermonats, gemessen in vollen Monaten (z. B.: 8 Jahre, 7 Monate und 20 Tage = 8 Jahre und 7 Monate).
2. Die Höhe des Kupons der Anleihe.

Der Preisfaktor berechnet sich nach folgender Formel:[1]

$1/(1,06)\hat{}f[c/6\{1.06 - 1/(1,06)\hat{}n\} + 1/(1,06)\hat{}n] - c(1 - f)/100$

mit: PF = Preisfaktor

f = Anzahl der Monate zwischen dem Liefertag und dem nächsten Kuponzahlungszeitpunkt (abgerundet auf die nächste ganze Zahl) dividiert durch 12. (Außer wenn f = 0, dann f = 1 und n = n-1)

n = Anzahl der verbleibenden ganzen Jahre von dem nächsten Kuponzahlungszeitpunkt bis zum Endfälligkeitsdatum der Anleihe.

c = Kupon der Anleihe in % (z. B.: wenn Kupon = 7 %, dann c = 7,000)

Dem besseren Verständnis der obigen Formel ist es dienlich, wenn man sich die Zusammenhänge, die zu den Formeln der Finanzmathematik bestehen, vergegenwärtigt.

Es soll eine Bundesanleihe mit einem Kupon von 9 % und einer Restlaufzeit von 9 Jahren betrachtet werden, für die heute Zinsen gezahlt worden sind. Unter Benutzung der obigen Abkürzungen ergibt sich bei Einsetzen in die Formel des Preisfaktors:

$PF = 1/(1,06)\hat{}f[9/6\{1.06 - 1/(1,06)\hat{}8\} + 1/(1,06)\hat{}8] - 9(1 - 1)/100$

mit: f = 1

n = 8

c = 9 (%)

Die obige Formel kann durch Umformung noch vereinfacht werden:

$PF = 9/6\{1 - 1/(1,06\hat{}9)\} + 1/(1,06\hat{}9)$
$\quad\ = 0,09/0,06\{1 - 1/(1,06\hat{}9)\} + 1/(1,06\hat{}9)$

Das entspricht dem Kurs einer Anleihe mit einem Kupon von 9 %, einer Restlaufzeit von 9 Jahren bei einer Rendite von 6 %.

Diese Formel kann auch zur Rentenbarwertformel umgeformt werden. Der Kurs einer Anleihe ist nämlich die Summe der zukünftigen Zahlungsströme, diskontiert auf den heutigen Zeitpunkt. Die Diskontierung erfolgt mit dem internen Zinfuß der Anleihe. Dementsprechend umgeformt sieht obige Gleichung folgendermaßen aus:

---

1 Vgl. *LIFFE:* (International Bond Market).

$$\text{Kurs} = \sum_{t=1}^{9} 0{,}09\{1/(1{,}06\hat{\ }t)\} + 1/(1{,}06\hat{\ }9)$$

$$= 0{,}09\{1 - 1/(1{,}06\hat{\ }9)\}/0{,}06 + 1/(1{,}06\hat{\ }9)$$

$$= 0{,}09/0{,}06\{1 - 1/(1{,}06\hat{\ }9)\} + 1/(1{,}06\hat{\ }9)$$

mit: t = Zeitpunkt
der Nennbetrag der Rückzahlung in t = 9 beträgt 1
Zinsniveau = 9 %
es erfolgen 9 Zahlungen zu 0,09

Wie ersichtlich ist, stimmt unter diesen Bedingungen der Kurs der Anleihe mit dem Preisfaktor überein.

Seine Funktion erfüllt der Preisfaktor am Kontraktliefertag, wenn der Andienungsbetrag berechnet wird. Der Andienungsbetrag ist der Betrag, den der Käufer des Terminkontraktes am Liefertag dem Verkäufer für die Andienung der jeweiligen Anleihen bezahlen muß. Er wird an der DTB und LIFFE sowohl für den Bund-Future als auch für den Future auf Bundesobligationen auf gleiche Weise berechnet.

Andienungsbetrag = (FP * PF * 2500) + AZ

mit: FP = Futurepreis (hier EDSP[2]).
AZ = Aufgelaufene Zinsen der Anleihe, die geliefert wird vom letzten Kuponzahlungstag bis zum Kontraktliefertag (=Stückzinsen). Diese Stückzinsen beziehen sich auf DM 250000 nominal.
PF = Preisfaktor (der Preisfaktor bezieht sich auf die Anleihe, die geliefert wird).

Der Preisfaktor ist für jede Anleihe und jeden Liefermonat verschieden und während der Lieferungsperiode konstant. So werden für jeden Kontraktmonat neue Preisfaktoren errechnet, das heißt, daß in jedem Liefermonat jede lieferbare Anleihe einen speziellen Preisfaktor hat, der ihren Kupon und ihre Restlaufzeit an diesem Datum widerspiegelt.

Die folgende Tabelle zeigt Preisfaktoren für lieferbare Anleihen für verschiedene Liefermonate. Der Future ist in diesem Falle der Bobl-Future; die Anleihen sind somit Bundesobligationen.

---

2 Definition, siehe Glossar.

Kupon	Fälligkeit	Dez.93	März 93	Juni 93	Sept. 93	Dez. 93
8,500	20.09.96	1,081323	1,076252	N.L.	N.L.	N.L.
8,375	20.01.97	1,083627	1,078900	1,073999	N.L.	N.L.
8,000	20.03.97	1,072681	1,069302	1,064993	1,060914	N.L.
8,250	21.07.97	1,087308	1,083143	1,079219	1,074735	1,070082
8,000	22.09.97	1,080157	1,076301	1,072681	1,069302	1,064993
7,500	20.10.97	1,061061	1,058064	1,055299	1,052768	1,049743
7,250	20.10.97	1,050844	1,048316	1,046017	1,043951	1,041412
7,000	22.12.97	N.L.	1,039916	1,037932	1,036176	1,034651

N.L. = nicht lieferbar in den betreffenden Kontrakt, da die Anforderungen an die Restlaufzeit der Obligation nicht mehr erfüllt sind.

Auffallend an dieser Tabelle ist, daß alle Obligationen einen Preisfaktor größer als eins haben. Das liegt daran, daß ihr Kupon größer als 6 Prozent ist. Anleihen mit einem Kupon kleiner als 6 Prozent haben dagegen einen Preisfaktor kleiner als eins. So hat z.B. eine Bundesanleihe mit einem Kupon von 5% und einer Restlaufzeit von 9,5 Jahren am Kontraktliefertag, einen Preisfaktor von 0,92881 und dieselbe Anleihe mit einem Kupon von 4% einen Preisfaktor von 0,85806. Bei einem Kupon von 6% hätte sie dagegen unabhängig von ihrer Restlaufzeit stets einen Preisfaktor von eins.

Da das Renditeniveau in der Bundesrepublik seit einiger Zeit über 6% liegt und der Kupon der einzelnen Anleihen bei der Emission an den jeweiligen Marktzins angepaßt wird, gibt es zur Zeit (Juni 1993) nur lieferbare Anleihen mit einem Kupon größer als 6%. Diese Anleihen haben daher alle einen Preisfaktor größer als eins. Das gilt im Augenblick (Juni 1993) sowohl für den Bund- als auch für den Bobl-Future.

Durch den Preisfaktor werden bei der Berechnung des Andienungsbetrages, Unterschiede in der Höhe des Kupons der einzelnen Anleihen angeglichen. Wie aus der Tabelle ersichtlich ist, werden aber auch Unterschiede in der Restlaufzeit berücksichtigt. So haben Anleihen mit gleichem Kupon, aber unterschiedlicher Restlaufzeit, einen unterschiedlichen Preisfaktor.

An dieser Stelle soll auf einen weitverbreiteten Irrtum hingewiesen werden. Der Preisfaktor gleicht die Anleihen nur bezüglich ihres Kupons und ihrer Restlaufzeit an, *nicht* aber bezüglich ihrer eventuell unterschiedlichen Rendite. Zwischen 8,5 und 10 beziehungsweise 3,5 und 5 Jahren (Unterschiede in der Restlaufzeit von lieferbaren Anleihen) liegen 1,5 Jahre. Es kann der Fall eintreten, daß sich Unterschiede in der Zinstruktur ergeben, daß z. B. Anleihen mit kürzerer Laufzeit eine andere Rendite abwerfen als Anleihen mit etwas längerer Laufzeit. Ebenso kommt es gelegentlich zu Marktunvollkommenheiten, die sich darin äußern, daß Anleihen bei gleichen Konditionen (z. B. Schuldner, Restlaufzeit, Kupon) unterschiedlich rentieren. Diesbezüglich erfolgt durch den Preisfaktor keine Angleichung.

6.1.2.2 Die Cheapest to Deliver Anleihe

Der Preisfaktor legt zwar ein Zinsniveau von 6 % zugrunde, dies aber unabhängig von dem tatsächlich herrschenden Zinsniveau und ebenso unabhängig von den Zinsniveauunterschieden zwischen den einzelnen Anleihen. Das hat Auswirkungen auf die Wahl der billigsten lieferbaren Anleihe, der Cheapest to Deliver Anleihe (CTD).

Der Verkäufer des Terminkontraktes hat am Kontraktliefertag die Wahl, welche Anleihe er liefert. Ihm steht dabei in der Regel ein ganzer Korb von lieferbaren Anleihen zur Verfügung. Die Anleihe, die dabei für ihn den maximalen Ertrag abwirft, ist die Cheapest to Deliver Anleihe. Man kann nicht nur am Kontraktliefertag feststellen, welches die Cheapest to Deliver Anleihe ist, sondern auch zu jedem Zeitpunkt vor der Lieferung. Zu diesem Zweck berechnet man sich die Rendite aus folgendem Geschäft: Verkauf des Kontraktes und Kauf der entsprechenden Anzahl an Anleihen mit der Absicht, sie bis zum Kontraktliefertag zu halten und sie dann als Erfüllung für die Verpflichtung im Kontrakt zu liefern. Diejenige Anleihe, die bei diesem Geschäft den größten Ertrag abwirft, ist die Cheapest to Deliver Anleihe. Ist die Rendite bei diesem Geschäft höher als der derzeitige Marktzinssatz, so handelt es sich um eine Arbitrage.[3] Um festzustellen, ob eine solche Arbitrage möglich ist, rechnen Marktteilnehmer ständig nach, welche Anleihe Cheapest to Deliver ist.

---

3 Eine ausführliche Beschreibung dieser Arbitrage findet sich in Kapitel 7. 2. 1 Cash and Carry Arbitrage.

Erfahrungsgemäß wechselt der CTD während der Laufzeit des Kontraktes häufig. So wechselte der Cheapest to Deliver für den Juni 90 Kontrakt des Bund-Futures an der LIFFE allein während des ersten Quartals 1990 20 mal.[4] Ein Grund dafür ist, neben Renditeunterschieden bei den einzelnen Anleihen, die nicht ganz korrekte Angleichung der Anleihen durch den Preisfaktor.

Den Wechsel des CTD in Abhängigkeit des Futurepreises, für den Dezember 92 Kontrakt des Bund-Futures zeigt *Abb. 6.1.* Die einzelnen Buchstaben sind Symbole für die jeweilige Anleihe. So war z. B. die Bundesanleihe mit 8 % Kupon und Laufzeit bis 22. Juli 2002 (D) an genau 25 Handelstagen Cheapest to Deliver.

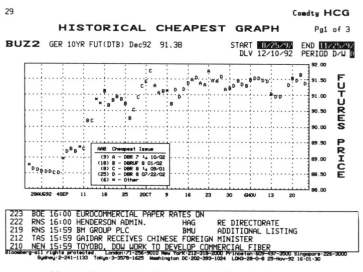

Abb. 6.1: Wechsel des Cheapest to Deliver für den Dez. 92 Kontrakt des Bund-Futures (Quelle: Bloomberg)

6.1.2.2.1 Der Kuponeffekt

Die Berechnung des Andienungsbetrages mit dem Preisfaktor ist nur dann korrekt, wenn das Zinsniveau am Kapitalmarkt bei 6 % liegt. Der Preisfaktor unterstellt nämlich ein Zinsniveau von 6 %.

---

4 Die Berechnung des Cheapest to Deliver erfolgte auf der Basis der täglichen Settlementpreise.

Der Preisfaktor gleicht die Kursunterschiede der einzelnen Anleihen nur dann finanzmathematisch korrekt an, wenn sie alle eine Rendite von 6 % abwerfen. Alle Anleihen haben dann, wenn ihr aktueller Kurs durch ihren Preisfaktor geteilt wird, einen Preis von 100 und sind somit gleich billig oder teuer.

Weicht das Zinsniveau von 6 % ab, so findet eine Verzerrung statt. Ist das Zinsniveau größer als 6 %, werden als CTD tendenziell Anleihen mit einem Kupon kleiner als 6 % gewählt da diese bei der Andienung durch die Preisfaktorformel tendenziell überbewertet werden. Die Bewertung erfolgt gemäß der Eindeckungsmöglichkeiten des Lieferanten am Kassamarkt. Dieser wird bei einem Zinsniveau, das größer als 6 % ist, Anleihen mit einem möglichst niedrigen Kupon liefern, da diese durch den Preisfaktor zu hoch angerechnet werden, während der Käufer des Kontraktes durch das ungünstige Austauschverhältnis eher zuviel zahlen muß. Liegt das Zinsniveau unter 6 %, tritt der gegenteilige Fall ein. Es werden dann Anleihen mit einem möglichst hohen Kupon bevorzugt. Dieser Effekt bezieht sich zunächst nur auf den Kupon. Die Unterschiede in der Laufzeit haben einen weiteren Einfluß auf den Cheapest to Deliver. Diese Aspekte werden im nächsten Kapitel behandelt. *Abb. 6.2* verdeutlicht den Effekt, der durch Unterschiede im Kupon und durch den Wechsel des Zinsniveaus entsteht.

	Zinsniveau	3,5 %	6 %	8,5 %
Kupon				
3,5 %		1,00000	0,82996	0,69405
6,0 %		1,19019	1,00000	0,84700
8,5 %		1,38038	1,17004	1,00000

Abb. 6.2: Kupon und Zinsniveau

Der Berechnug der Werte in der Tabelle liegt die Rentenbarwertformel zugrunde, die folgendermaßen lautet:

$$\text{Kurs}_0 = \sum_{t=1}^{n} C\{1/(1+ZN)\hat{\ }t\} + 1/(1+ZN)\hat{\ }n$$

$$= C\{1 - 1/(1+ZN)\hat{\ }n\}/ZN + 1/(1+ZN)\hat{\ }n$$
$$= C/ZN\{1 - 1/(1+ZN)\hat{\ }n\} + 1/(1+ZN)\hat{\ }n$$

mit: Kurs_0 = Kurs der Anleihe im Zeitpunkt t = 0
　　 C 　　= Kupon in Prozent (Kupon = 9 %, d. h. C = 0,09)
　　 ZN 　= Zinsniveau am Kapitalmarkt (Zins = 8 %, d. h.
　　 ZN 　= 0,08)
　　 t 　　 = jeweiliger Zeitpunkt
　　 n 　　= Laufzeit

Der Rückzahlungsbetrag am Laufzeitende beträgt eins

Da eine Laufzeit von n = 9 (Jahre) angenommen wurde, berechnen sich die Zahlen aus der ersten Spalte (Zinsniveau am Kapitalmarkt von 3,5 Prozent) durch Einsetzen in folgende Formel:

ZN = 3,5 %: $C/0{,}035\{1 - 1/(1+0{,}035)\hat{\ }9\} + 1/(1+0{,}035)\hat{\ }9$

Die Zahlen der zweiten und dritten Spalte berechnen sich analog:

ZN = 6 %: $C/0{,}06\{1 - 1/(1+0{,}06)\hat{\ }9\} + 1/(1+0{,}06)\hat{\ }9$
ZN = 8,5 %: $C/0{,}085\{1 - 1/(1+0{,}085)\hat{\ }9\} + 1/(1+0{,}085)\hat{\ }9$

Die Werte in der Tabelle sind nichts anderes als die Kurse der einzelnen Anleihen durch hundert dividiert, zu verschiedenen Marktzinssätzen. Der Wert von 1,19019 in der ersten Spalte und zweiten Zeile besagt beispielsweise, daß eine Anleihe mit einem Kupon von 6 % und einer Laufzeit von 9 Jahren bei einem Marktzinssatz von 3,5 %, einen Kurs von 1,190919 * 100 = 119,0919 besitzt.

In der zweiten Spalte (Marktzins = 6 %) stehen die Preisfaktoren, die sich auf eine synthetische Bundesanleihe mit einem Kupon von 6 % beziehen.

Damit ersichtlich wird, in welchem Verhältnis der Kurs der Anleihen mit Kupon von 3,5 Prozent und Kupon von 8,5 Prozent zu dem Kurs der Anleihe mit einem Kupon von sechs Prozent steht, wird die erste Spalte der Tabelle durch 1,19019 und die dritte Spalte durch 0,84702 geteilt. Nach der Division ergibt sich folgende neue Tabelle:

	Zinsniveau	3,5 %	6 %	8,5 %
Kupon				
3,5 %		0,84020	0,82996	0,81940
6,0 %		1,00000	1,00000	1,00000
8,5 %		1,15979	1,17004	1,18061

Abb. 6.3: Kupon und Zinsniveau

Z. B hat die Anleihe mit einem Kupon von 3,5 Prozent bei einem Marktzins von ebenfalls 3,5 Prozent einen Kurswert, der nur 84,02 % des Kurswertes der Anleihe mit einem Kupon von 6 % beträgt. In der mittleren Spalte stehen immer noch die Preisfaktoren. Es ist nun ersichtlich, in welchem Verhältnis die einzelnen Anleihen bei der Lieferung angerechnet werden. Entscheidend ist, daß sich das Umrechnungsverhältnis bei unterschiedlichem Marktzins ändert.

Ein Marktteilnehmer besitzt beispielsweise die Anleihe mit einem Kupon von 8,5 % bei einem Marktzins von 8,5 %. Diese Anleihe hat den 1,18061fachen Marktwert der Anleihe mit Kupon von 6 %. Er bekommt bei der Lieferung seiner Anleihe aber nur das 1,17004fache angerechnet. 1,17004 ist nämlich der Preisfaktor dieser Anleihe (vgl. mit *Abb. 6.3*). Würde er jedoch die Anleihe mit einem Kupon von 3 % liefern, so würde er das 0,81940fache der Anleihe mit 6-prozentigem Kupon bezahlen, bekäme jedoch (über den Andienungspreis, siehe Formel für den Andienungspreis) das 0,82996fache angerechnet. Liegt das Marktzinsniveau über 6 %, ist es für ihn am günstigsten, eine Anleihe mit einem möglichst niedrigem Kupon zu liefern. Diese Anleihe wird nämlich unter diesen Bedingungen durch den Preisfaktor am höchsten angerechnet.

Liegt das Marktzinsniveau unter 6 %, so kehrt sich diese Regel um. Es ist dann am günstigsten, eine Anleihe mit einem möglichst hohen Kupon zu liefern.

Der Preisfaktor führt nur dann zu einem korrekten Austauschverhältnis, wenn der Marktzinssatz bei genau 6 Prozent liegt.

Zur Verdeutlichung kann man zwei Extremfälle der möglichen Rendite am Kapitalmarkt betrachten. Zuerst wird eine Rendite

von null Prozent angenommen und dann eine Rendite von
1000 %. Es handelt sich hier um zwei Anleihen mit einer Laufzeit
von 10 Jahren, einem Kupon von 6 % bzw. 8,5 % und einem Rückzahlungsbetrag in Höhe von 1.

1. Rendite der Anleihen = 0 %
   Kupon = 6 %   Kupon = 8,5 %
   Kurs = 1,6   Kurs = 1,85
Kursverhältnis der Anleihen zueinander:
1,6 zu 1,85 = 1 zu 1,15625

2. Rendite der Anleihen = 1000 %
   Kupon = 6 %   Kupon = 8,5 %
   Kurs = 0,0006   Kurs = 0,0085
Kursverhältnis der Anleihen zueinander:
0,006 zu 0,0085 = 1 zu 1,41666

Im ersten Fall ist das Kursverhältis der Anleihen 1 zu 1,15625. Angerechnet werden die Anleihen über den Preisfaktor im Verhältnis
1 zu 1,17004. In diesem Fall ist es günstiger, die Anleihe mit dem
Kupon von 8,5 % anzudienen, da sie höher angerechnet wird.

Im zweiten Fall ist es günstiger, die Anleihe mit dem Kupon von 6 %
zu liefern. Das Kursverhältnis beträgt nämlich 1 zu 1,41666, während
das Verhältnis der Anrechnung über den Preisfaktor 1 zu 1,17004 beträgt (vgl. mit den Preisfaktoren in der mittleren Spalte in der *Abb. 6.3*)

Erklärt wird die Verbesserung der Umtauschverhältnisse durch
die unterschiedliche Gewichtung der Rückzahlungsbeträge. Bei
einem Renditeniveau von 0 % gehen diese zu 100 % in den Kurswert ein, so daß das Verhältnis von Anleihen mit unterschiedlichen Kupons K_1 und K_2 gegeben ist durch $(1+K_1)/(1+K_2)$, wo hingegen dieses Verhältnis bei einem Renditeniveau für den Grenz-
fall von unendlich K_1/K_2 beträgt, da der abdiskontierte Zeitwert
in der Gegenwart gegen Null geht.

6.1.2.2.2 Der Laufzeiteffekt

Neben dem Kuponeffekt gibt es auch den Laufzeiteffekt. Die unterschiedliche Laufzeit der Anleihen hat ebenfalls einen starken
Einfluß darauf, welche Anleihe der Cheapest to Deliver ist.

Im folgenden Fall haben beide Anleihen einen Kupon von 8,5 %
bei einem Zinsniveau von 8,5 %. Die Laufzeit der ersten Anleihe
beträgt 9 Jahre und der zweiten Anleihe 10 Jahre. Die Preisfaktoren betragen für die 9-jährige Anleihe 1,17004 und für die
10-jährige Anleihe 1,18400. Der Unterschied in den Preisfaktoren
ist auf die Zinsdifferenz zwischen 6 % und dem Zins der 8,5 pro-
zentigen Anleihen zurückzuführen. Diese Zinsdifferenz bekommt
man bei der Anleihe mit 10 Jahren Laufzeit ein Jahr länger gezahlt,
als bei der Anleihe mit 9 Jahren Laufzeit. Bei einem Marktzins
von 8,5 % verhalten sich die Kurse der Anleihen 1 zu
1. Die Anrechnung über den Preisfaktor erfolgt aber im Verhältnis 1,17004 zu 1,18400, beziehungsweise im Verhältnis 1 zu
1,01193. In diesem Fall ist es günstiger, die 10-jährige Anleihe zu
liefern.

Unter diesen Bedingungen trifft die folgende Regel zu: Haben
Anleihen Kupons in derselben Höhe, und haben sie dieselbe
Marktrendite, so ist es am günstigsten, die Anleihe mit der längsten Laufzeit zu liefern, unter der Voraussetzung, daß das Zinsniveau über 6 % liegt. Liegt das Zinsniveau unter 6 %, ist die Anleihe mit der kürzesten Laufzeit der Cheapest to Deliver.

**Zusammenfassend kann festgestellt werden, daß bei einem
Marktzinsniveau, das über 6 % liegt, die Anleihe mit dem niedrig-
sten Kupon und der längsten Laufzeit der Cheapest to Deliver ist.
Bei einem Marktzins unter 6 % ist die Anleihe mit dem höchsten
Kupon und der kürzesten Laufzeit der Cheapest to Deliver.**

In der Regel findet man am Markt keine lieferbaren Anleihen,
auf die beide Kriterien zugleich zutreffen. Es muß dann ein Kom-
promiß eingegangen werden. In diesem Fall muß man nachrech-
nen, ob z. B. die Anleihe mit hohem Kupon und kurzer Laufzeit
oder die Anleihe mit niedrigem Kupon und langer Laufzeit der
Cheapest to Deliver ist. Das folgende **Beispiel** zeigt eine solche
Rechnung. Zwei Anleihen werden miteinander verglichen und es
wird festgestellt, welche Anleihe für eine Lieferung günstiger ist.

Der Settlementpreis (EDSP) des Dezember Bund-Futures 1992
betrug am letzten Handelstag 91,02.

Für die folgenden beiden Bundesanleihen soll festgestellt werden, welche für eine Lieferung günstiger ist:

Kupon:	8,00 %	8,00 %
Laufzeit:	20.07.2002	20.01.2002
Kurs:	103,92	103,55
Preisfaktor:	1,142062	1,136810
Stückzinsen für	3,111 * 2500	7,111 * 2500
DM 250000 nominal = DM	7777,77	= DM 17777,77

	103,92 * 2500	103,55 * 2500
	+ DM 7777,77	+ DM 17777,77
Wert am Kassamarkt:	= DM 267577,77	= DM 276652,77

	91,02 * 1,142062 * 2500	91,02 * 1,136810 * 2500
	+ DM 777,77	+ DM 17777,77
Erlös bei Lieferung:	= DM 267653,98	= DM 276458,89

	DM 267653,98	DM 276458,89
	– DM 267577,77	– DM 276652,77
Nettoerlös:	= DM +76,21	= DM -193,88

Der Nettoerlös bei der Lieferung der Bundesanleihe mit Laufzeit bis 20.7.2002 beträgt DM 76,21, gegenüber einem Verlust in Höhe von DM 193,88, der bei der Lieferung der Anleihe mit Laufzeit bis 20.01.2002 anfallen würde.

Befindet man sich nicht am Kontraktliefertag, muß die Rechnung etwas modifiziert werden, da dann die Kosten für das Halten der Anleihe bis zum Kontraktliefertag berücksichtigt werden müssen. Detaillierte Beispiele dazu finden sich in den folgenden Kapiteln.

6.1.2.2.3 Ermittlung des Cheapest to Deliver mit Hilfe der Duration und der Implied Repo Rate

Zur Ermittlung des Cheapest to Deliver kann auch das Konzept der Duration herangezogen werden. Wie in Kapitel 6.1.4.2 gezeigt wird, hat bei gleichem Kupon und gleicher Rendite die Anleihe mit der längeren Laufzeit die höhere Duration. Andererseits hat bei gleicher Laufzeit und gleicher Rendite die Anleihe mit dem niedrigeren Kupon die höhere Duration.

In den obigen Ausführungen wurde dargelegt, daß bei einer Rendite unter 6% die Anleihe mit dem höchsten Kupon und der kürzesten Laufzeit der Cheapest to Deliver ist. Diese Anleihe hat aber gleichzeitig die niedrigste Duration. Bei einer Rendite über

6 % ist die Anleihe mit dem niedrigsten Kupon und der längsten Laufzeit der Cheapest to Deliver. Diese Anleihe hat die höchste Duration. Mit der Berechnung der Duration der lieferbaren Anleihen kann man auf relativ einfache aber exakte Weise den Cheapest to Deliver bestimmen; es gilt nämlich folgende Regel:

Bei einer Rendite über 6 % ist die Anleihe mit der höchsten Duration der Cheapest to Deliver. Bei einer Rendite unter 6 % ist die Anleihe mit der niedrigsten Duration der Cheapest to Deliver.

Haben alle Anleihen eine Rendite von 6 %, so ist die Anrechnung über den Preisfaktor korrekt und alle Anleihen sind Cheapest to Deliver. Steigt das Zinsniveau, so fällt der Kurs der Anleihen. Die Anleihen mit der hohen Duration fallen aber stärker als die Anleihen mit der niedrigen Duration. Der Kurs dieser Anleihen wird im Verhältnis zum Kurs der anderen Anleihen relativ billig, während die Anrechnung über den Preisfaktor gleichbleibt. Es ist daher vorteilhaft, diese Anleihen zu liefern. Sinken aber die Zinsen, dann steigt der Kurs der Anleihen mit der niedrigen Duration am wenigsten. Diese Anleihen sind dann im Vergleich zu den anderen Anleihen relativ billig. Die Anrechnung über den Preisfaktor bleibt aber auch hier gleich. In diesem Fall (Zins liegt unter 6 %) ist es vorteilhaft, Anleihen mit möglichst niedriger Duration zu liefern.[5]

Die Ermittlung des CTD mit Hilfe der Duration liefert nur für den Fall korrekte Resultate, daß die Anleihen mit derselben Rendite rentieren und daß eine Parallelverschiebung der Renditen stattfindet.

Die genaueste Möglichkeit festzustellen, welche Anleihe Cheapest to Deliver ist, ist die Berechnung über die Implied Repo Rate.[6] Die Implied Repo Rate berücksichtigt die Finanzierungskosten und Kuponerträge und gibt an, wie hoch der prozentuale Gewinn ist, wenn die Anleihe gekauft wird, der Future verkauft wird und die Anleihe am Kontraktliefertag in den Future geliefert wird. Die Anleihe, die bei diesem Geschäft den höchsten Gewinn

---

5 Siehe zu dieser Thematik auch Kapitel 7. 1. 5.7 Optimierung des Hedges mit Hilfe von Optionen.
6 Das Konzept der Implied Repo Rate wird detailliert in Kapitel 6. 1. 4 erläutert.

abwirft, hat auch die höchste Implied Repo Rate und ist daher auch CTD. Es kann daher folgende Regel aufgestellt werden:

Cheapest to Deliver ist immer die Anleihe mit der höchsten Implied Repo Rate.

Diese Ausführungen mögen auf den ersten Blick sehr theoretisch wirken. Sie sind aber von großer praktischer Bedeutung. Für einen Händler, der einen Zinsfuture handelt, ist es äußerst wichtig zu wissen, welche Anleihe der Cheapest to Deliver ist, bzw. bei welchem Zinsniveau dieser wechselt. Wie in Kapitel 6.1.2.3 (Formel für den theoretischen Futurepreis) gezeigt wird, orientiert sich der Kurs des Futures am Kurs des Cheapest to Deliver (oft auch umgekehrt, siehe Kapitel 7.2: Arbitrage). Wechselt der Cheapest to Deliver, dann liegt dem Future eine Anleihe mit einem anderen Kurs zugrunde. Das kann zu Sprüngen im Kurs des Futures führen. Ist ein Händler darauf nicht vorbereitet, kann das den Gewinn seiner Position schmälern oder auch zu Verlusten führen.

Nicht nur für Basistrader[7] (die Basis bezieht sich meist auf den Cheapest to Deliver) Spread Trader und Hedger[8], sondern besonders für Arbitrageure ist es unentbehrlich zu wissen, welche Anleihe der Cheapest to Deliver ist oder welche Anleihe sie werden könnte. Bei der Reverse Cash and Carry Arbitrage[9] besteht die Gefahr, daß der Cheapest to Deliver wechselt und der Arbitrageur eine ungünstige Anleihe geliefert bekommt. Die Gewinnspannen bei einer Arbitrage sind an den nahezu effizienten Märkten äußerst gering. Bekommt der Händler eine andere Anleihe geliefert, als er es erwartet (das kann aufgrund eines Wechsels des Cheapest to Deliver geschehen), so wird das in der Regel seinen möglichen Gewinn aufzehren. Eine Cash and Carry Arbitrage ist mit dem Cheapest to Deliver am ertragreichsten. Sie wird daher in der Regel mit dieser Anleihe durchgeführt. Führt ein Marktteilnehmer eine Cash and Carry Arbitrage durch und wechselt bis zum Kontraktliefertag der Cheapest to Deliver, besteht durch Ausnutzen der Seller's Option[10] die Möglichkeit, einen zusätzlichen

---

7 Begriff der Basis siehe Kapitel 6.1.3, Basistrading: Kapitel 7.3.4., Spreadtrading: Kapitel 7.3.3.
8 Siehe Kapitel 7.1.2.4.
9 Ausführliche Behandlung in Kapitel 7.2.3.
10 Siehe Kapitel 6.1.2.5.

Gewinn zu erzielen. Auch aus diesem Grund ist es wichtig, ständig auf einen Wechsel des Cheapest to Deliver zu achten.

Das waren nur einige Beispiele für Situationen in denen es sich empfiehlt, mit dem Konzept des Cheapest to Deliver vertraut zu sein. Detaillierte Rechenbeispiele finden sich in den entsprechenden Kapiteln.

6.1.2.2.4 Wechsel des Cheapest to Deliver

Einige der Einflußfaktoren für einen Wechsel des Cheapest to Deliver wurden schon in den vorherigen Kapiteln genannt. Dazu gehört auch eine Parallelverschiebung der Renditen der einzelnen Anleihen.

Man kann sich zwar den Cheapest to Deliver für jedes Renditeniveau ausrechnen, dies aber nur unter der Annahme, daß sich die Zinsen der einzelnen Anleihen parallel verschieben. In den bisherigen Ausführungen wurde davon ausgegangen, daß die Anleihen zu einer gleichen Rendite notieren. Die Zinsstruktur im 8,5- und 10jährigen Bereich, bzw. 3,5- und 5jährigen Bereich kann sich aber ändern. Ändert sich das Renditeverhältnis der einzelnen Anleihen zueinander, dann ändert sich auch ihr Kursverhältnis. Gerade dieses Kursverhältnis ist ausschlaggebend für die Bestimmung des Cheapest to Deliver. Man kann als Faustregel sagen, daß bei gleicher Duration die Anleihe mit der höchsten Rendite Cheapest to Deliver ist.[11]

Auch die Aufnahme einer neuen Anleihe in den Korb der lieferbaren Anleihen kann zu einem Wechsel des Cheapest to Deliver führen. Besonders bei Bundesobligationen kommen häufig neue Emissionen an den Markt. Das hat zur Folge, daß beim Future auf Bundesobligationen der Cheapest to Deliver häufiger wechselt als bei anderen Zinsterminkontrakten.

Auch Marktunvollkommenheiten führen oft zu einem Wechsel des Cheapest to Deliver. Es ist immer wieder zu beobachten, daß zwei Anleihen, die fast identische Konditionen haben (z.B.: Schuldner, Restlaufzeit, Kupon), zu unterschiedlichen Renditen gehandelt werden. Solche Marktunvollkommenheiten sind meist unvorhersehbar und können auch in kein theoretisches Modell

---

11 Vgl. *Burghard, G., Lane, M., Papa, J.:* (Treasury Bond), S. 44.

gefaßt werden. Es ist daher wichtig, daß man seine Entscheidungen nicht nur auf theoretischen Modellen begründet, sondern auch die Marktgegebenheiten mit ins Kalkül zieht.

Eine solche Marktgegebenheit kann gelegentlich kurz vor dem Liefertag des Futures beobachtet werden. Oft konnte der Fall beobachtet werden, daß der Cheapest to Deliver lange Zeit (mehrere Wochen oder auch Monate) dieselbe Anleihe war und es auch noch wenige Tage vor dem Liefertermin war. Plötzlich stieg aber der Kurs dieser Anleihe überproportional stark im Vergleich zu den anderen Anleihen. Das führte dazu, daß sie relativ teuer wurde und den Status des Cheapest to Deliver verlor. Dieser Kursanstieg wirkt zunächst erstaunlich. Er ist aber darauf zurückzuführen, daß die Verkäufer des Terminkontraktes am Verfalltag Anleihen liefern müssen. In der Regel wird der Cheapest to Deliver geliefert. Sind die Anleihen noch nicht im Depot, so müssen sich die Marktteilnehmer mit der Lieferverpflichtung (Verkäufer des Terminkontraktes) die Papiere am Anleihemarkt beschaffen. Besteht kurz vor dem Liefertag ein hohes open interest im Future[12], so können diese Käufe dazu führen, daß der Kurs des Cheapest to Deliver stark ansteigt. Da durch den Kursanstieg diese Anleihe im Verhältnis zu den anderen Anleihen teuer geworden ist, wird eine andere Anleihe zum Cheapest to Deliver.

Die Frage, wie wahrscheinlich ein Wechsel des Cheapest to Deliver ist, kann somit nur relativ ungenau beantwortet werden. Wie schon erwähnt, kann man sich zwar den Cheapest to Deliver für jedes Renditeniveau ausrechnen, unter der Annahme, daß sich die Zinsen der einzelnen Anleihen parallel verschieben. Man kann dann erkennen, wie stark eine Renditeveränderung sein muß, damit der Cheapest to Deliver auf eine andere Anleihe wechselt. Wie groß diese Renditeveränderung sein muß, hängt unter anderem auch davon ab, wie weit entfernt der Kontraktliefertag ist. Wie wahrscheinlich aber eine Renditeänderung ist, kann nicht exakt vorhergesagt werden und hängt u. a. von der Volatilität der Renditen ab.

12 Siehe Glossar.

6.1.2.3 Formel für den theoretischen Futurepreis

Der Kauf eines Bund-Futures Kontraktes kann als Substitut für den Kauf der entsprechenden Bundesanleihe angesehen werden. Zunächst soll zum besseren Verständnis unterstellt werden, daß dem Bund-Future nicht eine Vielzahl von lieferbaren Anleihen, sondern nur eine Anleihe zugrunde liegt. Wenn man den Future kauft und bis zum Kontraktliefertag hält, so hat man am Kontraktliefertag die Verpflichtung, diese Anleihe abzunehmen und zu bezahlen. Der Verkäufer des Kontraktes hat wiederum die Verpflichtung, diese Anleihe zu liefern. Der Kontrakt kann also anstelle der Anleihe gekauft werden, mit der Absicht, ihn bis zum Kontraktliefertag zu halten und sich dann die Anleihe vom Verkäufer liefern zu lassen.

Wird aber der Futures anstelle der Anleihe gekauft, entgehen dem Käufer des Kontraktes die Kuponeinnahmen, die er durch das Halten der Anleihe einnehmen würde. Ein Anleger wird den Future nur dann anstelle der Anleihe kaufen, wenn diese Kuponeinnahmen beim Kaufpreis des Kontraktes berücksichtigt werden. Der Kaufpreis wird sich entsprechend reduzieren. Der Futurepreis muß sich daher um den Betrag vermindern, der sich aus den vom Valutatag bis zum Kontraktliefertag anfallenden Kuponeinnahmen ergibt.

Erhöhen muß sich der Futurepreis um den Betrag der Fremdfinanzierungskosten, die anfallen, wenn der Kauf der Anleihe am Valutatag fremdfinanziert wird und diese bis zum Kontraktliefertag gehalten wird. Damit der Kauf des Kontraktes eine äquivalente Position zum Kauf der Anleihe darstellt, müssen diese Fremdfinanzierungskosten berücksichtigt werden. Da es Kosten sind, müssen sie (ceteris paribus) den Kaufpreis des Future erhöhen. Dabei ist zu beachten, daß jeder Investor andere Finanzierungskosten haben kann. Banken haben in der Regel günstigere Finanzierungssätze als institutionelle Investoren. Allgemein kann man aber sagen, daß es sich um den für den Investor spezifischen Zinssatz handelt, der für den Zeitraum des Kaufs der Anleihe bis zur Lieferung dieser Anleihe in den Kontrakt Gültigkeit hat. Oft wird der für diesen Zeitraum geltende Geldmarktzins genommen.

Exkurs: Repurchase Agreements und Wertpapierleihe

Als Finanzierungszinssatz für den Leerverkauf einer Anleihe wird in der Regel die Repo Rate genommen, die für jeden Investor verschieden sein kann. Es handelt sich um die Kosten bzw. die Erträge, die bei einem sog. „Repurchase Agreement" (Repo) anfallen. Bei einem Repurchase Agreement verkauft ein Investor (Verkäufer) einem anderen Investor (Käufer) ein Wertpapier mit der Verpflichtung, es zu einem späteren festgelegten Zeitpunkt wieder zurückzukaufen. Nach dem Kauf verkauft der Käufer meistens dieses Wertpapier am Markt in der Hoffnung, sich später billiger eindecken zu können. Normalerweise kauft der Verkäufer das Wertpapier zu demselben Preis zurück, zu dem er es verkauft hat. Am Rückkaufdatum zahlt der ursprüngliche Verkäufer dem ursprünglichen Käufer einen Zinssatz auf die implizite Geldaufnahme bzw. Geldanlage, die durch die Transaktion entstanden ist. Dieser Zinssatz ist besonders wichtig, wenn beabsichtigt wird, Leerverkäufe zu tätigen, z. B. um Arbitrage zwischen Termin- und Kassamarkt zu betreiben. In der Regel wird die Overnight Repo Rate genommen, da etwa 70 Prozent der Repo-Geschäfte nur für einen Tag arrangiert werden; sie werden allerdings sehr oft verlängert.[13] Overnight Repos, die sich automatisch verlängern bis sie von einer Seite beendet werden, werden Open Repos genannt. Term Repos sind Transaktionen mit einer längeren Fälligkeit.[14]

Noch ein Wort zu der Repo Rate. Die Repo Rate wird in den meisten Fällen nicht in Geldbeträgen bezahlt. Sie berechnet sich aus der Differenz zwischen Verkaufspreis und Rücknahmepreis des Wertpapiers. Der Verkäufer des Wertpapiers nimmt in diesem Fall das Wertpapier zu einem etwas niedrigerem Kurs zurück, als er es dem Käufer am Anfang der Periode überlassen hat. Aus dieser Differenz berechnet sich ein impliziter Zinssatz bezogen auf die Leihperiode.

Diese Arten des Repo-Geschäftes werden vorwiegend auf den amerikanischen und englischen Wertpapiermärkten getätigt. In der BRD überwiegt die sogenannte Wertpapierleihe. Das Wertpa-

---

13 *Stigum, M.:* (Repo), S. 260.
14 *Rogg, H. O.:* (Repurchase Agreements), S. 238.

pier wird nur verliehen. Der Eigentümer der Wertpapiere leiht seine Anleihen einem anderen Marktteilnehmer unter der Bedingung, daß er nach Ablauf der Leihfrist Wertpapiere gleicher Art und Güte zurückerhält.[15] Es fließen somit keine Geldströme (zur Bezahlung des Kaufpreises) wie beim Repurchase Agreement. Bei der Wertpapierleihe zahlt der Entleiher dem Verleiher eine Leihgebühr. Tätigt der Entleiher dieses Geschäft mit dem Ziel, den Future zu arbitrieren, dann wird er die erhaltene Anleihe sofort am Kassamarkt verkaufen. Durch den Verkauf nimmt er Geld ein, welches er wieder anlegen kann. Dieses Geld wird er für die beabsichtigte Leihdauer[16] anlegen. Er wird daher den für diese Zeitdauer geltenden Zinssatz erhalten. Dadurch hat er Zinserträge. Allerdings muß der Entleiher am Ende der Periode die Anleihe am Markt zurückkaufen und daher auch die während dieser Periode aufgelaufenen Stückzinsen der Anleihe zahlen. Setzt man die bezahlten Stückzinsen ins Verhältnis zum Kaufpreis der Anleihe, dann wird deutlich, daß der Entleiher die augenblickliche Rendite der Anleihe bezahlt, d.h. die Rendite der Anleihe zu dem Zeitpunkt, an dem er die Anleihe am Markt verkauft hat. Die Kosten für den Leerverkauf einer Anleihe berechnen sich daher:

– Leihgebühr + Gelmarktzins – Rendite der Anleihe

Die einzelnen Zahlungsströme beziehen sich auf die Leihdauer. Die Kosten für den Leerverkauf einer Anleihe weichen meistens erheblich von den Kosten der Fremdfinanzierung der Anleihe bei einer Cash and Carry Arbitrage ab. August 1992 galten ungefähr folgende Zahlen für den Leerverkauf einer Bundesanleihe:

Leihkosten bzw. Leiherträge: 0,75 %
Kurzfristiger Geldmarktzins: 9,7 %
Rendite einer Bundesanleihe: 8,3 %

Daraus ergeben sich Einnahmen in Höhe von 0,65 % für den Fall daß die Anleihe leerverkauft wird. Diese Zahlen sind nur Richt-

---

15 Streng genommen handelt es sich aus rechtlicher Sicht nicht um eine Leihe sondern um ein Sachdarlehen.
16 Bei einer Arbitrage ist dies der Zeitraum bis zum Kontraktliefertag, da erst zu diesem Zeitpunkt die Position aufgelöst wird.

werte.[17] Daß durch die Wertpapierleihe Einnahmen entstanden sind und keine Kosten, ist auf die zu dieser Zeit inverse Zinsstruktur zurückzuführen. Zudem darf nicht vergessen werden, daß dieses Geschäft für sich gesehen risikoreich ist, da das Kursrisiko der Anleihe besteht. Nur mit einer entgegengesetzten Futureposition entsteht eine „risikolose" Arbitrageposition.

Die meisten Leihgeschäfte am deutschen Markt werden nur über einen relativ kurzen Zeitraum (3 bis 10 Tage) getätigt. Der deutsche Repo-Markt ist im Vergleich zum englischen Markt immer noch relativ schwach entwickelt. Nur etwa 30 Prozent der Leihgeschäfte in deutschen Bundesanleihen und Bundesobligationen werden in der BRD getätigt. Der überwiegende Anteil von diesem Marktsegment liegt in britischer Hand. Zum Teil werden schon relativ hohe Volumina erreicht. Es ist möglich, Leihgeschäfte bis zu 6 Monaten zu tätigen; in Einzelfällen auch länger. Allerdings kann man nur bis zu einem Zeitraum von drei Monaten von einem liquiden Markt sprechen an dem auch größere Volumina problemlos umzusetzen sind.

Die Finanzierungskosten für den Kauf einer Anleihe sind für eine Cash and Carry Arbitrage relevant. Die Repo Rate und die Leihkosten sind, da sie u. a. die Kosten für den Leerverkauf einer Anleihe darstellen, für eine Reverse Cash and Carry Arbitrage entscheidend.

Der Preis der Anleihe, vermindert um die Erträge und erhöht um die Finanzierungskosten, die sich aus dem Halten der Anleihe ergeben, wird auch der Forwardpreis der Anleihe genannt. Der Forwardpreis der Anleihe ist der Preis der Anleihe, zu dem ein Marktteilnehmer einem anderen Marktteilnehmer bei heutigem Vertragsabschluß an einem festgelegten Zeitpunkt in der Zukunft bereit ist, die Anleihe zu verkaufen. Der Käufer der Anleihe erhält die Anleihe nach Ablauf einer vereinbarten Frist, muß die Anleihe aber erst nach Ablauf dieser Zeit bezahlen. Dadurch spart er sich die Kosten für die Finanzierung der Anleihe. Anderseits ent-

---

17 Anfang 1993 galten folgende Werte: Leihkosten, bzw. Erträge bei einer Wertpapierleihe: 0,5 bis 1,0 Prozent p. a. über Banken, ca. 1,75 über den Kassenverein. Diese Werte können allerdings von Anleihe zu Anleihe verschieden sein, da auch hier Angebot und Nachfrage den Preis bestimmen.

gehen ihm die Kuponeinnahmen, die während dieser Zeit anfallen. Der Verkäufer der Anleihe trägt dagegen diese Finanzierungskosten, erhält aber die Kuponeinnahmen durch das Halten der Anleihe. Diese beiden Faktoren (Finanzierungskosten und Kuponeinnahmen) müssen im Forwardpreis der Anleihe berücksichtigt werden. Der Käufer einer Anleihe wird diese nur dann „forward" (d. h. bei heutigem Vertragsabschluß zu einem späteren Zeitpunkt) kaufen, wenn ihm die Finanzierungskosten für das Halten der Anleihe gezahlt werden. Der Käufer der Anleihe möchte dagegen, daß im Kaufpreis der Anleihe die Kuponeinnahmen berücksichtigt werden. Der Forwardpreis einer Anleihe ist daher der aktuelle Kurs der Anleihe, vermindert um die Kuponeinnahmen und erhöht um die Finanzierungskosten, die bis zu der Lieferung der Anleihe anfallen.

Der Futurepreis ist nichts anderes als der Forwardpreis einer Anleihe. Allerdings muß dieser Forwardpreis durch den Preisfaktor der Anleihe dividiert werden. Der Future bezieht sich auf eine fiktive Anleihe mit einem Kupon von 6 %. Durch Division des Forward-Kurses der Anleihe mit ihrem Preisfaktor findet die Angleichung an die 6-prozentige Anleihe statt. Der Forwardpreis muß durch diesen Faktor dividiert werden, da man am Kontraktliefertag unter anderem den Futurepreis (genauer den EDSP) multipliziert mit dem Preisfaktor erhält.

Die Preisentwicklung des Futures orientiert sich an der Preisentwicklung des Cheapest to Deliver. Wäre das nicht der Fall, so würde ein Kursungleichgewicht entstehen und es wäre Arbitrage zwischen der Kassaanleihe und dem Future möglich, indem der unterbewertete Teil gekauft wird und der überbewertete Teil verkauft wird. Deshalb bezieht sich der Kassapreis der Anleihe und der Preisfaktor jeweils auf den Cheapest to Deliver.

Die korrekte Formel für den theoretischen Futurepreis lautet:

$$FP = \frac{KP_{CTD} - K * \dfrac{T}{360} + (KP_{CTD} + AZ) * r * \dfrac{T}{360}}{PF_{CTD}}$$

mit: FP = Futurepreis (theoretisch)
 KP = Aktueller Kassapreis der Anleihe
 CTD = Cheapest to Deliver.
 K = Kupon der Anleihe.
 T = Anzahl der Tage vom Valutatag bis zum Kontraktliefertag.[18]
 AZ = Aufgelaufene Stückzinsen vom letzten Kuponzahlungstag
    bis zum Valutatag.[19]
 r = Fremdfinanzierungszinssatz
 PF = Preisfaktor

Liegt zwischen dem Valutatag und dem Kontraktliefertag ein Kuponzahlungstag, so muß für den Fall, daß eine vorzeitige Teilkündigung des Kredits bei der Fremdfinanzierung der Anleihe *nicht* möglich ist, von dem obigen Futurepreis noch folgender Faktor abgezogen werden:

$$K * rf * \frac{TKL}{360}$$

mit T_{KL} = Anzahl der Tage vom Kuponzahlungszeitpunkt bis zum Liefertag.
 rf = Forward Haben-Zinssatz für den Zeitraum des Kuponzahlungszeitpunktes bis zum Liefertag

---

18 Bei der Berechnung des Stückzinses und der Finanzierungskosten müssen folgende Besonderheiten beachtet werden: Der Stückzins berechnet sich auf einer 30/360 Tages-Basis. Das heißt, für den Monat werden 30 Tage und für das Jahr werden 360 Tage angenommen. Die Fremdfinanzierung des Kaufes der Anleihe geschieht in der Regel durch Aufnahme von kurzfristigem Geld. Die Zinsberechnung erfolgt deshalb analog der Zinsberechnung von Geldmarktzinsen. Zur Berechnung der Geldmarktzinsen werden aber die tatsächlich angefallenen Tage ins Verhältnis zu einem 360 Tage Jahr gesetzt. Die Beachtung dieser Marktusancen ist wichtig für das korrekte Einsetzen der Anzahl von Tagen in die obige Formel. Diese Usancen gelten für den deutschen Markt. Die Berechnung an anderen Märkten weicht davon leicht ab. Vgl. dazu die Kontraktspezifikationen der einzelnen Terminkontrakte.
19 Ist auf die Kuponzahlung eine Quellensteuer bzw. Zinsabschlagsteuer zu entrichten, so muß diese von den Kuponerträgen zusätzlich abgezogen werden. Ob diese Quellensteuer zu entrichten ist, hängt zum einen von der steuerlichen Stellung des Marktteilnehmers ab (Inländer oder Ausländer), zum anderen von den dem Future zugrundeliegenden Anleihen (z. B. Bundesanleihen oder T-Bonds). In den folgenden Ausführungen wird darauf verzichtet.

Liegt zwischen dem Valutatag und dem Kontraktliefertag ein Kuponzahlungstag, so hat dies einen Einfluß auf den theoretischen Futurepreis. Der Betrag der erhaltenen Kuponzahlung kann nämlich für den Zeitraum des Kuponzahlungstages bis zum Kontraktliefertag festverzinslich angelegt werden. Dadurch entstehen, wenn die Anleihe gehalten wird, zusätzliche Einnahmen. Deshalb muß dieser Faktor in der Formel subtrahiert werden. Da die Kuponerträge zu einem Zeitpunkt in der Zukunft anfallen, weiß man nicht, welcher Zinssatz zu diesem Zeitpunkt am Markt gilt. Ohne eine Absicherung wäre es nicht möglich zu sagen, wie hoch die Einkünfte aus der Wiederanlage der Kuponerträge sind. Durch ein Forward-Rate Agreement ist es aber möglich, sich den Zinssatz für diesen zukünftigen Zeitraum zu sichern. Man muß dann den Zinssatz nehmen, den ein Investor bei heutigem Vertragsabschluß zu einem in der Zukunft bestimmten Zeitpunkt bereit ist, zu bezahlen. Dies ist der Forward-Zinssatz für diesen Zeitraum. Der Investor wird die Kuponeinnahmen nur dann anlegen, wenn eine vorzeitige Kündigung des Kredits zu der Fremdfinanzierung der Anleihen nicht möglich ist, bzw. wenn der Forward Haben-Zinssatz unter dem heutigen Fremdfinanzierungszinssatz liegt. Liegt der Forward Haben-Zinssatz über dem heutigen Fremdfinanzierungszinssatz, ist es günstiger, den Betrag zu diesem Zinssatz anzulegen.

Ist eine vorzeitige Teilkündigung des Kredits bei der Fremdfinanzierung der Anleihe möglich und liegt der Forward Haben-Zinssatz unter dem heutigen Fremdfinanzierungszinssatz, so muß statt dem obigen Faktor folgender Faktor subtrahiert werden:

$$K * rf * \frac{TKL}{360}$$

Hier ist r wieder der aktuelle Fremdfinanzierungszinssatz.

Dieser Betrag muß subtrahiert werden, da er einen Opportunitätsgewinn darstellt. Durch die vorzeitige Rückzahlung müssen weniger Cost of Carry bezahlt werden, da ein geringerer Betrag fremdfinanziert werden muß.

Ist es zudem möglich, die Anleihen vom Valutatag bis zum Kontraktliefertag zu verleihen, müssen die Leiherträge auch noch berücksichtigt werden. Da die Anleihen bis zum Kontraktliefertag nicht benötigt werden, ist es günstig, diese gegen Entgelt zu verleihen. Da dadurch Erträge entstehen, müssen diese Leiherträge in der Formel subtrahiert werden.

Ein weiterer Faktor, der berücksichtigt werden muß ist die Seller's Option. Diese Komponente wirkt sich ungünstig für den Käufer des Kontraktes aus und muß daher subtrahiert werden.[20]

Die Formel für den theoretischen Futurepreis lautet dann vollständig:

$$FP = \frac{KP_{CTD} - K * \dfrac{T}{360} + (KP_{CTD} + AZ) * r * \dfrac{T}{360} (K * rf.r * \dfrac{TKL}{360}) - LE - SO}{PF_{CTD}}$$

mit: FP = Futurepreis (theoretisch)
$rf.\,r$ = Forward Haben-Zinssatz oder aktueller Fremdfinanzierungs-zinssatz (abhängig von der jeweiligen Situation)
LE = Leiherträge für das Verleihen der Anleihen vom Valutatag bis zum Kontraktliefertag, bezogen auf eine einzelne Anleihe
SO = Wert der Seller's Option

Die Futurepreisformel kürzer gefaßt:

$$FP = \frac{KP_{CTD} - E + F}{PF_{CTD}} \quad [21]$$

mit: FP = Futurepreis (theoretisch)
E = Erträge, die aus dem Halten der Anleihe vom Valutatag bis zum Kontraktliefertag anfallen (i. d. R. Kuponeinnahmen)
F = Finanzierungskosten, die durch das Fremdfinanzieren der Anleihe anfallen

Dieser theoretische Futurepreis wird durch das Arbitragekalkül begründet. Ist der Future „fair" bewertet, so ist Arbitrage nicht möglich. Kauft man Anleihen und verkauft als Gegengeschäft die entsprechende Anzahl an Futures, so darf bei einer fairen Bewertung des Futures, wenn der Kauf der Anleihen fremdfinanziert wurde, kein Gewinn entstehen. Man hätte sonst einen risikolosen

---

20 Eine ausführliche Behandlung der Seller's Option erfolgt in Kapitel 6. 1. 2. 5.
21 Vgl. *Little J. M.:* (Financial Futures), S. 53.

Gewinn ohne Einsatz von Kapital erzielt. Die Kosten bzw. Erträge aus dem Verkauf des Futures, minus den Kosten bzw. Erträgen aus dem Kauf der Anleihen, muß Null ergeben.

Beispiel:
Kauf von Anleihen (den aktuellen Cheapest to Deliver) im Nominalwert von 250000 DM. Gleichzeitig wird ein Bund-Future verkauft, mit dem Ziel, die Anleihen am Ende der Laufzeit in den Kontrakt einzuliefern. Im Falle des Bund-Futures hat der Verkäufer des Kontraktes das Recht, zu entscheiden, welche der lieferbaren Anleihen er liefert. Durch den Kauf der Anleihen fallen als Kosten der Kassapreis KP_{CTD} (KP bezieht sich immer auf den am jeweiligen Tag geltenden Kassakurs der Anleihe) der Anleihen und die Stückzinsen AZ_{KV}, die vom letzten Kuponzahlungstag bis zum Valutatag aufgelaufen sind, an. Bis zum Zeitpunkt der Lieferung der Anleihen entstehen zudem Finanzierungskosten F durch das Fremdfinanzieren der Anleihen.

War der Future nach obiger Formel „fair" bewertet, so hat man die Anleihen am Valutatag zum Preis $(KP_{CTD} - E + F)/PF_{CTD}$ per Termin verkauft. Da am Laufzeitende des Kontraktes weder E noch F anfallen können, steht zu diesem Zeitpunkt der Kurs des Futures bei KP_{CTD}/PF_{CTD}.[22] Man hat somit die Finanzierungskosten F, die durch die Fremdfinanzierung der Anleihe entstanden sind, wieder zurückerhalten. Dabei wird davon ausgegangen, daß die Finanzierungskosten, die in die Berechnung des Futures eingegangen sind, genauso groß sind wie die eigenen Finanzierungs-

---

22 Stände der Future am letzten Handelstag nicht bei KP/PF, so wäre auch hier Arbitrage möglich. Wenn man die Anleihe am Liefertag am Kassamarkt kauft und in den Kontrakt liefert, darf kein Gewinn oder Verlust entstehen. Kauft man die Anleihe am Kassamarkt, dann bezahlt man den Kaufpreis plus Stückzinsen. Als Andienungspreis erhält man den Futurepreis multipliziert mit dem Preisfaktor plus die Stückzinsen. Damit man den genauen Kaufpreis erhält, muß der Future bei KP/PF notieren. Dann erhält man (KP/PF) * PF. Der Preisfaktor kürzt sich aus dem Term und als Zahlung erhält man den Kaufpreis KP. Ist der letzte Handelstag nicht mit dem Kontraktliefertag identisch, dann hat der Future am letzten Handelstag eine theoretische Basis, die dazu führt, daß der Kurs von dem obig genannten leicht abweicht. Das hat aber keine Auswirkung auf den theoretischen Futurepreis. Vgl. dazu auch das Beispiel in Kapitel 7.2.1 Cash and Carry Arbitrage.

kosten. Bezahlt hat man über den Verkauf des Futures die Kuponeinnahmen E. Diese Kuponerträge hat man aber schon durch den Kauf und das Halten der Anleihen eingenommen. Man erhält sie jedoch erst am Liefertag, wenn die Anleihen angedient werden. Der Andienungsbetrag für die Anleihen bei der Lieferung berechnet sich nämlich folgendermaßen:

Andienungsbetrag = (FP * PF + AZ) * 2500

mit: FP = Futurepreis (hier EDSP[23])

AZ = Aufgelaufene Zinsen der Anleihe, die geliefert wird vom letzten Kuponzahlungstag bis zum Kontraktliefertag (=Stückzinsen)

PF = Preisfaktor (hier bezieht sich der Preisfaktor auf die Anleihe, die geliefert wird)

Die Gleichung für den Andienungsbetrag erklärt, warum zum Erhalt der Formel für den theoretischen Futurepreis der Forwardpreis der Anleihe durch den Preisfaktor dividiert werden muß. Der Futurepreis wird nämlich zur Berechnung des Andienungspreises mit dem jeweiligen Preisfaktor multipliziert. Am Anfang der Periode muß daher die konträre Rechnung vorgenommen werden.

Aus der Formel für den Andienungsbetrag ist auch ersichtlich, daß man nicht nur E erhält, sondern auch AZ_{KV}, die man beim Kauf der Anleihe bezahlt hat. AZ setzt sich nämlich aus AZ_{KV} und E zusammen. Somit fällt auch dieser Faktor am Ende weg. Dadurch wird deutlich, daß sich die Erträge und Finanzierungskosten aus dem Kauf und Halten der Anleihe und dem Verkauf des Futures restlos gegeneinander aufheben. Es bleibt als letzter Faktor noch der Kaufpreis KP der Anleihen übrig. Beim Kauf der Anleihen wurde u. a. der Kurswert der Anleihen KP bezahlt, gleichzeitig wurden aber die Anleihen zu demselben Preis, dividiert durch den Preisfaktor (siehe Formel für den theoretischen Futurepreis), indirekt über den Future wieder verkauft. Am Liefertag erhält man aber u. a. den Futurepreis, multipliziert mit dem Preisfaktor. Wird dieselbe Anleihe geliefert, die am Anfang gekauft wurde, kürzt sich der Preisfaktor wieder weg, da am Laufzeitende der Futurepreis bei KP_{CTD}/PF_{CTD} steht. Dabei ist es wichtig zu beach-

23 Definition, siehe Glossar.

ten, daß während der Laufzeit des Kontraktes Kursverluste bzw. Gewinne auf der Kassaseite durch ständige Margin-Zahlungen aus dem Future ausgeglichen wurden. Diese Gewinne bzw. Verluste werden aber nur dann ausgeglichen, wenn als Gegengeschäft zu dem Kauf der Anleihen im Nominalwert von DM 250000 nicht ein Kontrakt verkauft wird, sondern ein Kontrakt, multipliziert mit dem Preisfaktor.[24] Nur dann gleichen die Margin-Zahlungen die Kursbewegung der Anleihe wertmäßig aus. Der Future folgt nämlich in seiner Bewegung der Kursbewegung des Cheapest to Deliver, jedoch angeglichen mit dem Preisfaktor.

Ein weiterer Faktor, der allgemein bei der Berechnung der Formel für den theoretischen Futurepreis nicht berücksichtigt wird, ist die Bewertung der sogenannten Seller's Option. Auf diesen Aspekt wird in Kapitel 6.1.2.5 eingegangen.

6.1.2.4 Einfluß der Margin auf den theoretischen Futurepreis

Beim Kauf, aber auch beim Verkauf eines Kontraktes muß als Sicherheitsleistung die sogenannte Initial Margin hinterlegt werden. Dadurch ergibt sich die Frage, ob die Hinterlegung dieser Margin einen Einfluß auf den theoretischen Futurepreis hat.

Wird die Margin in Form von Geldhinterlegung aufgebracht, entstehen für den Käufer des Terminkontraktes Aufwendungen in Form von Opportunitätskosten. Der hinterlegte Geldbetrag könnte festverzinslich angelegt werden und einen Ertrag abwerfen. Das Marginkonto bei der DTB und bei der LIFFE wird aber unverzinslich geführt.[25]

Der Käufer eines Kontraktes wird verlangen, daß diese Opportunitätskosten im Kaufpreis des Kontraktes berücksichtigt werden. Da es Kosten sind, muß sich der Kaufpreis des Kontraktes entsprechend vermindern, damit der Käufer einen Ausgleich erhält.

Anderseits muß auch der Verkäufer eines Kontraktes Margin hinterlegen. Für ihn entstehen daher dieselben Opportunitätsko-

---

24 In der Praxis wird nicht mit einem einzigen Kontrakt arbitriert, sondern mit einer wesentlich höheren Anzahl, z. B. 100 oder 500 Kontrakten.

25 Relevant sind bei dieser Betrachtung hauptsächlich die Marginkonten der Banken und der institutionellen Anleger, da der Einfluß auf die Futurepreisbildung überwiegend von dieser Marktteilnehmergruppe ausgeht.

sten wie für den Käufer. Da er den Kontrakt verkauft, wird er fordern, daß sich sein Verkaufspreis entsprechend erhöht.

Man hat also zwei gegenläufige Tendenzen, die sich im Endeffekt gegenseitig aufheben. Zudem muß beachtet werden, daß Banken ihre Margin in der Regel in Form von Sicherheiten hinterlegen, z. B. Wertpapiere wie z. B. Anleihen. Diese Wertpapiere werden zu einem bestimmten Prozentsatz auf die Margin angerechnet. Dem Hinterleger dieser Sicherheiten fließen dabei eventuelle Zahlungen wie Zinstilgung (z. B. Stückzinsen) zu. Er hat daher durch die Hinterlegung dieser Sicherheiten keine Renditeverminderung, und es entstehen deshalb für ihn effektiv keine Kosten für die Erbringung der Initial Margin. Somit ist der Einfluß der Initial Margin auf den theoretischen Futurepreis praktisch gleich Null.

Einen möglichen Einfluß auf den theoretischen Futurepreis haben die Variation-Margin-Zahlungen. Durch dieses Margining System werden Zahlungsströme generiert. Diese Cash Inflows und Cash Outflows können angelegt bzw. müssen finanziert werden und führen daher entweder zu Erträgen oder Aufwendungen. Eine Möglichkeit der Bewertung dieser Zahlungsströme besteht darin, daß man sie mit Hilfe anderer Finanzinstrumente repliziert.

Die Summe der Variation-Margin-Ein- und -Auszahlungen während der Halteperiode eines Terminkontraktes stellen An- bzw. Zuzahlungen auf den ursprünglich festgesetzten Kontraktpreis im Falle einer effektiven Lieferung dar.[26] Solche Ein- und Auszahlungen erfolgen bei einem Forward Contract (Zeitkontrakt), bei dem die Kursänderungen gegenüber dem vereinbarten Kontraktpreis am Liefertag abgegolten werden, nicht. Durch die Nachbildung dieser Zahlungsströme wird es möglich, Termin- und Zeitkontrakte diesbezüglich anhand einer arbitrageorientierten Beurteilung vergleichbar zu machen.

Ein derartiges Bewertungsmodell stammt von Cox, Ingersoll, Ross.[27] Die Differenz zwischen den Forward- und Futurepreisen wird dadurch festgestellt, daß der Zahlungsstrom des Forward Contracts durch die Kombination der Cash Inflows und Cash

---

26 Vgl. *Berger, M.:* (Hedging), S. 307.
27 Vgl. *Cox, J. C., Ingersoll, J. C., Ross, S. A.:* (Relation), S. 321–345.

Outflows des Futures mit täglicher Kreditaufnahme bzw. Kreditgewährung nachgebildet wird.

Dies führt zu folgender Formel:

$$_t\text{Fow.}_{T} - {}_t\text{Fut.}_T = \sum_{j=t}^{T-1} ({}_{j+t}F_T - {}_jF_T) * [({}_jPV_T/{}_{j+1}PV_T) - 1]/{}_tPV_T \quad {}^{28}$$

mit: $_t\text{Fow.}_T$ = Preis des Forward Contracts mit Fälligkeit T zum Zeitpunkt t
$\quad {}_t\text{Fut.}_T$ = Preis des Futures mit Fälligkeit T zum Zeitpunkt t
$\quad$ t $\quad$ = Zeitpunkt (Laufindex).
$\quad$ T $\quad$ = Endfälligkeit
$\quad {}_tPV_T$ = Barwert eines Zerobonds mit Fälligkeit T zum Zeitpunkt t

Die rechte Seite der Gleichung stellt die auf den jeweiligen Zeitpunkt abdiskontierten Erträge bzw. Aufwendungen dar, die sich aus der Anwendung des mark-to-the-market-Prinzips beim Future ergeben. Die erste Klammer ist die Kursänderung des Futures gegenüber dem Vortag. Diese Kursänderung resultiert in Ein- bzw. Auszahlungen, die angelegt werden können bzw. finanziert werden müssen. Die eckige Klammer gibt den dafür relevanten Zinssatz an. Die Division des gesamten Ausdrucks durch $_tPV_T$ führt zu dem Barwert.

Die Differenz zwischen dem Future und dem Forward Contract konvergiert bis zum Liefertag gegen Null. Zu diesem Zeitpunkt notieren diese beiden Instrumente zu demselben Preis. Das Problem der Ermittlung des Preisunterschiedes zwischen beiden Kontrakten ist ähnlich dem der Wahl zwischen der einmaligen Anlage in Nullkuponanleihen mit Laufzeit T (Forward) oder der T–t -maligen Anlage in Titeln mit eintägiger Laufzeit (Future).[29] Wäre in der Realität die Bedingung sicherer Erwartungen erfüllt, das heißt nicht stochastische Zinsen, würden sich beide Kontrakte in ihren Kursen bzw. Renditen entsprechen. Da dies aber nicht gegeben ist, muß die obige Gleichung für zeit- und zustandsstetige Variablen (continous time and state) zu folgender Gleichung umgeformt werden:

---

28 Vgl. *Cox, J. C., Ingersoll, J. C., Ross, S. A.:* (Relation), S. 323.
29 *Berger, M.:* (Hedging), S. 309.

tFow. T–tFut. T = $-\int_w$Fut.$_\text{-T}$[Cov($_w$Fut.$_\text{-T,w}$PV$_T$)]dw/$_{\text{tPVT}}$ [30]

mit: Cov($_w$Fut.$_\text{-T,w}$PV$_T$) = lokale Kovarianz im Zeitpunkt w zwischen der prozentualen Änderung von Fut. und der von PV.

Falls Cov($_w$Fut.$_\text{-T,w}$PV$_T$) ‹ 0 für alle w ist, gilt tFow. T–tFut. T ‹ 0.

Falls Cov($_w$Fut.$_\text{-T,w}$PV$_T$) › 0 für alle w ist, gilt tFow. T–tFut. T › 0.

In der Regel weisen Terminkurse für Finanztitel positive lokale Kovarianzen zu den Kursen von Zerobonds auf. Daraus folgt, daß die Kurse der Anleihe Forward-Kontrakte mit der Fälligkeit T im Zeitpunkt t über den Kursen der entsprechenden Futures liegen. Empirische Studien haben die Aussage des Modells von *Cox, Ross, Ingersoll,* daß die Futurepreise unter den Preisen der Forward-Kontrakte liegen, ebenso bestätigt wie die Aussage bezüglich der Kovarianz von Forward- und Future-Kursen. Jedoch haben sich die Differenzen zwischen den Kursen als gering erwiesen.[31]

Die Margin-Zahlungen haben somit zwar einen Einfluß auf die Bewertung eines Futures, allerdings ist dieser Einfluß äußerst gering.

6.1.2.5 Die Seller's Option

Bei den meisten mittel- und langfristigen Zinsterminkontrakten hat der Inhaber der Short-Position die Pflicht, aus dem Korb der lieferbaren Anleihen eine Anleihe seiner Wahl zu liefern, um damit seiner Lieferverpflichtung nachzukommen. Er hat zwar die Pflicht, eine Anleihe zu liefern, aber welche lieferbare Anleihe er liefert, bleibt ihm überlassen. Da dies ein zusätzliches Recht, aber keine zusätzliche Pflicht ist, wird dieses Recht auch Option genannt. Da es das Recht des Verkäufers ist, nennt man es Seller's Option.

Die Seller's Option umfaßt bei den meisten Kontrakten nur die im obigen Absatz genannte Qualitätsoption. Bei Kontrakten wie dem Treasury-Bond-Future kommt noch die Zeitoption hinzu, die dem Verkäufer das Recht gibt, während des Liefermonats den genauen Lieferzeitpunkt zu bestimmen.

---

30 Vgl. *Berger, M.:* (Hedging), S. 309.
31 Vgl. *Berger, M.:* (Hedging), S. 310.

Es kann außerordentlich ertragreich sein, von der Seller's Option Gebrauch zu machen.[32] Diese Option muß daher einen Wert haben. Da sie sich negativ für den Käufer und positiv für den Verkäufer des Terminkontraktes auswirken kann, muß sie sich ceteris paribus gesehen preissenkend auf den Kurs des Kontraktes auswirken. Der Käufer tritt an den Verkäufer ein Recht ab, was sich für ihn unter Umständen negativ auswirken kann. Er wird daher über einen niedrigeren Kaufpreis eine Kompensation für die Aufgabe dieses Rechtes verlangen.

Bis zu einer bestimmten Grenze ist eine Unterbewertung des Futures eigentlich keine Unterbewertung. In der herkömmlichen Berechnung des theoretischen Futurepreises findet nämlich überhaupt keine Quantifizierung der Seller's Option statt. Um zu einer exakten Bewertung des Futures zu gelangen, müßte die Seller's Option quantifiziert werden und in die Formel zur Berechnung des theoretischen Futurepreises eingebaut werden. Man würde dann eine Untergrenze für den Futurepreis erhalten. Unterschreitet der Futurepreis diese Grenze, wäre eine Reverse Cash and Carry Arbitrage wirklich risikolos. Die Obergrenze für den theoretischen Futurepreis bleibt aber weiterhin die „alte" Formel, da sie korrekt angibt, ab wann das Gegengeschäft, die Cash and Carry Arbitrage, profitabel wird (außer man hat die Möglichkeit, die Seller's Option zu verkaufen). Man hat dann zwei theoretische Futurepreise und somit eine Spanne, innerhalb deren sich der Futurepreis im Verhältnis zur Kasse bewegen kann, bevor eine Arbitrage sinnvoll wird.

6.1.2.5.1 Die Qualitätsoption

Bei sämtlichen mittel- und langfristigen Zinsterminkontrakten der DTB und LIFFE ist in der Seller's Option die Qualitätsoption enthalten. Sie besteht darin, daß der Inhaber der Short-Position am Liefertag bestimmen kann, welche der lieferbaren Anleihen er liefern wird. In der Regel wird er den CTD liefern. Vom Kaufzeitpunkt des Terminkontraktes bis zum Kontraktliefertag kann jedoch die Cheapest to Deliver Anleihe wechseln, wodurch für den

---

32 Siehe Kapitel 7.2.2 Cash and Carry Arbitrage unter Ausnutzung der Seller's Option.

Verkäufer des Kontraktes ein zusätzliches Ertragspotential entsteht. Je wahrscheinlicher ein Wechsel des CTD ist, desto wertvoller ist die Qualitätsoption. Die Möglichkeit eines Wechsels des CTD wird unter anderem bestimmt von der Volatilität der Kurse, der Zeit bis zum Kontraktliefertag und auf welchem Zinsniveau man sich befindet. Ein Wechsel des CTD wird besonders wahrscheinlich, wenn das aktuelle Zinsniveau dem Kupon der fiktiven Anleihe (z. B. Bund-Future 6 %, Treasury-Bond-Future 8 %) des Terminkontraktes entspricht.

Eine Bewertung der Qualitätsoption wurde von mehreren Autoren vorgenommen, die jedoch nicht immer zu demselben Ergebnis führte.

Das Modell von *Gay, Manaster*[33] wurde ursprünglich anhand von Weizenterminkontrakten entwickelt und empirisch getestet. Die Basis für dieses Modell bildet die bekannte Optionsbewertungsformel von *Black-Scholes,* die folgendermaßen lautet:

$$C = SN(x) - Kr^{-t}N(x - \sigma\sqrt{t})$$

mit: $x - \dfrac{\ln(S/Kr^{-t})}{\sigma\sqrt{t}} + \frac{1}{2}\ t$ [34]

S	=	Aktienkurs
K	=	Basispreis
r	=	risikoloser Zinssatz
σ	=	Standardabweichung der Aktienrenditen
t	=	Restlaufzeit
N (x)	=	kumulierte Standardnormalverteilung

Diese Formel kann nun unter einigen Modifizierungen zur Bewertung der Qualitätsoption herangezogen werden.

Durch die Qualitätsoption besitzt man das Recht, statt des ursprünglichen Cheapest to Deliver eine andere Anleihe zu liefern. Sie ist daher das Recht, das ursprüngliche Gut (ursprünglicher CTD) gegen ein anderes Gut (neuer CTD) zu tauschen (Swap). Ist das eine Gut relativ billiger als das andere Gut, so wird es getauscht. Man kann daher statt des Aktienkurses und des Basispreises die Werte der beiden Güter einsetzen.

33 *Gay, G. D., Manaster, S.:* (Quality Option), S. 353 ff.
34 Vgl. *Cox, J. C., Rubinstein, M.*, (Options Markets), S. 205.

Man erhält dann folgende Formel:

$$Q_t(Z, G^1_t, G^2_t) = G^1_t N(x) - G^2_t N(x - \sigma\sqrt{T})$$

mit: $Q_t(F, G^1_t, G^2_t)$ = Wert der Option zum Tausch des Gutes G^1 gegen Gut G^2 zum Zeitpunkt Z

$$x \equiv \frac{\ln(G^1_t/G^2_t)}{\sigma\sqrt{T}} + \frac{1}{2}\sqrt{T}$$

G^1_t = Preis des Gutes 1 im Zeitpunkt t
G^2_t = Preis des Gutes 2 im Zeitpunkt t
σ = Standardabweichung der Differenz der Renditen von G^1 und G^2
t = jeweiliger Zeitpunkt
T = Restlaufzeit
Z = Fälligkeitszeitpunkt (Kontraktliefertag)
N (x) = kumulierte Standardnormalverteilung

Man kann die Future-Bewertungsformel sehr vereinfacht und verallgemeinert in folgende Formel fassen:

$$FP = KP + K$$

mit: FP = Futurepreis
G = Preis des Gutes G
K = Haltekosten

Das Modell von *Gay, Manaster* erhält man, wenn man von der Annahme stetiger Verzinsung ausgeht und die obige Formel in diese Future-Bewertungsformel einsetzt:

$$FP_t = e^{rZ}\{G^1_t + K_T - Q_t(F, G^1_t, G^2_t)\}$$

mit: K_T = Barwert der Haltekosten bezogen auf die Restlaufzeit
r = risikoloser Zinssatz
e = Basis des natürlichen Logarithmus (e = 2,7182818)

Bei diesem Modell wird neben den üblichen Annahmen des Black-Scholes-Modells davon ausgegangen, daß bei Fälligkeit der frühestmögliche Lieferzeitpunkt gewählt wird, zwei lieferbare Güter, ein Erfüllungsort und nicht-stochastische Zinsen und Haltekosten vorliegen.

Nicht nur die Tatsache, daß dieses Modell anhand von Weizenterminkontrakten entwickelt und getestet wurde, sondern auch die Annahmen, die zu diesem Modell gehören, machen es schwierig, es auf Finanzterminkontrakte insbesondere, Zinsterminkontrakte, zu übertragen.

Stärker von der praktischen Seite ausgehend, entwickelte Jonas einen Ansatz zur Quantifizierung der Qualitätsoption.[35] Die Qualitätsoption sieht er nicht nur als eine Option auf einen bestimmten Punkt der Renditekurve, sondern auch als eine Option auf die Neigung der Renditekurve. In der Bewertung der Seller's Option wird allerdings von einer Parallelbewegung der Zinsen ausgegangen. Für eine gegebene Marktsituation wird, ausgehend von dieser Annahme, der Punkt auf der Renditekurve berechnet, bei dem der CTD wechselt. Dieser Punkt ist dann der Basispreis für die Option.[36] Ausgehend von diesem Basispreis wird dann der Wert der Qualitätsoption bestimmt. Zusätzlich zu dieser Option gibt es noch die Option auf die Veränderung der Neigung der Renditekurve. Die Veränderung der Neigung der Renditekurve kann nämlich, ebenso wie eine Parallelverschiebung, einen Wechsel des CTD zur Folge haben. Eine allgemeingültige Bewertungsformel liefert Jonas jedoch nicht.

6.1.2.5.2 Die Zeitoption

Alle mittel- und langfristigen Zinsterminkontrakte der DTB und LIFFE besitzen eine Qualitätsoption. Auch an den anderen Terminbörsen sind die meisten mittel- und langfristigen Zinsfutures mit einer Qualitätsoption versehen. Die sogenannte Zeitoption ist jedoch nicht so weit verbreitet. Der bekannteste Zinsterminkontrakt mit Zeitoptionen ist der Treasury-Bond-Future, der vor allem am Chicago Board of Trade (CBOT) und an der LIFFE gehandelt wird.[37]

---

35 Vgl. *Jonas S.:* (Change in the Cheapest to Deliver), S. 313–336.

36 Vgl. *Jonas S.:* (Change in the Cheapest to Deliver), S. 321.

37 An der amerikanischen Midwest Exchange wird derselbe T-Bond-Kontrakt gehandelt, allerdings mit einem Nominalwert von US $ 50000.
Seit dem 4. August 1989 wird auch an der New York Futures Exchange ein Treasury-Bond-Kontrakt gehandelt. Die Tick-Größe beträgt hier $1/64$ von einem Punkt, d. h. US-$ 15,625 per Kontrakt. Ansonsten stimmen die Kontraktspezifikationen mit dem Kontrakt der *LIFFE* und der CBOT überein.

Die Zeitoption ergibt sich aus dem Umstand, daß bei dem Treasury-Bond-Future der Verkäufer des Kontraktes das Recht hat, den Lieferzeitpunkt zu bestimmen.[38]

Das relativ komplizierte Lieferprozedere im T-Bond-Future führt dazu, daß es nicht nur eine, sondern mehrere Zeitoptionen gibt.

Die erste Zeitoption, die auch Zinsoption genannt wird, besteht darin, daß der Verkäufer des Kontraktes während des gesamten Liefermonates den Geschäftstag der Lieferung bestimmen kann. Ob er am Anfang oder am Ende des Monats liefert, hängt von den Nettofinanzierungskosten für das Halten der Anleiheposition ab. Sind die Fremdfinanzierungskosten für das Halten der Anleihe größer als die Kuponerträge der Anleihe, so wird er sich ceteris paribus für eine möglichst frühe Lieferung, d. h. am ersten Geschäftstag im Kontraktmonat, entscheiden. Entstehen durch das Halten der Anleihe dagegen netto Erträge, d. h., die Kuponerträge der Anleihe sind größer als die Fremdfinanzierungskosten, so wird der Inhaber der Short-Position am Ende des Kontraktmonats liefern.

Sind die Erträge größer als die Finanzierungskosten, und der Verkäufer liefert statt am Monatsende am Anfang des Monats, so verzichtet er auf die Differenz zwischen diesen beiden Größen. Da diese Differenz die Basis darstellt, würde er durch eine frühe Lieferung die auf den Nominalwert seiner Futureposition umgerechnete Basis bezahlen, bzw. er verzichtet darauf. Durch eine Lieferung am Monatsende hat er die Möglichkeit, diese Differenz zu erhalten. Das ist zwar kein zusätzlicher Gewinn – in einer Arbitrageposition wird dieser Ertrag in voraus mit einkalkuliert –, eine vorzeitige Lieferung würde aber zu einer zusätzlichen Ertragsminderung führen. Diese Basis bezieht sich natürlich nur auf die Zahlungsströme, die zwischen dem ersten und dem letztmöglichen Liefertag anfallen.

Liegen dagegen die Zinskosten für den fremdfinanzierten Kauf der Anleihe über den Kuponerträgen der Anleihe, so hat der Inhaber der Short-Position netto Kosten für das Halten der

---

38 Zum besseren Verständnis der Zeitoptionen möge der Leser einen Blick auf den Liefermonat und den Lieferungsprozeß des T-Bond-Kontraktes werfen. Siehe Kapitel 5. 2. 2. 8.

Anleiheposition. Die Kosten, die vom ersten Liefertag bis zum letzten Liefertag anfallen, kann er durch eine möglichst frühe Lieferung (Lieferung am ersten Geschäftstag des Liefermonats) vermeiden.

Mit dieser beschriebenen Zeitoption überschneidet sich teilweise eine andere Zeit- bzw. Qualitätsoption. Der achte Geschäftstag vor Ende des Kontraktmonats ist für den Treasury-Bond-Future der letzte Handelstag. Der Settlementkurs dieses Tages bildet die Grundlage für die Berechnung des Andienungsbetrages der noch offenen Kontraktpositionen. Der Andienungspreis ist somit ab diesem Tag fix. Die Lieferung der Anleihen kann aber noch bis zum letzten Liefertag (letzter Geschäftstag im Liefermonat) erfolgen.[39] Während dieser Tage können freilich noch erhebliche Schwankungen in den Kursen der Kassaanleihen stattfinden. Ist der Inhaber der Short-Position Arbitrageur oder Basis Trader, so wird er, um keine ungedeckte Short-Position zu haben, die benötigte Anzahl an Anleihen in seinem Depot haben.[40] Die Kursschwankungen am Kassamarkt können somit nicht mehr zu billigeren Eindeckungsmöglichkeiten genutzt werden.[41] Allerdings können Kursschwankungen im Anleihemarkt zu einem Wechsel im Cheapest to Deliver führen. Sollte ein Wechsel im Cheapest to Deliver stattfinden, ist es sinnvoll, die ursprüngliche Anleihe gegen den neuen CTD zu tauschen. Dieser Swap würde zu einem zusätzlichen Ertrag führen. Diese Option unterscheidet sich von der Qualitätsoption aus dem letzten Kapitel durch die Tatsache, daß der Andienungspreis des Futures bereits fixiert ist. Der Wechsel des CTD findet hier somit nicht mehr bei einem sich mit den Anleihepreisen bewegenden Futurekurs statt. Wie man sieht, ist diese Option zum Teil eine Zeitoption und zum Teil eine

---

39 Der Verkäufer des Kontraktes hat immer noch das Recht, den Liefertag zu bestimmen. Für den günstigsten Zeitpunkt der Lieferung gelten daher auch hier die in den vorherigen Abschnitten getätigten Aussagen.

40 Basis Trader und Arbitrageure kaufen bzw. verkaufen pro Terminkontrakt Anleihen im Wert von: Nominalwert des Kontraktes * Preisfaktor der Anleihe. Am letzten Handelstag muß somit der Überhang an Anleihen bzw. Futures ausgeglichen werden, damit der Nominalwert an Anleihen geliefert werden kann. Siehe dazu auch Kapitel 7. 3. 4 Basis Trading.

41 Diese Aussage muß eingeschränkt werden, da zusätzlich noch die Wildcard oder Tagesoption besteht.

Qualitätsoption. Da sie durch einen Tausch von Anleihen genutzt wird, wird sie oft auch Switch Option genannt.

Einen wesentlich größeren Wert als diese genannten Zeitoptionen kann unter Umständen die sogenannte Wild Card Option oder Tagesoption haben. Der Inhaber der Short-Position kann bekanntlich den Tag der Lieferung während des Liefermonats bestimmen. Der Settlementpreis des jeweiligen Tages basiert auf dem um 2 Uhr p. m. Chicagoer Zeit festgestellten Future-Kurs. Der Verkäufer des Futures hat aber bis 8 Uhr p. m. Zeit, die Lieferungsnotiz (Absicht der Lieferung) beim Clearinghaus abzugeben. Treten während dieser acht Stunden Kurseinbrüche am Kassamarkt auf, so kann er diese dazu nutzen, sich kostengünstig mit Anleihen einzudecken und dann die Liefernotiz abgeben. Auch Kurssteigerungen kann er u. U. ertragbringend ausnutzen. Finden während dieser Zeit keine Kursschwankungen statt, so braucht er an diesem Tag keine Liefernotiz abzugeben. Basis Trader und Arbitrageure kaufen bzw. verkaufen pro Terminkontrakt Anleihen im Wert von: Nominalwert des Kontraktes * Preisfaktor der Anleihe. Am letzten Handelstag muß somit der Überhang an Anleihen bzw. Futures ausgeglichen werden, damit der Nominalwert an Anleihen geliefert werden kann. Ist der Preisfaktor größer als eins, z. B. 1,3, so müssen beispielsweise bei einer Cash and Carry Arbitrage als Gegengeschäft für den Kauf von Anleihen im Nominalwert von 10 Futures 13 Futures verkauft werden. Der Verkäufer muß daher vor der Lieferung den Überhang glattstellen. Er kann dies tun, indem er Anleihen kauft. Das heißt für den Fall, daß der Preisfaktor größer als eins ist, ist es für den Inhaber der Short-Position günstig, wenn zwischen 2 Uhr p. m. und 8 Uhr p. m. ein Kurseinbruch stattfindet, da er sich dann günstig eindecken kann. Im obigen Beispiel müssen Anleihen im Nominalwert von 3 Futures gekauft werden. Für den T-Bond-Future sind das Anleihen im Nominalwert von US $ 300 000,00. Übt der Marktteilnehmer die Tagesoption aus, gibt er jedoch für den Fall, daß die Basis positiv ist (Erträge größer als Finanzierungskosten), diese Basis auf. Der Gewinn, der durch den Kurseinbruch am Kassamarkt entsteht, muß daher den Verlust, der durch die Aufgabe der restlichen Basis entsteht, überkompensieren. Erst dann ist es sinnvoll, die Wild Card Option auszuüben. Ist der Preisfaktor der Anleihe größer als eins,

ist die Wild Card Option ein Put, da es günstig ist, wenn die An-
leihekurse fallen. Die Anleihekurse müssen aber um einen be-
stimmten Betrag fallen, um den negativen Effekt der Aufgabe der
Basis zu kompensieren. Erst dann erhält die Option einen inneren
Wert. Die Option liegt daher um den Betrag der Basis aus dem
Geld.

Liegt der Preisfaktor der Anleihe unter eins, müssen vor der Lieferung noch Anleihen verkauft werden. Beträgt der Preisfaktor der
Anleihe beispielsweise 0,9, so hat der Arbitrageur Anleihen im
Nominalwert von US $ 1 000 000,00 gekauft und als Gegenge-
schäft 9 Kontrakte (Nominalwert der Anleihen * Preisfaktor) verkauft. In diesem Fall ist es für den Inhaber der Short-Position günstig, wenn nach der Feststellung des Settlementpreises die Anleihekurse steigen, da er dann die überschüssigen Anleihen (in
diesem Fall Anleihen im Nominalwert von US $ 100 000,00) zu ei-
nem Preis verkaufen kann, der höher ist als der Kassapreis der Anleihen zum Zeitpunkt des Settlementpreis des Futures. Dadurch
entsteht ceteris paribus ein zusätzlicher Gewinn. Allerdings wird
auch in diesem Fall bei einer positiven Basis auf diese Basis verzichtet. Damit die Wild Card mit Gewinn genutzt werden kann,
muß der Wert der Basis geringer sein als der Wert des Kursanstiegs.
Die Anleihekurse müssen daher um den Betrag der Basis steigen,
damit die Wild Card Option an innerem Wert gewinnt. Sie ist für
den Fall eines Preisfaktors kleiner als eins, eine Kaufoption, die
sich um den Betrag der Basis aus dem Geld befindet.[42]

Aus diesen Überlegungen wird ersichtlich, daß die Wild Card
Option keinen Wert hat, falls die zu liefernden Anleihen einen
Preisfaktor von eins haben.

Ist die Basis negativ, so ist es, wie oben festgestellt, vorteilhaft,
möglichst früh zu liefern. Ein Marktteilnehmer kann aber der Meinung sein, daß es günstiger ist zu warten, in der Hoffnung, die Tagesoption auszunutzen. Er bezahlt dann für eine mögliche Ausübung der Wild Card Option jeden Tag Kosten für das Halten der
Anleihepostion. Er hat zwar wie im obigen Beispiel an jedem Geschäftstag im Liefermonat (bis zum letzten Handelstag) die Mög-

---

42 Sollten sich nach Festlegung des Settlementpreises die Anleihekurse nicht
zugunsten des Marktteilnehmers entwickeln, kann er warten und versuchen, am nächsten Tag von der Wild Card Option zu profitieren.

lichkeit diese Option auszuüben, bezahlt dafür aber mit den Kosten für das Halten der Anleiheposition (Carry). Die Anleihekurse müssen daher um den Betrag der aufgelaufenen Carry fallen bzw. steigen (je nachdem ob der Preisfaktor größer oder kleiner als eins ist), damit aus dem Warten und anschließenden Nutzen der Tagesoption ein Gewinn entsteht.

In der Tagesoption ist eine weitere Lieferoption enthalten, die darin besteht, daß ein Schwanken der Anleihekurse nach Abgabe der Liefernotiz zu einem Wechsel der Cheapest to Deliver Anleihe führen kann. Der Inhaber der Short-Position muß zwar bis 8 Uhr p.m. die Liefernotiz abgeben, hat aber bis 2 Uhr p.m. des nächsten Tages Zeit anzugeben, welche Anleihe er zu liefern gedenkt. Diese Zeit kann er nutzen, um im Falle des zwischenzeitlichen Wechsels des CTD seine ursprüngliche Anleihe gegen den neuen CTD zu tauschen. In ihrem Aufbau entspricht sie der Switch Option, wird aber, da sie während einer wesentlich kürzeren Zeit genutzt werden kann, die „kleine Switch Option" oder Minor Switch Option genannt.

Abschließend sei noch bemerkt, daß die Ausübung einer Option den Verzicht auf sämtliche andere Lieferoptionen mit ihren Ertragspotentialen bedeutet. Das sollte, bevor eine Lieferoption ausgeübt wird, in die Überlegungen mit einbezogen werden.

6.1.3 Die Basis

Von großer Bedeutung ist auch die Basis. Allgemein ist die Basis die Differenz zwischen dem Kassapreis und dem Futurepreis. Die Basis ist die Preisdifferenz zwischen der dem Kontrakt zugrundeliegenden Ware und dem Future.[43] Bei einem Zinsterminkontrakt ist die Basis, einen Preisfaktor von 1,000 unterstellt, die Differenz zwischen der Kassaanleihe und dem Futurepreis.[44]

---

43 Vgl. *Rothstein, N. H.:* (Financial Futures), S. 590.
44 Vgl. *Burghard, G., Lane, M., Papa, J.:* (Treasury Bond), S. 22.

Die Basis ist demnach:

Basis = KP – FP
       = KP – (KP – E + F)
       = **E – F**

In den meisten Fällen beträgt der Preisfaktor nicht 1,000. Es muß dann eine korrekte Anpassung vorgenommen werden. Da sich der Futurepreis am Cheapest to Deliver orientiert, nimmt man bei der Berechnung der Basis gewöhnlich die Cheapest to Deliver Anleihe.

Der theoretische Futurepreis ist definiert als:

$$FP = \frac{KP_{CTD} - E + F}{PF_{CTD}} \text{ [45]}$$

Umgeformt erhält man:

$FP * PF_{CTD} = KP_{CTD} - E + F$

$E - F = KP_{CTD} - (FP * PF_{CTD})$

Da die Basis gleich E – F ist, folgt:

Basis = KP_{CTD} – (FP * PF_{CTD})

Je nach Sichtweise kann der Begriff der Basis aber auch auf die übrigen lieferbaren Anleihen oder auch auf nicht lieferbare Anleihen ausgeweitet werden.
Die Basis ist negativ, wenn die Kuponerträge geringer sind als die Finanzierungskosten für das Halten der Anleihe. Sie ist dagegen positiv, wenn die Kuponerträge größer sind als die Finanzierungskosten. Das ist in der Regel bei einer „normalen" Zinskurve (der kurzfristige Zins liegt unter dem langfristigen Zins) der Fall. In einer normalen aufwärts gekrümmten Zinskurve, bei der die langfristigen Zinssätze über den kurzfristigen Zinssätzen liegen, werden die entfernt liegenden Kontraktmonate im Vergleich zu den Front-Monaten zu sukzessiv niedrigeren Preisen notieren.[46] Die Basis ist i.d.R. gleich Null bei einer flachen Zinskurve (der

---

[45] Der theoretische Futurepreis kann dann auch definiert werden als: Fut = (KP – Basis) / PF.
[46] Vgl. *Labuszewski, J. W., Nyhoff, J. E.*: (Trading Futures), S. 140.

kurzfristige Zins ist gleich dem langfristigen Zins) und negativ bei einer inversen Zinsstruktur (für den Fall, daß die Kuponerträge kleiner sind als die Finanzierungskosten). In diesem Fall notieren die Preise der entfernteren Kontrakte zu einem höheren Kurs als die näherliegenden Kontrakte. Dabei ist aber ein wichtiger Punkt zu beachten. Die Finanzierungskosten repräsentieren den kurzfristigen Sollzinssatz. Die Kuponerträge repräsentieren das lange Ende der Zinskurve, wenn man davon ausgeht, daß bei der Emission der Anleihe die Höhe des Kupons dem Marktzinssatz für die entsprechende Laufzeit entspricht. Das heißt, daß die Basis nur dann die derzeitige Zinsstruktur abbildet, wenn der Cheapest to Deliver eine kürzlich emittierte Anleihe ist oder wenn sein Kupon dem derzeitigen Marktzinssatz für die entsprechende Laufzeit entspricht.

Die Basis stellt also nichts anderes dar als die Nettofinanzierungskosten (Cost of Carry) für das Halten einer fremdfinanzierten Anleiheposition bis zum Kontraktliefertag.

Am Ende der Laufzeit des Kontraktes ist die Basis immer gleich Null, da zu diesem Zeitpunkt keine Kosten oder Erträge für das Halten der Position mehr anfallen.

6.1.3.1 Die theoretische Basis

Die theoretische Basis ist die Basis, die der Future hat, wenn er korrekt bewertet ist. Setzt man in die obige Formel für die Basis den theoretischen Futurepreis ein, dann erhält man die theoretische Basis. Die theoretische Basis ist genauso wie der theoretische Futurepreis abhängig von den kurzfristigen Finanzierungskosten, die für jeden Investor verschieden sein können.

Die Berechnung der theoretischen Basis verdeutlicht das folgende **Beispiel:**

Am 31. Juli 1992 notierte die Bundesanleihe mit Laufzeit bis zum 22.7.2002 und Kupon von 8 % zu einem Kurs von 99,24. Die Repo Rate betrug 9,7 %. Diese Anleihe war auch Cheapest to Deliver. Aus diesen Angaben kann die theoretische Basis für den September-Kontrakt des Bund-Futures berechnet werden.

Die Stückzinsen der Anleihe vom 31.7.1992 bis zum Kontraktliefertag (10.9.1992) betragen 0,8889, und die entsprechenden Finanzierungskosten für den Kauf der Anleihe betragen auf einen „Dirty Spot-Preis" (Kurs der Anleihe + Stückzins) berechnet 1,0983. Die Differenz zwischen den Zinserträgen und den Finanzierungskosten ist die theoretische Basis und beträgt in diesem Beispiel –0,2094 (0,8889 – 1,0983). Da die Basis nichts anderes ist als die Nettofinanzierungskosten für den fremdfinanzierten Kauf einer Anleihe für den Zeitraum bis zum Kontraktliefertag, würden sich in diesem Fall für eine entsprechende Position Kosten in Höhe von 0,2094 ergeben. Diese Cost of Carry ist berechnet auf eine einzelne Anleihe im Nominalwert von DM 100. Durch Multiplikation mit 2500 ergeben sich die Cost of Carry für Anleihen im Nominalwert von DM 2500 (ein Kontrakt): 0,2094 * 2500 = 523,53.

Aus der theoretischen Basis kann auch der theoretische Futurepreis errechnet werden. 99,24 (Anleihepreis) + 0,2094 = 99,4445. Dieser Betrag, geteilt durch den Preisfaktor der Anleihe, ergibt den theoretischen Futurepreis: 99,4445 / 1,145064 = 86,85.[47]

Da die theoretische Basis nichts anderes ist als die Cost of Carry für die Anleihe bis zum Kontraktliefertag, wird sie oft auch als Carry Basis bezeichnet. In der Regel entspricht die Basis des aktuellen Futurepreises nicht der theoretischen Basis. Die Basis des aktuellen Futurepreises wird auch die Brutto-Basis genannt.

6.1.3.2 Die aktuelle Basis

Die Differenz zwischen dem aktuellen Marktpreis der Cheapest to Deliver Anleihe und dem mit dem Preisfaktor des Cheapest to Deliver multiplizierten aktuellen Futurepreis wird aktuelle Basis, Brutto Basis oder auch Carry Basis genannt. Der Begriff Brutto Basis wird häufig benutzt, besser wäre jedoch der Begriff aktuelle Basis, da er den Tatsachen eher gerecht wird. Die aktuelle Basis erhält man, indem man in die Formel für die Basisberechnung aktuelle Marktwerte einsetzt. Es ist die Basis, mit der der Future aktuell am Markt gehandelt wird.

Würde der Future im obigen Beispiel bei 86,75 notieren, so ergäbe sich eine aktuelle Basis von –0,0943.

(99,24 – 86,75 * 1,145064 = –0,0943)

Für Basis Trader ist die Kenntnis der theoretischen Basis und der aktuellen Basis von großer Bedeutung. In der Regel wird der Future nicht mit seiner theoretischen Basis gehandelt. Die Kenntnis, wieweit die aktuelle Basis von der theoretischen Basis ab-

---

47 Vgl. zu dieser Rechnung das Beispiel in Kapitel 7. 2. 1 Cash and Carry Arbitrage.

weicht, kann eine wertvolle Entscheidungshilfe dafür sein, in welche Richtung er einen Basis Trade aufsetzt.

Auch für Händler, die Optionspositionen mit Futures absichern, oder Portfoliomanager, die Anleiheportefeuilles mit Zinsterminkontrakten hedgen, ist es notwendig, ständig über die Entwicklung der Basis informiert zu sein. Negative Basiseffekte können einen außerordentlich starken Einfluß auf die Effizienz eines Hedges haben.[48]

6.1.3.3 Die Net Basis

Bildet man die Differenz zwischen der aktuellen Basis und der theoretischen Basis dann erhält man die Net Basis. Die Net Basis wird häufig auch Value Basis[49] oder Wertbasis genannt. Auch für diesen Begriff hat sich in der Praxis und Literatur keine einheitliche Nomenklatur gefunden.

Die Net Basis gibt an, wie stark die aktuelle Basis von ihrem theoretischen Wert abweicht. Ist der Future unterbewertet, liegt die aktuelle Basis unter der theoretischen Basis, und die Net Basis hat dann ein negatives Vorzeichen. Durch den Preisfaktor dividiert, gibt die Net Basis an, wie stark der Future über- bzw. unterbewertet ist.

Notiert im obigen Beispiel der Future bei 86,75, beträgt die Net Basis $-0,1151$. $-0,1151/1,145064 = -0,1005$. Daraus wird ersichtlich, daß der Future um 10 Ticks unterbewertet ist.

Umgekehrt ergibt die Fehlbewertung des Futures, multipliziert mit dem Preisfaktor, die Net Basis.

Eine weitere Methode, die Net Basis zu berechnen, besteht darin, die Differenz zwischen dem theoretischen Anleihekurs und dem aktuellen Anleihekurs zu bilden. Der theoretische Anleihekurs ist der Kurs, zu dem die Anleihe notieren müßte, damit der Future bei seinem aktuellen Kurs korrekt bewertet wäre. In die Formel für den theoretischen Futurepreis wird der aktuelle Fu-

---

48 Siehe dazu Kapitel 7.1.5 Empirische Tests.
49 Gelegentlich wird auch die Differenz zwischen dem aktuellen und dem theoretischen Futurepreis als Value Basis bezeichnet. Um jedoch von der Differenz zwischen dem theoretischen und dem aktuellen Futurepreis zu der Net Basis oder Value Basis zu gelangen, muß diese Differenz mit dem Preisfaktor der Anleihe multipliziert werden.

turepreis eingesetzt, und dann löst man die Gleichung nach dem Kassapreis der Anleihe auf. Im Beispiel beträgt bei einem Future-kurs von 86,75 der theoretische Anleihepreis 99,1249. Der aktuelle Kurs der Anleihe betrug aber 99,24. Die Differenz zwischen diesen beiden Kursen beträgt –0,1151 und stellt die Net Basis dar.

6.1.3.4 Die Konvergenz der Basis

Die Basis ist in der Regel deutlichen Schwankungen ausgesetzt, die verschiedene mannigfaltige Ursachen haben können. Man kann nie mit Sicherheit voraussagen, wie sich die Basis bis zum nächsten Tag entwickeln wird. Was man aber mit Sicherheit sagen kann ist, daß die Basis am Kontraktliefertag Null beträgt. Da an diesem Tag die Anleihen geliefert werden, fallen auch keine Erträge bzw. Finanzierungskosten für das Halten der Anleiheposition an.

Je näher man sich am Kontraktliefertag befindet, desto geringer werden die Cost of Carry und somit auch ceteris paribus gesehen die Basis. Am Kontraktliefertag entsprechen sich (unter Berücksichtigung des Preisfaktors) Kassapreis und Futurekurs.

Die Basis konvergiert somit bis zum Laufzeitende gegen Null. Diese Konvergenz der Basis findet in der Regel nicht linear statt, sondern fast immer unter Schwankungen.

Selbst wenn die aktuelle Basis ständig der theoretischen Basis entspricht, ist es unwahrscheinlich, daß die Basis linear konvergiert, da zahlreiche weitere Einflußgrößen auf die Basis einwirken.

Ist die Basis bzw. die Carry positiv (die Kuponerträge liegen dann über den Finanzierungskosten), dann notieren die entfernt liegenden Kontraktmonate unter den naheliegenden Monaten. Die Basis konvergiert dann von oben nach unten und der Future von unten nach oben. Ist die Basis dagegen negativ, konvergiert sie von unten nach oben. In diesem Fall notieren die Front-Monate unter den entfernter liegenden Monaten.

6.1.3.5 Einflußparameter für die Änderung der Basis

Neben der genannten Konvergenz der Basis gibt es eine Vielzahl von weiteren Parametern, die bewirken können, daß die Basis nicht konstant bleibt.

Eine starke Einflußgröße ist der kurzfristige Zinssatz. Ändert er sich, dann wird sich in der Regel auch die Basis verändern, da er eine Komponente der Basis darstellt. Fallen die kurzfristigen Zinsen, dann weitet sich die Basis aus. Umgekehrt verengt sich die Basis, wenn die kurzfristigen Zinsen steigen, da der Faktor E – F dann kleiner wird.

Es ist relativ unwichtig, ob sich die Zinsstruktur ändert, entscheidend ist die Änderung des kurzfristigen Zinssatzes. Steigen z. B. die Anleihekurse, und die kurzfristigen Zinssätze bleiben gleich, dann wird die Zinsstruktur inverser. Die Basis hingegen wird sich nicht sehr verändern, da sich die Finanzierungskosten nur geringfügig ändern (die Finanzierungskosten steigen dann etwas, da die Anleihen teurer werden). Steigen dagegen die kurzfristigen Zinsen parallel zu den langfristigen Zinsen, bleibt die Zinsstruktur zwar gleich, aber die Basis wird sich verändern.

Ein weiterer Einflußparameter für die Veränderung der Basis ist ein Wechsel des Cheapest to Deliver (CTD). Wird eine andere Anleihe Cheapest to Deliver, dann hat sie einen anderen Kupon und/oder einen anderen Kurs als die ursprüngliche Anleihe. Dadurch ergeben sich andere Haltekosten und andere Kuponerträge. Es kann auch vorkommen, daß nicht nur unter den bisher lieferbaren Anleihen ein Wechsel stattfindet. Auch die Einführung einer neuen lieferbaren Anleihe kann zu einem Wechsel des CTD und somit zu einer Veränderung der Basis führen. Zu den Faktoren, die zu einer Veränderung im Cheapest to Deliver führen können, siehe Kapitel 6. 1. 2. 2. 4.

Eine Veränderung der Zinsstruktur hat nicht nur Einwirkungen auf den Cheapest to Deliver, sondern auch auf den kurzfristigen Zinssatz und somit auch auf die Basis.

Ein weiterer nicht zu vernachlässigender Punkt sind Marktgegebenheiten bzw. Marktunvollkommenheiten. Weicht der Future von seinem theoretischen Wert ab, dann weicht auch die aktuelle Basis von der theoretischen Basis ab.

6.1.4 Die Implied Repo Rate

6.1.4.1 Definition

Ein an den Zinsterminmärkten häufig verwendeter Begriff ist die Implied Repo Rate.

Die Implied Repo Rate gibt die annualisierte prozentuale Rendite an, wenn die Kassaanleihe gekauft und der Future verkauft wird, die Anleihe bis zum Kontraktliefertag gehalten und dann als Erfüllung der Verpflichtung in den Future geliefert wird.

In anderen Worten: Ein Investor hat Anleihen in seinem Depot, ohne sie fremdfinanziert zu haben. Er verkauft als Gegengeschäft die entsprechende Anzahl an Terminkontrakten und liefert die Anleihen am Kontraktliefertag ein. Die Rendite, die aus diesem Geschäft entsteht, wird Implied Repo Rate (IRR) genannt. Dieses Geschäft entspricht der Vorgehensweise bei einer Cash and Carry Arbitrage.

Die IRR kann risikolos erzielt werden. Ob aus diesem Geschäft auch ein risikoloser Gewinn entsteht, hängt davon ab, ob die IRR über der aktuellen Repo Rate liegt. Liegt die aktuelle Repo Rate nämlich über der IRR, entstehen bei diesem Geschäft Opportunitätskosten in Höhe der Differenz zwischen diesen beiden Größen. Umgekehrt kann ein risikoloser Gewinn erzielt werden, falls die IRR über der aktuellen Repo Rate liegt.

Um sich die Implied Repo Rate zu sichern, müssen Anleihen im Nominalwert des Futures gekauft werden und als Gegengeschäft Futures multipliziert mit dem Preisfaktor der Anleihe verkauft werden. Nur dann werden Preisbewegungen der Anleihe über den Zeitraum bis zum Kontraktliefertag gesehen durch die Preisbewegungen des Futures in der Weise kompensiert, daß die IRR realisiert wird.[50]

Den Begriff der Implied Repo Rate kann man sich auch mit Hilfe des theoretischen Futurepreises verdeutlichen. Setzt man in die Formel für den theoretischen Futurepreis den aktuellen Futurepreis ein, läßt den Zinssatz als Variable und löst die Gleichung nach diesem Zinssatz auf, dann erhält man die IRR. Sie ist die Repo Rate, mit der der Future aktuell bewertet wird. Diese Überle-

---

50 Siehe dazu auch Kapitel 7.2.1 Cash and Carry Arbitrage.

gung führt zu den Methoden der Berechnung der Implied Repo Rate.

6.1.4.2 Berechnung

Die folgende Formel stellt die Formel für den theoretischen Futurepreis dar:

$$FP = (KP_{CTD} - K * T/360 + (KP_{CTD} + AZ) * r * T/360)/PF_{CTD}$$

mit: FP = Futurepreis
KP = Aktueller Kassapreis der Anleihe
CTD = Cheapest to Deliver
K   = Kupon der Anleihe
T   = Anzahl der Tage vom Valutatag bis zum Kontraktliefertag
AZ = Aufgelaufene Stückzinsen vom letzten Kuponzahlungstag bis zum Valutatag
r   = Fremdfinanzierungszinssatz
PF = Preisfaktor

Löst man diese Formel nach r auf, erhält man die Formel für die Implied Repo Rate:[51]

$$IRR = (FP * PF - KP + K * T/360)/(KP + AZ) * 360/T$$

Es ist zu beachten, daß in der Formel statt dem theoretischen Futurepreis der aktuelle Futurepreis steht.

Ein *Beispiel* soll die Berechnung der Implied Repo Rate verdeutlichen:
Am 31.7.1992 notierte die Bundesanleihe mit Laufzeit bis 22.7.2002 und 8 % Kupon bei 99,24. Der September-Kontrakt des Bund-Futures notierte bei 86,85.

Der Stückzins der Anleihe vom letzten Kuponzahlungstag bis zum Valutatag beträgt 0,1778 (8 * 8/360).

Der Stückzins berechnet sich auf der Basis eines 30/360 Tage Jahres (30 Tage für den Monat und 360 Tage für das Jahr). Die Anzahl der Tage vom Valutatag bis zum Kontraktliefertag beträgt daher für den Stückzins 40. Die tatsächliche Anzahl der Tage beträgt dagegen 41 und ist relevant für die Berechnung der Finanzierungskosten bzw. der Rendite.

---

51 Vgl. *Figlewski, S.:* (Hedging), S. 66.

Setzt man diese Werte in die obige Formel ein, so erhält man folgendes Ergebnis:

$$
\begin{aligned}
\text{IRR} &= (86,85 * 1,145064 - 99,24 + 8 * 40/360)/(99,24 + 0,1778) * 360/41 \\
&= (99,4488 - 99,24 + 0,8889)/(99,4178) * 360/41 \\
&= 0,0969453 \\
&= 9,69453\,\%
\end{aligned}
$$

Die obige Formel für die IRR kann umgeformt auch folgendermaßen angeschrieben werden:

$$
\text{IRR} = \frac{AB - K}{K} * \frac{360}{T}
$$

mit: AB = Andienungsbetrag
  K = Kaufpreis der Anleihe
  T = Anzahl der Tage vom Valutatag bis zum Kontraktliefertag

Im Kaufpreis der Anleihe sind in diesem Fall die Stückzinsen vom letzten Kuponzahlungstag bis zum Valutatag enthalten. Der Andienungsbetrag setzt sich zusammen aus dem Futurepreis, multipliziert mit dem Preisfaktor der Anleihe zuzüglich den Stückzinsen vom letzten Kuponzahlungtag bis zum Kontraktliefertag.

Nach dieser Formel berechnet, erhält man dasselbe Ergebnis für die Implied Repo Rate.

IRR
$$
= (86,85 * 1,145064 + 1,0667 - 99,24 - 0,1778)/(99,24 + 0,1778) * 360/41
$$
$$
= 9,69453\,\%
$$

Wenn zwischen dem Valutatag und dem Kontraktliefertag eine Kuponzahlung erfolgt, muß die obige Rechnung leicht modifiziert werden. Diese Kuponerträge können nämlich von dem Zeitpunkt der Kuponzahlung bis zu dem Kontraktliefertag angelegt werden. Es muß daher noch der Zinsertrag berechnet werden, der aus dieser Anlage resultiert. Oft wird für diese Zinsberechnung der aktuelle Geldmarktzins genommen. Diese Vorgehensweise ist nur dann korrekt, wenn zu dem Zeitpunkt der Kuponzahlung dieser Zinssatz noch Gültigkeit hat. Da man das aber nicht mit Sicherheit voraussagen kann, ist es sinnvoller, den für diesen Zeitpunkt bzw. Zeitraum im Markt geltenden Forward-Zinssatz zu nehmen.

Die IRR kann außerdem durch mögliche Leiherträge bzw. Leihkosten und Margin-Zahlungen beeinflußt werden. Es gelten hier die Punkte, die diesbezüglich über den theoretischen Futurepreis gesagt wurden.

Die Implied Repo Rate kann nicht nur für den Cheapest to Deliver, sondern für jede beliebige lieferbare Anleihe ermittelt werden. Die Entwicklung der IRR des Dez. 92 des Bund-Futures für den Zeitraum vom 25. 5. 92 bis 7. 10. 92 zeigt *Abb. 6.4.*

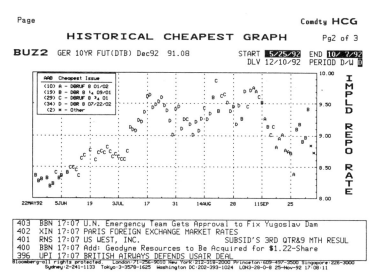

Abb. 6.4: Entwicklung der Implied Repo Rate des Dez. 92 Bund
Futures für den Zeitraum vom 25. 5. 92 bis 7. 10. 92
(Quelle: Bloomberg)

6.1.4.3 Anwendungsmöglichkeiten

Durch die IRR erhalten Marktteilnehmer wichtige Hinweise über das Verhältnis von Anleihepreisen zu Futurepreisen. Über die IRR ist es möglich, die einzelnen Anleihen im Verhältnis zum Future vergleichbar zu machen. Man kann erkennen, ob eine Anleihe im Vergleich zu einer anderen Anleihe relativ teuer oder billig ist. So ist eine Anleihe mit einer hohen IRR im Vergleich zu einer Anleihe mit einer niedrigen IRR über den Future gerechnet relativ billig. Die Anleihe mit der höchsten IRR ist die für eine Lieferung in den Future billigste Anleihe und somit Cheapest to Deliver.

Liegt die Implied Repo Rate über der aktuellen Repo Rate, ist der Future im Verhältnis zu der Anleihe überbewertet. Es eröffnet sich dann die Möglichkeit einer Cash and Carry Arbitrage.

Liegt dagegen die IRR unter der aktuellen Repo Rate, ist der Future gegenüber der Anleihe unterbewertet. Ob sich eine Reverse Cash and Carry Arbitrage lohnt, hängt von dem Maß der Fehlbewertung ab. Bei einer Reverse Cash and Carry Arbitrage bestehen nämlich gewisse nicht vollkommen zu vermeidende Risiken. Diese werden die in Kapitel 7. 2. 3 erörtert.

6.1.5 Die Implied Forward Yield und die Rendite des Futures

Der Kurs des Futures ist der Forwardpreis des Cheapest to Deliver dividiert durch den Preisfaktor des CTD. Kauft man den Future anstelle der Anleihe, so erhält man die Anleihe am Kontraktliefertag zu dem Preis: aktueller Future-Kurs multipliziert mit dem Preisfaktor der Anleihe. Aus diesem Forwardpreis, zu dem man die Anleihe am Kontraktliefertag erhält, ist es möglich, sich die Rendite der Anleihe zu diesem Zeitpunkt (Kontraktliefertag) auszurechnen. Man nimmt den Forwardpreis des CTD, wie er sich aus dem Future-Kurs ergibt (Futurepreis * Preisfaktor), als Preis der Anleihe, setzt als Valutatag den Kontraktliefertag und errechnet sich aufgrund dieser Parameter die für diesen Tag geltende Rendite der Anleihe. Diese Rendite ist die implizite Forward-Rendite des Futures. Sie wird auch Implied Forward Yield genannt und ist nicht zu verwechseln mit der Implied Repo Rate.

In der Implied Forward Yield des Futures wird die aktuelle Basis des Futures berücksichtigt. Änderungen der Basis (z. B. bedingt durch einen Wechsel des CTD oder Veränderungen der kurzfristigen Finanzierungskosten) haben ceteris paribus gesehen, auch eine Veränderung der Implied Forward Yield zur Folge. Diese Veränderung der Implied Forward Yield kann auch ohne eine Veränderung der Rendite und des Kurses der Kassaanleihe erfolgen. Ansonsten wird eine Veränderung der Rendite der Kassaanleihe auch eine Veränderung der Implied Forward Yield mit sich ziehen. Mit Hilfe der Implied Forward Yield können Aussagen über die aktuelle Renditestruktur sowie über die für den Kontraktliefertag erwartete Marktrendite aufgestellt werden. Liegt die Implied Forward Yield bei korrekter Bewertung des Futures unter der aktuellen Rendite der Anleihe, so liegt eine inverse Zinsstruktur vor. Die Marktteilnehmer gehen dann von der Erwartung aus, daß die Zinsen zu dem späteren Zeitpunkt niedriger sein werden, als zu dem heutigen Zeitpunkt. Liegt umgekehrt die Implied Forward Yield über der aktuellen Rendite der Anleihe, besteht die Erwartungshaltung einer Zinssteigerung. Dies ist bei einer normalen Zinsstruktur der Fall.

Im nächsten Schritt ist es nun möglich, die Rendite des Futures zu berechnen. Eine Renditeberechnung des Futures analog zu der Renditeberechnung einer Anleihe durchzuführen, ist schwierig, da der Future keinen festgelegten Rückzahlungszeitpunkt besitzt. Zudem erfolgen auch keine Zahlungströme wie Kuponzahlungen. Betrachtet man den Future aber als Substitut für den CTD, so ist es dennoch möglich, eine Rendite zu ermitteln. Kauft man den Future anstelle des CTD, mit der Absicht, sich den CTD am Kontraktliefertag andienen zu lassen, dann erhält man die Anleihe zum Forwardpreis (Future-Kurs * Preisfakor). Man weiß daher, zu welchem Preis man die Anleihe am Kontraktliefertag erhält. Es darf jetzt aber nicht die Tatsache vernachlässigt werden, daß für den Kauf des Futures nur eine geringe Margin zu hinterlegen ist. Sieht man den Kauf des Futures als Substitut für den nicht fremdfinanzierten Kauf des CTD an, bedeutet das, daß man den Kaufpreis der Anleihe erst am Kontraktliefertag bezahlen muß und diesen Geldbetrag daher für diesen Zeitraum (Valutatag bis Kontraktliefertag) zu dem über diesen Zeitraum geltenden Zinssatz anlegen kann. Diese Zinserträge können nun von dem am Kontraktliefertag zu bezahlenden Forward-Kaufpreis der Anleihe abgezogen werden. Durch den Kauf des Futures bezahlt man indirekt die Finanzierungskosten (sind in der Basis des Futures enthalten), die für den fremdfinanzierten Kauf der Anleihe anfallen. Durch die Anlage des nicht entrichteten Kaufpreises der Anleihe zu der geltenden Repo Rate erhält man diese Finanzierungskosten wieder zurück. Da der Forwardpreis der Anleihe um die vom aktuellen Zeitpunkt bis zum Kontraktliefertag der Anleihe anfallenden Kuponerträge vermindert ist, erhält man die Kuponerträge indirekt über den entsprechend verminderten Forward-Kaufpreis der Anleihe zurück. Um einen Anleihekurs zur Renditeberechnung des Futures zu erhalten, kann man den im Future impliziten Forward-Kurs des CTD um diese Kuponerträge erhöhen und um die oben genannten Finanzierungskosten vermindern. Auf der Basis dieses Kurses ist es nun möglich, sich zum aktuellen Zeitpunkt die Rendite der Cheapest to Deliver Anleihe auszurechnen. Es ist die Rendite der Anleihe, wenn man sie indirekt über den Future erwirbt und somit die Rendite des Futures.

Dieses Vorgehen ist nichts anderes als ein Herausrechnen der Finanzierungskosten und Kuponerträge (entspricht der Basis des Futures) aus dem Forwardpreis der Anleihe. Ist der Future nach seinem theoretischen Preis korrekt bewertet, so entspricht die Rendite des CTD der Rendite des Futures. Ist der Future dagegen nicht korrekt bewertet, so werden sich Unterschiede in der Rendite ergeben.

Dieser Sachverhalt kann mit Hilfe des Konzeptes der Basis verdeutlicht werden. Future-Kurs * Preisfaktor + Basis = Preis, zu dem man die Anleihe indirekt über den Future kauft.[52] Auf diesem Preis aufbauend kann nun die im Future implizite Rendite des CTD berechnet werden. Diese wird, wenn der Future mit seinem theoretischen Preis bewertet ist, der aktuellen Rendite des CTD entsprechen und stellt die Rendite des Futures dar.

Weicht die aktuelle Basis von der theoretischen Basis ab, so wird der Future mit einer anderen Repo Rate bewertet, als der aktuellen Repo Rate. Dieser Unterschied wird zu einer Erhöhung oder Verminderung des indirekten Kaufpreises des CTD führen. Liegt beispielsweise die Implied Repo Rate über der aktuellen Repo Rate, bezahlt man über den Kauf des Futures diese höhere Repo Rate, erhält aber durch die Geldanlage nur die niedrigere Repo Rate zurück. Um diese Differenz erhöht sich der Kaufpreis des CTD, den man indirekt über den Kauf des Futures bezahlt. In der Net Basis spiegelt sich diese Differenz wieder. In diesem Fall muß der absolute Betrag der Net Basis zu dem aktuellen Kassapreis des CTD addiert werden, um den im Future impliziten Kauf-

---

52 Dieser Preis wird bei korrekter Bewertung des Futures dem aktuellen Kassapreis der Anleihe entsprechen.

preis des CTD zu erhalten.[53] Die Rendite des Futures liegt dann unter der aktuellen Rendite des CTD.

Liegt die IRR unter der aktuellen Repo Rate, bezahlt man durch den Kauf des Futures niedrigere Finanzierungskosten, kann sein Geld aber zu der höheren aktuellen Repo Rate anlegen. Die Differenz zwischen der aktuellen Basis und der theoretischen Basis spiegelt diesen Unterschied wider. In diesem Fall liegt der Preis des CTD, den man über den Kauf des Futures bezahlt, um den absoluten Betrag der Net Basis unter dem aktuellen Kassapreis des CTD. Die Rendite des Futures liegt dann über der Rendite des CTD. Auch hier errechnet man sich die Rendite des Futures, indem man sich zum aktuellen Datum die Rendite des CTD ausrechnet, aber als Anleihekurs diesen verminderten Anleihekurs einsetzt.

Diese Rendite des Futures ist allerdings keine absolut sichere Rendite, da der CDT wechseln kann. Es ist dann wahrscheinlich, daß man eine andere Anleihe angedient bekommt. Dadurch würde sich das Ergebnis der Rechnung verändern.

6.1.6 Die Duration und Konvexität des Futures

Die Berechnung einer Duration für einen Future ist nicht unproblematisch, da der Future keine durchschnittliche Restbindungsdauer hat wie eine Anleihe. Nimmt man aber als Duration nicht die durchschnittliche Restbindungsdauer, sondern die Preisreagibilität auf Renditeänderungen, ist es möglich, auch für den Future eine Duration zu berechnen.

Die absolute Kursänderung des Futures für eine absolute Renditeänderung (Basispunkte/100) (Dollar Duration des Futures) kann man über die Dollar Duration der Cheapest to Deliver Anleihe erhalten. Der theoretische Futurepreis kann vereinfacht geschrieben werden als: (KP-Basis)/PF, mit: KP = Kassapreis des CTD, PF = Preisfaktor des CTD. Aus dieser Formel wird erkenntlich, daß für eine konstante Basis die Kursveränderung des Futures der Kursveränderung der Kassanleihe, dividiert durch den

---

53 Alternativ kann man diesen Preis auch wieder über folgende Formel erhalten: Future-Kurs * Preisfaktor + theoretische Basis.

Preisfaktor, entspricht.[54] Hat der CTD eine Dollar Duration von X, so wird sich der Kurs dieser Anleihe bei einer Renditeveränderung um 100 Basispunkte um approximativ[55] X DM ändern. Der Kurs des Futures wird sich aber aber um X/PF ändern. **Die Dollar Duration des Futures entspricht daher der Dollar Duration der Cheapest to Deliver Anleihe, dividiert durch ihren Preisfaktor.** Ist der Preisfaktor des CTD größer als eins, so ist die Dollar Duration des Futures kleiner als die Dollar Duration des CTD. Ist der Preisfaktor des CTD dagegen kleiner als eins, so ist die Dollar Duration des Futures größer als die Dollar Duration des CTD.

Die Berechnungsweise zur Ermittlung der Dollar Duration des Futures kann nicht ohne Modifizierung auf die Berechnung einer Macaulay Duration oder Modified Duration des Futures übertragen werden. Ein Grund dafür ist, daß bei prozentualen Kursveränderungen die Basis des Futures nicht vernachlässigt werden darf.

Genauso wie eine Kassaanleihe bei Renditeveränderungen in der Regel keine konstante Duration hat, kann sich auch bei einem Future die Duration für gegebene Renditeveränderungen ändern. Diese Änderung der Duration wird durch die Konvexität quantifiziert.

Die Konvexität des Futures entspricht in den seltensten Fällen der Konvexität des CTD. Ändern sich die Renditen der Anleihen über ein bestimmtes Maß hinaus, so wird der CTD wechseln. Der Future aber folgt in seiner Kursbewegung dem jeweiligen CTD. Daraus wird ersichtlich, daß der Future für große Renditeänderungen eine andere Konvexität haben muß als die jeweilige Cheapest to Deliver Anleihe. Nur solange der CTD nicht wechselt, kann anhand der Konvexität des CTD die Konvexität des Futures mit der Formel Konvexität Fut = Konvexität$_{CTD}$/PF$_{CTD}$ abgeschätzt werden. Wechselt aber der CTD, dann ändert sich die Duration des Futures. Die Duration des Futures macht dann einen Sprung und damit auch die Konvexität des Futures. Die Duration und Konvexität des Futures wird nicht nur durch die Spezifikation des Cheapest to Deliver bestimmt, sondern auch durch Veränderun-

---

54 Da der Future in seiner Bewegung dem CTD folgt, bezieht sich diese Aussage auf die Cheapest to Deliver Anleihe.
55 Nur approximativ wegen des Effektes der Konvexität.

gen im CTD bei Renditebewegungen. Über die gesamte Breite einer möglichen Renditebewegung betrachtet hat der Future, wie in den folgenden Ausführungen aufgezeigt wird, eine Preis-Rendite-Kurve, die höchstens genauso konvex, aber meistens geringer konvex ist, als die Preis-Rendite-Kurve einer beliebigen lieferbaren Anleihe.

Warum diese Aussage zutrifft, wird ersichtlich, wenn man einen Blick darauf wirft, wann und warum der Cheapest to Deliver wechselt.

Haben sämtliche lieferbaren Anleihen dieselbe Rendite in Höhe von 6%, so haben sie alle einen über den Preisfaktor angeglichenen Preis von 100. Der Preis jeder Anleihe, geteilt durch ihren Preisfaktor, ergibt dann 100. Das hat zur Folge, daß jede Anleihe im Hinblick auf die Lieferung gleich billig oder teuer ist. Jede Anleihe ist dann der CTD.[56] Dabei kann es noch zu kleinen Unterschieden, verursacht durch unterschiedliche Kuponzahlungstermine, kommen.

Ändert sich jetzt aber die Rendite, so wird sich auch der CTD ändern. Fällt die Rendite unter 6% – eine Parallelverschiebung der Renditen wird zunächst vorausgesetzt – so wird die Anleihe mit der niedrigsten Duration der CTD. Diese Anleihe hat die niedrigste Zinsreagibilität, was zur Folge hat, daß der Kurs relativ schwächer steigen wird, als der Kurs der anderen lieferbaren Anleihen. Diese Anleihe ist dann der CTD. Steigen hingegen die Renditen über 6%, dann wird die Anleihe mit der höchsten Duration der CTD sein. Diese Anleihe wird dann am stärksten auf einen Renditeanstieg reagieren, was zur Folge hat, daß ihr Kurs im Verhältnis zu den anderen Anleihen, relativ gesehen, am stärksten fallen wird. Bei derselben Rendite sind dann die Kosten der Lieferung von Anleihen im Nominalwert von DM 250 000 bei der Anleihe mit der höchsten Duration am geringsten.[57] Diese Anleihe ist dann der CTD und hat den über den Preisfaktor angepassten niedrigsten Kurs. Dabei ist zu beachten, daß ceteris paribus der Kurs des Futures, der sich am CTD orientiert, bei einem Renditeanstieg mindestens gleich stark fallen wird und bei einem Renditeverfall höchstens genauso stark ansteigen wird, wie der Kurs einer belie-

56 Vgl. *Burghard, G., Lane, M., Papa, J.:* (Treasury Bond), S. 42.
57 Vgl. *Figlewski, S.:* (Hedging), S. 61.

bigen lieferbaren Anleihe. Die Preis-Rendite-Kurve des Futures verläuft somit ceteris paribus flacher als die Preis-Renditekurve sämtlicher lieferbaren Anleihen. Die Konvexität der Preis-Rendite-Kurve des Futures ist somit niedriger als die der lieferbaren Anleihen.

In der Regel haben nicht alle lieferbaren Anleihen dieselbe Rendite. Oft kommt es vor, daß Anleihen dieselbe Duration haben, aber eine unterschiedliche Rendite. „Haben Anleihen dieselbe Duration, aber eine unterschiedliche Rendite, so ist die Anleihe mit der höchsten Rendite der CTD.“[58] Diese Anleihe hat dann den über den Preisfaktor angepassten niedrigsten Kurs. Bei gleicher Duration und unterschiedlichen Renditen orientiert sich der Future an der Anleihe, die den über den Preisfaktor angepassten niedrigsten Kurs und somit die höchste Rendite hat. Diese Eigenschaft hat zur Folge, daß die Preis-Rendite-Kurve des Futures höchstens genauso konvex, aber meistens geringer konvex ist, als die Preis-Rendite-Kurve einer beliebigen lieferbaren Anleihe.

Es gibt also zwei Faktoren die bestimmen, wann eine Anleihe der CTD ist; nämlich die Duration und die Rendite. Wann einer der beiden Faktoren überwiegt, hängt von der Höhe der Rendite und der Höhe der Duration ab. Zu einem Zeitpunkt kann die Anleihe mit der höchsten Duration der CTD sein, zu einem anderen Zeitpunkt kann es die Anleihe mit der höchsten Rendite sein. Beide Faktoren bewirken aber, daß die Konvexität der Preis-Rendite-Kurve des Futures kleiner oder gleich der Preis- Renditekurve einer beliebigen lieferbaren Anleihe ist. *Abb. 6.5* verdeutlicht diesen Zusammenhang:

58 Vgl. *Burghard, G., Lane, M., Papa, J.*: (Treasury Bond), S. 44.

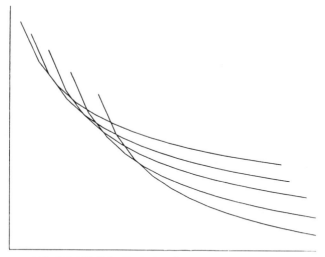

Abb. 6.5: Mögliche Preis-Rendite-Kurven von Anleihen

Die Preis-Rendite-Kurven der lieferbaren Anleihen werden, wenn sie in ein Schaubild eingetragen werden, im Verhältnis zueinander *ähnlich* aussehen wie in *Abb. 6.5* Der Kurs des Futures wird sich dabei stets an der untersten Linie der Preis-Rendite-Kurven orientieren und hat somit eine schwächere Konvexität als die einzelnen lieferbaren Anleihen. Es ist sogar der Fall möglich, daß der Future eine negative Konvexität aufweist, sich also konkav verhält.

Es ist möglich, ein Gleichbleiben der Renditestruktur im Bereich der lieferbaren Anleihen unterstellt, für jedes mögliche Renditeniveau die entsprechende Cheapest to Deliver Anleihe und somit den Kurs des Futures zu ermitteln. Unter dieser Voraussetzung kann nun die Preis-Rendite-Kurve und somit auch die Konvexität des Futures ermittelt werden. Diese Konvexität ist allerdings nur von beschränkter Aussagekraft, da in der Realität die lieferbaren Anleihen nicht mit derselben Rendite notieren und es oft auch zu Verschiebungen der Renditestruktur im Bereich der lieferbaren Anleihen kommt. Zudem sorgen Marktunvollkommenheiten gelegentlich dafür, daß Anleihen, die fast identische Konditionen aufweisen, mit unterschiedlichen Renditen notieren.

6.1.7 Das Preisverhältnis zwischen Terminkontrakten mit unterschiedlichen Liefermonaten

Genauso wie es möglich ist, ein Preisverhältnis zwischen einem Terminkontrakt und der ihm zugrundeliegenden Ware herzuleiten, ist es möglich, einzelne Terminkontrakte im Verhältnis zueinander zu bewerten. Es kann ein Verhältnis zwischen verschiedenen Terminkontrakten gebildet werden, oder es können – wie in den folgenden Ausführungen – Terminkontrakte der gleichen Art, aber mit unterschiedlichen Liefermonaten in ein theoretisches Preisverhältnis gesetzt werden.

Aus dem aktuellen Marktpreis eines Terminkontraktes mit naheliegendem Liefermonat (z. B. der Front-Monat) kann ein Preis für einen Terminkontrakt mit entferntliegendem Liefermonat hergeleitet werden. Auch der umgekehrte Fall ist möglich. Dieses Preisverhältnis ist theoretisch und wird durch das Arbitragekalkül begründet. Das bedeutet, daß, wenn das aktuelle Preisverhältnis von dem theoretischen Preisverhältnis abweicht, Arbitrage zwischen den beiden Kontrakten möglich ist.

Der theoretische Futurepreis lautet bekanntlich:

$$FP = \frac{KP_{CTD} - K * \dfrac{T}{360} + (KP_{CTD} + AZ) * r * \dfrac{T}{360}}{PF_{CTD}}$$

mit:

FP	=	Futurepreis (theoretisch)
KP	=	Aktueller Kassapreis der Anleihe
CTD	=	Cheapest to Deliver
K	=	Kupon der Anleihe
T	=	Anzahl der Tage vom Valutatag bis zum Kontraktliefertag
AZ	=	Aufgelaufene Stückzinsen vom letzten Kuponzahlungstag bis zum Valutatag
r	=	Fremdfinanzierungszinssatz
PF	=	Preisfaktor

Aus dem aktuellen Futurepreis des naheliegenden Liefermonats (FP_n) kann nun ein theoretischer Futurepreis für den entferntliegenden Liefermonat (FP_e) hergeleitet werden.

Der Zähler in dem Bruch der Futurepreisformel entspricht dem Forwardpreis der Anleihe. Durch den Kauf des naheliegenden

Kontraktes hat man den CTD des naheliegenden Kontraktes per Termin (Liefertag des Kontraktes) zu dessen Forwardpreis gekauft. Um eine Arbitragebeziehung herzuleiten, kann man als Gegengeschäft zu diesem Kauf der Anleihe, den Future mit dem entferntliegenden Kontraktmonat verkaufen. Zur Ermittlung des theoretischen Preises des entfernten Kontraktes muß (bei Ermittlung des th. Kurses über dieses Preisverhältnis) in die Formel des theoretischen Futurepreises als Kassapreis der Anleihe, der Forwardpreis der Anleihe eingesetzt werden. Errechnet man diesen Forwardpreis aus dem aktuellen Futurepreis des naheliegenden Kontraktes, so setzt man in die Formel statt dem Forwardpreis den aktuellen Futurepreis des naheliegenden Kontraktmonats (FP_n) multizipliert mit dem Preisfaktor des CTD des naheliegenden Kontraktmonats (PF_n) ein.

Der Preis des entfernten Kontraktmonats lautet dann:

$$FP_e = \frac{FP_n * PF_n - Basis}{PF_e}$$

mit: FP_e = theoretischer Preis des entferntliegenden Kontraktes
PF_e = Preisfaktor des CTD des entferntliegenden Kontraktes
FP_n = aktueller Preis des naheliegenden Kontraktes
PF_n = Preisfaktor des CTD des naheliegenden Kontraktes

Es ist noch die Basis des entferntliegenden Kontraktes zu bestimmen:
   Zu finanzieren ist der Forwardpreis des CTD des naheliegenden Kontraktes zuzüglich der aufgelaufenen Stückzinsen vom lezten Kuponzahlungszeitpunkt bis zum Kontraktliefertag des naheliegenden Kontraktes. Die Anleihe erhält man aber erst am Kontraktliefertag des naheliegenden Kontraktes. Daher muß dieser Betrag über den Zeitraum vom Kontraktliefertag des naheliegenden Kontraktes bis zum Kontraktliefertag des entferntliegenden Kontraktes finanziert werden. Als Finanzierungszinssatz ist der Drei-Monats-Forward-Zinssatz, der für den Kontraktliefertag des naheliegenden Kontraktes gilt, anzusetzen. Der Forward-Zinssatz muß deshalb genommen werden, weil man sich zu Beginn des Geschäftes den Finanzierungszinssatz für den Zeitpunkt des Kontraktliefertages des Front-Monats sichern muß.

Als Erträge fallen die Stückzinsen des CTD des naheliegenden Kontraktes an. Es sind die Stückzinsen vom Liefertag des naheliegenden Kontraktes bis zum Liefertag des entferntliegenden Kontraktes.

Die Basis beträgt dann:

$$\frac{K * T}{360} - \frac{(FP_n * PF_n + AZ) * r * T}{360}$$

mit: K = Kupon des CTD des naheliegenden Kontraktes.

$\quad\ \ T$ = Anzahl der Tage vom Kontraktliefertag des naheliegenden Kontraktes bis zum Kontraktliefertag des entferntliegenden Kontraktes.

$\quad AZ$ = Aufgelaufene Stückzinsen vom letzten Kuponzahlungstag bis zum Kontraktliefertag des naheliegenden Kontraktes.

$\quad\ \ r$ = Forward-Fremdfinanzierungszinssatz.

Die Bewertungsformel für den entferntliegenden Kontrakt lautet dann vollständig:

$$FP_e = \frac{FP_n * PF_n - \dfrac{K * T}{360} + \dfrac{(FP_n * PF_n + AZ) * r * T}{360}}{PF_e}$$

Es wird von der Annahme ausgegangen, daß man den CTD des naheliegenden Kontraktes auch angedient bekommt.[59] Die Preisfaktoren in den Formeln beziehen sich dann auf dieselbe Anleihe, sind dennoch unterschiedlich, da sie sich auf zwei verschiedene Liefertermine beziehen.

Aus dieser Annahme wird auch ersichtlich, daß eine Arbitrage nach dieser Strategie nur dann risikolos ist, wenn man vorher mit Sicherheit weiß, welche Anleihe man angedient bekommt und wenn die Laufzeit dieser Anleihe ausreichend lang ist, damit sie nicht aus dem Korb der lieferbaren Anleihen des entfernten Monats herausfällt.

Die Handelsstrategie, aus der sich die obige Bewertungsformel ergab, lautet kurzgefaßt:

Kauf des naheliegenden Kontraktes, Verkauf des entfernten Kontraktes, Erhalt der Anleihe am Kontraktliefertag des nahelie-

59 Vgl. *Berger, M.:* (Hedging), S. 294.

genden Kontraktes, halten und einliefern derselben Anleihe in den entfernten Kontrakt.

Dieses Geschäft wird man aber nur dann eingehen, wenn der entfernte Kontrakt im Verhältnis zum naheliegenden Kontrakt überbewertet ist.

Ist der naheliegende Kontrakt im Verhältnis zum entfernten Kontrakt überbewertet, verkauft man den naheliegenden Kontrakt und kauft den entferntliegenden Kontrakt. Am Kontraktliefertag des naheliegenden Kontraktes muß die Anleihe ausgeliehen und in den Front-Monat geliefert werden. Die Leihdauer ist der Zeitraum bis zum Liefertag des Back-Monats. Hierbei besteht das Risiko darin, daß man am Kontraktliefertag des entferntliegenden Kontraktes eine andere Anleihe angedient bekommt, als man ursprünglich leerverkauft hat. Außerdem ist es nicht immer sicher, daß man am Kontraktliefertag des naheliegenden Futures die Möglichkeit hat, sich die betreffende Anleihe auszuleihen.

Es ist möglich, daß beide Kontrakte im Verhältnis zueinander korrekt bewertet sind, aber dennoch von ihren theoretischen Preisen (nach Kapitel 6.1.2.3) abweichen. Es ist dann zwar keine Arbitrage zwischen den Kontrakten möglich, aber immer noch eine Arbitrage zwischen Underlying und Future.

6.2 Preisbildung von kurzfristigen Zinsterminkontrakten

6.2.1 Berechnung von Zero-Kupon-Raten und Forward-Zinssätzen

Für das bessere Verständnis der Preisbildung von kurzfristigen Zinsterminkontrakten (z. B. Euro-$-, Euro-DM-Future) ist es hilfreich, sich zuvor mit der Berechnung von Zero-Kupon-Raten und Forward-Zinssätzen zu befassen.

Der Kurs einer Anleihe kann als Barwert aller zukünftigen Zahlungsüberschüsse diskontiert mit dem internen Zinsfuß der Anleihe gesehen werden:

$$K_t = \sum_{t=1}^{T} \frac{Z_t}{(1+r)^{\wedge g}}$$

mit: K_t = Kurs der Anleihe im Zeitpunkt t
    T   = Restlaufzeit gerechnet in Anzahl von verbleibenden Zahlungs-
          überschüssen
    r   = interner Zinsfuß der Anleihe
    t   = Zeitpunkt (Laufindex)
    Z_t = Zahlungsüberschuß (Cash Flow) in Periode t
    g   = Gewichtungsfaktor, mit $g = t+((w/M)-1)$ mit:
    w   = Zeit von heute bis zum nächsten Zahlungsüberschuß
    M = Gesamte Zeit zwischen den einzelnen Zahlungsüberschüssen

Ist die Laufzeit der Anleihe ganzzahlig, ist g gleich t. Wird zudem die Anleihe mit nominal DM 100 getilgt und ein konstanter Kupon C gezahlt, kann die obige Gleichung umgeformt folgendermaßen angeschrieben werden:

$$K_t = C/(1 + r)^{\wedge 1} + C/(1 + r)^{\wedge 2} + C/(1 + r)^{\wedge 3} + \ldots + C/(1 + r)^{\wedge T} + 100/(1 + r)^{\wedge T}{}^{[60]}$$

mit: C   = Kupon der Anleihe
           r wird oft auch Yield to Maturity (YTM) genannt.
           Falls r = C dann ist $K_t = 100$.

Betrachtet man die obige Gleichung, wird deutlich, daß jeder Kupon als seperate Anleihe, genauer gesagt als einzelner Zero Bond betrachtet werden kann, der mit einem einheitlichen r diskontiert wird. Anstatt eine einheitliche Yield to Maturity zu verwenden, kann jeder Kupon mit seinem eigenen, über den betreffenden Zeitraum geltenden Zinssatz (Zero-Kupon-Rate) diskontiert werden. Für eine Anleihe, die zu pari notiert, gilt folgende Gleichung:

$$100 = C/(1 + Z_1)^{\wedge 1} + C/(1 + Z_2)^{\wedge 2} + C/(1 + Z_3)^{\wedge 3} + \ldots + C/(1 + Z_T)^{\wedge T} + 100/(1 + Z_T)^{\wedge T}$$

mit: Z   = Zero-Rate für den jeweiligen Zeitraum

Notiert eine Anleihe beispielsweise zu pari und wird nach einem Jahr zu pari plus einem Kupon von 6 Prozent getilgt, so berechnet sich ihre Rendite:

$$100 = 6/(1+Z_1) + 100/(1+Z_1) = 106/(1+Z_1)$$

---

60 Vgl. *Bosch, K.:* (Finanzmathematik), S. 130.

Die Auflösung der Gleichung ergibt 6% für Z_1. Die Rendite der Anleihe ist daher eine 6 prozentige Zero-Rate für ein Jahr.

Hat man jetzt eine zweijährige Anleihe mit einem Kupon von 7%, kann man sich mit Hilfe von Z_1 die zweijährige Zero-Rate Z_2 ausrechnen:

$$100 = 7/(1{,}06) + 7/(1+Z_2)^2 + 100/(1+Z_2)^2$$

Aus dieser Gleichung errechnet sich eine zweijährige Zero-Rate von 7,0353%.

Es jetzt möglich, nicht nur für zwei Jahre sondern für verschiedene Zeiträume, Kupons bzw. YTM die entsprechenden Zero-Raten auszurechnen. Die folgende Tabelle zeigt für verschiedene t (Jahre bis zur Fälligkeit), YTM (Yield to Maturity), die entsprechenden Zero-Kupon-Raten (ZKR) und Forward-Raten (FR):

t	YTM	ZKR	FR
1	6%	6,0000%	8,0808%
2	7%	7,0353%	10,2950%
3	8%	8,1111%	12,7140%
4	9%	9,2439%	15,4419%
5	10%	10,4562%	

Abb. 6.6: Zero-Kupon und Forward-Raten

Da für diese Rechnung $K_t = 100$ gesetzt wurde, entspricht der Kupon der Yield to Maturity (YTM). Diese Raten werden auch Par-Kupon-Raten genannt. Die Zero-Kupon-Rate für 5 Jahre (t=5) errechnet sich analog zu dem obigen Beispiel:

$$100 = 10/1{,}06 + 10/1{,}070353^2 + 10/1{,}081111^3 + 10/1{,}092439^4 + 10/(1+Z_5)^5 + 100/(1+Z_5)^5$$

Aufgelöst nach Z_5 erhält man als Zero-Rate über 5 Jahre 10,4562%. Den Kurs einer Anleihe mit 5 Jahren Restlaufzeit, einem Kupon von 10% und einer YTM von 10% erhält man, indem man die Zahlungsüberschüsse entweder mit der YTM oder mit den einzelnen für die verschieden Zeiträume geltenden Zero-Kupon-Raten (ZKR) diskontiert. In jedem Fall beträgt das Ergebnis 100.

Die obigen Rechnungen basieren auf einer einfachen Arbitrageüberlegung: Weichen die Zero-Kupon-Raten am Markt von den theoretischen Raten ab, so wäre es möglich einen risikolosen Gewinn zu erzielen. Sind z. B. die Zero-Kupon-Raten am Markt niedriger als die theoretisch ermittelten Raten, so würde man die Anleihe kaufen und den Kaufpreis über die einzelnen Zero-Raten fremdfinanzieren. Den Barwert des ersten Kupons wird zu der einjährigen Zero-Rate finanziert, der Barwert des zweiten Kupons zu der zweijährigen Zero-Rate, usw.. Dieser Vorgang wird auch Coupon Stripping genannt. Da man implizit durch den Kauf der Anleihe sein Geld zu höheren Zero-Raten angelegt hat, stellt die Differenz zwischen diesen Raten den Gewinn dar.

Beispiel:

Die fünfjährige Anleihe mit Kupon von 10 % notiert zu pari und ist somit mit den oben ermittelten Zero-Raten bewertet. Die Zero-Raten am Markt weichen jedoch von diesen Raten ab und betragen für ein bis fünf Jahre 5,90 %, 7,01 %, 8,10 %, 9,10 % und 10,20 %. Werden die zukünftigen Zahlungsströme der Anleihe statt mit den theoretischen Zero-Raten mit den am Markt gültigen Raten diskontiert, beträgt der Barwert nicht mehr 100, sondern:

$10/1,0590 + 10/1,0701^2 + 10/1,0810^3 + 10/1,0910^4 + 10/(1,1020)^5 + 100/(1,1020)^5 = 100,8340$

Für eine Arbitrage wird der Barwert von DM 10 ($10/1,059=9,4429$) für eine Periode zu einem Zinssatz von 5,90 % aufgenommen. DM 8,7328 ($10/1,0701^2$) für zwei Perioden zu einem Zinssatz von 7,01 %, usw.. Die Summe der Barwerte dieser Zahlungen beträgt 100,8340. Diesen Betrag erhält man durch die Kreditaufnahme. Das Gegengeschäft dazu stellt der Kauf der Anleihe dar. Für diese hat man jedoch nur DM 100 bezahlt. Die Differenz von 0,8340 ist der Gewinn aus diesem Geschäft. Die Rückzahlung der einzelnen Beträge für den Kredit erfolgt mit Hilfe der Kuponzahlungen die man aus der Anleihe erhält.

Die Methodik zur Ermittlung der Zero-Kupon-Raten kann auch auf Anleihen mit anderen Kupons und Laufzeiten übertragen werden. Der Kurs einer Anleihe mit einer Restlaufzeit von zwei Jahren, die die genauso wie die Anleihe in Tabelle 6.6 eine Rendite von 7 % aufweist aber einen Kupon von 8 % besitzt, berechnet sich folgendermaßen: $8/(1,07) + 8/(1,07)^2 + 100/(1,07)^2 = 101,80802$.

Aus diesem Ergebnis kann jetzt mit Hilfe der Zero-Rate über ein Jahr (6 %) die Zero-Rate über zwei Jahre berechnet werden:

$$101{,}80802 = 8/(1{,}06) + 8/(1+Z_2)^{\wedge}2 + 100/(1+Z_2)^{\wedge}2$$

Z_2 beträgt für diese Anleihe 7,040 %. Dieses Ergebnis weicht leicht von der im obigen Beispiel errechneten Zero-Rate ab. Der Grund dafür ergibt sich aus der Tatsache, daß bei der Anleihe mit 8 % Kupon 7,4131 % ((8/1,06)/101,80802) des Kapitals zu der niedrigeren Zero-Rate von 6 % bebunden ist, während es bei der 7prozentigen Anleihe nur 6,604 % ((7/1,06)/100) sind. Der Ausgleich für die niedrigere Verzinsung findet über eine etwas höhere Zero-Rate für zwei Jahre statt.

Die Zahlungsströme der Anleihe mit 8 % Kupon diskontiert mit den Zero-Raten aus Tabelle 6.6 führt zu folgendem Ergebnis:

$$8/(1{,}06) + 8/(1{,}070353)^{\wedge}2 + 100/(1{,}070353)^{\wedge}2 = 101{,}8163$$

Aus diesem Kurs errechnet sich eine Yield to Maturity von 6,9955 %:

$$101{,}8163 = 8/1{,}069955 + 8/(1{,}069955)^{\wedge}2 + 100/(1{,}069955)^{\wedge}2$$

Diese YTM ist etwas niedriger als die YTM der Anleihe mit Kupon von 7 %. Obwohl beide Anleihen dieselbe Fälligkeit besitzen und mit denselben Raten diskontiert wurden, weisen die eine verschiedene Yield to Maturity auf. Dieser Effekt ist auf die unterschiedliche Art der Zahlungsströme beider Anleihen zurückzuführen und wird auch als „Kuponeffekt" bezeichnet.[61] In diesem Beispiel ist der Kuponeffekt relativ gering. Für Anleihen mit längeren Laufzeiten und stärker unterschiedlichen Kupons kann der Effekt jedoch größer sein.

Aus den Zero-Kupon-Raten können jetzt die Forward-Zinssätze (Forward-Rate, FR) ermittelt werden. **Die Forward-Rate ist der Zinssatz, zu dem ein Anleger an einem bestimmten Zeitpunkt in der Zukunft Geld aufnehmen bzw. anlegen kann.** Eine 3 x 5 Forward-Rate von beispielsweise 14,0696 % besagt, daß man einen Vertrag abschließen kann, der es ermöglicht, in drei Jahren Geld für zwei Jahre zu 14,0696 % aufzunehmen bzw. anzulegen.[62] Der Zeitraum beginnt somit in drei Jahren und endet in fünf Jahren.

Mit Hilfe der entsprechenden Zero-Raten ist es möglich, aufgrund einer Arbitrageüberlegung sich die jeweiligen Forward-Raten auszurechnen. In der obigen Tabelle beträgt die zweijährige Zero-Rate 7,0353 %. Ein Anleger, der eine DM zu diesem Zinssatz anlegt, erhält nach zwei Jahren $1{,}070353^{\wedge}2$. Um diese Geldanlage zu finanzieren, kann er Geld für ein Jahr zu der Zero-Rate für ein Jahr von 6 % aufnehmen und es nach einem Jahr

---

61 Vgl. *Mc Enally, R.W., Jordan, J.V.:* (Structure of Interest Rates).
62 Selbstverständlich gibt es auch hier in der Praxis einen bid-Ask-Spread.

zu der einjährigen Forward-Rate refinanzieren. Sind die Zinssätze im Verhältnis zueinander korrekt bewertet, so kann kein risikoloser Gewinn ohne Kapitaleinsatz entstehen. Die Einnahmen und Ausgaben aus dem Geschäft müssen sich daher entsprechen. In anderen Worten: Der Anleger steht vor der Alternative sein Geld zu einer Zero-Rate für zwei Jahre anzulegen oder es zunächst zu der Zero-Rate für ein Jahr anzulegen und es nach diesem Jahr zu der 1 x 1 Forward-Rate, die zum heutigen Zeitpunkt gesichert wird, zu reinvestieren. Bei einem Marktgleichgewicht ist der Ertrag aus beiden Geschäften derselbe und der Anleger indifferent zwischen den beiden Alternativen. Der Forward-Zinssatz für ein Jahr, in einem Jahr (1 x 1 FR) kann somit über folgende Gleichung errechnet werden:

$$(1+Z_2)^2 = (1+Z_1) * (1+(1x1\ FR))$$

mit: Z_1 = Zero-Rate über ein Jahr
$\quad\ \ Z_2$ = Zero-Rate über zwei Jahre
$\quad\ \ $ 1x1 FR = Forward-Rate für ein Jahr in einem Jahr

Einsetzen der Zero-Raten aus Tabelle 6.6 ergibt:

$$(1{,}070353)^2 = 1{,}06 * (1+(1x1\ FR))$$

Für 1x1 FR erhält man: 8,0808 %
Der folgende Graph veranschaulicht diesen Zusamenhang:

zweijährige Zero-Rate 7,0353 %

| einjährige Spot-Rate 6,000 % | 1x1 Forward-Rate |

Analog errechnet sich aus den Zero-Raten von Tabelle 6.6 die 2 x 3 Forward-Rate:

$$(1+Z_3)^3 = (1+Z_2)^2 * (1+(2x3\ FR))$$
$$(1{,}081111)^3 = (1{,}070353)^2 * (1+(2x3\ FR))$$

Für die 2x3 FR erhält man nach Auflösen der Gleichung: 10,2950 %.

Allgemein kann man diesen Sachverhalt in folgende Formel fassen:

$$(1+Z_T)^T = (1+Z_t)^t * [1+(txT\ FR)^n]$$

oder umgeformt:

$$(txT\ FR) = \sqrt[n]{\left\{\frac{(1+ZT)^{\wedge}\ T}{(1+Zt)^{\wedge}\ t}\right\}} - 1$$

mit: Z_t = Zero-Rate bis zum Zeitpunkt t (kurzer Zeitraum)
Z_T = Zero-Rate bis zum Zeitpunkt T (langer Zeitraum)
T = Endzeitpunkt
t = jeweiliger Zeitpunkt
n = T-t
txT = Forward-Rate für den Zeitraum t bis T

In *Abb. 6.6* sind die Einjahres-Forward-Raten für den jeweiligen Zeitpunkt angegeben, wie sie sich aus den Zero-Raten errechnen.
Mit Hilfe der obigen Formel ist es natürlich auch möglich, die 3 x 5 Forward-Rate (3x5 FR) zu bestimmen:

t = 3
T = 5
T-t = 2
Z_t = 0,081111
Z_T = 0,104562
$(3 \times 5 \ FR) = \sqrt[2]{\{[(1,104562)^5]/[(1,081111)^3]\}}-1$
= 0,140696

3 x 5 FR beträgt somit 0,140696 oder 14,0696 %.

Forward-Raten haben die Eigenschaft, daß sie bei einer „normalen" Zinskurve (der langfristige Zins ist höher als der kurzfristige Zins) über den Zero-Kupon-Raten liegen. Die Zero-Kupon-Raten wiederum sind dann höher als die entsprechenden Kupon-Zinssätze.[63] Ist die Zinsruktur invers, kehrt sich diese Regel um.

Normale Zinsstruktur: Kupon-Raten ‹ Zero-Raten ‹ Forward-Raten
Inverse Zinsstruktur: Kupon-Raten › Zero-Raten › Forward-Raten

6.2.2 Berechnung des theoretischen Futurepreises

Hat man das Konzept der Forward-Zinssätze verstanden, kann man für kurzfristige Zinsterminkontrakte, wie z. B. den Euro-DM-Future, die theoretischen Futurepreise ausrechnen.
Der Kurs des Euro-DM-Futures beträgt 100 abzüglich dem Zinssatz. Der Zinssatz, der abgezogen wird, ist die Drei-Monats Forward-LIBOR, gültig für den Zeitpunkt des Kontraktliefertages des Futures. Dieser Geldmarktfuture ist somit nichts anderes als

---

63 Vgl. *Hull, J.:* (Options, Futures), S. 82.

ein standardisiertes Forward-Rate Agreement (FRA). Liegen die entsprechenden Zero-Raten vor, ist es möglich analog zu der Vorgehensweise des letzten Kapitels die entsprechende Forward-Rate bzw. die entsprechende Drei-Monats-Forward-LIBOR zu ermitteln.

Ist der Future korrekt bewertet, wird dieser Zinssatz nicht von dem im Future impliziten Zinssatz abweichen. Liegt der Kontraktliefertag des Futures beispielsweise 92 Tage entfernt, so benötigt man zur Ermittlung des theoretischen Futurepreises die Zero-Rate über 92 Tage und über 182 Tage (92 Tage + 90 Tage). Der für den Future gültige Drei-Monats-Forward-Zinssatz errechnet sich dann nach folgender Formel:

$$(1+Z_6 * 182/360) = (1+Z_3 * 92/360) * (1+FF * 90/360)$$

mit: FF = Für den Future gültige Forward-Rate
Z_3 = Zero-Rate für 92 Tage (ca. 3 Monate)
Z_6 = Zero-Rate 182 Tage (ca. 6 Monate)

Subtrahiert man den Zinssatz der sich aus dieser Rechnung ergibt von 100, so erhält man den theoretischen Futurepreis. Befindet man sich noch im Bereich von Geldmarktzinssätzen, so findet gemäß der Marktusancen keine Aufzinsung statt. Zur Bestimmung des Ertrages muß der jeweilige Zinssatz mit dem Faktor (Tage/360) bzw. (Tage/365) multipliziert werden.

Allgemein kann die Bewertungsformel für kurzfristige Zinsterminkontrakte folgendermaßen angeschrieben werden:

$$(1+Z_L * T_L/360) = (1+Z_K * T_K/360) * (1+FF * 90/360)$$

umgeformt erhält man:

$$FF = \left(\frac{1+Z_L * T_L/360}{1+Z_K * Z_K/360} - 1\right) * \frac{360}{90}$$

mit: FF = Für den Future gültige Forward-Rate
Z_L = Zero-Rate über langen Zeitraum
Z_K = Zero-Rate über kurzen Zeitraum
T_L = Anzahl der Tage für den langen Zeitraum (Tage bis zum Kontraktliefertag des Futures + 90)
T_K = Anzahl der Tage für den kurzen Zeitraum (Tage bis zum Kontraktliefertag des Futures)

Um ein korrektes Ergebnis zu erhalten, ist die Beachtung einer exakten Tagezählung von Bedeutung. Geldmarktzinssätze berechnen sich auf der Basis von actual/360 Tagen, bzw. in einigen Ländern actual/365. Es ist dabei auf die jeweiligen Marktusancen zu achten. Der Forward-Zinssatz des Futures dagegen umfaßt stets einen Zeitraum von 90 Tagen.

Der Kontraktliefertag des Euro-DM-Futures liegt 92 Tage entfernt. Die Zero-Rate über 92 Tage und über 182 Tage beträgt 8,30 % und 8,90 %. Der theoretische Preis des Euro-DM-Futures beträgt dann:

$$(1+0{,}089 * 182/360) = (1+0{,}083 * 92/360) * (1+F_{F*90}/360)$$

oder:

$$FF = (\frac{1+0{,}089 * 182/360}{1+0{,}083 * 92/360} - 1) * \frac{360}{90}$$

FF = 0,093157 bzw. 9,3157 %

Der theoretische Futurepreis beträgt daher 100 − 9,3157 = 90,68.

Umgekehrt ist es möglich, aus einem gegebenen Futurepreis und einer gegebenen Zero-Rate die entsprechende fehlende Zero-Rate zu ermitteln.

Zuletzt ist noch zu bemerken, daß in der Regel bei den Zinssätzen ein Geld-Brief-Spread besteht. Es ist dann der entsprechende Geld- bzw. Brief-Kurs in die Formel einzusetzen. Man erhält dann auch für den Future eine theoretische Geld-Brief Spanne, innerhalb derer sich der Kurs bewegen kann, ohne daß eine Arbitrage möglich ist.

6.2.3 Berechnung von Future-Strip-Raten

Kurzfristige Zinsterminkontrakte werden genauso wie langfristige Futures mit mehreren Fälligkeiten gehandelt. Bei einigen Futures werden bis zu 12 Kontrakte auf einmal notiert. Aus der Kombination von mehreren Kontrakten mit dem entsprechenden Zinssatz (z. B. LIBOR) kann die sogenannte Strip Rate ermittelt werden.

Die Strip Rate ist der Ertrag, der realisiert werden kann, wenn Geld zu der LIBOR mit Fälligkeit des naheliegenden Kontraktes

angelegt wird und der Ertrag aus diesem Geschäft alle drei Monate mit dem in der Sequenz der Futurepreise impliziten Zinssatz aufgezinst wird.[64] Die in den Futures impliziten Forward-Zinssätze werden den Kauf der entsprechenden Kontrakte d. h. durch den Kauf eines Future-Strips (Reihe von Kontrakten mit aufeinanderfolgenden Fälligkeiten) gesichert.

Beispiel:

Kontrakt Monat	Future-Kurs	impliziter Zins	Tage bis zum nächsten Kontrakt
März 1	92,80	7,20 %	92
Juni 1	92,45	7,55 %	90
Sept.1	92,20	7,80 %	92
Dez. 1	92,02	7,98 %	91
März 2	91,83	8,17 %	91
Juni 2	91,61	8,39 %	92

Der Fälligkeitstag des ersten Kontrakt (März 1) liegt einen Monat (30 Tage) entfernt. Die Spot-LIBOR für einen Monat betrage 7,10 %. Aus diesen Angaben läßt sich beispielsweise die einjährige Strip Rate (S_{1J}) folgendermaßen errechnen:

$$(1+S_{1J} * 365/360) = (1+0,071 * 30/360) * (1+0,072*92/360) *$$
$$(1+0,0755*90/360) * (1+0,0780*92/360) *$$
$$(1+0,0798 * 61/360)$$
$$(1+S_{1J} * 365/360) = 1,0059 * 1,0184 * 1,0189 * 1,0199 * 1,0135$$
$$(1+S_{1J} * 365/360) = 1,07896$$
$$S_{1J} = 7,788\%.$$

Graphisch kann man den Sachverhalt auch folgendermaßen verdeutlichen:

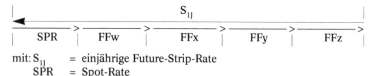

mit: S_{1J} = einjährige Future-Strip-Rate
SPR = Spot-Rate
FFx..z = im jeweiligen Future implizite Forward-Rate

Das Geld wird zunächst für 30 Tage zu einem Zins von 7,10 % angelegt. Am Fälligkeitstag des März 1 Kontraktes wird der Betrag den man aus der 30 Tagesanlage zurückerhält, für 92 Tage zu einem Zins von 7,20 % angelegt. Am Fälligkeitstag des nächsten Kontraktes erfolgt eine Anlage zu ei-

---

64 Vgl. *Nadler, D.:* (Euro-Dollar-Futures), S. 1221 f.

nem Zins von 7,55 % usw.. Der annualisierte Zinssatz aus diesem Geschäft ist die Future-Strip-Rate für den betreffenden Zeitraum. Weicht die Zero-Rate für denselben Zeitraum von von der Future-Strip-Rate ab, so ist vorbehaltlich des folgenden Einwandes eine Arbitrage möglich. In dem obigen Beispiel beträgt der Zeitraum der letzten Periode 61 Tage. Durch den Kauf des Dez. 1 Kontraktes wird jedoch ein Drei-Monats-Zinssatz abgesichert. Für die letzte Periode besteht daher das Risiko, daß am Fälligkeitstag des Dez. 1 Kontraktes der Drei-Monats-Zinssatz und der 61 Tage-Zinssatz sich nicht entsprechen.

Die Future-Strip-Rate kann man sich nur dann ohne Risiko sichern, wenn der Zeitraum der letzten Periode auch dem Zeitraum des Zinssatzes der dem Future zugrundeliegt entspricht.

Selbstverständlich lassen sich nach der beschriebenen Methode auch andere Strip-Raten berechnen z. B. für 6 Monate oder 2 Jahre.

Die Future-Strip-Rate für 4 Monate (bzw. 122 Tage) beträgt beispielsweise 7,2075 %:

$$(1+S_{4M} * 122/360) = (1+0,071 * 30/360) * (1+0,072 * 92/360)$$
$$(1+S_{4M} * 122/360) = 1,0244$$
$$S_{4M} = 7,2075 \%$$

6.2.4 Die Basis

Ähnlich wie ein langfristiger Zinsterminkontrakt hat auch ein Future auf kurzfristige Zinsen eine Basis.

Die Differenz zwischen dem im Future impliziten Forward-Zins berechnet auf dem theoretisch korrekten Futurepreis und dem aktuellen Dreimonatszinssatz (z. B. LIBOR, je nach Kontrakt) ist die theoretische Basis.

Beträgt beispielweise die aktuelle Drei-Monats-LIBOR 8,00 % und der theoretische Futurepreis für den März-Kontrakt 91,50, so beträgt die theoretische Basis +0,50 (8,50 %-8,00 %) oder 50 Basispunkte. Beträgt der theoretische Preis des Juni-Futures 91,15, so beträgt die theoretische Basis des Juni-Kontraktes +0,85 % (8,85 %-8,00 %).

Die Differenz zwischen dem Forward-Zinssatz, wie er sich aus dem aktuellen Future-Kurs errechnet und der aktuellen Drei-Monats-LIBOR, wird aktuelle Basis oder Brutto Basis genannt.[65]

---

65 Eine einheitliche Nomenklatur hat sich bei diesen Begriffen nicht durchgesetzt. Für die Brutto Basis werden daher oft auch Bezeichnungen wie Carry Basis oder Simple Basis verwendet.

Notiert der März-Kontrakt statt bei seinem theoretischen Wert von 91,50 zu einem aktuellen Preis von 91,43, so beträgt die aktuelle Basis +0,57 (8,57 %–8,00 %).

Die Differenz zwischen der aktuellen Basis und der theoretischen Basis ist die Net Basis oder auch Value Basis genannt. Sie beträgt für den März-Kontrakt 0,07 oder 7 Basis Punkte.

Liegen die langfristigen Zinsen über den kurzfristigen Zinsen (normale Zinsstruktur), ist die Basis positiv. In diesem Fall notieren die entferntliegenden Kontrakte unter den naheliegenden Kontrakten. Bei einer inversen Zinsstruktur ist die Basis negativ. Die naheliegenden Kontrakte notieren dann über den entferntliegenden Kontrakten.

Am Kontraktliefertag ist die im Future-Kurs implizite LIBOR gleich der aktuellen LIBOR. Die Basis ist während der Laufzeit des Kontraktes gegen Null konvergiert. Diese Konvergenz gegen Null findet aber in der Regel nicht linear statt, sondern mit Schwankungen. Diese Schwankungen werden unter anderem durch Abweichungen des theoretischen vom aktuellen Futurepreis und durch Veränderungen in der Renditestruktur beeinflußt. Der Begriff der Basis kann sich auch auf Zinssätze beziehen, die dem Terminkontrakt nicht zugrundeliegen. Werden beispielsweise Bulis (Bundesbankliquiditätsschätze) abgesichert, so ist in diesem Fall die Basis die Differenz zwischen dem aktuellen Future-Zinssatz und dem Zinssatz der Bulis.

7. Anwendungsmöglichkeiten für lang- und mittelfristige Zinsterminkontrakte

7.1 Hedging

Ein amerikanisches Sprichwort besagt: Jeder Dummkopf mag zu Geld kommen, aber um es zu behalten, braucht es einen klugen Mann.

Hedging (Absicherung von Kassapositionen) macht zwar nicht zwangsläufig klüger, hilft aber entscheidend bei dem Bestreben, das erwirtschaftete Geld zu behalten. Bevor man sich jedoch dem Hedging zuwendet, ist es notwendig, einen Blick auf die Risikoquellen festverzinslicher Anleihen zu werfen. Positionen in festverzinslichen Wertpapieren können nämlich entgegen der oft anzutreffenden Meinung mit einem hohem Risiko behaftet sein.

7.1.1 Risikoquellen festverzinslicher Anleihen

Das Risiko, das bei Anleihen als erstes auffällt, ist das Kursrisiko. Hat ein Investor Anleihen in seinem Depot, so kann er sie gegen einen Kursverfall absichern, indem er die entsprechende Anzahl an Terminkontrakten verkauft.

Das Kursrisiko kann aber auch darin bestehen, daß der Kurs der Anleihen steigt. Das ist dann der Fall, wenn der Investor eine Short-Kassaposition in den Anleihen eingegangen ist. Er wird dann eine Long-Position im Terminkontrakt aufbauen. Ein Fondsmanager, der zu einem bestimmten Zeitpunkt in der Zukunft einen größeren Zahlungseingang erwartet, dieses Geld später in Anleihen investieren will, sich aber das jetzige seiner Meinung nach günstige Renditeniveau sichern will, wird eine Long-Position in Terminkontrakten eingehen. Er ist also zum jetzigen Zeitpunkt short in den Anleihen, da jeder Kursanstieg den späteren Kaufpreis der Anleihen erhöht und somit eine zusätzliche Ausgabe bedeutet.

Ein weiteres Risiko, das bei Anleihen mit Kupon auftritt, ist das

Wiederanlagerisiko. Erhält man eine Kuponzahlung, muß diese unter Umständen wieder angelegt werden. Es besteht dann das Risiko, daß bis zum Zeitpunkt der Kuponzahlung die Zinsen fallen. Das Kursrisiko und das Wiederanlagerisiko sind Zinsänderungsrisiken. Dazu gehört auch das Inflationsrisiko.

Ist eine Anleihe vom Schuldner vorzeitig kündbar, so besteht für den Investor das Kündigungsrisiko.

Weitere Risikoquellen sind das Insolvenzrisiko (Schuldner wird zahlungsunfähig), das Wechselkursrisiko (bei Anlagen in Fremdwährungen) und das Liquidierbarkeitsrisiko (Anleihe kann u. U. im Bedarfsfall nicht veräußert werden).

7.1.2 Arten und Risiken eines Hedges

Das Absichern einer Kassaposition wird auch Hedging genannt. Im Sinne der Futuresmärkte bedeutet Hedging die Eröffnung einer Terminposition, die der Kassaposition im Gegenstand nach gleich, in der Auswirkung der Preisänderung jedoch entgegengesetzt ist.

7.1.2.1 Short Hedge

Man kann grundsätzlich zwei Arten des Hedges unterscheiden:

Der Short Hedge ist die Absicherung gegen fallende Preise. Bei Anleihen ist es die Absicherung gegen steigende Zinsen (Anleihe „long" und Futures „short").

Allgemein gesprochen ist ein Short Hedge jeder Hedge bei dem Futures verkauft werden, bei dem man Futures short ist.

7.1.2.2 Long Hedge

Der Long Hedge ist die Absicherung gegen steigende Preise. Bei Anleihen ist es die Absicherung gegen fallende Zinsen (Anleihe „short" und Futures „long").

Diese Absicherung wird Long Hedge genannt, weil man Futures kauft, also long den Future ist.

Das Risiko bei einer Absicherung ist, daß sich der Kurs des abzusichernden Gegenstandes und der Kurs des Terminkontraktes nicht parallel entwickeln.

7.1.2.3 Cross Hedge

Der Bund-Future kann auch zur Absicherung von Anleihen benutzt werden, die nicht im lieferbaren Bereich liegen. Ein Cross Hedge in den Future Märkten ist ein Hedge, bei dem das abzusichernde Instrument nicht in den Future einlieferbar ist, der für die Absicherung benutzt wird.[1] Beispiele für einen Cross Hedge im Falle des Bund-Futures sind u. a.: Absicherung von Euro-DM Anleihen, Industrieanleihen, Anleihen ausländischer Schuldner, Anleihen mit kürzerer Laufzeit als die dem Bund-Future zugrundeliegenden Anleihen, Bankschuldverschreibungen, Swapsätze.

7.1.2.3.1 Allgemeine Risiken des Cross Hedges

Cross Hedging ist komplizierter und risikoreicher als die Absicherung von lieferbaren Anleihen, da mehrere Beziehungen mit einfließen:

Zum einen die Beziehung zwischen dem Cheapest to Deliver und dem Future (z. B.: Wechsel des Cheapest to Deliver, Veränderung der Basis).

Zum anderen die Beziehung zwischen der abzusichernden Anleihe selbst und dem Cheapest to Deliver.

Die Struktur dieser Beziehungen kann man sich auch anhand der Basis vergegenwärtigen. Definiert man die Basis als Differenz des Kurses der abzusichernden Anleihe, z. B. auch eine Auslandsanleihe (angepaßt über den Preisfaktor) minus dem Kurs des Futures, so kann man diese Basis in zwei Komponenten zerlegen:

Erstens die Differenz zwischen dem Preis des Futures und dem Preis der lieferbaren Anleihe.

Zweitens die Preisdifferenz zwischen der lieferbaren Anleihe und der abzusichernden Anleihe.[2]

Der erste Faktor wurde in den Ausführungen schon behandelt. Eine Abschätzung der Entwicklung und Einflußfaktoren des zweiten Faktors ist etwas schwieriger.

Die Beziehung und somit auch die Preisdifferenz zwischen der abzusichernden und der lieferbaren Anleihe wird von mehreren Faktoren beeinflußt.

1 *Pitts, M.:* (Risk with Interest Rate Futures), S. 907.
2 Vgl. *Figlewski, S.:* (Hedging), S. 77.

Das Kreditrisiko: Werden Anleihen von einem anderen Schuldner abgesichert, so besteht ein Kreditrisiko. Verschlechtert sich die Bonität des Schuldners, so werden Investoren nur bereit sein diese Anleihen zu kaufen, wenn sie eine höhere Rendite als vorher erhalten. Die Kurse dieser Anleihen werden im Vergleich zu den Bundesanleihen fallen. Verschiebungen in der Renditekurve können auch bei Anleihen mit gleicher Laufzeit in einer unterschiedlichen Rendite resultieren. Auf dem amerikanischen Markt hat sich in der Vergangenheit gezeigt, daß die Renditespanne zwischen Industrieanleihen und Staatsanleihen dazu tendiert hat, sich auszudehnen, wenn die Treasury-Zinsen gestiegen sind, und dazu tendiert hat, sich zu verkleinern, wenn die Treasury-Zinsen gefallen sind. Ähnliches gilt für den deutschen Markt auch in Beziehung auf ausländische DM-Anleihen. Ändert sich aber die Renditespanne, so kann ein Hedge, je nachdem ob man sich gegen steigende oder fallende Zinsen absichert, problematisch werden.

Das Liquiditätsrisiko: Besteht für die abzusichernden Anleihen kein liquider Markt, so kann das starke Auswirkungen auf die Kursnotierungen der jeweiligen Anleihe haben. Bei geringen oder keinen Umsätzen, ist die Kursfeststellung relativ problematisch. Oft sind nur Tax-Kurse erhältlich, was dazu führen kann, daß über einen gewissen Zeitraum der Kurs sich nicht bewegt, obwohl sich die Renditen am restlichen Markt verändert haben. Größere Kaufaufträge können hingegen dazu führen, daß die Kurse überproportional steigen oder fallen.

Das Sektor-Risiko: Bei jedem Cross Hedge ist es sehr wahrscheinlich, daß starke Veränderungen in der Basis auftreten, wenn wirtschaftliche Faktoren einen unterschiedlichen Einfluß auf die verschiedenen Sektoren der Wirtschaft haben.[3]

Das Risiko bei ausländischen Anleihen: Werden ausländische Anleihen abgesichert, z. B. in den Niederlanden gehandelte holländische Staatsanleihen mit dem Bund-Future, so besteht das Risiko, daß sich die Zinsen auf den beiden Märkten nicht parallel entwickeln. Ist die Korrelation zwischen den beiden Märkten nicht ausreichend groß, so ist ein Hedge sinnlos.

---

3 *Rothstein, N. H.:* (Financial Futures), S. 122.

Überhaupt ist bei einem Cross Hedge die Korrelation zwischen den beiden Instrumenten ausschlaggebend. Ist die Korrelation nicht ausreichend groß, ist es zwecklos, sogar gefährlich zu hedgen, da sonst Verluste entstehen können, die ohne Absicherung nicht entstanden wären. Bevor ein Cross Hedge eingegangen wird, muß getestet werden, ob eine ausreichende Korrelation zwischen dem abzusichernden Instrument und dem Future besteht.

Ein weiterer wichtiger Punkt sind Unterschiede in der Laufzeit. Dieser Punkt wird im nächsten Kapitel gesondert behandelt.

7.1.2.3.2 Zinsstrukturrisiko

Sehr oft werden Anleihen abgesichert, die eine andere Laufzeit haben als die Anleihen, die dem Future zugrunde liegen. Verschiebt sich die Renditekurve parallel, so entsteht durch die unterschiedliche Laufzeit kein zusätzliches Risiko. Hat die abzusichernde Anleihe z. B. eine Laufzeit von fünf Jahren, so hat sie eine niedrigere Preisreagibilität als der CTD des Bund-Futures. Steigen die Zinsen, so wird der Bund-Future relativ stärker fallen als die fünfjährige Anleihe. Man kann aber die Zinsreagibilität dieser Anleihe messen (z. B. über die Duration) und dann das Hedge Ratio entsprechend anpassen (in diesem Falle würde man weniger Kontrakte benötigen, als bei der Absicherung von lieferbaren Bund-Anleihen). Eine Parallelverschiebung der Zinsen wird dann den Hedge nicht beeinträchtigen.

Gefährlich wird es, wenn sich die Zinsstruktur ändert. Hat die abzusichernde Anleihe nicht exakt dieselbe Laufzeit wie die Anleihe, die dem Futures zugrunde liegt, wird jede Veränderung in der Struktur der Zinskurve Ungenauigkeiten verursachen.[4]

Beispiel:
Es werden fünfjährige Anleihen mit dem BTP-Future abgesichert (hier ein Long Hedge) und die Zinsstruktur ist invers. Wird die Zinsstruktur flach oder „normal", so fallen die kurzfristigen bzw. mittelfristigen Zinsen in Relation zu den langfristigen Zinsen. Das heißt, die kürzerlaufenden Anleihen werden gegenüber den langlaufenden Anleihen steigen. Da man bei einem Long Hedge die Anleihen short ist und den Futures long, wird diese Veränderung (je nach Stärke) den Hedge beeinträchtigen, wirkungslos

4 Vgl. *Rothstein, N. H.:* (Financial Futures), S. 120.

machen oder zu einem Verlust führen. Umgekehrt wird sich eine Veränderung der Zinsstruktur von normal zu invers negativ auf einen Short Hedge auswirken.

Die Veränderung der Zinsstruktur kann sich auch auf einen Hedge von lieferbaren Anleihen auswirken, da sich auch die Zinsstruktur zwischen 8 und 10,5-jährigen Anleihen ändern kann. Allerdings werden diese Veränderungen in der Regel gering sein.

7.1.2.4 Basisrisiko

Das Hauptrisiko bei einer Absicherung von Anleihen ist, daß sich die Basis zuungunsten des Hedgers entwickelt. Schwankungen der Basis können dazu führen, daß man trotz Absicherung einen Verlust erleidet.

Wird der Cheapest to Deliver abgesichert, so weiß man mit Sicherheit, daß die Basis am Kontraktlaufzeitende gleich Null ist. Daher besteht, wenn der Hedger als Absicherungshorizont den Kontraktliefertag hat, kein Basisrisiko. Diese Aussage gilt aber nur für den Fall, daß sich der CTD bis zum Kontraktliefertag nicht ändert. Eine Änderung kann aber von vornherein nicht ausgeschlossen werden. Ändert sich der CTD, so ändert sich in der Regel auch die Basis.

Die Basis konvergiert zwar zum Laufzeitende hin gegen Null, oft aber nur unter großen Schwankungen. Wird ein Hedge hingegen nicht bis zum Ende der Laufzeit des Kontraktes gehalten, kann der Fall eintreten, daß sich die Basis zuungunsten des Hedgers entwickelt hat. Je länger ein Hedge innerhalb einer Lieferperiode aufrechterhalten wird, desto geringer werden in der Regel die Auswirkungen einer Änderung der Basis sein, da sie ceteris paribus gesehen zum Laufzeitende des Kontraktes hin immer geringer wird, mögliche Schwankungen absolut gesehen immer kleiner werden und somit weniger ins Gewicht fallen. Dasselbe gilt für den Fall, daß ein Hedge über mehrere Kontraktlaufzeiten hinweg gehalten wird. Wird der Hedge exakt zum Kontraktlaufzeitende aufgelöst, so besteht kein Basisrisiko; wird die Glattstellung aber zwischen den einzelnen Liefertagen vorgenommen, so besteht es. Je länger der Zeitraum ist, über den der Hedge aufrechterhalten wird, desto weniger werden die Basiseffekte ins Gewicht fallen. Der Hedge darf jedoch nicht solange dauern, daß die Restlaufzeit der Anleihen sich so stark verkürzt, daß sie aus dem lieferbaren Bereich ausscheiden. Man hat dann nämlich dieselben Probleme wie bei einem Cross Hedge. Zudem muß beachtet werden, daß, je länger der Hedge aufrechterhalten wird, die Wahrscheinlichkeit für einen Wechsel des Cheapest to Deliver umso größer wird. Ein Wechsel des Cheapest to Deliver hat aber meist auch eine Veränderung der Basis zur Folge.

Diese Annahmen wie z. B. die perfekte Konvergenz gegen Null, gelten nur für den Fall, daß das Kassainstrument der Cheapest to Deliver ist. Für jedes andere lieferbare oder nichtlieferbare Wertpapier, wird die Basis zu der Kassamarktpreisdifferenz zwischen ihm und dem (über den Preisfaktor) angepassten Preis des Cheapest to Deliver konvergieren. In den meisten Fällen ist diese Differenz einigermaßen vorhersehbar. Trotzdem ist eine gewisse Unsicherheit nicht zu vermeiden.[5] Diese Unsicherheit ist bei einem Cross Hedge besonders hoch. Der Cross Hedge weist daher das größte Basisrisiko auf.

Es ist sinnvoll, einen Hedge nur dann aufzusetzen, wenn die aktuelle Basis nicht zu stark von der theoretischen Basis abweicht. Dabei ist es entscheidend, ob man einen Long oder Short Hedge eingeht. Für einen Long Hedge ist es ungünstig, wenn die aktuelle Basis über der theoretischen Basis liegt. In diesem Fall ist der Future im Verhältnis zur Anleihe unterbewertet. Dieser Umstand ist für eine Short-Position im Future und eine Long-Position in der Anleihe ungünstig. Dies kann auch anhand der Implied Repo Rate (IRR) gemessen werden. In diesem Fall liegt die IRR des Futures unter der aktuellen Repo Rate. Umgekehrt ist es für einen Short Hedge ungünstig, wenn die IRR über der aktuellen Repo Rate liegt. Die aktuelle Basis liegt dann unter der theoretischen Basis. Der Future wird dann im Verhältnis zu den Anleihen relativ teuer gekauft. Baut sich nach Eingehen des Hedges diese Überteuerung des Futures ab, wird das Ergebnis des Hedges negativ beeinflußt.

Ist der Future dagegen korrekt bewertet, so ist es stets sinnvoll, den Kontraktmonat zu wählen, der dem Absicherungshorizont am ehesten entspricht. Wählt man statt dem entfernteren Monat den Front-Monat, besteht das Risiko des Rollens der Futureposi-

---

5 Vgl. *Figlewski, S.:* (Hedging), S. 76.

tion in den nächsten Monat. Am Laufzeitende des ursprünglichen Front-Monats kann nämlich die Situation eingetreten sein, daß der darauffolgende Kontraktmonat fehlbewertet ist oder daß sich der kurzfristige Zinssatz geändert hat. Dies würde das ursprünglich erwartete Ergebnis des Hedges ändern. Fallen die kurzfristigen Zinssätze, so erhält man aus dem Hedge ab dem Zeitpunkt des Rollens der Future-Position nur noch den zu diesem Zeitpunkt geltenden niedrigeren Zinssatz.

Ist dagegen der entfernt liegende Kontraktmonat stärker fehlbewertet als der Front-Monat, kann es sinnvoll sein, den Hedge zuerst mit dem Front-Monat aufzubauen. Bis zum Kontraktliefertag des Front-Monats kann man sich dann das korrekte Ergebnis des Hedges sichern. Außerdem besteht zusätzlich die Chance, daß der entfernt liegende Kontrakt wieder zu einer korrekten Bewertung gefunden hat. Aber auch hier besteht das Risiko, daß sich der kurzfristige Zinssatz ändert. Man muß dann den Verlust, der durch das Eingehen einer Position im fehlbewerteten Kontraktmonat entstehen würde, mit dem Risiko einer Änderung der kurzfristigen Zinsen vergleichen.

Veränderungen der Basis können verschiedene Ursachen haben. Zum einen sind das Verschiebungen in der Renditekurve, was in der Regel auch Änderungen der Finanzierungskosten mit sich bringt. Das wiederum verändert die Cost of Carry Relation. Verändert sich die Differenz zwischen den Kosten und den Erträgen aus dem Halten einer Position, so wird sich auch die Größe der Basis verändern.[6] Zum anderen beeinflussen Wechsel im Cheapest to Deliver die Größe der Basis. Ein Wechsel im Cheapest to Deliver kann u. a. durch eine Veränderung der Rendite oder Renditestruktur stattfinden.

Je länger die Laufzeit des Kontraktes ist, desto stärker können absolut gesehen die Veränderungen der Basis sein. Daher ist es sinnvoll, für einen Hedge, der nur einige Tage dauert, den Front-Monat zu wählen, da hier die absoluten Schwankungen der Basis geringer ausfallen werden.

Eine Quantifizierung des Basisrisikos ist außerordentlich schwierig, da wie oben geschildert, in die Veränderung der Basis

---

6 *Rothstein, N. H., Little J. M.*: (Market Participants), S. 121.

eine Vielzahl an Einflußfaktoren eingeht. Um eine zahlenmäßige Vorstellung des Risikos der Basisveränderung zu bekommen sei folgendes **Beispiel** genannt:

Am 31. Juli 1992 war um etwa 11 Uhr vormittags folgende Marktsituation: Kurs des September-Kontraktes des Bund-Futures: 86,85.
Cheapest to Deliver: Anleihe mit Laufzeit bis zum 22.07.2002 und Kupon 8 %.
Kurs des Cheapest to Deliver: 99,24.
Rendite des Cheapest to Deliver: 8,116 %.
Repo Rate: 9,7 %.
Aktuelle Basis: –0,2094
Der Future war zu diesem Zeitpunkt korrekt bewertet.

Ändert sich die Repo Rate von 9,70 % auf 8,70 % dann erhält man, einen konstanten Anleihekurs unterstellt, 86,75 als neuen theoretischen Futurepreis und eine theoretische Basis von –0,0962.

Die Basis ist somit um 0,1132 gestiegen. Auf den Nominalwert des Kontraktes berechnet ergibt das eine Veränderung von DM 283 (0,1132 ∗ 2500). Die Veränderung der Basis geteilt durch den Preisfaktor von 1,145064 ergibt gerundet die Veränderung des Futures von 10 Ticks (0,1132/1,145064 = 0,09886). Eine Veränderung von 10 Ticks im Future entsprechen DM 250.

Steigt die Repo Rate auf 10,70 %, dann beträgt die neue theoretische Basis 0,3226.

Diese gezeigten Änderungen in der Repo Rate sind noch nicht übermäßig groß und können sich relativ schnell ereignen. Bei einem Kontrakt mögen die wertmäßigen Änderungen nicht sonderlich bedeutsam erscheinen; für eine größere abzusichernde Position (z. B. 500 Kontrakte) sind dies aber ernstzunehmende Beträge.

Auch die Veränderung der Basis im Zeitablauf kann beträchtlich sein. Am 31.5., also zwei Monate früher, hätte die theoretische Basis, einen konstanten Anleihkurs unterstellt, 0,5899 betragen. Am 14.8. wäre sie nur noch 0,1477. Das entspricht einer Veränderung von 0,4412. Geteilt durch den Preisfaktor von 1,145064 ergibt sich die daraus entstehende Veränderung des Futures von 39 Ticks (0,3853). Das entspricht DM 975 (39∗25) pro Kontrakt.

Findet in den genannten Beispielen zusätzlich noch ein Wechsel der Cheapest to Deliver Anleihe statt, kann die Veränderung in der Basis wesentlich stärker sein. Andererseits kann die Veränderung der Basis, bedingt durch den Wechsel des CTD, die Veränderung der Basis, bedingt durch die Veränderung der Repo Rate, kompensieren.

7.1.2.5 Realzins- und Inflationsrisiko

Obwohl man mit dem Bund-Future das Kursrisiko bei Anleihen mehr oder weniger gut ausschalten kann, bleibt dennoch ein gewisses Realzins- und Inflationsrisiko bestehen. Das gilt sowohl für den Long Hedge als auch für den Short Hedge. Beim Short Hedge kann man sich, wie in Kapitel 7.1.3 (Das zu erzielende Ergebnis bei einem perfekten Hedge) festgestellt, die kurzfristigen Finanzierungskosten als Rendite sichern. Steigen nun die Renditen – sei es in Form einer Realzinserhöhung oder in Form einer Erhöhung der Zinsen als Ausgleich für gestiegene Inflationsraten – so ist man gegenüber einem Ansteigen der Inflationsraten nur dann abgesichert, wenn die kurzfristigen Finanzierungskosten in demselben Maße steigen. In der Regel werden sie auch steigen, so daß man einen gewissen Schutz hat, aber sehr oft steigen sie nicht parallel. Genauso wird man an einem Anstieg der Realzinsen nur dann teilhaben können, wenn die kurzfristigen Finanzierungskosten parallel dazu steigen.

Fallen dagegen die Realzinsen, so werden die Finanzierungskosten auch in gewissem Maße fallen. Diesem Effekt ist der Hedger ausgetzt, d. h. die Rendite, die er aus dem Hedge erzielen kann, wird sich verringern.

Bei diesen Überlegungen ist die Dauer des Hedges von Bedeutung. Wird der Hedge zum Zeitpunkt des nächsten Kontraktliefertages aufgelöst, so ist man von einer Änderung der Realzinsen nicht betroffen. Man wird von der Zinsänderung weder profitieren können, noch wird die Position negativ beeinflußt werden. Da während dieses Zeitraums der Ertrag bzw. die Kosten des Hedges weitgehend fixiert sind, besteht das Risiko, daß sich die Inflationsraten ändern. Umfaßt die Dauer des Hedges mehrere Perioden, d. h. mehrere Kontraktmonate im Future (Perioden von ca. 3 Monaten), wird man auch von einer Realzinsänderung berührt. Die Futureposition muß dann in den nächsten Kontraktmonat gerollt werden, zu den an diesem Zeitpunkt geltenden Marktbedingungen. Von einer Änderung der Finanzierungskosten, bzw. der Implied Repo Rate des Futures wird man jetzt voll getroffen. Das kann u. U. einen positiven, als auch negativen Effekt haben. Z. B. ist ein Steigen der Zinsen bzw. der IRR wird für einen Long Hedge positiv, während es für einen Short Hedge negativ ist. Da man von eventuellen Zinssteigerungen profitieren kann, hat man in diesem Fall eher einen Schutz gegenüber steigenden Inflationsraten. Je länger der Hedge dauert, desto mehr wird man von Realzinsänderungen berührt. Die Zeitpunkte des Rollens der Futureposition in den nächsten Kontraktmonat, bzw. die Zeitpunkte des zwischenzeitlichen Anpassens des Hedge Ratios, sind die Zeitpunkte an denen die Position an die geltende Zinssituation angepaßt wird.

Wird der Hedge vor dem Kontraktliefertag aufgelöst, so besteht ein Basisrisiko. Die Basis wiederum wird erheblich von dem geltenden Marktzins beeinflußt.

7.1.2.6 Liquiditätsrisiko

Mangelnde Liqudität eines Futures bzw. eines Kontraktmonats kann eine nicht zu vernachlässigende Risikoquelle darstellen.

Für eine Absicherung von gößeren Portfolios muß eine Anzahl von Kontrakten gehandelt werden, die ein illiquider Markt u. U. nicht verkraftet. Selbst wenn es möglich ist, den Hedge aufzubauen, muß man sich sicher sein, daß der Future auch über einen längeren Zeitraum ausreichend liquide ist. Man braucht sowohl zum Zeitpunkt des Aufbau des Hedges, als auch zum Zeitpunkt der Auflösung des Hedges einen liquiden Markt. Ist der Futuremarkt bei der Auflösung des Hedges illiquide kann es passieren, daß man eine Futureposition hat, während die Gegenseite nämlich die abzusichernde Position nicht mehr vorhanden ist. Man ist dann dem Risiko einer ungünstigen Kursentwicklung des Futures voll ausgesetzt.

Weist der Future, mit dem die Absicherung optimal wäre, keine ausreichende Liquidität auf, kann es notwendig werden auf ein anderes (suboptimales) Instrument auszuweichen. Man nimmt dann ein gewisses Basisrisiko in Kauf. Die Korrelation zwischen diesem Instrument und der abzusichernden Position muß jedoch ausreichend hoch sein. Ansonsten ist es sinnvoller, die Position überhaupt nicht abzusichern.

7.1.2.7 Wechsel des CTD

Ein möglicher Wechsel des Cheapest to Deliver ist eine weitere Risikoquelle bei einem Hedge. Dieses Risiko gehört im Grunde zu dem schon genannten Basisrisiko. Ein Wechsel des CTD zieht, wie schon erwähnt, meist auch eine Veränderung der Basis mit sich. Dies kann das Preisverhältnis von Future zu Anleihe negativ beeinträchtigen. Zudem kann die Gefahr größer werden, daß die Renditeentwicklung des neuen CTD und der abzusichernden Anleihen nicht parallel verläuft.

7.1.3 Das zu erzielende Ergebnis bei einem perfekten Hedge

Bevor man einen Hedge aufbaut bzw. auf seine Effizienz überprüft, muß man sich vergegenwärtigen, wann ein Hedge perfekt ist bzw. welches Resultat oder Rendite man erwarten kann und welche Risiken dabei auftreten können.

„Wenn Kassapreise und Futurepreise sich analog entwickeln, wird jeder Verlust, der von dem Hedger durch die eine Position realisiert wird (dabei spielt es keine Rolle ob es sich hier um die Kassa- oder Future- Position handelt), ausgeglichen durch einen Gewinn, der durch die andere Position entsteht. Wenn Gewinn und Verlust aus beiden Positionen gleich groß sind, ist der Hedge perfekt."[7] Bei Zinsterminkontrakten verhält sich der Sachverhalt allerdings etwas differenzierter.

Wie oben festgestellt, ist der theoretische Futurepreis = $KP - E + F$. $E - F$ sei definiert als Carry (auch Cost of Carry genannt). Aus Gründen der Vereinfachung wird zunächst angenommen, daß der Future auf der Lieferung von nur einer Anleihe basiert. Damit entfällt eine Angleichung durch den Preisfaktor, was am Ergebnis aber nichts ändert. Als Hedge wird ein Short Hedge angenommen, d. h. die Anleihe wird gekauft und der Future verkauft. Als Dauer der Absicherung ist die Laufzeit des Kontraktes geplant. D. h. die Absicherung endet am Liefertag des Kontraktes. Für den Fall, daß der Kauf der Anleihe nicht fremdfinanziert ist, bezahlt man den Anleihepreis und erhält während der Zeit des Haltens die

---

7 Vgl. *Fabozzi, F. J.:* (Stock Index), S. 167.

Kuponeinnahmen. Durch den Verkauf des Futures hat man die Anleihe per Termin zum heutigen Preis verkauft. Unter Berücksichtigung der Carry ergibt sich bei Eingehen der Position folgender Sachverhalt:

– KP (= Ausgaben für den Anleihekauf) + (KP-Carry) (= Einnahmen durch den Verkauf des Futures) = – Carry

Am Ende der Laufzeit des Kontraktes ist der Anleihepreis gleich dem Futurepreis (angeglichen um den Preisfaktor), da keine Kosten und Erträge mehr anfallen. Der Future wird zu demselben Preis zurückgekauft, zu dem die Anleihe verkauft wird. Während der Laufzeit hat man aber die Kuponerträge eingenommen.

Stand am Ende der Laufzeit des Kontraktes:

+ E (Kuponerträge) – Carry = F (Finanzierungskosten)

Die Finanzierungskosten sind die Rendite, die man am Ende der Laufzeit des Hedges erzielt hat.

Anders geschrieben:

(–KP+E) (= Kosten bzw. Ertrag durch den Anleihekauf) + (KP–E+F) (= Ertrag bzw. Kosten durch den Verkauf desFutures) = F

Beim Kauf der Anleihe muß man noch die aufgelaufenen Zinsen vom letzten Kuponzahlungstag bis zum Kaufdatum zahlen. Allerdings erhält man diese Zinsen beim Verkauf der Anleihe, bzw. wenn man die Anleihe als Erfüllung der Verpflichtung im Future liefert, zurück. Das ergibt sich aus der Formel für den Andienungspreis:

Andienungspreis = (FP * PF) + AZ

Der Kassapreis der Anleihe müßte in der Formel für den Futurepreis eigentlich noch durch den Preisfaktor dividiert werden; wie aber aus der Formel für den Andienungspreis ersichtlich ist, kürzt er sich am Ende wieder weg (siehe Ausführungen zur Berechnung des theoretischen Futurepreises).

Als Resultat kann man feststellen:

Der Ertrag, den man aus einem perfekten Short Hedge mit dem Bund-Future erzielen kann, ist der kurzfristige Finanzierungszinssatz der in die Berechnung des Futurepreises eingegangen ist.

Wird ein Hedge auf seine Wirksamkeit hin überprüft, so müssen diese Finanzierungskosten ermittelt werden und den Erträgen, die während der Laufzeit des Hedges erzielt wurden, gegenüberge-stellt werden. Bei einem perfekten Hedge muß die Differenz zwischen diesen beiden Faktoren Null ergeben. Dies ist nur ein theoretischer Ansatz, da davon ausgegangen wird, daß die eigenen Finanzierungskosten gleich den Finanzierungskosten sind, die implizit im Futurepreis enthalten sind. In der Realität wird es Abweichungen geben, da dann in den Futurepreis die Finanzierungskosten eingehen, die die Mehrzahl der Marktteilnehmer hat. Oft ist der Future beim Eingehen eines Hedges nicht korrekt bewertet, d. h. er ist über- oder unterbewertet. Sein Preis richtet sich dann nicht nach den Finanzierungskosten der Mehrzahl der Marktteilnehmer. Wie man sieht, kann man sich in der Realität bei einem perfekten Short Hedge als Ertrag immer nur die Finanzierungskosten sichern, mit denen der Future aktuell bewertet wird. Man kann diesen Sachverhalt auch anders ausdrücken:

Der in der Realität zu erzielende Ertrag bei einem perfekten Short Hedge ist die Implied Repo Rate des Futures zum Zeitpunkt des Aufbau des Hedges.

Ein Short Hedge, der bis zum Kontraktliefertag aufrechterhalten wird, entspricht in seinem Aufbau einer Cash and Carry Arbitrage und sollte daher auch denselben Ertrag abwerfen. Zu beachten ist hierbei jedoch das Basisrisiko, das besteht, wenn man den Hedge vor dem Kontraktliefertag auflöst. In diesem Fall kann das Ergebnis nicht mit Sicherheit im voraus bestimmt werden.

Bei einem Long Hedge sieht der Sachverhalt ähnlich aus. Ein Depotmanager, der zu einem späteren Zeitpunkt einen Zahlungseingang erwartet, zum heutigen Zeitpunkt aber die Anleihe kaufen möchte, dies aber nicht kann, weil ihm die liquiden Mittel fehlen, ist zum heutigen Zeitpunkt gesehen short in der Anleihe. Beabsichtigt er die Anleihe in jedem Fall später zu kaufen, dann hat er sie zum heutigen Zeitpunkt, zum heutigen Preis, indirekt gesehen leerverkauft. Ihm entgehen dabei die Kuponeinnahmen. Wird der Future zur Absicherung gekauft, so hat man die Anleihe indirekt über den Future zum heutigen Kurs gekauft. Dieser Kaufpreis reduziert sich aber um die Kuponeinnahmen und erhöht sich um die Finanzierungskosten (siehe theoretischer Futurepreis).

Die entsprechende Gleichung sieht dann folgendermaßen aus:

$(+ KP - E)$ (= Kosten bzw. Erträge durch den Leerverkauf der Anleihe) –
$(KP - E + F)$ (= Kosten bzw. Erträge durch den Kauf des Futures) = $- F$

Zu beachten ist, daß man hier nur indirekt short gegangen ist, man erhält somit nicht den Zins, den man erhalten hätte, wenn man die Anleihe mit Hilfe eines Repogeschäftes leerverkauft hätte. Dieser Zins (Repo Rate) entspricht meist auch den kurzfristigen Finanzierungskosten, die für institutionelle Anleger beim fremdfinanzierten Kauf einer Anleihe anfallen.

Als Ergebnis kann man festhalten, daß als Kosten bei einem Long Hedge die kurzfristigen Finanzierungskosten anfallen. Auch hier müssen die Erträge bzw. die Verluste aus dem Hedge den kurzfristigen Finanzierungskosten, die in die Berechnung des Futurepreises eingegangen sind, gegenübergestellt werden. Auch diese Differenz muß Null ergeben.

Diese Aussage hat wiederum nur dann Gültigkeit, wenn der Future fair bewertet ist. Ansonsten bezahlt man den Fremdfinanzierungszinssatz mit dem der Future bei Eingehen des Hedges bewertet war. Oder anders ausgerückt:

Als Kosten eines Long Hedges bezahlt man die Implied Repo Rate des Futures bei Eingehen des Hedges.

In diesem Fall sind selbst, wenn der Hedge bis zum Kontraktliefertag aufrechterhalten wird, diese Kosten nicht hundertprozentig fixiert. Das Vorgehen bei einem Long Hedge ist ähnlich dem einer Reverse Cash and Carry Arbitrage. Es bestehen somit auch ähnliche Risiken. Wird der Hedge vor dem Kontraktliefertag aufgelöst, besteht auch hier zusätzlich das Basisrisiko.

Die Differenz zwischen den Erträgen aus dem Hedge und den Finanzierungskosten muß sowohl bei Short als auch bei Long Hedge Null ergeben.[8] Sollten z. B. bei einem Short Hedge die Erträge aus dem Hedge größer sein als die Finanzierungskosten, so hat man zwar einen zusätzlichen Gewinn erzielt, der Hedge war aber nicht perfekt, da man zu viele Futures verkauft hat und somit überhedged war. Die Kurse waren gefallen und der

---

8 Unter der Annahme, daß der Future fair bewertet ist. Ansonsten werden Abweichungen auftreten.

Gewinn aus dem Verkauf der Kontrakte hat den Kursverlust der Anleihen überkompensiert. Wären die Kurse aber gestiegen, wäre der Verlust im Future größer gewesen als der Gewinn in den Anleihen.

Hätte man in einem Short Hedge einen Gewinn erzielt, der größer ist als die theoretische Rendite, so hätte das bedeutet, daß man bei einem Long Hedge unter denselben Bedingungen einen überproportionalen Verlust erzielt hätte. Ein „Gewinn" bei einem Short Hedge entspricht nämlich einem Verlust bei einem Long Hedge und umgekehrt.

7.1.4 Methoden zur Berechnung des Hedge Ratios

Das Hedge Ratio gibt die Anzahl an Kontrakten an, die benötigt werden, um eine Kassaposition abzusichern.[9] Es stellt die erwartete Beziehung zwischen der Kassa- und der Futurepreisbewegung dar. Das Hedge Ratio wird mit der Absicht gewählt, die Volatilität (oder Änderung in Geldeinheiten) des Terminkontraktes an die Volatilität (oder Abweichung in Geldeinheiten von der Zielgröße) der abzusichernden Größe anzupassen.[10]

Die Berechnung des Hedge Ratios kann man in folgende allgemeine Formel fassen:

$$\text{Hedge Ratio} = \frac{\text{Vol. des abzusichernden Instrumentes}}{\text{Vol. des absichernden Instrumentes}} \quad [11]$$

mit: Vol. = Volatilität

Hat das abzusichernde Instrument eine höhere Volatilität als das Instrument, mit dem die Absicherung vorgenommen wird, so erhöht sich das Hedge Ratio. Der Cash Flow aus dem Future muß dabei der Wertveränderung der Anleiheposition entsprechen. Die Preisveränderung der abzusichernden Anleihe für eine gegebene Renditeänderung muß ins Verhältnis zu der Preisänderung des Futures für eine gegebene Renditeänderung gesetzt werden:

---

9 Vgl. *McKinzie, J. L., Shap, K.:* (Financial Instruments), S. 90.
10 Vgl. *Pitts, M.:* (Risk with Interest Rate Futures), S. 908.
11 Vgl. *Pitts, M.:* (Risk with Interest Rate Futures), S. 908.

Die relative Preisänderung ist:

$$\frac{dP_A/dr}{dP_F/dr} = \frac{dP_A}{dP_F}$$

mit: P = Preis (Kurs der Anleihe)
  A = Anleihe (abzusichernde)
  r = Rendite
  F = Future
  d = Delta (Änderung).

Das Hedge Ratio kann somit auch in folgende Formel gefaßt werden:

$$\text{Hedge Ratio} = \frac{dP_A}{dP_F} = \frac{dP_A}{dP_{CTD}} * PF_{CTD}$$

Dabei ist es wichtig, daß der Preisfaktor des CTD genommen wird. Die relative Preissensitivität sollte zwischen der abzusichernden Anleihe und dem Cheapest to Deliver (dividiert durch seinen Preisfaktor, um das Resultat in Form der Preissensitivität des Futures auszudrücken) berechnet werden.[12, 13]

7.1.4.1 Preisfaktormethode

Die einfachste Methode, das Hedge Ratio zu berechnen, ist den Nominalwert der abzusichernden Anleihen durch den Nominalwert der Anleihen, die einem Kontrakt zugrunde liegen, zu teilen. Allerdings ist der Bund-Futures auf eine fiktive Anleihe mit einem sechsprozentigen Kupon spezifiziert. Es muß daher eine Angleichung des Hedge Ratios über den Preisfaktor vorgenommen werden. Der Preisfaktor ist die genaue Anzahl an Kontrakten, die man verkaufen muß, um eine Long Position von Kassaanleihen im Nominalwert von DM 250000 abzusichern, wenn die Anleihen ähnlich den lieferbaren Anleihen sind.[14] Wird der CTD abgesichert und das Hedge Ratio ohne den Preisfaktor berechnet, so wird die Absicherung unbefriedigend ausfallen. Der CTD kann z. B. einen

12 Vgl. *Figlewski, S.:* (Hedging), S. 34.
13 Vgl. dagegen *McKinzie, J. L., Shap, K.:* (Financial Instruments), S. 90–91.
14 Vgl. *Burghard, G., Lane, M., Papa, J.:* (Treasury Bond), S. 17.

Kupon von 7 % haben. Der Future ist auf eine fiktive Anleihe mit einem Kupon von 6 % genormt. Eine Anleihe mit einem Kupon von 6 % hat aber eine andere Preisreagibilität als eine Anleihe mit einem Kupon von 7 %. Der Future orientiert sich zwar am CTD, aber angepaßt über den Preisfaktor. Deshalb muß bei der Berechnung des Hedge Ratios auch eine Anpassung vorgenommen werden. Die Komponente des Preisfaktors im Hedge Ratio gleicht den Kupon des Instruments, das abgesichert wird, an den Kupon des Futures an.[151]

Als Hedge Ratio erhält man dann:

$$\text{Hedge Ratio} = \frac{\text{Nominalwert Kassaposition}}{\text{Nominalwert Futures}} * PF_{CTD} \quad [16]$$

Diese Methode ist nur für den Fall geeignet, daß man den Cheapest to Deliver absichern möchte und daß dieser sich während der Dauer der Absicherung nicht ändert. Für alle anderen Anleihen wird diese Methode ungenaue Ergebnisse liefern, da andere Anleihen auch andere Preisreagibilitäten bei Marktzinsänderungen besitzen. Die Kurse der Anleihen werden dann relativ zum Future gesehen stärker oder schwächer schwanken, wodurch das Gleichgewicht des Hedges gestört wird. Es müssen somit noch zusätzlich die unterschiedlichen Preissensitivitäten berücksichtigt werden.

7.1.4.2 Durationsmethode

Um zu einem exakten Hedge Ratio zu gelangen, muß die Preisreagibilität der Anleihe die abgesichert wird, ins Verhältnis zur Preisreagibilität der Anleihe gesetzt werden, an der sich der Future orientiert. Die Kursentwicklung des Futures orientiert sich dabei an der Kursentwicklung des CTD.

Als Maßzahl für die Preisreagibilität einer Anleihe auf Marktzinsänderungen können die verschiedenen Arten der Duration genommen werden.

---

15 Vgl. *Rothstein N. H.:* (Hedge Program), S. 174.
16 Vgl. *Labuszewski, J. W., Nyhoff, J. E.:* (Trading Futures), S. 188.

7.1.4.2.1 Macaulay Duration

Um zu einer korrekten Berechnung des Hedge Ratios zu gelangen, muß in die Formel der Berechnung des Hedge Ratios über den Preisfaktor noch die Preissensitivität der jeweiligen Anleihen implementiert werden. Nimmt man als Preissensitivität die Duration von Macaulay, so erhält man als Formel für das Hedge Ratio:

$$\text{Hedge Ratio} = \frac{D_{Mac}KA * NW_{KP}}{D_{Mac}CTD * NW_{FUT}} * PF_{CTD}$$

mit: KA = Kassaanleihe = abzusichernde Anleihe
NW = Nominalwert
D = Duration
KP = Kassaposition

Eigentlich müßte in der Formel D_{Mac}*dr stehen. Da aber dr jeweils im Zähler und Nenner steht, kürzt es sich vollständig raus.

Das Hedge Ratio ist ständig an die Veränderungen der Marktgegebenheiten anzugleichen. Mit einer Änderung der Rendite oder einem Fortschreiten der Zeit ändert sich auch die Duration der Anleihen bzw. die Duration des abzusichernden Portfolios. Der Bedarf für eine Anpassung des Hedge Ratios ergibt sich aus dem Umstand, daß Kursveränderungen der meisten Anleihen (aber auch des Futures) bezüglich Renditeveränderungen nicht linear sondern konvex verlaufen. Anleihekurs und Futurekurs werden sich daher in den meisten Fällen nicht parallel entwickeln. Der Fall, daß die abzusichernde Anleihe und der Future dieselbe Konvexität aufweisen, wird äußerst selten anzutreffen sein. Die Duration einer Anleihe ist auch im Zeitablauf keine Konstante. Sie wird sich ceteris paribus bei abnehmender Restlaufzeit der Anleihe verkürzen. Es gibt somit zwei Ursachen für die Änderung der Duration von Anleihen bzw., eines Portfolios: Änderung der Zinsen und Änderung der Restlaufzeit der Anleihen.[17] Bei einem perfekten Hedge weist die Kombination von Anleihen und Futures eine Duration von Null auf. Diese Position ist indifferent gegenüber Zinsänderungen und somit abgesichert. Ändert sich die Duration der Anleihen und daraus folgend die Duration des Portfolios,

---

[17] Vgl. *Yavitz, J. B., Marshall, W. J.:* (Managing Bond Portfolios), S. 14.

so beträgt die Duration der Gesamtposition nicht mehr Null.[18] Das Hedge Ratio muß somit angepaßt werden.[19]

Um zu einem perfekten Hedge zu gelangen, müßte die Duration ständig neu berechnet und das Hedge Ratio gegebenenfalls angepaßt werden. Auch ein Wechsel des Cheapest to Deliver muß berücksichtigt werden. Sobald der CTD wechselt, ist der Preisfaktor und die Duration des neuen CTD in die Formel einzutragen.

Da die Duration eine lineare Annäherung an die Zinssensitivität einer Anleihe ist, entspricht die Duration eines Portfolios aus Anleihen der Summe der Durationen der einzelnen Anleihen, gewichtet mit ihrem jeweiligen Anteil am Portfolio. Dieses Ergebnis kann als Duration in die Formel zur Berechnung des Hedge Ratios eines Anleiheportfolios eingesetzt werden. Als Nominalwert der Kassaposition wird der gesamte Nominalwert des Portefeuilles genommen.

7.1.4.2.2 Macaulay Duration und Konvexität

Wie im Kapitel über die Duration festgestellt, ist die Abschätzung der Preisänderung einer Anleihe mittels der Duration mit einem leichten Fehler behaftet, der um so größer wird, je größer die Renditeänderung ausfällt. Die Duration ist nur eine lineare Annäherung an die Zinssensitivität einer Anleihe. Bei Anleihen mit Kupon ändert sie sich, wenn sich die Rendite ändert. Das liegt an der konvexen Krümmung der Preis-Rendite-Kurve. Wird diese Konvexität bei der Berechnung der Preisänderung berücksichtigt, so erhält man ein genaueres Ergebnis und sollte somit auch ein genaueres Ergebnis für das Hedge Ratio erhalten.

Die Preisänderung einer Anleihe in Abhängigkeit von der Rendite unter Berücksichtigung der Konvexität kann als eine Taylor-Reihe von Ableitungen angeschrieben werden:

---

18 Vorausgesetzt die Duration des Futurepositiom verändert sich nicht in demselben Maße wie die Duration der Anleiheposition.

19 Durch den Einsatz von Futures (und auch Optionen auf Futures) ist es möglich die Duration eines Portfolios von Anleihen zu steuern bzw. zu verkürzen. Möchte z. B. ein Portfoliomanager die Duration seines Portefeuilles verkürzen, dann wird er die entsprechende Anzahl an Futures verkau-fen. Im Prinzip ist dieses Vorgehen jedoch nur ein partieller Hedge seiner Positionen. Ein bestimmter Teil des Portfolios wird durch den Verkauf der Futures abgesichert, während der restliche Teil ungehedged bleibt.

dKt = dK$_t$/dr * dr+1/2! * d^{2}K$_t$/dr^2 * dr^2 +

    + 1/3! * d^{3}K$_t$/dr^3 * dr^3 + ... + 1/n! * d^{n}Kt/dr^n * dr^n

mit:! = Fakultät

Als Abschätzung der Preisänderung erhält man, wenn nur bis zur zweiten Ableitung gegangen wird, folgende Formel:

dK$_t$ = – Duration * dr + 1/2 * Konvexität * dr^2

Wird dieser Faktor in die Formel zur Ermittlung des Hedge Ratios eingesetzt, erhält man die folgende genauere Berechnungsweise:

$$\text{Hedge Ratio} = \frac{D_{Mac}KA * dr + 0,5 * Konv_{KA} * dr^2 * NW_{KP}}{D_{Mac}CTD * dr + 0,5 * Konv_{CTD} * dr^2 * NW_{FUT}} * PF_{CTD}$$

$$= \frac{D_{Mac}KA + 0,5 * Konv_{KA} * dr * NW_{KP}}{D_{Mac}CTD + 0,5 * Konv_{CTD} * dr * NW_{FUT}} * PF_{CTD}$$

mit: Konv = Konvexität (als erste Ableitung der Macaulay Duration)

Ein Problem ist der Faktor dr im Bruch. Es besteht die Frage, welche Größe dafür eingesetzt werden soll. Die Konvexität spielt erst bei großen Renditeveränderungen eine Rolle. Bei geringen Veränderungen ist die Abschätzung mittels der Duration ohnehin hinreichend präzise. Es ist daher sinnvoll, als Renditeveränderung einen Prozentpunkt zu nehmen. Es wird daher auch im empirischen Test für dr ein Faktor von eins eingesetzt. Das hat zur Folge, daß man wahrscheinlich bei geringen Renditeveränderungen ein leicht schlechteres Ergebnis, bei stärkeren Veränderungen ein weitaus besseres Ergebnis erhält.

7.1.4.2.3 Dollar Duration

Die Berechnung des Hedge Ratios mittels der Macaulay Duration, die in der Praxis häufig angewendet wird, läßt sich noch um einen weiteren Schritt verbessern. Wie schon vorher festgestellt wurde, muß die Zinsreagibilität (Volatilität) der abzusichernden Anleihe ins Verhältnis zu der Zinsreagibilität (Volatilität) der absichernden Anleihe gesetzt werden. Das Hedge Ratio wurde mit Hilfe der Duration von Macaulay – sie gibt die prozentuale Preisänderung der Anleihe für eine prozentuale Renditeänderung an – berechnet. Für Absicherungszwecke dagegen ist die Volatilität, ausgedrückt in absoluten Geldeinheiten, relevant. Duration und Volatilität, ausgedrückt in prozentualen Wertänderungen, mögen bei der Herleitung des Hedge Ratios hilfreich sein; bei einer Absicherung kommt es aber stets auf den Ausgleich der Änderung in Geldeinheiten an.[20] Wie in Punkt 7.1.4 festgestellt, beträgt die Hedge Ratio:

$$\text{Hedge Ratio} = \frac{dP_A}{dP_F} = \frac{dP_A}{dP_{CTD}} * PF_{CTD}$$

Das kann aber auch geschrieben werden als:

$$HR = \frac{dP_A/dr}{dP_{CTD}/dr} * PF_{CTD}$$

Statt K_t steht P. Im Zähler steht die Dollar Duration der abzusichernden Anleihe, multipliziert mit dem Preisfaktor, und im Nenner steht die Dollar Duration des CTD. Dies ist die korrekte Methode zur Berechnung des Hedge Ratios. Diese Formel kann man weiter umformen:

$$HR = \frac{[(dP_A/dr) * (1+r)/P_A] * P_A/(1+r) * CF_{CTD}}{[(dP_{CTD}/dr) * (1+r)/P_{CTD}] * P_{CTD}/(1+r)}$$

Die Faktoren in den eckigen Klammern stellen dabei jeweils die Duration von Macaulay dar. Somit kann man auch schreiben:

$$HR = \frac{D_{MacA} * PA/(1+r) * CF_{CTD}}{D_{MacCTD} * P_{CTD}/(1+r)}$$

Der Faktor $(1+r)$ kürzt sich raus:

$$HR = \frac{D_{MacA} * P_A * CF_{CTD}}{D_{MacC}TD * P_{CTD}}$$

20 *Pitts, M.:* (Risk with Interest Rate Futures), S. 908.

Wird bei der Berechnung des Hedge Ratios nur die Macaulay Duration benutzt, so wird das Verhältnis von P_A zu P_{CTD} vernachlässigt. Da es bei der Berechnung des Hedge Ratios auf das Verhältnis der Kursänderungen in Geldeinheiten (z. B. DM oder $) ankommt, führt die Berechnung des Hedge Ratios mit Hilfe der Macaulay Duration zu einem etwas ungenaueren Ergebnis. Ein genaueres Hedge Ratio erhält man somit bei einer Berechnung mit der Dollar Duration:

$$\text{Hedge Ratio} = \frac{D_{Dol}KA * NW_{KP} * PF_{CTD}}{D_{Dol}CTD * NW_{FUT}}$$

mit: Dol = Dollar

Diese Methode der Berechnung des Hedge Ratios ist ähnlich zu der Methode nach Basis Point Value. Während Basis Point Value nur eine Interpolation zwischen zwei Punkten darstellt, gibt die Dollar Duration die exakte Steigung der Tangente an die Preis-Renditekurve in einem bestimmten Punkt an.

Zum Schluß dieses Kapitels noch eine allgemeine Anmerkung. Oft wird gefragt, wie hoch das Risiko sei, wenn man das Hedge Ratio nicht über Dollar Duration und Preisfaktor berechnet, sondern lediglich im Verhältnis des Nominalwertes. Das folgende **Beispiel** soll das kurz erläutern:

Es soll eine Kassaposition einer Anleihe mit einem Nominalwert von DM 25 Mio. abgesichert werden. Die Anleihe hat eine Dollar Duration von 6,4702 während der CTD eine Dollar Duration von 6,0406 hat mit einem Preisfaktor von 1,025186. Das korrekte Hedge Ratio würde sich dann folgendermaßen berechnen:

$$\text{Hedge Ratio} = \frac{6,4702 * 25\,000\,000}{6,0406 * 250\,000} * 1,025186 = 109,81$$

Um eine bestehende Kassaposition abzusichern, müßten somit 110 Kontrakte verkauft werden. Würde man jedoch das Hedge Ratio berechnen, indem man einfach den Nominalwert der Kassaposition durch den Nominalwert des Futures teilt, würde man als Hedge Ratio 100 Kontrakte erhalten (25 Mio/250 000=100). Der

Hedger hätte in diesem Fall 10 Kontrakte zuwenig verkauft. Da er die Kontrakte nicht verkauft hat, hat er eine Long-Position von 10 Kontrakten. Sein Risiko aus dem inkorrekten Hedge Ratio entspricht somit einer Long-Position von 10 Kontrakten. Es ist somit auch ersichtlich, daß man zuerst das korrekte Hedge Ratio berechnen muß, um zu erkennen, wie groß das Risiko eines Hedges ist, wenn die Berechnung des Hedge Ratios im Verhältnis der Nominalwerte erfolgt.

7.1.4.3 Basis Point Value

Eine in der Praxis häufig verwendete Methode zur Ermittlung des Hedge Ratios ist die Berechnung über Basis Point Value. Basis Point Value gibt an, wie stark sich der Kurs einer Anleihe (ausgedrückt in Geldeinheiten) verändert, wenn sich die Rendite der Anleihe um einen Basis Punkt verändert.

Um den Wert eines Basis Punktes zu ermitteln, wird zuerst der Kurs der Anleihe für eine gegebene Rendite ermittelt. Dann verändert man die Rendite um einen Basis Punkt. Aus dieser neuen Rendite kann wiederum der Kurs der Anleihe, der sich nun verändert hat, berechnet werden. Die Differenz zwischen dem alten und dem neuen Kurs der Anleihe gibt den Wert für einen Basis Punkt an (Basis Point Value).

Für die Berechnung des Hedge Ratios nach dieser Methode ist es notwendig, den Wert für einen Basis Punkt für den CTD und für die abzusichernde Anleihe zu ermitteln. Diese Werte werden dann analog zu der Berechnung des Hedge Ratios mittels der Duration ins Verhältnis zueinander gesetzt. Das Hedge Ratio beträgt dann:

$$\text{Hedge Ratio nach BPV} = \frac{\text{BPVKA} * \text{NW}_{KA} * \text{PF}_{CTD}}{\text{BPVCTD} * \text{NW}_{FUT}}$$

mit: BPV = Basis Point Value

Es ist ersichtlich, daß die Methode nach Basis Point Value eine Interpolation zwischen zwei Werten darstellt. Sie liefert ähnliche Ergebnisse wie die Methode über die Dollar Duration. Die Dollar Duration stellt eine Tangente an die Preis-Rendite-Kurve der Anleihe in einem bestimmten Punkt dar. Sie gibt im Gegensatz zu Basis Point Value die exakte Steigung der Kurve in diesem Punkt an und führt daher auch zu einem etwas genauerem Ergebnis.

Basis Point liefert, ähnlich wie die Dollar Duration, für kleine Renditeänderungen eine relativ genaue Abschätzung für die Kurswertänderung einer Anleihe. Bei starken Renditeänderungen werden die Ergebnisse aber ungenauer, da die Konvexität der Anleihe nicht berücksichtigt wird.

Der Ansatz der Abschätzung der Kurswertänderung einer Anleihe bei einer Renditeänderung über Basis Point Value entspricht der Vorgehensweise der Perturbationsanalyse.

Mit Hilfe der Perturbationsanalyse wird die Wertveränderung einer Anleihe für eine bestimmte, vorgegebene Renditeänderung δr^- ermittelt.[21] Setzt man δr^- in die Formel zur Renditeberechnung einer Anleihe nach AIBD ein, so ist es möglich, sich den für den neuen Zinssatz $r + \delta r$ geltenden Wert der Anleihe $(KP^- + C(1-f))$ zu berechnen:

$KP^- + C(1-f) =$
$= R/((1+r+\delta r^-)^n + f) + \{[C(1+r+\delta r^-)^1 - f] * [1 - 1/((1+r+\delta r^-)^n + 1)]\}/r + \delta r^-$
$\quad \delta(KP^- + C(1-f))$ gibt die Wertänderung der Anleihe an:
$\quad \delta(KP^- + C(1-f)) = (KP + C(1-f)) - (KP^- + C(1-f)) = KP - KP^-$

Durch lineare Interpolation ist es möglich, aus der vorgegebenen Renditeänderung δr^-, die Wertänderung $\delta(KP + C(1-f))$ der Anleihe bei einer allgemeinen Zinsänderung δr anzunähern:

$\delta(KP + C(1-f))/\delta r \approx \delta(KP^- + C(1-f))/\delta r^-$

Umgeformt ergibt sich:

$\delta(KP + C(1-f)) \approx \delta(KP^- + C(1-f)) * \delta r/\delta r^-$

Die Genauigkeit dieses Verfahrens ist abhängig von der Güte der abgegebenen Zinsprognose. Tritt tatsächlich die vorgegebene Renditeänderung r^- ein, so ist dieses Verfahren relativ genau. Weicht die tatsächliche Renditeänderung von der vorgegebenen Renditeänderung ab, so werden Approximationsfehler auftreten, die von der Größe der Abweichung abhängig sind.

---

21 Vgl. *Fitzgerald, D. M.*: (Pricing and Hedging), S. 134.

258 7. Langfristige Anwendungsmöglichkeiten

7.1.4.4 Regressionskoeffizient

Eine verbreitete Methode, das Hedge Ratio zu berechnen, ist die Berechnung über den Regressionskoeffizient. Sie wird besonders gerne für die Berechnung des Hedge Ratios bei einem Cross Hedge genommen.

Während die Korrelationsanalyse den Grad des Zusammenhangs zwischen zwei Merkmalen untersucht, beschäftigt sich die Regressionsanalyse mit der Spezifizierung dieser Zusammenhänge.

Der Zusammenhang zweier Merkmale X und Y mit den Ausprägungsvariablen x und y ist durch die funktionale Beziehung y = f(x) bestimmt. Dabei sind x und y Regressor und Regressand. Um zu einem Hedge Ratio zu gelangen, wird üblicherweise eine lineare Regression zwischen dem Instrument, das abgesichert werden soll (Anleihe) und dem absichernden Instrument (Future) gelegt. Dabei ist Y die Anleihe, die abhängige Variable und X der Future, die unabhängige Variable. Bei einer linearen Regression erhält man folgende Gleichung:

$$y = \alpha + \beta * x_i + e_i \text{ für } i = 1,..,n \text{ }^{22}$$

mit: α = Absolutglied
β = Steigungsparameter
e = zufällige Fehler

Der Steigungsparameter β wird auch Regressionskoeffizient genannt. Wird die lineare Regression nach der Methode der kleinsten Quadrate durchgeführt, so erhält man als Regressionsgerade:

$$y = a + b * x$$

a und b sind die Punktschätzungen für die Parameter α und β.

Die Steigung dieser Geraden, das Beta (Regressionskoeffizient), gibt die Anzahl an Kontrakten an, die gekauft oder verkauft werden müssen, um eine bestimmte Position abzusichern. Das Absolutglied Alpha kann dabei vernachlässigt werden, da es bei einer Absicherung auf die Wertveränderung der beiden Positionen ankommt, die ja schon durch das Beta bestimmt ist.

Das Hedge Ratio berechnet sich folgendermaßen:

---

22 Hartung, J.: (Statistik), S. 574.

22 *Hartung, J.:* (Statistik), S. 574.

$$\text{Hedge Ratio} = \frac{\text{N.W. Kassaposition}}{\text{N.W. Futures}} * \text{Regressionskoeffizient}$$

Wichtig bei einer solchen Absicherung ist es, das Bestimmtheitsmaß der Regression zu kennen. Es gibt die Güte der Anpassung an, die eine Regression erzielt.

$$B_{Y,X} = -\sum_{i=1}^{n} (\hat{y}_i - \bar{y})^2 / \sum_{i=1}^{n} (y_i - \bar{y})^2$$

mit: B = Bestimmtheitsmaß
   y = beobachtete Werte
   $\hat{y}$ = geschätzte Werte
   $\bar{y}$ = Mittelwert der beobachteten Werte Y

Es ist somit das Verhältnis der Varianz der geschätzten Werte $\hat{y}_i$ zur Varianz der beobachteten Werte y_i oder der Anteil an der Varianz von Y der durch das Merkmal X (bzw. die Regression) erklärt werden kann."[23]

Im Falle der linearen Regression ist das Bestimmtheitsmaß der Korrelationskoeffizient zum Quadrat:

$$B_{Y,X} = \sqrt{\,}^2{}_{XY}$$

Das Ergebnis einer Regression zwischen einer Anleihe und dem Bund-Future kann wie in *Abb. 7.1* aussehen.

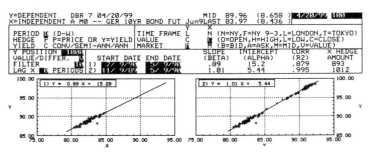

Abb. 7.1: Regression zwischen der Bundesanleihe Kupon 7 % LZ bis 20. 4. 99 und dem Juni 90-Kontrakt des Bund-Futures (Quelle: Bloomberg).

23 Vgl. *Hartung, J.:* (Statistik), S. 579.

Das Schaubild zeigt eine lineare Regression zwischen der Bundesanleihe mit Kupon 7% und Laufzeit bis 20.4.99 und dem Juni 90 Kontrakt des Bund-Futures. Die Anleihe ist die abhängige Variable Y und der Future die unabhängige Variable X. Es wurden zwei Beobachtungszeiträume genommen:

1) 9.2.90 bis 9.5.90. In diesem Zeitraum betrug das Bestimmtheitsmaß 0,879. Daraus errechnet sich ein Korrelationskoeffizient von 0,9375. Das Beta von 0,893 besagt, daß bei einer Absicherung von Anleihen im Nominalwert von DM 250 Mio., 873 Kontrakte ge- bzw. verkauft werden müssen. Das linke Bild bezieht sich auf diesen Zeitraum.

2) 9.11.89 bis 9.5.90. In diesem Zeitraum betrug das Bestimmtheitsmaß 0,995. Daraus errechnet sich ein Korrelationskoeffizient von 0,9975. Das Beta betrug hier 1,012. Auf diesen Zeitraum bezieht sich das rechte Bild.

Ist ein Hedge über einen gewissen Zeitraum geplant, so ist es sinnvoll, eine Regression über einen Zeitraum zu legen, der dieser geplanten Absicherungsdauer entspricht. Wie aus dem Schaubild ersichtlich ist, kann sich für verschiedene Zeiträume auch ein verschiedenes Beta (Regressionskoeffizient) ergeben.

Eine Berechnung des Hedge Ratios über den Regressionskoeffizienten ist aber nicht ohne Problematik. Bei dieser Methode schließt man aus der Art des Zusammenhangs der beiden Merkmale auf die zukünftige Entwicklung. Man erwartet, daß der Zusammenhang, wie er in der Vergangenheit bestanden hat, auch in der Zukunft weiterbestehen wird. Eine Absicherung nach dieser Methode steht und fällt mit der Stabilität dieses Zusammenhangs. Ändert er sich, so wird der Hedge an Effizienz einbüßen.

Beispiel:

Die Zinsen sind über einen längeren Zeitraum gefallen und die Zinsstruktur hat sich von einer „normalen" zu einer stark inversen Zinsstruktur entwickelt. Man rechnet jetzt mit steigenden Zinsen, möchte sich den fünfjährigen Zinssatz mit Hilfe des Bund-Futures sichern und berechnet das Hedge Ratio mit Hilfe des Betas der Regression. Da die Entwicklung der Zinsstruktur in der Vergangenheit von normal zu invers war -auf dieser Entwicklung bzw. Daten basiert die Berechnung des Korrelationskoeffizienten- muß, damit der Hedge effizient ist, die Zinsstruktur noch stärker invers werden (eine Parallelentwicklung genügt nicht). Daß dies, falls die Zinsen fallen sollten (damit rechnet der Investor), sehr schwer ist, hat sich in der Vergangenheit mehrfach gezeigt. Der Hedge wird in diesem Fall ineffizienter sein, als ein Hedge bei Berechnung des Hedge Ratios mit Hilfe der Dollar Duration, der am effektivsten ist, wenn sich die Zinsen parallel entwickeln.

Aber auch bei Anleihen, die die gleiche Laufzeit haben wie die Anleihen, die dem Bund-Future zugrunde liegen, kann ein solcher Hedge problematisch werden. Auf dem amerikanischen Markt hat sich in der Vergangenheit gezeigt, daß bei gleicher Laufzeit der Anleihen die Renditespanne zwischen Industrieanleihen und Staatsanleihen dazu tendiert hat, sich auszudehnen, wenn die Treasury Zinsen gestiegen sind und dazu tendiert hat, sich zu verkleinern, wenn die Treasury Zinsen gefallen sind. Unter dieser Voraussetzung wird ein Hedge von Industrieanleihen, wenn die Zinsen in der Vergangenheit gefallen sind, nur dann effektiv sein, wenn die Zinsen auch weiterhin fallen. Eine Absicherung gegenüber steigenden Zinsen wird mit einem Kontrakt, dem Staatsanleihen zugrunde liegen, äußerst ineffektiv sein. Es ist nicht nur der Faktor, daß die Industrieanleihen vergleichsweise stärker fallen werden. Vielmehr ist es der Faktor, daß im Regressionskoeffizienten implizit die Annahme steckt, daß die in diesem Fall gegenteilige Entwicklung eintritt.

Bei der Berechnung des Hedge Ratios über den Regressionskoeffizienten wird der Hedge somit nur dann effektiv sein, wenn der Zusammenhang auch in der Zukunft stabil bleibt. Bleibt er aber stabil, so wird ein solcher Hedge effizienter sein als viele andere Hedges. Er macht Sinn, wenn der Hedger eine Meinung über die Entwicklung dieses Zusammenhangs hat. Ansonsten sind die Berechnungen des Hedge Ratios, wie sie in den vorigen Kapiteln erläutert wurden, sinnvoller. Aus diesem Grund wird bei den empirischen Tests auf eine Berechnung nach dieser Methode verzichtet.

7.1.4.5 Tailing the Hedge

Durch Bewegungen im Future werden Variation Margin-Zahlungen verursacht, die auch für die Berechnung des Hedge Ratios von Bedeutung sind. Wurde das Hedge Ratio korrekt berechnet, gleichen sich Gewinne und Verluste aus der Kassaposition und aus der Futureposition in dem erwünschten Maße aus. Entstehen in der Future-Position Verluste, so müssen Variation Margin-Zahlungen geleistet werden. Diese Zahlungen werden zwar durch Gewinne in der Kassaposition ausgeglichen, müssen jedoch bis zu dem Zeitpunkt, an dem der Hedge aufgelöst wird, fremdfinanziert werden. Es sind somit für den Betrag der Variation Margin-Zinszahlungen zu entrichten, die das Ergebnis des Hedges negativ beeinflussen. Umgekehrt kann man, falls in der Future-Position Gewinne anfallen, den Betrag der Variation Margin-Zahlung anlegen. In diesem Fall erhält man Zinszahlungen, die einen zusätzlichen Ertrag darstellen.

In jedem Fall haben die Zinszahlungen zur Folge, daß das ursprüngliche Hedge Ratio um einen gewissen Betrag zu hoch ist. Das heißt, bei einem Long Hedge werden zu viele Kontrakte gekauft und bei einem Short Hedge werden zu viele Kontrakte verkauft. Das ursprünglich korrekte Hedge Ratio muß somit angepaßt werden (Tailing the Hedge).[24]

Um den unerwünschten Effekt einer zusätzlichen Zinszahlung zu vermeiden, ist es notwendig, daß geringere Margin-Zahlungen anfallen. Für diese Margin-Zahlungen fallen zwar immer noch Zinszahlungen an, diese Zinszahlungen werden aber durch die geringeren Margin-Zahlungen kompensiert.

Die auf die Margin anfallenden Zinszahlungen erhält man durch Aufzinsung mit dem geltenden Zinssatz über den Zeithorizont (z. B. Anzahl der Tage bis zur Auflösung des Hedges). Um das angepaßte Hedge Ratio zu erhalten, muß man den umgekehrten Weg gehen. Der Betrag, der als Margin-Zahlung anfallen darf, ist der ursprünglich zu entrichtende Variation Margin-Betrag, diskontiert über den Zeithorizont. Jede zu entrichtende DM wird somit abgezinst. Durch diese Abzinsung erhält man den sogenannten Tailing Factor:

$$\text{Tailing Factor} = \frac{1}{(1+i)^{\wedge}(T/360)}$$

mit: T = Tage bis zur Auflösung der Position minus 1
     i = Zinssatz

24 *Kawaller, I., Koch T.:* (Cash Flow Risk), S. 41 ff.

Der Tailing Factor ist somit der Barwert von DM 1, berechnet für den Zeithorizont. Vom Zeithorizont muß ein Tag abgezogen werden, da die Beträge erst ab dem folgenden Tag angelegt bzw. finanziert werden müssen.

Multipliziert man das ursprüngliche Hedge Ratio mit dem Tailing Factor, so erhält man das angepaßte korrekte Hedge Ratio, das stets unter dem ursprünglichen Hedge Ratio liegt.
Die Differenz zwischen dem ursprünglichem Hedge Ratio und dem angepassten Hedge Ratio wird auch Tail genannt.

Mit sich verringerndem Zeithorizont wird der Tail immer kleiner und der Tailing Factor nähert sich immer mehr an den Wert von eins an. Das Hedge Ratio muß somit ständig angepaßt werden. Auch bei sich ändernden Zinssätzen wird eine Anpassung notwendig. Durch diese Anpassungen wird deutlich, daß der Variation Margin Cash Flow eine optionsähnliche Position erzeugt. Auf diesen Aspekt wird in Kapitel 8.1.1.5 ausführlicher eingegangen.

Für kleine Hedge Beträge fällt die geschilderte Anpassung nicht sehr ins Gewicht. Mit zunehmendem Hedge Ratio und mit steigenden Zinsen gewinnt dieses Vorgehen an Bedeutung.

Daß Tailing the Hedge nicht nur von theoretischem Interesse ist, sondern auch von großer praktischer Bedeutung sein kann, zeigt das folgende **Beispiel:**

Das ursprüngliche unangepaßte korrekte Hedge Ratio bei einem Short Hedge von Anleihen betrug 1000 Bund-Future-Kontrakte. Das heißt, zum Absichern einer Anleihe Position wurden 1000 Kontrakte des Bund-Futures verkauft. Steigen die Anleihe- und Future-Kurse, so wird der Verlust in der Future-Position durch den Gewinn in der Anleihe Position ausgeglichen. Nicht ausgeglichen werden aber die Finanzierungskosten, die durch die Fremdfinanzierung der Variation Margin-Zahlungen entstehen. Geht man von einem Anstieg des Futurepreises um einen Punkt (100 Ticks) aus, errechnen sich bei einem Zeithorizont (z. B. Zeit bis zur Auflösung des Hedges oder Zeit bis zum Kontraktliefertag) von 91 Tagen und einem Zinssatz von 10 Prozent (Zins zur Finanzierung der Variation Margin-Zahlungen), folgende Zinsaufwendungen:

Zu entrichtende Variation Margin:
1000 (Futures) ∗ 100 Ticks ∗ DM 25 = DM 2500 000,00.

Zinsaufwendungen:

$2\,500\,000 * (1{,}1\hat{\ }(90/360)) - 2\,500\,000 = \mathrm{DM}\ 60\,284{,}223.$ [25]

Die Zinsaufwendungen in Höhe von DM 60 284,223 können durch ein Tailing des Hedge Ratios vermieden werden.

Der Tailing Factor beträgt in diesem Fall:

$1/((1{+}0{,}1)\hat{\ }(90/360)) = 0{,}9764540896$

Das angepaßte Hedge Ratio beträgt dann:

$1000 * 0{,}9764540896 = 976{,}4540896$ bzw. 977 Kontrakte. Das sind 23 Kontrakte weniger.

Der Unterschied gegenüber dem ursprünglichen Hedge Ratio beträgt somit 2,355 Prozent.

Die Diskontierung erfolgt über einen Zeitraum von 90 Tagen, da die Geldbeträge erst ab dem folgenden Tag finanziert werden müssen.

Bei einem Kursanstieg um einen Punkt müßte jetzt nur noch eine Variation Margin von DM 2 442 500,00 entrichtet werden. Es entstehen auch hier immer noch Zinsaufwendungen, jedoch müssen jetzt DM 57 500,00 weniger an Variation Margin gezahlt werden. Diese DM 57 500,00 entsprechen genau den Zinszahlungen, die für DM 2 442 500,00 über einen Zeitraum von 90 Tagen bei einem Zins von 10 Prozent zu entrichten sind. Multipliziert man nämlich DM 2 442 500,00 mit dem Aufzinsungsfaktor $1{,}1\hat{\ }(90/360)$ so erhält man DM 2 501 397,69. DM 2 501 397,69 minus DM 2 442 500,00 ergibt DM 58 897,69. Diese Zinsaufwendungen werden jedoch fast vollständig kompensiert, da die Variation Margin-Zahlungen jetzt um DM 57 000,00 niedriger sind. Die geringe Abweichung von DM 1397,69 ist bedingt durch das Runden des Hedge Ratios auf 977 Kontrakte.

Die Hedge Position ist somit auch gegenüber Zinsaufwendungen aus Variation Margin-Zahlungen immunisiert.

Für einen Zeitraum von 45 Tagen würde der Tailing Factor $1/((1{+}0{,}1)\hat{\ }(45/360)) = 0{,}9881569$ betragen und das Hedge Ratio 988,157 Kontrakte.

Tailing the Hedge findet nicht nur Anwendung bei sämtlichen Zinsterminkontrakten, sondern auch bei allen anderen Futures, bei denen Variation Margin-Zahlungen anfallen.[26]

Auch im Falle einer Arbitrage muß eine entsprechende Anpassung der Future-Position berücksichtigt werden.[27]

---

25 Bei einem Sinken der Future-Kurse würde man Variation Margin-Zahlungen erhalten, die ertragbringend angelegt werden könnten.

26 Vgl. *Kawaller, I.*: (Hedging), S. 34 ff.

27 In den Beispielen der folgenden Kapitel wird aus Gründen der besseren Darstellung des jeweiligen Sachverhaltes auf ein Tailing verzichtet. Der Leser möge aber darauf achten, diesen Aspekt in der Praxis nicht zu vernachlässigen.

Anstatt eine geringere Anzahl an Kontrakten einzusetzen, könnte man eine geeignete Optionsposition aufbauen. Geeignet wäre in diesem Fall unter anderem ein Vertical Spread. Dieser Vertical Spread wäre im Falle eines Short Hedges ein Bull Spread und im Falle eines Long Hedges ein Bear Spread. Die Zinsaufwendungen werden dann durch Erträge aus der Optionsposition ausgeglichen.

7. 1. 5 Empirische Tests

In den folgenden Kapiteln wird anhand eines empirischen Testes die Effizienz einer Kursabsicherung mit Hilfe des Bund-Futures empirisch auf ihre Wirksamkeit getestet. Ziel ist es weiterhin, die verschiedenen Methoden zur Berechnung des Hedge Ratios auf ihre Wirksamkeit zu testen, bzw. festzustellen, ob Verbesserungen des Hedge Ratios tatsächlich eine Verbesserung bewirkten. Ferner soll die Ursache einer möglichen Ineffizienz der Absicherung festgestellt werden.

Die Ergebnisse aus diesem Test sind vor allem für Investoren von Bedeutung, die Portfolios mit Anleihen managen und diese auch absichern müssen. Ihnen wird mit den folgenden Ergebnissen ein Richtmaß an die Hand gegeben, welches Resultat mit einer solchen Absicherung in der Praxis erreicht werden kann. Das theoretisch korrekte Ergebnis eines Hedges ist nämlich in der Praxis aus einer Vielzahl von Gründen oft nicht zu realisieren.

Die Vorgehensweisen und Ergebnisse des Testes werden im folgenden beschrieben:

7. 1. 5.1 Kennzahlen zu den Absicherungen

Insgesamt wurden acht verschiedene Absicherungen getestet:
1. Absicherung von lieferbaren Anleihen:
a) Tägliche Anpassung des Hedge Ratios:
• Berechnung des Hedge Ratios mit Hilfe der Macaulay Duration.
• Berechnung des Hedge Ratios mit Hilfe der Macaulay Duration und der Konvexität.
• Berechnung des Hedge Ratios mit Hilfe der Dollar Duration.

b) Wöchentliche Anpassung des Hedge Ratios:
- Berechnung des Hedge Ratios mit Hilfe der Macaulay Duration.
- Berechnung des Hedge Ratios mit Hilfe der Macaulay Duration und der Konvexität.
- Berechnung des Hedge Ratios mit Hilfe der Dollar Duration.

2. Absicherung von Anleihen mit vier bis fünf Jahren Laufzeit mit täglicher Anpassung des Hedge Ratios.

3. Absicherung von Euro-DM Anleihen mit täglicher Anpassung des Hedge Ratios.

Die lieferbaren Anleihen wurden über einen Zeitraum von 7 Monaten (9.10.89 bis 8.5.90) abgesichert. Die Anleihen mit vier bis fünf Jahren Laufzeit und Euro-DM Anleihen wurden über einen Zeitraum von 10 Monaten (7.7.89 bis 8.5.90) abgesichert. Beides sind Zeiträume, in denen die Volatilitäten der Kurse und die Umsätze an den Börsen äußerst hoch waren.

Die historischen Daten der Kursentwicklung der einzelnen Anleihen und des Bund-Futures wurden von der *Commerzbank AG*, Abteilung Options und Futures zur Verfügung gestellt. Die Programme zur Rendite-, Durations- und Konvexitätsberechnung, die Programme zur Berechnung des theoretischen Futurepreises und des Cheapest to Deliver sowie das Programm, mit dem die Absicherung durchgeführt wurde, wurde in dem Tabellierungs- und Kalkulationsprogramm Lotus geschrieben. Die gesamten Datenreihen haben einen sehr großen Umfang. Aus diesem Grund wurde darauf verzichtet, sie mit in den Band aufzunehmen.

7.1.5.2 Vorgehensweise

Das Portfolio der verschiedenen Anleihen (lieferbare, 4–5jährige und Euro-DM) besteht aus jeweils DM 30 Mio Nominalwert. Das ist eine willkürlich gewählte Zahl, die keinen Einfluß auf das Ergebnis hat. Man hätte genauso gut eine andere Zahl nehmen können. Allerdings sollte sie nicht zu klein sein, da man sonst die Veränderung des Hedge Ratios nicht hinreichend genau beobachten kann. Das Hedge Ratio wird in Anzahl der zu kaufenden bzw. zu verkaufenden Kontrakte angegeben. Da das Hedge Ratio für drei verschiedene Methoden (Macaulay Duration, Macaulay Duration + Konvexität und Dollar Duration) und für jeden einzelnen Tag berechnet wurde, mußte die Rendite, Macaulay Duration, Dollar Duration und Konvexität für jede einzelne Anleihe sowie den Cheapest to Deliver und jeden einzelnen Tag berechnet werden. Das Hedge Ratio wurde jeden Tag angepaßt, um ein exaktes Ergebnis für die Effizienz der Absicherung zu erhalten.

Darüber hinaus wurde für die lieferbaren Anleihen für alle drei Methoden eine Absicherung mit nur wöchentlicher Anpassung vorgenommen. In der Praxis ist eine tägliche Anpassung des Hedge Ratios relativ arbeitsintensiv und erhöht zudem die Transaktionskosten beträchtlich. Deshalb besteht höchstes Interesse daran zu wissen, ob ein Hedge mit wöchentlicher Anpassung genauso effizient ist wie mit täglicher Anpassung. Das Hedge Ratio wurde dabei jede Woche am Montag angepaßt. War dieser Tag ein Feiertag, so erfolgte die Anpassung am darauffolgenden Börsentag.

Zuerst ist geplant, eine Absicherung mit Berechnung des Hedge Ratios über die Macaulay Duration vorzunehmen. Danach sollen die „verbesserten" Methoden (Konvexität, Dollar Duration) auf ihre Wirksamkeit getestet werden. Sollte eine Verbesserung festzustellen sein, so werden die restlichen Hedges mit der verbesserten Methode durchgeführt.

In dem Lotus-Programm, in dem die einzelnen Absicherungen getestet wurden, wurden zunächst die Kurse der Anleihen eingetragen und dann neben jeder einzelnen Anleihe ihre Rendite, Macaulay Duration, Dollar Duration und die Anzahl der gekauften Anleihen. Der aktuelle Börsenkurs multipliziert mit der Anzahl der einzelnen Anleihen und aufsummiert über die verschiedenen Anleihen ergibt den Kurswert des jeweiligen Portfolios. Der Kuponzins wurde auf zwei Arten berechnet. Zunächst wurde der Kuponzins berechnet, der von dem einen auf den anderen Börsentag anfiel. Dann wurden die von dem einen auf den anderen Tag angefallenen Kuponzinsen sukzessive über den gesamten Zeitraum aufsummiert. Somit kann man für jeden Tag feststellen, was an Kuponzinsen vom Beginn des Hedges bis zu dem jeweiligen Tag insgesamt angefallen ist.

Analog wurde auch bei der Wertveränderung des Portfolios verfahren. Zunächst wurde die Wertveränderung des Portfolios pro Periode, d. h. von dem einen auf den anderen Börsentag berechnet. Die Wertveränderung des Portfolios ist dabei die Kursveränderung der Anleihen plus dem Kuponzins. Das Ganze wurde zunächst in absoluten Zahlen d. h. in DM angeschrieben und dann als prozentuale Wertveränderung pro Periode. Der Prozentsatz bezieht sich dabei auf den Kurswert des Portfolios am ersten Tag der Absicherung. Die einzelnen Wertveränderungen, sowohl absolut als auch prozentual, wurden dann vom Zeitpunkt des Beginns des Hedges bis zum Ende sukzessive aufsummiert. Somit kann zu jedem Zeitpunkt festgestellt werden, wie sich der Wert des Portfolios seit Beginn des Hedges bis zu dem jeweiligen Tag entwickelt hat. Diese aufsummierten Wertveränderungen des Portfolios entsprechen dabei dem gesamten Gewinn und Verlust (absolut oder prozentual) des Portfolios seit Beginn der Absicherung bis zu dem jeweiligen Tage.

Genauso wurde auch bei der Wertveränderung der Futureposition verfahren. Aus der Kurswertveränderung des Futures (Anzahl der Ticks) multipliziert mit dem entsprechenden Hedge Ratio und dem Wert eines Ticks (25 DM) ergibt sich die Wertveränderung (Cash Flow) aus der Futureposition. Diese Wertveränderung wurde ebenfalls sowohl pro Periode als auch als „Cash Flow total", d. h. über die einzelnen Zeiträume aufsummiert berechnet. In der nächsten Spalte des Programms wurde die Wertveränderung des Portfolios in DM pro Periode zu der Wertveränderung der Futuresposition in DM pro Periode addiert.

Dasselbe wurde auch für die prozentualen Wertveränderungen durchgeführt. Addiert man die prozentualen Wertveränderungen (in diesem Fall nicht die Wertveränderungen pro Periode, sondern die gesamten Wertveränderungen, d. h. aufsummiert bis zu dem jeweiligen Stichtag) des Anleiheportfolios zu denjenigen der Futuresposition, so erhält man den totalen Gewinn bzw. Verlust mit dem Hedge. Dieser Gewinn oder Verlust muß dann den kurzfristigen Finanzierungskosten gegenübergestellt werden. Normalerweise geht als Finanzierungszinssatz die Repo Rate in die Berechnung des Futurepreises ein. Der Repo-Markt in London war zu diesem Zeitpunkt allerdings noch sehr jung. Es war daher nicht möglich, historische Daten für die Repo Rate zu erhalten. Dieser Nachteil hält sich jedoch in Grenzen, da in die Berechnung des Futurepreises nicht unbedingt die Repo Rate eingehen muß. Es geht der Zinssatz ein, der für die Mehrheit der Marktteilnehmer relevant ist. Das ist bei einem funktionierenden Repomarkt die Repo Rate, sie muß es aber nicht sein. Besonders wenn der Repo Markt wie in London noch relativ illiquide ist. Zudem haben die Marktteilnehmer sehr oft verschiedene Finanzierungskosten. Die Finanzierungskosten werden sich bei Institutionellen in der Regel nicht gravierend unterscheiden, dennoch bestehen sehr oft Unterschiede. Das hat zur Folge, daß manche Teilnehmer aufgrund günstiger Finanzierungsmöglichkeiten Arbitrage betreiben können, während es anderen noch nicht möglich ist. In dem Programm wurden als Zinssatz die Tagesgeldsätze im Interbankenhandel genommen. Als Quelle hierfür dienten die Monatsberichte der Deutschen Bundesbank. Eine Anpassung der Sätze erfolgte monatlich. Die Finanzierungskosten wurden bezogen auf den Anfangswert (Kurswert) des Portfolios zu Beginn der Absicherung ermittelt. Sie wurden sowohl absolut und prozentual pro Periode (d. h. von Börsentag zu Börsentag) als auch absolut und prozentual total (d. h. von Beginn des Hedges sukzessive aufsummiert) ermittelt. Diese Finanzierungskosten wurden dem Gewinn und Verlust, der sich mit der Absicherung über den Futures ergab, gegenübergestellt. Es wurde die Differenz aus dem Gewinn und Verlust mit Hedge und den Finanzierungskosten gebildet. Dabei sind die beiden Werte die bis zu dem jeweiligen Tag aufsummierten Werte, sowohl prozentual auf den Anfangswert des Portfolios bezogen als auch in absoluten DM Größen ausgedrückt. Am 30. 10. 89 steht z. B. als prozentuale Differenz ein Wert von 0,0387 %. Das heißt, daß die Differenz zwischen dem gesamten Gewinn, der von Beginn der Absicherung am 9. 10. 89 bis zu dem 30. 10. 89 mit der Absicherung angefallen ist und den Finanzierungskosten, die vom 9. 10. 89 bis zum 30. 10. 89 insgesamt angefallen sind, ausgedrückt in Prozent bezogen auf den Anfangswert des Portfolios, 0,0387 % ergab. Es wurde somit die Differenz zwischen zwei Prozentzahlen gebildet. Dasselbe Ergebnis wurde auch in absoluten Zahlen (in DM) angeschrieben.

Zum Schluß wurden noch die Transaktionskosten berücksichtigt. Auch hier wurden die Transaktionskosten sowohl pro Periode in Prozent und absoluten Zahlen als auch als Gesamtkosten in Prozent und absoluten Zahlen angegeben. Als Transaktionskosten wurden die Kosten genommen, die in der Regel bei deutschen

Banken als maximale Gebühr für institutionelle Anleger anfallen. Das waren zu dem damaligen Zeitpunkt DM 60 half turn pro Kontrakt, d.h. DM 60 beim Kauf und DM 60 beim Verkauf. Die meisten institutionellen Investoren zahlen allerdings wesentlich weniger, etwa DM 25 bis DM 40 round turn (d.h. Kosten für An- u. Verkauf zusammen). Privatkunden zahlen meistens DM 100 half turn. Für An- und Verkauf zusammen (round turn) sind das DM 200.[28]

Die Kurse des Bund-Futures sind immer die Kurse des Kontraktes mit dem nächsten Verfalldatum. Erst am letzten Handelstag des Kontraktes wurde auf den nächsten Kontrakt gewechselt (switch). Wird vor dem letzten Handelstag gewechselt, so besteht das Risiko, daß der Stand der Basis ungünstig ist. Der Kontrakt mit dem nächsten Verfalldatum hat fast immer das größte Volumen, was zur Folge hat, daß sich der aktuelle Futurekurs weniger stark von seinem theoretischen Wert entfernt. Einige Tage vor dem Laufzeitende nehmen die Volumina allerdings meistens stark ab.   Bei einer Auflösung des Hedges zu einem solchen Zeitpunkt kann u. U. ein Liquiditätsrisiko entstehen. Die Futurekurse sind die täglichen Settlementkurse, zu denen am Ende des Tages die Bewertung der offenen Positionen stattfindet. Auf Basis der Settlementkurse wird die tägliche Margin-Berechnung vorgenommen.

Der Originaleinschuß (Initial Margin) betrug während des Absicherungszeitraums zunächst DM 2500 und wurde dann von der LIFFE aufgrund der erhöhten Volatilität auf DM 5000 (Stand Oktober 1990) angehoben. Das entsprechen 1 % bzw. 2 % von dem Nominalbetrag des Futures. Das ist das von der Börse festgelegte Exchange Minimum.

Als Anleihekurse wurden die börsentäglich notierten Kassakurse genommen.

---

28 Diese Zahlen sind Durchschnittswerte, die sich aus Erkundigungen bei deutschen Großbanken zu dem damaligen Zeitpunkt ergaben. Es kann allerdings keine Gewähr übernommen werden.

7.1.5.3 Absicherung von lieferbaren Anleihen

Die erste Untersuchung besteht in der Absicherung von lieferbaren Anleihen. Das sind Bundesanleihen, die eine Restlaufzeit zwischen 8,5 und 10 Jahren haben und somit in den Future einlieferbar sind.

Das Portfolio bestand aus drei Anleihen:

1. Bund: Kupon 7 %, v.1989 bis 22. 02. 1999, WPKN: 113470
2. Bund: Kupon 7 %, v.1989 bis 20. 04. 1999, WPKN: 113471
3. Bund: Kupon 7 %, v.1989 bis 20. 10. 1999, WPKN: 113474

Diese Anleihen wurden gewählt, weil sie während der gesamten Absicherungsdauer im lieferbaren Bereich lagen. Das Portfolio hatte einen Nominalwert von DM 30 Mio, wobei die einzelnen Anleihen gleich stark gewichtet waren.

Die Absicherung erfolgte vom 9. 10. 89 bis zum 8. 5. 90. Die Kursentwicklung der Anleihen über diesen Zeitraum zeigt *Abb. 7.2, Abb. 7.3* und *Abb. 7.4.*

7% 22.02.99

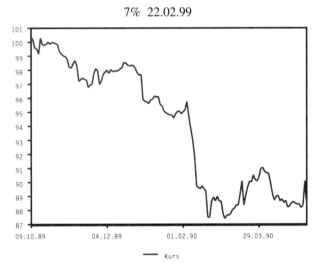

Abb. 7.2: Kursentwicklung: Bundesanleihe, Kupon 7 %,
Laufzeit bis 22. 2. 99, Zeit: 9.10.89–8. 5. 90

7% 20.04.99

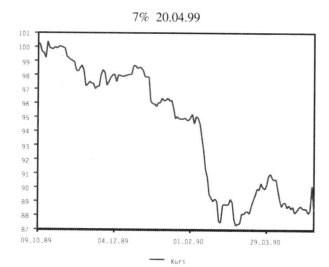

Abb. 7.3: Kursentwicklung: Bundesanleihe, Kupon 7 %,
Laufzeit bis 20. 4. 99, Zeit: 9.10.89–8.5. 90

7% 20.10.99

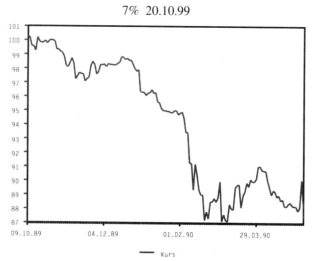

Abb. 7.4: Kursentwicklung: Bundesanleihe, Kupon 7 %,
Laufzeit bis 20. 10. 99, Zeit: 9.10.89–8. 5. 90

Wie sinnvoll eine Absicherung sein kann, zeigt *Abb. 7.5*.

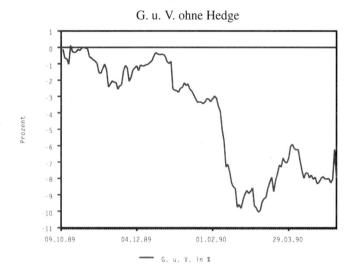

G. u. V. ohne Hedge

Abb. 7.5: Gewinn und Verlust eines Anleiheportefeuilles, bestehend aus drei Bundesanleihen. Zeitraum: 9. 10. 89 bis 8. 5. 90

Der Gewinn und Verlust bezieht sich auf das Portefeuille, das aus den drei oben genannten Bundesanleihen besteht. Dabei wurden die während dieses Zeitraumes erhaltenen Stückzinsen berücksichtigt. Der reine Kursverlust der Anleihen war wesentlich höher. Daran kann man erkennen, daß auch eine Investition in Anleihen große Risiken mit sich bringen kann. Wäre man jedoch in den Anleihen nicht „long" gewesen, sondern „short", so wäre ohne die Absicherung statt einem Verlust ein Gewinn in gleicher Höhe entstanden.

7.1.5.3.1 Resultat des Hedges
Macaulay Duration
Zuerst wurde eine Absicherung vorgenommen, bei der das Hedge Ratio mit Hilfe der Macaulay Duration berechnet wurde. Als Maß für die Qualität des Hedges wurde, wie schon oben erläutert, die

Differenz zwischen dem Gewinn und Verlust (Abweichung), der während der Absicherungsdauer mit dem Hedge entstanden ist und den Finanzierungskosten, die während der Absicherungsdauer entstanden sind, genommen. Je weniger dieser Wert während der Absicherungsdauer von Null abweicht, desto besser hat der Hedge funktioniert. Dieser Wert bezieht sich auf den Anfangswert des Portefeuilles und wurde sowohl prozentual als auch in absoluten Zahlen berechnet. Dabei ist der prozentuale Wert von größerer Aussagekraft, da der absolute Wert von der Größe des Portefeuilles abhängig ist.

Während des Untersuchungszeitraumes hat sich gezeigt, daß in den Zeiten, in denen es zu keinen übermäßig starken Kursschwankungen kam, der Hedge relativ gut funktionierte. Aber in Zeiten von starken Kursschwankungen kam es zu stärkeren Abweichungen.

In der Zeit vom 9. 10. 89 bis zum 22. 12. 89 hielt sich die Abweichung deutlich unter einem Prozent. Lediglich an zwei Tagen wurden Werte von + 1,161 % und + 1,052 % angenommen. Ab dem 27. 12. 89 kam es allerdings zu stärkeren Abweichungen. Für einen Tag, am 2. 1. 90, wurde ein Wert von + 2,120 % angenommen. Schon am 4. 1. 90 war der Wert wieder auf + 0,172 % abgesunken. Bis einschließlich 2. 2. 90 blieb die Abweichung bis auf zwei Tage (+ 1,282 und + 1,014) unter der ein Prozent Marke. Ab dem 5. 2. 90 folgte eine Periode von sehr starken Abweichungen. Am 7. 2. 90 erreichte die Differenz zwischen dem Gewinn und Verlust mit Hedge und den bis dato entstandenen Finanzierungskosten einen Wert von + 2,893 %. Dieser Wert war gleichzeitig der Maximalwert, der während des Untersuchungszeitraumes angenommen wurde. Dieser Wert besagt, daß, wenn der Hedge am 7. 2. 90 aufgelöst worden wäre, im Falle eines Short Hedges ein zusätzlicher „Gewinn" von 2,893 %, bezogen auf den Anfangswert des Portfolios, entstanden wäre. Im Falle eines Long Hedges wäre ein Verlust in dieser Höhe angefallen. Bei einem Anfangswert des Portfolios in Höhe von 30,093 Millionen DM sind das 870552,38 DM.

Ab dem 21.2.90 war der Verlauf des Ergebnisses des Hedges wieder zufriedenstellend. Die Werte hielten sich bis auf wenige Tage deutlich unter einem Prozent. Lediglich am letzten Tag, am 8.5.90 kam es noch einmal zu einer stärkeren Abweichung (−1,209%).

Die Effizienz des Hedges läßt sich sehr schön an *Abb. 7.6* ablesen.

Ergebnis

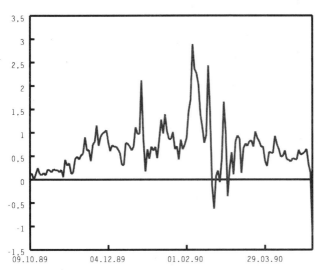

Abb. 7.6: Ergebnis des Hedges bei Berechnung des Hedge
Ratios mit Hilfe der Macaulay Duration, bei
täglicher Anpassung des Hedge Ratios

Die Abweichung in Prozent ist die Differenz zwischen dem bis
dato angefallenen Gewinn und Verlust mit Hedge und den bis
dato angefallenen (von Beginn des Hedges bis dato aufsummierten) Finanzierungskosten. Es ist bei der Interpretation des Graphen zu beachten, daß die Extremwerte meist nur für einen bzw.
wenige Tage angenommen wurden. Das arithmetische Mittel der
Beträge der prozentualen Abweichungen (Diff. zwischen G. u. V.
mit Hedge und den Finanzierungskosten) betrug nämlich nur
+0,685377 % (DM 206250,50).

Bei dieser Absicherung wurde das Hedge Ratio jeden Tag angepaßt. Es schwankte zwischen 119 Kontrakten (119,1927) und 133
Kontrakten (133,0609).

Die Änderung des Hedge Ratios zeigt *Abb. 7.7.*

Änderung des Hedge Ratios

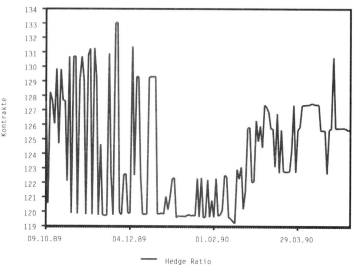

Abb. 7.7: Änderung des Hedge Ratios, bei Berechnung des
Hedge Ratios mit Hilfe der Macaulay Duration,
bei täglicher Anpassung des Hedge Ratios

Durch den Kauf von 127,6384 Kontrakten (=128 Kontrakte) bei
Eingehen des Hedges sind Transaktionskosten von DM 7658,30
entstanden. Durch die tägliche Anpassung des Hedge Ratios sind
bis zum 8.5.90 zusätzlich Transaktionskosten in Höhe von DM
23035,67 entstanden. Das entspricht 0,07655 % vom Anfangswert
des Portfolios.

Die Gründe für die zeitweilige Ineffizienz des Hedges werden in
Kapitel 7.1.5.4.2 erörtert. Zunächst soll erläutert werden, wie die
Ergebnisse der anderen Absicherungen ausgefallen sind.

Derselbe Hedge wurde auch mit wöchentlicher Anpassung des
Hedge Ratios durchgeführt. Dabei ist festzustellen, daß das Ergebnis erkennbar besser ausfiel. Das arithmetische Mittel der Beträge der prozentualen Abweichungen betrug nur 0,623865 % gegenüber 0,685377 % bei täglicher Anpassung. Bis einschließlich
27.10 89 war das Ergebnis mit wöchentlicher Anpassung etwas

schlechter (ca. 0,03 %). Ab dem 30. 10. 89 war das Ergebnis, bis auf wenige Tage, kontinuierlich besser als bei täglicher Anpassung des Hedge Ratios.

Der Graph des Ergebnisses bei wöchentlicher Anpassung des Hedge Ratios verläuft fast parallel zu dem entsprechenden Graph bei täglicher Anpassung. Er verläuft jedoch in etwas geringerer Entfernung zur Nullinie. Mit bloßem Auge ist kein Unterschied festzustellen, ein Übereinanderlegen der beiden Graphen und die Datenreihen belegen dies jedoch eindeutig. Die maximale Abweichung war bei wöchentlicher Anpassung um 0,084321 % niedriger als bei täglicher Anpassung. Das entspricht DM 25383,86.

Ein weiterer Vorteil ist, daß die Transaktionskosten wesentlich niedriger sind. Die durch die Anpassung des Hedge Ratios zusätzlich entstandenen Transaktionskosten betrugen nur DM 5707,15 gegenüber 23035,67 bei täglicher Anpassung.

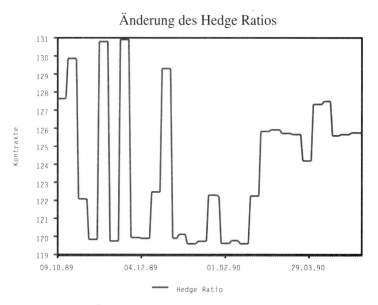

Abb. 7.8: Änderung des Hedge Ratios, bei Berechnung des Hedge Ratios mit Hilfe der Macaulay Duration, bei wöchentlicher Anpassung des Hedge Ratios

Macaulay Duration und Konvexität

Die Effizienz des Hedges, bei Berechnung des Hedge Ratios (tägliche Anpassung) unter Berücksichtigung der Konvexität, war leicht höher. Das arithmetische Mittel der Beträge der prozentualen Abweichungen betrug 0,679263 % gegenüber 0,685377 % ohne Konvexität. Das ist keine dramatische Verbesserung. Sie ist dennoch erkennbar. Dabei ist zu beachten, daß das Ergebnis kontinuierlich (bis auf sehr wenige Tage), über den gesamten Untersuchungszeitraum besser war. Auf dem Graph des Ergebnisses ist kein Unterschied zu *Abb. 7.6* zu erkennen. Die Abweichung war jedoch durchschnittlich um 0,006114 % geringer als bei der Berechnung des Hedge Ratios ohne Konvexität. Daß die Verbesserung nicht zufallsbedingt war, läßt sich nicht nur daran ablesen, daß die Werte der Abweichungen kontinuierlich niedriger waren, sondern auch an der Entwicklung des Hedge Ratios. In der Zeit des starken Kursverfalls der Anleihen lag das Hedge Ratio i. d. R. etwas unter den Werten bei Berechnung ohne Konvexität. Ab dem Zeitpunkt, an dem die Kurse begannen, sich zu fangen, lag das Hedge Ratio etwas über den Werten bei Berechnung ohne Konvexität. Der Wendepunkt war in der Zeit um den 23.2.90. Ein mögliches „Überhedgedsein" oder „Unterhedgedsein" wurde dadurch geglättet.[29] Das Hedge Ratio bewegte sich zwischen 133 Kontrakten (132,912) und 119 Kontrakten (119,0427).

Ansonsten verlief die Absicherung genauso wie die vorherige Absicherung.

Das gilt auch für den Hedge bei wöchentlicher Angleichung des Hedge Ratios. Der Durchschnittswert der Abweichung lag bei 0,622220 %. Das ist gegenüber der täglichen Anpassung (0,67926298 %) eine erkennbere Verbesserung. Gegenüber dem Ergebnis bei wöchentlicher Anpassung ohne Berücksichtigung der Konvexität ist die Verbesserung allerdings nur marginal. Sie beträgt nämlich nur 0,001636 % (0,62222 % gegenüber 0,623865 %).

Dollar Duration

Der Verlauf der Absicherung mit Berechnung des Hedge Ratios mit Hilfe der Dollar Duration scheint fast identisch zu sein mit

---

29 Eine genaue Analyse der Gründe für die zeitweilige Ineffizienz des Hedges siehe Punkt 7.1.5.4.2.

demjenigen, wie er in Kapitel 7. 1. 5. 3. 1.1 geschildert wurde. Die Ineffizienzen der Absicherungen sind in denselben Zeiträumen aufgetreten, jedoch in verminderter Stärke. Der Graph der prozentualen Abweichungen sieht ähnlich aus wie *Abb. 7.6* die Linie verläuft jedoch näher am Ursprung.

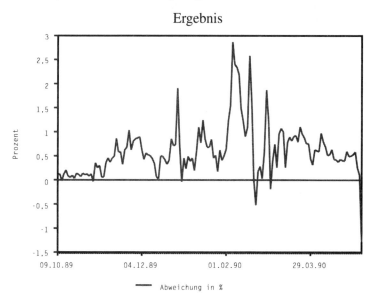

Abweichung in %

Abb. 7.9: Ergebnis des Hedges bei Berechnung des Hedge
Ratios mit Hilfe der Dollar Duration, bei
täglicher Anpassung des Hedge Ratios

Anhand der Datenreihen ist ersichtlich, daß die Werte der Abweichungen kontinuierlich niedriger waren als bei der Absicherung mit Berechnung des Hedge Ratios über die Macaulay Duration. Geringe Ausnahmen gab es nur an wenigen Tagen. Das arithmetische Mittel der Beträge der prozentualen Abweichungen betrug hier, bei täglicher Anpassung des Hedge Ratios, 0,626695 %. Dieser Wert besagt, daß bei einer Auflösung des Hedges während des Untersuchungszeitraumes durchschnittlich eine „Ineffizienz" in Höhe von DM 18891,33, bezogen auf den Anfangswert von DM 30,093 Mio. des Portfolios, aufgetreten wäre. Die Absicherung war bei wöchentlicher Anpassung des Hedge Ratios wiederum deutlich besser als bei täglicher Anpassung. Der Wert betrug nur 0,571321 % (DM 171927,63) bei wöchentlicher Anpassung des Hedge Ratios. Das ist eine Verbesserung von 0,114056 % gegenüber der Macaulay Duration mit täglicher Anpassung. Oder in Prozent von Prozent ausgedrückt: Der Hedge mit Berechnung des Hedge Ratios mit Hilfe der Dollar Duration war bei wöchentlicher Anpassung des Hedge Ratios um 16,64 Prozent effektiver als der Hedge mit Berechnung des Hedge Ratios mit Hilfe der Macaulay Duration und täglicher Anpassung des Hedge Ratios. Die maximale Abweichung bei täglicher Anpassung war am 19.2.90 zu beobachten und betrug +2,582492 %.

Änderung des Hedge Ratios

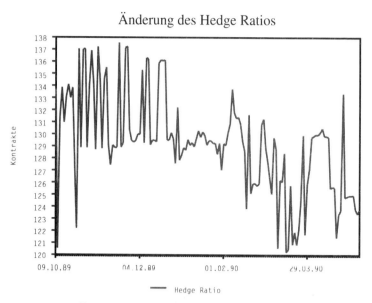

Abb. 7.10: Änderung des Hedge Ratios, bei Berechnung des Hedge Ratios mit Hilfe der Dollar Duration, bei täglicher Anpassung des Hedge Ratios

Änderung des Hedge Ratios

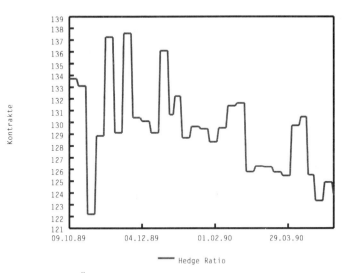

Abb. 7.11: Änderung des Hedge Ratios, bei Berechnung des
Hedge Ratios mit Hilfe der Dollar Duration,
bei wöchentlicher Anpassung des Hedge Ratios

Das Hedge Ratio bewegte sich etwa in denselben Grenzen wie bei den vorherigen Absicherungen. Es war aber in der ersten Hälfte der Absicherungsdauer deutlich geringeren Schwankungen ausgesetzt, während es in der zweiten Hälfte etwas stärker schwankte. Die Transaktionskosten, die durch die tägliche Anpassung des Hedge Ratios entstanden sind, betragen DM 22659,07 oder 0,0752 % des Anfangswertes des Portfolios. Das ist kaum ein Unterschied zu den vorhergehenden Absicherungen.

7.1.5.3.2 Gründe für eventuelle Ineffizienz des Hedges

Wenn man das arithmetische Mittel der Beträge der prozentualen Abweichungen bei der einzelnen Absicherung als Maßstab für die Effizienz eines Hedges heranzieht, so kann man besonders bei der Absicherung mit Berechnung des Hedge Ratios mit Hilfe der Dollar Duration von einem befriedigenden Ergebnis sprechen. Einen perfekten Hedge in der Realität zu erreichen ist nahezu unmöglich. Dieser Durchschnittswert ist aber nur von bedingter Aussagekraft. Betrachtet man die Abweichungen an den einzelnen Tagen, so sieht man, daß es während des Untersuchungszeitraumes zu starken Schwankungen in der Effizienz des Hedges gekommen war. Hätte man an bestimmten Tagen den Hedge aufgelöst, so wäre es je nach Art des Hedges (Long oder Short Hedge) zu Verlusten oder Gewinnen gekommen, die bei einem Hedge eigentlich nicht auftreten dürfen.

Die zeitweilige Ineffizienz des Hedges hatte im wesentlichen zwei Ursachen:

1. Fehlbewertung des Futures
2. Nicht ständige Parallelentwicklung der Renditen der abzusichernden Anleihen und der Rendite des CTD.

Zu der ersten Ursache:

Während des Untersuchungszeitraumes ist der aktuelle Futurepreis zeitweilig extrem von seinem theoretischen Wert abgewichen. Er war in gewissen Zeiträumen sowohl stark über- als auch unterbewertet. Eine Voraussetzung für das Funktionieren eines Hedges besteht aber darin, daß der aktuelle Futurepreis nicht zu stark von seinem theoretischen Wert abweicht. Die Über- bzw. Unterbewertung des Futures hatte mehrere Ursachen:

Während des starken Kursverfalles an den Anleihe- und Zinsfuturesmärkten, Anfang bis Mitte Februar, kam es zu einer starken Unterbewertung des Bund-Futures. Der aktuelle Futurepreis notierte teilweise stark unter seinem theoretischen Wert. Diese Fehlbewertung trat besonders während der schweren Kurseinbrüche Mitte Februar 1990 auf. Der Future notierte teilweise 40 Ticks unter seinem theoretischen Wert. Daraus ergaben sich auch profitable Arbitragemöglichkeiten.[30]

Normalerweise sagt man, daß die Kursentwicklung des Futures sich an der Kursentwicklung der Anleihen orientiert. In der Zeit des extremen Kursverfalls Anfang bis Mitte Februar 90 (begonnen hatte es eigentlich schon im November 89) war es eher umgekehrt. Die deutschen Anleihemärkte orientierten sich zum Teil stark an der Kursentwicklung des Bund-Futures. Seit November gab der

---

30 *LIFFE:* (Bund-Futures Review, First Quarter 90), S. 13.

Futures immer mehr die Tendenz an. Besonders im Februar war das sehr gut zu beobachten. Der Kurs des Futures fiel extrem stark und meistens folgten die Anleihekurse mit einer gewissen Verzögerung. Meistens war es der Future, der als erster gefallen ist. Die Anleihekurse haben mit diesem Kursverfall oft nicht Schritt gehalten. Das führte dazu, daß der Future gegenüber den Anleihen (CTD) oft stark unterbewertet war und dies sogar über einen gewissen Zeitraum.

Bei einem funktionierenden Kassa- und Futuremarkt wäre diese Fehlbewertung sofort arbitriert worden bzw. sie wäre gar nicht erst entstanden. Daß dies nicht der Fall war, hat mehrere Gründe. Wenn der Future gegenüber dem CTD unterbewertet ist, kann Arbitrage betrieben werden, indem der Future gekauft wird und die entsprechende Anzahl an Anleihen des derzeitigen CTD leerverkauft wird. (Reverse Cash and Carry Arbitrage). Ein Leerverkauf von Bundesanleihen war zu dieser Zeit nicht ganz unproblematisch und ist es zur Zeit immer noch nicht.

Bis zur Einführung der Wertpapierleihe über den Deutschen Kassenverein am 7. Juni fand die Wertpapierleihe in Europa hauptsächlich über Cedel S. A. und vor allem Euroclear Clearance System Ltd. statt. Die durchschnittliche Entleihdauer betrug Ende 1988 drei bis fünf Tage.[31] Allerdings waren die Volumina, die in London und in der BRD gehandelt wurden, nicht groß genug, um in ausreichend großem Maße Arbitrage betreiben zu können. Der Bund-Future hatte inzwischen ein relativ hohes Volumen erreicht, während der Repo-Markt noch ziemlich klein war. Am Repo-Markt in London war es nicht möglich, Anleihen in ausreichend großer Menge auszuleihen bzw. leerzuverkaufen. Durch diese Illiquidität des Repo-Marktes war es nicht möglich, Arbitrage im dem Maße zu betreiben, daß sich der aktuelle Futurepreis an seinen theoretischen Wert angleicht. Selbst wenn man die Möglichkeit hatte, sich Anleihen auszuleihen und leerzuverkaufen, so war das immer noch mit Risiken behaftet. Damit die Arbitrage risikolos bleibt, müßte man sich die Anleihen bis zur Fälligkeit des Kontraktes ausleihen. Die meisten Marktteilnehmer waren aber nicht bereit, die Anleihen über einen längeren Zeitraum zu verlei-

---

31 Vgl. *Freytag, S., Riekeberg, M.:* (Bondlending) S. 673.

hen. Die durchschnittliche Verleihdauer lag bei drei bis fünf Tagen. Leihgeschäfte sind über einen längeren Zeitraum schwer zu arrangieren. Es konnte somit passieren, daß man die Anleihen vor Fälligkeit des Futures wieder zurückdecken mußte. Man muß also die gesamte Arbitrageposition wieder auflösen, wenn es nicht sofort gelingt, sich die Anleihen erneut auszuleihen. Das konnte aber bei der damaligen Liquidität des Repo Marktes problematisch werden. Das Risiko bei der Transaktion ist dann, daß, wenn man die Arbitrageposition vorzeitig auflöst, die Basis gegen einen gelaufen ist.

Abgesehen von den geschilderten Risiken und Problemen beim Leerverkauf der Anleihen besteht bei einem Reverse Cash and Carry als zusätzliches Risiko das Risiko der Seller's Option. Dieses Risiko bewirkt, daß nicht jede Unterbewertung des Futures die Marktteilnehmer veranlassen wird, sofort zu arbitrieren. Vielmehr muß erst ein gewisses Maß an Unterbewertung erreicht sein.

Wenn man nicht die Möglichkeit hat, sich Anleihen auszuleihen, ist die einzige Möglichkeit, eine Reverse Cash and Carry Arbitrage zu betreiben die, daß man die entsprechenden Anleihen aus eigenen Beständen nimmt (sofern man welche besitzt). Man verkauft dann die Anleihen mit dem Ziel, sie am Ende der Kontraktlaufzeit wieder zurückzukaufen. Man hat in einem solchen Fall die Anleihen indirekt leerverkauft. Allerdings muß man die Anleihen dann über den gesamten Zeitraum frei verfügbar haben. Bei vielen Banken wirft das zudem noch bilanzielle Probleme auf.

Im übrigen darf der bid/ask Spread und die Transaktionskosten nicht vernachlässigt werden, die dafür sorgen, daß auch bei einer Cash and Carry Arbitrage (Anleihe long und Future short), die wirklich risikolos ist, erst ein gewisses Maß an Fehlbewertung erreicht sein muß, damit eine Arbitrage profitabel wird.

Bis zu einer bestimmten Grenze ist eine Unterbewertung des Futures eigentlich keine Unterbewertung. In der herkömmlichen Berechnung des theoretischen Futurepreises findet nämlich überhaupt keine Quantifizierung der Seller's Option statt. Um zu einer exakten Bewertung des Futures zu gelangen, müßte die Seller's Option quantifiziert werden und in die Formel zur Berechnung des theoretischen Futurepreises eingebaut werden. Man würde dann eine Untergrenze für den Futurepreis erhalten. Unterschreitet der Futurepreis diese Grenze, wäre eine Reverse Cash and Carry Arbitrage wirklich risikolos. Die Obergrenze für den theoretischen Futurepreis bleibt aber weiterhin die „alte" Formel, da sie korrekt angibt, ab wann das Gegengeschäft, die Cash and Carry Arbitrage, profitabel wird (außer man hat die Möglichkeit, die Seller's Option zu verkaufen). Man hat dann zwei theoretische Futurepreise und somit eine Spanne, innerhalb derer sich der Futurepreis im Verhältnis zur Kasse bewegen kann, bevor eine Arbitrage sinnvoll wird.

Das rechtfertigt aber nicht die zeitweilige krasse Fehlbewertung des Futures. Anhand historischer Daten die Fehlbewertung des Futures zu ermitteln, ist mit Problemen verbunden. Man braucht tägliche Daten für die Finanzierungskosten. Diese waren sehr schwer zu beschaffen. Außerdem schwankt die Fehlbewertung des Futures im Tagesverlauf. Zuletzt braucht man Kurse, die zum selben Zeitpunkt festgestellt wurden. Hat man nur Kassakurse für die Anleihen zur Verfügung und Settlementkurse für den Future, so macht das für den Test des Hedges keinen großen Unterschied, besonders wenn über einen längeren Zeitraum abgesichert wird. Für die Berechnung des theoretischen Futurepreises, macht es jedoch einen großen Unterschied. Deshalb wird an dieser Stelle in bezug auf die Fehlbewertung des Futures auf von der LIFFE veröffentlichte Daten zurückgegriffen.[32, 33]

Der März-Kontrakt erfuhr seine stärkste Unterbewertung mit 49 Basispunkten (Differenz zwischen aktuellem und theoretischen Futurepreis) am 19. Feb.1990. Er war aber nicht nur an einem Tag unterbewertet, sondern über einen gewissen Zeitraum. Die Entwicklung der Fehlbewertung über verschiedene Zeiträume zeigt *Abb. 7.12* und *Abb. 7.13*.

32 Vgl. *LIFFE:* (Bund-Futures Review, Fourth Quarter 89), S. 9 f..
33 Vgl. *LIFFE:* (Bund-Futures Review, First Quarter 90), S. 10–12.

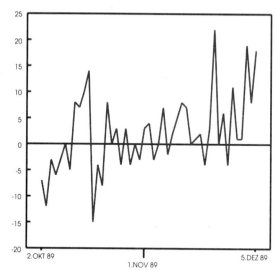

Abb. 7.12: Fehlbewertung des Dez. 89 Kontraktes im
Zeitraum vom 2. 10. 89 bis 5. 12. 89

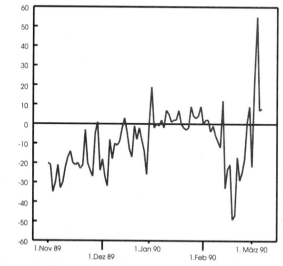

Abb. 7.13: Fehlbewertung des März 90 Kontraktes
im Zeitraum vom 1. 11. 89 bis 7. 3. 90

Bei diesen Graphen ist zu beachten, daß die Differenz zwischen dem aktuellen und dem theoretischen Futurekurs genommen wurde. Das negative Vorzeichen zeigt somit eine Unterbewertung des Futures an.

Es ist sehr interessant festzustellen, daß der Future nicht nur unterbewertet, sondern auch überbewertet war. Wenige Tage vor Auslaufen des März-Kontraktes wurde am 5.3.90, eine Überbewertung von 55 Basispunkten erreicht. Der Grund dafür war, daß die Halter von Verkaufspositionen im März-Kontrakt, in dem ein sehr hohes Open Interest (Anzahl der offenen Kontrakte) vorhanden war, ihre Positionen in den nächsten „rollten", um ihre Marktposition aufrechtzuerhalten und eine Andienung der Anleihen zu vermeiden. Dazu mußten sie ihre März-Kontrakte zurückkaufen und zugleich die entsprechende Anzahl an Juni-Kontrakten verkaufen. Ausschlaggebend war dabei, daß wesentlich mehr Verkäufer als Käufer ihre Marktpositionen aufrechterhalten wollten. Der Kurs des März-Kontraktes stieg und der Kurs des Juni-Kontraktes fiel. Der Spread zwischen den beiden Kontrakten, erweiterte sich auf eine bis dato nie dagewesene Differenz von 114 Basispunkte.

Die Kassahändler der Anleihen waren zu diesem Zeitpunkt unsicher, an welchem Kontrakt sie sich mit der Quotierung ihrer Anleihen orientieren sollten. Zu dieser Zeit gab nämlich der Future die Zinstendenz an. Normalerweise orientiert man sich kurz vor Verfall des einen Kontraktes an dem nächsten Kontrakt. Der Juni-Kontrakt war aber unterbewertet und der März-Kontrakt überbewertet. Die Händler entschieden sich, die Preise in der Mitte festzulegen. Man hätte somit nach beiden Seiten arbitrieren können. Die Tatsache, daß dies nicht im vollen Maße geschah, hatte eine Überbewertung des März-Kontraktes in Höhe von 55 Basispunkten und eine Unterbewertung des Juni-Kontraktes in Höhe von 89 Basispunkten zur Folge.

Die Auswirkungen dieser Fehlbewertung auf den Hedge waren beträchtlich.

Im Falle des Hedges der lieferbaren Anleihen, bei Berechnung des Hedge Ratios mit Hilfe der Dollar Duration, betrug die prozentuale Abweichung am 19. Feb. 1990 2,582429%. Das entspricht in dem Beispiel DM 777130,21 was bedeutet, daß der Future gegenüber den abzusichernden Anleihen relativ stärker gefallen war. Der Future war an diesem Tag um 49 Basispunkte unterbewertet. Das entspricht DM 1225 (49 * 25) bei einem Einschuß von DM 5000. Bei einem Hedge Ratio von 124 Kontrakten (123,831), sind das DM 151900 (25 * 49 * 124). Die Abweichung im Hedge hätte bei einer „fairen" Bewertung des Futures nur noch DM 625230,21 oder 2,077659 % betragen. Die Unterbewertung des Juni-Kontraktes überschritt im März 90 sogar mehrfach 80 Basispunkte. Das sind DM 2000 (25 * 80).

Bei solchen Fehlbewertungen ist es offensichtlich, daß ein Hedge einen Teil seiner Effizienz einbüßen muß. Eine Unterbewertung des Futures wirkt sich auf einen Long Hedge ungünstig aus, während sie für einen Short Hedge günstig ist. Umgekehrt ist eine Überbewertung des Futures während der Absicherungsdauer für einen Long Hedge günstig, während sie für einen Short Hedge ungünstig ist.

Genauso muß aber auch beim Eingehen eines Hedges auf eine Fehlbewertung des Futures geachtet werden. Ist ein Long Hedge geplant, so sollte der Future nicht zu stark überbewertet sein, während er bei Eingehen eines Short Hedges nicht zu stark unterbewertet sein sollte. Zu Beginn der Absicherung der lieferbaren Anleihen am 9. 10. 89 war der Future zufällig um keinen Basispunkt falsch bewertet.[34] Anhand der Graphen, aber auch anhand der Datenreihen ist zu erkennen, daß ein Zusammenhang zwischen der Fehlbewertung des Futures und der zeitweiligen Ineffizienz des Hedges besteht. In den Zeiten, in denen die Differenz zwischen Erträgen und Finanzierungskosten am größten war – die Differenz war positiv – war der Future stark unterbewertet. Am 5. 3. 90, als der Future um 55 Basispunkte überbewertet war, bei einem Hedge Ratio von 127 Kontrakten (127,7115) entspricht das DM 174625, war die Differenz negativ. Sie betrug beim Hedge mit der Dollar Duration −0,187827 % oder DM −56522,72. Die Differenz war zwar negativ, aber ohne Überbewertung des Futures wäre an diesem Tag der Hedge sogar noch ineffizienter gewesen. Am 19. Februar hat die prozentuale Abweichung bei einer „fairen" Bewertung des Futures statt +2,582429 % nur +2,077659 % betra-

---

34 Vgl. *LIFFE:* (Bund-Futures Review, Fourth Quarter 89), S. 9.

gen. Das ist zwar ein beträchtlicher Anteil, aber offensichtlich muß es noch andere Gründe geben.

Der andere Grund für die zeitweilige Ineffizienz des Hedges ist, daß sich die Renditen der abzusichernden Anleihen nicht immer parallel zu der Rendite des jeweiligen CTD entwickelt haben. Wie aus *Abb. 7.14* ersichtlich ist, war der Spread zwischen der Durchschnittsrendite der drei abgesicherten lieferbaren Anleihen und der Rendite des jeweiligen CTD starken Schwankungen unterworfen.

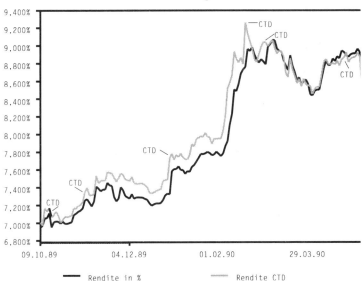

Renditevergleich

Abb. 7.14: Vergleich der Entwicklung der Durchschnittsrendite von drei lieferbaren Anleihen und der Rendite des jeweiligen CTD im Zeitraum vom 9. 10. 89 bis zum 8. 5. 90

Die Rendite des CTD (es wurde immer die Rendite der Anleihe genommen, die an dem betreffenden Tag der CTD war) ist an mehreren Zeitpunkten erheblich stärker gestiegen, als die Renditen der Anleihen, die abgesichert wurden. Zu exakt diesen Zeitpunkten erreichte der Hedge Werte von relativ gesehen großer Ineffizienz. Der Future, der sich am CTD orientiert, ist stärker gefallen als die abzusichernden Anleihen. Das hatte zur Folge, daß bei der Differenz zwischen den Erträgen aus dem Hedge und den Finanzierungskosten ein vom Vorzeichen her gesehen positiver Wert erreicht wurde. Im Falle eines Short Hedges wäre dies auch positiv gewesen. Für einen Long Hedge hätte dies aber bedeutet, daß, wenn der Hedge zu bestimmten Zeitpunkten aufgelöst worden wäre, ein Verlust realisiert worden wäre.

Grundvoraussetzung für das Funktionieren eines Hedges ist, daß sich die Renditen der Anleihen, die abgesichert werden und die Rendite des Cheapest to Deliver parallel entwickeln. Selbst für Bundesanleihen mit ähnlicher Laufzeit ist dies nicht immer gegeben.

Es wird somit deutlich, daß selbst eine Absicherung von lieferbaren Anleihen mit erheblichen unkalkulierbaren Risiken verbunden sein kann.

7.1.5.4 Absicherung von Anleihen mit 4–5 Jahren Restlaufzeit

Um festzustellen, ob eine Absicherung von Bundesanleihen, die eine wesentlich kürzere Laufzeit haben, als die Anleihen, die dem Bund-Future zugrunde liegen, wurden Bundesanleihen abgesichert, die eine Restlaufzeit von 4 bis 5 Jahren haben.

Dieser Test mag durch die Einführung des Futures auf Bundesobligationen sinnlos geworden sein. Er liefert jedoch wertvolle Ergebnisse, die mit gewissen Einschränkungen auch auf andere Märkte übertragen werden können. Es kommen hierbei Märkte in Frage, an denen zwar langfristige Zinsterminkontrakte gehandelt werden, aber keine mittelfristigen Kontrakte. Für Teilnehmer an diesen Märkten kann der folgende Test einen Anhaltspunkt für die Effizienz einer Absicherung von mittelfristigen Anleihen mit Hilfe eines langfristigen Zinsterminkontraktes liefern.

Es wurde ein Portfolio, bestehend aus drei Anleihen abgesichert:

1. Bund: Kupon 8,25 %, Laufzeit bis 22. 08. 94, WPKN: 113431.
2. Bund: Kupon 7,625 %, Laufzeit bis 20. 03. 95, WPKN: 113436.
3. Bund: Kupon 6,5 %, Laufzeit bis 20. 10. 95, WPKN: 113441.

Das Portfolio hatte, genauso wie das Portfolio der lieferbaren Anleihen, einen Nominalwert von DM 30 Mio. Die Anleihen waren dabei gleich stark gewichtet. Es wurde dieselbe Größe des Portfolios gewählt, damit ein Vergleich der Höhe des Hedge Ratios möglich ist.

Das Hedge Ratio wurde mit Hilfe der Dollar Duration berechnet, da sich diese Methode in den vergangenen Untersuchungen als die effizienteste erwiesen hat. Die Anpassung des Hedge Ratios erfolgte täglich.

Den Kursverlauf dieser drei Anleihen während des Untersuchungszeitraumes zeigt *Abb. 7.15.*

Kursentwicklung

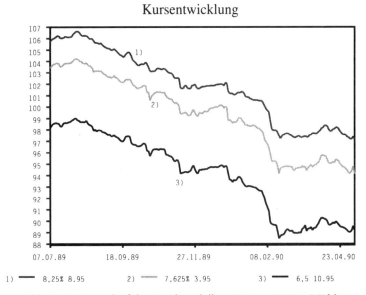

1) ▬▬ 8,25 % 8.95 2) ▬▬▬ 7,625 % 3.95 3) ▬▬ 6,5 10.95

Abb. 7.15: Kursverlauf der Bundesanleihen: Kupon 8,25 %, LZ bis 22.8.94, Kupon 7,625 %, LZ bis 20.03.95, Kupon 6,5 %, LZ bis 20.10.95, im Zeitraum vom 7.7.89 bis 8.5.90

Eine Absicherung von Bundesanleihen, mit einer Restlaufzeit von 4 bis 5 Jahren, ist ein Cross Hedge. Bei einem Cross Hedge besteht aber die Gefahr, daß die Korrelation zwischen den beiden Instrumenten nicht ausreichend groß ist. Ist sie nicht ausreichend groß, so macht ein Hedge keinen Sinn. Es muß somit zuerst geprüft werden, ob eine ausreichende Korrelation vorhanden ist.

Die Korrelation gibt den Grad der Abhängigkeit zweier Merkmale voneinander an. Der Korrelationskoeffizient ist ein Maß für die Stärke dieser Abhängigkeit und kann zwischen 1 und –1 schwanken.

Die Korrelation der Zufallsvariablen X und Y berechnet sich:

$$\text{Corr(X,Y)} = \frac{\text{Cov(X,Y)}}{(\text{VarX} * \text{VarY})^{1/2}} \quad [35]$$

mit: Corr = Korrelation
       Var = Varianz
       Cov = Kovarianz

Als Schätzer für die Korrelation zweier normalverteilter Zufallsvariablen X und Y kann man die Stichprobenkorrelation r_{XY} verwenden:

$$r_{XY} = \frac{\sum_{i=1}^{n}(x_i-\bar{x})\,(y_i-\bar{y})}{[\,_i\sum_{i=1}^{n}(x_i-\bar{x})^2 * \,_i\sum_{i=1}^{n}(y_i-\bar{y})^2]^{1/2}} \quad [36]$$

mit: $x_1...x_n$ = Realisationen von X
       $y_1...y_n$ = Realisationen von Y
       r = Korrelationskoeffizient

Die Realisationen werden paarweise in der Form $(x_1,y_1)\ldots(x_n,y_n)$ erhoben. Dieser Korrelationskoeffizient wird auch Pearsonscher Korrelationskoeffizient genannt.

   Um zu festzustellen, ob ein Hedge von 1 bis 5jährigen Anleihen sinnvoll ist, wurde zunächst die Korrelation zwischen diesen Anleihen und dem Bund-Future bestimmt. Außerdem wurde auch noch eine Regression gelegt.

35 Vgl. *Hartung, J.*: (Statistik), S. 547
36 Vgl. *Hartung, J.*: (Statistik), S. 547

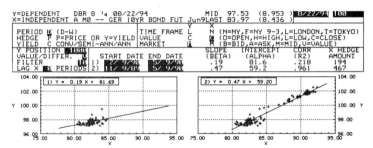

Abb. 7.16: Regression zwischen der Bundesanleihe Kupon 8,25 %,
LZ bis 22. 8. 94 und dem Juni 90 Kontrakt
des Bund-Futures (Quelle: Bloomberg)

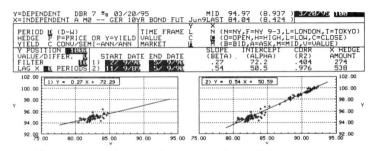

Abb. 7.17: Regression zwischen der Bundesanleihe Kupon 7,625 %,
LZ bis 20. 3. 95 und dem Juni 90 Kontrakt
des Bund-Futures (Quelle: Bloomberg)

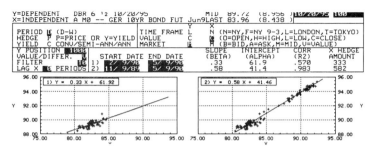

Abb. 7.18: Regression zwischen der Bundesanleihe Kupon 6,5 %,
LZ bis 20. 10. 95 und dem Juni 90 Kontrakt
des Bund-Futures (Quelle: Bloomberg)

Die Regression wurde analog zu der Regression in Kapitel 7. 1. 4.4 erstellt. Auch der Aufbau der Graphen ist derselbe. Wieder wurden zwei Zeiträume gewählt: 9. 2. 90 bis 9. 5. 90 und 9. 11. 89 bis 9. 5. 90.

Für die Anleihe in *Abb. 7. 16* betrug das Bestimmtheitsmaß der Regression für den kürzeren Zeitraum 0,218. Daraus errechnet sich ein Korrelationskoeffizient von 0,4669. Für den längeren Zeitraum betrug das Bestimmtheitsmaß 0,961, was einem Korrelationskoeffizienten von 0,9803 entspricht.

Für die Anleihe in *Abb. 7.17* lauten die Zahlen: Kurzer Zeitraum: Bestimmtheitsmaß von 0,404 und Korrelationskoeffizient von 0,6356. Langer Zeitraum: Bestimmtheitsmaß von 0,976 und Korrelationskoeffizient von 0,9879.

Anleihe in *Abb. 7.18*: Kurzer Zeitraum: Bestimmtheitsmaß von 0,570 und Korrelationskoeffizient von 0,7550. Langer Zeitraum: Bestimmtheitsmaß von 0,983 und Korrelationskoeffizient von 0,9915.

Im kürzeren Zeitraum war die Korrelation der Anleihen zum Bund-Future relativ niedrig, während sie im längeren Zeitraum relativ hoch war. Die Erklärung dafür ist, daß in dem kürzeren Zeitraum heftige Kursschwankungen stattgefunden haben und die Renditestruktur sich verändert hat. Über den längeren Zeitraum gesehen war die Abhängigkeit der Entwicklung der Renditen im mittelfristigen und langfristigen Bereich und somit auch die Entwicklung der Kurse sehr hoch. Daraus ergibt sich, daß ein Hedge über einen kürzeren Zeitraum sehr risikoreich ist und somit im **Gegensatz** zu einem Hedge über einen längeren Zeitraum, keinen Sinn macht.

Sehr aufschlußreich, ist auch ein Vergleich der Korrelationen der einzelnen Anleihen zum Bund-Future. Je länger die Restlaufzeit der einzelnen Anleihe ist, desto höher ist ihre Korrelation zum Bund-Future. Besonders deutlich wird das, wenn man die Korrelationen im kürzeren Beobachtungszeitraum betrachtet.

7. 1. 5. 4. 1 Resultat des Hedges

Der Hedge der Anleihen mit 4- bis 5jähriger Restlaufzeit war wesentlich effizienter als die Absicherung der lieferbaren Anleihen. Das arithmetische Mittel des Betrages der prozentualen Abweichung betrug nur 0,43337 %. Das entspricht bei einem Anfangswert des Portfolios von DM 30,734 Mio., einem Betrag von DM 133191,94. Als Vergleichswert: lieferbare Anleihen, wöchentliche Anpassung, Dollar Duration: 0,62669 %. Das macht einen Unterschied von 0,193325 %. In Prozent von Prozent ausgedrückt: Der Hedge der Anleihen mit 4- bis 5jähriger Restlaufzeit war um 30,85 % effektiver als der entsprechende Hedge der lieferbaren Anleihen.

Nicht nur an diesem Faktor ist zu erkennen, daß der Hedge erfolgreicher war. Ebenfalls sehr aufschlußreich ist die Tatsache, daß die einzelnen täglichen prozentualen Abweichungen weniger extrem ausfielen. Die größte prozentuale Abweichung war am 19. 2. 90 mit + 1,5109 % (DM 464371,03). Das Maximum bei den lieferbaren Anleihen, Hedge Ratio mit Dollar Duration und täglicher Anpassung, lag bei + 2,582492 %. Während des gesamten Untersuchungszeitraumes hielt sich die Abweichung meist deutlich unter einem Prozent. Lediglich an 8 Tagen wurde der Wert von einem Prozent erreicht oder überschritten. Die Schwankungen der täglichen Abweichungen fielen, besonders in den ersten zwei Dritteln des Untersuchungszeitraumes, wesentlich geglätteter aus. Bis einschließlich 15. 9. 89 lagen die Abweichungen, unter geringen Schwankungen, leicht im positiven Bereich. Vom 27. 9. 89 bis zum 15. 1. 90 waren die Schwankungen etwas stärker. Die Werte lagen dabei im negativen Bereich. Die Zeit der größten Abweichungen und der größten Schwankungen innerhalb der Abweichungen begann, ähnlich wie bei den vorherigen Absicherungen, Anfang Februar (5. 2. 90).

Das Hedge Ratio war erwartungsgemäß wesentlich niedriger als bei den lieferbaren Anleihen. Durch die geringere Restlaufzeit war nämlich eine geringere Zinssensitivität vorhanden. Das Hedge Ratio schwankte zwischen 90 Kontrakten (89,65999) und 78 Kontrakten (77,56556). Durch die geringere Anzahl an Kontrakten fielen die absoluten Schwankungen des Hedge Ratios geringer aus. Das hatte geringere Transaktionskosten zur Folge. Die gesamten, am Ende des Untersuchungszeitraums angefallenen Transaktionskosten, betrugen 0,070444 % des Anfangswertes des Portfolios. Das entspricht DM 21650,35, bei einem Anfangswert des Portfolios von DM 30,734 Mio.

Ergebnis

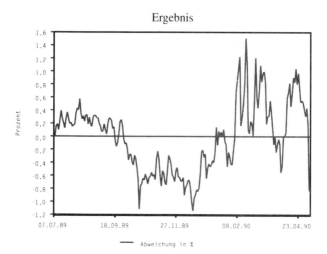

Abb. 7.19: Ergebnis des Hedges von Anleihen mit 4–5 Jahren Restlaufzeit, bei Berechnung des Hedge Ratios mit Hilfe der Dollar
Duration, mittäglicher Anpassung des Hedge Ratios

Änderung des Hedge Ratios

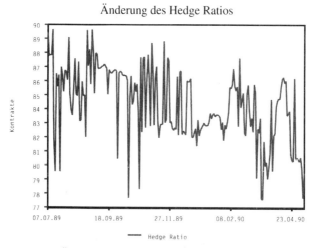

Abb. 7.20: Änderung des Hedge Ratios (Anleihen mit Restlaufzeit
von 4–5 Jahren), bei Berechnung des Hedge Ratios mit Hilfe
der Dollar Duration, bei täglicher Anpassung des Hedge Ratios

7.1.5.4.2 Gründe für eventuelle Ineffizienz des Hedges

Die zeitweilige Ineffizienz des Hedges hatte ähnliche Gründe, wie die Ineffizienz des Hedges der lieferbaren Anleihen (siehe Kapitel 7.1.5.3.2).

1. Fehlbewertung des Futures.
2. Änderung der Zinsstruktur im 4 bis 10 jährigen Bereich.

Zu Punkt 1:

Die Gründe für die Fehlbewertung des Futures und das Ausmaß wurden schon in Kapitel 7.1.5.3.2 erläutert. Die Auswirkungen auf die Effizienz des Hedges waren auch hier beträchtlich.

Am 19. Feb. 1990, als der Hedge seine maximale Abweichung in Höhe von +1,5109 % (DM 464371,03) hatte, war der Future um 49 Basispunkte unterbewertet. Das entspricht DM 1225 (49 * 25) bei einem Einschuß von DM 5000. Bei einem Hedge Ratio von 83 Kontrakten (83,144) sind das DM 101675,75 oder 0,3308 % bezogen auf den Anfangswert des Portfolios. Die Abweichung hätte somit bei einer korrekten Bewertung des Futures an diesem Tag nur noch 1,1801 % betragen.

Der Einfluß der Fehlbewertung des Futures war bei dieser Absicherung zwar auch sehr groß, aber dennoch geringer als bei der Absicherung der lieferbaren Anleihen. Am 19. Feb 1990 betrug der Einfluß der Fehlbewertung des Futures auf den Hedge der lieferbaren Anleihen (Dollar Duration) 0,50477 %. Für denselben Tag (selbe Fehlbewertung) waren es bei den 4- bis 5jährigen Anleihen nur 0,3308 %. Dieser Umstand erklärt sich aus der Tatsache, daß das Hedge Ratio bei den Anleihen mit kürzerer Laufzeit wesentlich niedriger war, als bei den Anleihen mit langer Laufzeit (83 Kontrakte gegenüber 124 Kontrakten). Eine Fehlbewertung des Futures hat somit selbst bei gleicher Größe des Portfolios, sowohl absolut gesehen als auch prozentual, einen wesentlich geringeren Einfluß auf die Effizienz des Hedges. Das ist ein Grund, warum dieser Hedge effektiver war.

Zu Punkt 2:

Auch ohne Fehlbewertung des Futures wäre der Hedge zeitweise ineffizient gewesen. Der Grund dafür war, daß sich die Renditestruktur zwischen dem 4- bis 5jährigen Bereich und dem 8,5- bis 10jährigen Bereich mehrfach geändert hat. Eine Änderung der

Renditestruktur ist aber das größte Risiko, wenn man Anleihen absichert, die eine andere Laufzeit haben als die Anleihen, die dem Futures zugrunde liegen. Die Änderung der Renditen zueinander, ist sehr gut in *Abb. 7.21* zu erkennen:

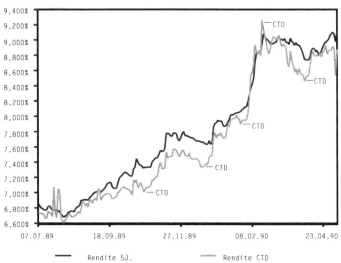

Abb. 7.21: Vergleich der Entwicklung der Durchschnittsrendite von drei Anleihen (LZ:4–5 Jahre) und der Rendite des jeweiligen CTD im Zeitraum vom 7. 7. 89 bis zum 8. 5. 90

Man sieht, daß die Rendite des CTD – die Rendite der Anleihe, die an dem betreffenden Tag der CTD war – und die Durchschnittsrendite der drei abgesicherten Anleihen, nicht immer parallel verlaufen ist. Der Zusammenhng zu dem Ergebnis des Hedges, ist eindeutig. In der Zeit um den 27. 9. 89, als die Differenz zwischen Erträgen und Finanzierungskosten (Abweichung) begann, sich für längere Zeit im negativen Bereich zu bewegen, erhöhte sich der Abstand der Rendite des CTD und der Durchschnittsrendite der abzusichernden Anleihen. Die Durchschnittsrendite stieg gegenüber der Rendite des CTD stärker an. Deshalb das negative Vorzeichen bei der prozentualen Abweichung. Am 19. 2. 90, als die Abweichung fast Null war (0,005318 %), hatte die Durchschnittsrendite fast den gleichen Betrag wie der CTD (8,020 % gegenüber 7,963 %). Der 7. 2. 90, der Tag, an dem die prozentuale Abweichung sich vom negativen Bereich stark in den positiven Bereich bewegte, war der Tag, an dem die Rendite des CTD höher wurde als die Durchschnittsrendite der Anleihen. Der Future fiel stärker als die abzusichernden Anleihen. Deshalb auch das positive Vorzeichen bei der Abweichung. Ende März, als die Abweichung wieder im negativen Bereich war (30. 3. 90: –0,551157 %), war auch die Rendite des CTD wieder deutlich unter der Durchschnittsrendite der abzusichernden Anleihen.

Die Änderung der Renditestruktur hatte somit einen deutlichen Einfluß auf die Wirksamkeit des Hedges.

7.1.5.5 Absicherung von Euro-DM Anleihen

Eine Absicherung von Euro-DM Anleihen ist ein Cross Hedge. Dabei ist das Risiko besonders groß, daß die Korrelation zwischen den Anleihen und dem Bund-Future nicht ausreichend hoch ist.

Ein Beispiel für eine äußerst geringe Korrelation zum Bund-Future liefert die Anleihe der Weltbank (Kürzel: IBRD), Kupon 6,75 % mit Laufzeit bis 17. 5. 99

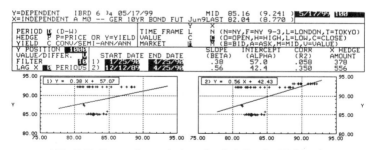

Abb. 7.22: Regression zwischen der Anleihe der Weltbank, Kupon 6,5 %, LZ bis 17. 5. 99 und dem Juni 90 Kontrakt des Bund-Futures (Quelle: Bloomberg)

Aus dem Bestimmtheitsmaß (*Abb. 7.22*) von 0,058 und 0,350 errechnet sich ein Korrelationskoeffizient von 0,2408 für den kürzeren Zeitraum und ein Korrelationskoeffizient von 0,5916 für den längeren Zeitraum. Die Korrelation ist sehr niedrig, obwohl die Anleihe eine dem Bund-Future entsprechende Laufzeit hat und obwohl sie in DM notiert wird. Der Grund dafür ist die außerordentlich geringe Liquidität dieser Anleihe. Das ist nicht nur aus den Umsatzzahlen ersichtlich, sondern auch aus den Kursnotierungen. Die Kurse änderten sich oft über einen längeren Zeitraum überhaupt nicht und wenn sie sich änderten, so waren es oft Kurssprünge. In der Zeit vom 25. 1. 90 bis zum 7. 3. 90 wurde nur ein Kurs notiert (92,22). Bis zum 14.3.90 fiel der Kurs dann auf 85,06 und blieb danach bis zum 30.3.90 wiederum konstant. Eine solche Anleihe mit dem Bund-Future abzusichern, macht keinen Sinn.

Deshalb wurde bei der Auswahl der abzusichernden Euro-DM Anleihen darauf geachtet, daß sie sowohl liquide sind, als auch eine ausreichende Korrelation zum Bund-Future besitzen.

Es wurden deshalb folgende zwei Anleihen gewählt:

1. EIB: Kupon 6,25 %, Laufzeit bis 30. 1. 99, WPKN: 486190.
2. IBRD: Kupon 6,75 %, Laufzeit bis 28. 7. 99, WPKN: 487766.

mit: EIB = European Investmentbank
      IBRD = Weltbank

Die Kursentwicklung der beiden Anleihen während des Untersuchungszeitraumes zeigt *Abb. 7.23*.

Das Emissionsvolumen und die Liquidität dieser beiden Anleihen war relativ hoch. Auch die Korrelation zum Bund-Future war sehr hoch, wie *Abb. 7.24* und *Abb. 7.25* verdeutlichen.

Wie aus dem Bestimmtheitsmaß der Regression (CORR(R2)) in der Graphik ersichtlich ist, besteht zwischen den Anleihen und dem Bund-Future eine sehr hohe Korrelation. Bei der Anleihe der European Investmentbank beträgt sie 0,9214 und 0,9849. Bei der Anleihe der Weltbank beträgt sie 0,9920 und 0,9960.

Das Portfolio bestand aus diesen beiden Anleihen und hatte wie die vorhergehenden Portfolios einen Nominalwert von DM 30 Mio. Die beiden Anleihen waren dabei gleich stark gewichtet und wurden über den Zeitraum vom 7. 7. 89 bis zum 8. 5. 90 abgesichert. Das Hedge Ratio wurde dabei mit Hilfe der Dollar Duration berechnet, da sich diese Methode als die wirkungsvollste erwiesen hat. Angepaßt wurde das Hedge Ratio täglich.

Kursentwicklung

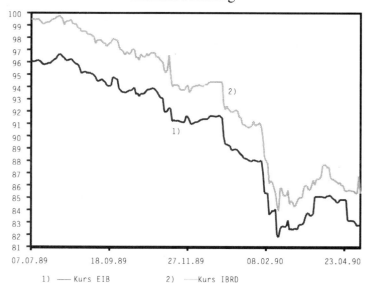

1) —— Kurs EIB   2) ····· Kurs IBRD

Abb. 7.23: Kursentwicklung der Anleihe der EIB: Kupon 6,25 %,
LZ bis 30. 1. 99, und der Weltbank(IBRD): Kupon 6,75 %,
LZ bis 28. 7. 99 im Zeitraum vom 7. 7. 89 bis zum 8. 5. 90

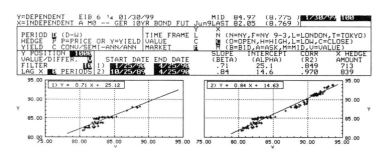

Abb. 7.24: Regression zwischen der Anleihe der EIB,
Kupon 6,25 %, LZ bis 30. 1. 99 und dem Juni 90
Kontrakt des Bund-Futures (Quelle: Bloomberg)

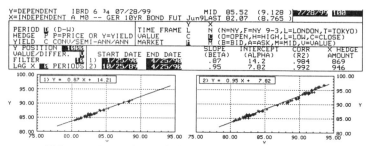

Abb. 7.25: Regression zwischen der Anleihe der Weltbank,
Kupon 6,75 %, LZ bis 28. 7. 99 und dem Juni 90
Kontrakt des Bund-Futures (Quelle: Bloomberg)

7.1.5.5.1 Resultat des Hedges

Der Wert der prozentualen täglichen Abweichungen schwankte
zwischen den Werten +1,098078 % am 10. 4. 90 und −2,039449
am 8. 5. 90. Diese Werte sind zwar etwas größer als die Werte bei
der Absicherung der Anleihen mit Restlaufzeit von 4–5 Jahren,
aber immer noch deutlich niedriger als bei den Absicherungen der
lieferbaren Anleihen. Das arithmetische Mittel des Betrages der
prozentualen Abweichung betrug 0,513852 %. Das liegt noch
deutlich unter dem Wert der Absicherung der lieferbaren Anleihen, bei Berechnung des Hedge Ratios mit Hilfe der Dollar Duration, der 0,626695 % betrug. Auffallend ist, daß sich die Werte den
überwiegenden Teil der Absicherungsdauer im negativen Bereich
befanden. Lediglich im letzten Viertel des Untersuchungszeitraumes, befanden sie sich für eine gewisse Zeit im positiven Bereich.
Günstig war bei diesem Hedge, daß die Abweichungen nicht ganz
so großen Schwankungen unterworfen waren, wie bei der Absicherung der lieferbaren Anleihen. Wie aus *Abb. 7.26* ersichtlich
wird, war der Verlauf kontinuierlicher.

Bis zum 25. 9. 89 hielten sich die Abweichungen in engen Grenzen. Der Wert der Abweichung überschritt selten −0,5 %. Vom
26. 9. 89 bis ca. 21. 11. 89 waren die Werte und Schwankungen der
Abweichung zwar größer, aber noch verhältnismäßig gering. Erst
in der Zeit um den 22. 11. 89 begannen die heftigeren Schwankungen. Das ist etwas früher als bei der Absicherung der lieferbaren Anleihen. Die Zeit der stärksten Schwankungen und der größ-

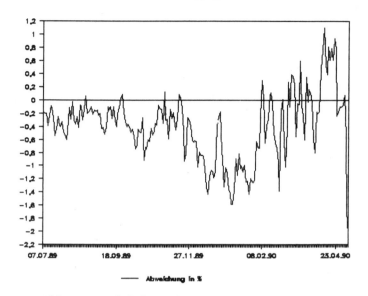

Abb. 7.26: Ergebnis des Hedges von Euro-DM Anleihen, bei
Berechnung des Hedge Ratios mit Hilfe der Dollar Duration,
mit täglicher Anpassung des Hedge Ratios

ten Abweichungen begann Ende Januar Anfang Februar 90. Das
ist etwa auch der Zeitraum, in dem bei den anderen Absicherungen die größten Abweichungen stattgefunden haben. Abgesehen
von den letzten zwei Tagen des Untersuchungszeitraumes hielten
sich die Werte der Abweichungen in einem vertretbaren Rahmen.

Während der Absicherungsdauer schwankte das Hedge Ratio
zwischen 114 Kontrakten (113,5382) und 136 Kontrakten
(136,0792). Das sind Werte, die der Absicherung der lieferbaren
Anleihen, bei Berechnung des Hedge Ratios mit Hilfe der Dollar
Duration, entsprechen. Die Transaktionskosten, die durch die Anpassung des Hedge Ratios entstanden sind, betragen DM
32769,45 oder 0,11164 % vom Anfangswert des Portfolios. Dieser
Wert ist mit der Absicherung der lieferbaren Anleihen nicht zu vergleichen, da die Euro-DM Anleihen über einen längeren Zeitraum
abgesichert wurden. Auch ein Vergleich mit dem Hedge der Anleihen mit 4–5 Jahren Restlaufzeit ist nicht möglich, da diese An-

leihen durch die niedrigere Zinsreagibilität ein niedrigeres Hedge Ratio haben.

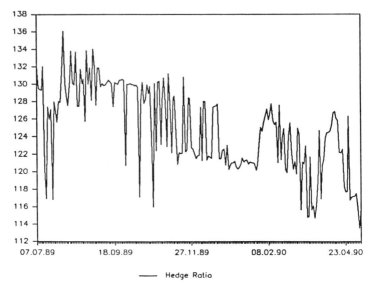

——— Hedge Ratio

Abb. 7.27: Änderung des Hedge Ratios (Euro-DM Anleihen), bei
Berechnung des Hedge Ratios mit Hilfe der Dollar Duration,
bei täglicher Anpassung des Hedge Ratios

7.1.5.5.2 Gründe für eventuelle Ineffizienz des Hedges

Die Gründe für die zeitweilige Ineffizienz des Hedges, sind in Prinzip dieselben wie bei den vorherigen Absicherungen:

1. Fehlbewertung des Futures
2. Nicht ständige Parallelentwicklung der Renditen der abzusichernden Anleihen und der Rendite des CTD

Auch bei diesem Hedge hatte die Fehlbewertung des Futures einen deutlichen Einfluß auf die Effizienz des Hedges. Am 5. 3. 90, als der Future um 55 Basispunkte überbewertet war, betrug die Abweichung im Hedge −1,011419%. Bei einem Hedge Ratio von 121 Kontrakten (121,1102) an diesem Tag, beträgt der Wert der Überbewertung des Futures DM 166375 oder 0,5673777% vom Anfangswert des Portfolios. Da die Abweichung einen negativen

Wert hatte, wäre der Hedge an diesem Tag ohne die Überbewertung des Futures um 0,5673777 % effizienter gewesen. Am 16.10. 89 war der Future um 14 Basispunkte überbewertet, während er am folgenden Tag um 15 Basispunkte unterbewertet war. Am 16. 10. 89 betrug die Abweichung –0,919734 % und sank am nächsten auf –0,715322 %. Hier ist der Zusammenhang zwischen der Fehlbewertung des Futures und der Ineffizienz des Hedges ebenfalls deutlich zu sehen. Am 19. 2. 90, als der März-Kontrakt seine stärkste Unterbewertung (–49 Basispunkte) erfuhr, betrug die Abweichung im Hedge +0,109908 %. Das sind DM 31314,67. Bei einem Hedge Ratio von 128 Kontrakten (127,5515), beträgt der Wert der Unterbewertung des Futures DM 156800. Der Hedge wäre in diesem Fall ohne die Unterbewertung des Futures ineffizienter gewesen. Dies sind nur einige Beispiele. Ein Vergleich der Datenreihen und ein Vergleich der Graphen der Fehlbewertung des Futures mit dem Graphen des Ergebnisses des Hedges zeigen, daß auch hier die Fehlbewertung des Futures einen deutlichen Einfluß auf die Effizienz des Hedges hat. Bei diesem Hedge hat die Fehlbewertung des Futures die Effizienz des Hedges nicht nur negativ, sondern an mehreren Tagen auch positiv beeinflußt.

Der zweite Grund für die zeitweilige Ineffizienz des Hedges ist, wie in den vorherigen Beispielen, daß die Renditen der abzusichernden Anleihen und die Rendite des jeweiligen CTD nicht ständig parallel verlaufen sind. *Abb. 7.28* zeigt das sehr deutlich.

Die Durchschnittsrendite der beiden Euro-DM Anleihen lag meistens über der Rendite des jeweiligen CTD. In den Zeiträumen, in denen die Rendite des CTD stärker anstieg, als die Rendite der abzusichernden Anleihen, näherte sich die Abweichung, die meistens im negativen Bereich lag, dem positiven Bereich an. Als umgekehrt die Rendite des CTD stärker sank als die Renditen der abzusichernden Anleihen, bewegte sich der Wert der Abweichung stärker in den negativen Bereich. Dieses gelegentliche Auseinanderlaufen in der Renditeentwicklung war der Hauptgrund für die zeitweilige Ineffizienz des Hedges. Insgesamt jedoch war der Zusammenhang zwischen dem Renditeentwicklungen überraschend stark.

Die relativ starke negative Abweichung in den letzten Tagen der Absicherung, ist darauf zurückzuführen, daß in diesen Tagen die

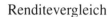

Renditevergleich

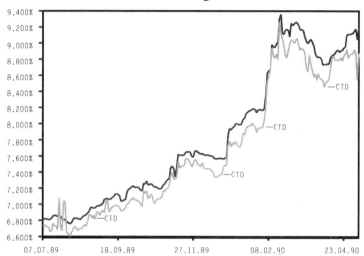

Abb. 7.28: Vergleich der Entwicklung der Durchschnittsrendite der abgesicherten Euro-DM Anleihen und der Rendite des jeweiligen CTD im Zeitraum vom 7. 7. 89 bis zum 8. 5. 90

Kurse der abzusichernden Anleihen sich kaum bewegt haben, während der Futurekurs gestiegen ist. Deshalb auch das negative Vorzeichen der Abweichung.

7.1.5.6 Resümee

Eine Absicherung von Anleihen kann trotz heftiger Kursschwankungen auch über einen längeren Zeitraum effizient sein. Der Bund-Futures hat sich als ein relativ wirkungsvolles Instrument zur Absicherung gegenüber Zinsänderungsrisiken erwiesen. Dabei ist es von grundlegender Bedeutung, die richtige Absicherungsstrategie zu wählen. Die verschiedenen Absicherungen haben gezeigt, daß darüberhinaus der Haupteinflußfaktor auf die Effizienz eines Hedges von Anleihen, die Parallelentwicklung der Renditen der abzusichernden Anleihen und der Rendite des jeweiligen CTD ist. Weiterhin spielt eine mögliche Fehlbewertung des Futures eine nicht unerhebliche Rolle.

Als Zusammenfassung ein Überblick über die Ergebnisse der einzelnen Absicherungen:

	Tägl. Anpassung	Wöchentl. Anpassung
LFB D_{MAC}	0,685377 %	0,623865 %
LFB D_{MAC} K	0,679263 %	0,622220 %
LFB DD	0,626695 %	0,571321 %
4–5 J DD	0,433370 %	
Euro-DM DD	0,513852 %	

Abb. 7.29: Vergleich der arithmetischen Mittel der Beträge der prozentualen Abweichungen bei den einzelnen Absicherungen.

mit: LFB = lieferbar (Anleihe)
     K = Konvexität
     J = Jahre

7.1.5.7 Optimierung des Hedges mit Hilfe von Optionen

An dieser Stelle soll ein neues Konzept vorgestellt werden, mit dem die Effizienz eines Hedges verbessert werden kann. Dieses Konzept wird in seiner Grundstruktur erläutert. Eine weitergehend detaillierte Ausführung oder ein empirischer Test kann an dieser Stelle nicht erfolgen, da dies den Rahmen des Buches sprengen würde. Es werden daher einige theoretische Grundlagen als bekannt vorausgesetzt, so z.B. die Kenntnis der Risikoparameter von Optionen.

Für die folgenden Ausführungen wird vorausgesetzt, daß sowohl der aktuelle Futurepreis als auch die Optionen auf den Future ohne Marktverzerrungen mit ihrem theoretischen Wert gehandelt werden.

Bei einem Hedge von Anleihen, selbst wenn es lieferbare Anleihen sind oder sogar der CTD, kann es passieren, daß, obwohl sich der aktuelle Futurepreis an seinem theoretischen Wert orientiert und obwohl keine Änderung in der Rendite*struktur* stattfindet, der Hedge ineffektiv ist.

Um diese Behauptung zu begründen, müssen zunächst einige Zusammenhäge über den Wechsel des CTD und die Konvexität des Futures ins Gedächtnis gerufen werden die zum Teil schon in vorherigen Kapiteln behandelt wurden, aber sehr wichtig für die Argumentation sind.

Wenn sämtliche lieferbaren Anleihen dieselbe Rendite in Höhe von 6 % haben, so haben sie alle einen über den Preisfaktor angeglichenen Preis von 100. Der Preis jeder Anleihe geteilt durch ihren Preisfaktor ergibt dann 100. Das hat zur Folge, daß jede Anleihe im Hinblick auf die Lieferung gleich billig oder teuer ist. Jede Anleihe ist dann der CTD.[37] Dabei kann es noch zu kleinen Unterschieden, verursacht durch unterschiedliche Kuponzahlungstermine, kommen.

Ändert sich jetzt aber die Rendite, so wird sich auch der CTD ändern. Fällt die Rendite unter 6 % – eine Parallelverschiebung der Renditen wird zunächst vorausgesetzt – so wird die Anleihe mit der niedrigsten Duration der CTD. Diese Anleihe hat die niedrigste Zinsreagibilität, was zur Folge hat, daß der Kurs relativ schwächer steigen wird, als der Kurs der anderen lieferbaren Anleihen. Diese Anleihe ist dann der CTD. Steigen hingegen die Renditen über 6 %, dann wird die Anleihe mit der höchsten Duration der CTD sein. Diese Anleihe wird dann am stärksten auf einen Renditeanstieg reagieren mit der Folge, daß ihr Kurs im Verhältnis zu den anderen Anleihen, relativ gesehen, am stärksten fallen wird. Bei derselben Rendite sind dann die Kosten der Lieferung von Anleihen im Nominalwert von DM 250000, bei der Anleihe mit der höchsten Duration am geringsten.[38] Diese Anleihe ist dann der CTD und hat den über den Preisfaktor angepassten niedrigsten Kurs. Dabei ist zu beachten, daß ceteris paribus der Kurs des Futures, der sich am CTD orientiert, bei einem Renditeanstieg mindestens gleich stark fallen wird und bei einem Renditeverfall höchstens genauso stark ansteigen wird, wie der Kurs einer beliebigen lieferbaren Anleihe. Die Preis-Rendite-Kurve des Futures verläuft somit ceteris paribus flacher als die Preis-Rendite-Kurve sämtlicher lieferbaren Anleihen. Die Konvexität der Preis- Renditekurve des Futures ist somit niedriger als die der lieferbaren Anleihen.

In der Regel haben nicht alle lieferbaren Anleihen dieselbe Ren-

---

37 Vgl. *Burghard, G., Lane, M., Papa, J.:* (Treasury Bond), S. 42.
38 Vgl. *Figlewski, S.:* (Hedging), S. 61.

dite. Oft kommt es vor, daß Anleihen dieselbe Duration haben, aber eine unterschiedliche Rendite. „Haben Anleihen dieselbe Duration, aber eine unterschiedliche Rendite, so ist die Anleihe mit der höchsten Rendite der CTD."[39] Diese Anleihe hat dann den über den Preisfaktor angepassten niedrigsten Kurs. Bei gleicher Duration und unterschiedlichen Renditen orientiert sich der Future an der Anleihe, die den über den Preisfaktor angepassten niedrigsten Kurs und somit die höchste Rendite hat. Diese Eigenschaft hat zur Folge, daß die Preis- Renditekurve des Futures höchstens genauso konvex, aber meistens geringer konvex ist, als die Preis-Rendite-Kurve einer beliebigen lieferbaren Anleihe.

Es gibt also zwei Faktoren die bestimmen, wann eine Anleihe der CTD ist; nämlich die Duration und die Rendite. Wann einer der beiden Faktoren überwiegt, hängt von der Höhe der Rendite und der Höhe der Duration ab. Zu einem Zeitpunkt kann die Anleihe mit der höchsten Duration der CTD sein, zu einem anderen Zeitpunkt kann es die Anleihe mit der höchsten Rendite sein. Beide Faktoren bewirken aber, daß die Konvexität der Preis-Rendite-Kurve des Futures kleiner oder gleich der Preis-Rendite-Kurve einer beliebigen lieferbaren Anleihe ist. *Abb. 7.30* verdeutlicht diesen Zusammenhang:

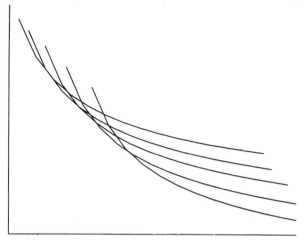

Abb. 7.30: Mögliche Preis-Rendite-Kurven von Anleihen

39 Vgl. *Burghard, G., Lane, M., Papa, J.:* (Treasury Bond), S. 44.

Die Preis-Rendite-Kurven der lieferbaren Anleihen werden, wenn sie in ein Schaubild eingetragen werden, im Verhältnis zueinander *ähnlich* aussehen wie in *Abb. 7.30.* Der Kurs des Futures wird sich dabei stets an der untersten Linie der Preis-Rendite-Kurven orientieren und hat somit eine schwächere Konvexität als die einzelnen lieferbaren Anleihen. Es ist sogar der Fall möglich, daß der Future eine negative Konvexität aufweist, sich also konkav verhält.[40]

Der Effekt auf einen Hedge ist folgender:

Wird der CTD abgesichert, so befindet man sich auf dem Berührungspunkt der Preis-Rendite-Kurve der abzusichernden Anleihe (CTD) und der Preis-Rendite-Kurve des Futures. Wird nun diese Anleihe abgesichert und das Hedge Ratio nicht ständig an die Änderung des CTD angepaßt, kann es passieren, daß, obwohl die Anleihe abgesichert wurde, die zu Beginn der Absicherung der CTD war, der Hedge nicht effektiv ist und in einen Verlust resultiert. Da die Konvexität des Futures höchstens genauso hoch, meistens aber niedriger ist als die Konvexität einer beliebigen lieferbaren Anleihe, wird der Kurs des Futures bei steigenden Renditen stärker fallen und bei fallenden Renditen weniger stark steigen, wie der Kurs der Anleihe, die abgesichert wird. Für einen Short Hedge ist dieser Effekt positiv. Für einen Long Hedge, ist dieser Effekt aber negativ, da bei einem Kursanstieg der Gewinn aus dem gekauften Future immer kleiner oder gleich dem Verlust aus dem Leerverkauf der Anleihe ist. Umgekehrt ist bei einem Kursverfall der Verlust aus dem Kauf des Futures immer größer oder gleich dem Gewinn aus dem Leerverkauf der Anleihe. Gewinn und Verlust heben sich nur dann auf, wenn der CTD abgesichert wird und während der Absicherungsdauer nicht wechselt. Dies ist aber selten. Wird somit das Hedge Ratio nicht ständig an den Wechsel des CTD angepaßt, wird ein Long Hedge in einem Verlust resultieren. Eine ständige Anpassung des Hedge Ratios erhöht die Transaktionskosten und erfordert zudem einen höheren Zeit- und Arbeitsaufwand. Fallen die Renditebewegungen sehr stark aus, so kann es außerdem passieren, daß trotz einer täglichen Anpassung des Hedge Ratios die Kurse zwischen Future und

---

40 Vgl. hierzu auch Kapitel 6.1.6 Duration und Konvexität des Futures.

Anleihe auseinanderdriften. Wie stark die Kurse ohne Anpassung des Hedge Ratios auseinanderdriften, hängt von der Konvexität der abzusichernden Anleihe ab. Ist die Konvexität der abzusichernden Anleihe sehr hoch, so werden die beiden Preis-Rendite-Kurven bei besonders extremen Renditeschwankungen auch besonders weit auseinanderstreben. Bei mittleren Renditeschwankungen wird der Abstand geringer sein.

Diesen für einen Long Hedge negativen Effekt kann man teilweise durch geschickten Einsatz von Optionen kompensieren. Die Abweichung der Kursentwicklung der beiden Instrumente voneinander für den Fall, daß die Renditen steigen, kann durch den Kauf einer Verkaufsoption auf den Future kompensiert werden. Das Auseinanderdriften der Kurse für den Fall, daß die Zinsen sinken, wird durch den Kauf einer Kaufoption auf den Future kompensiert. Da man in beide Richtungen abgesichert sein muß, müssen beide Optionen gekauft werden. Die Wahl des Basispreises, mithin ob man einen Straddle oder Strangle kauft, und die Anzahl der Optionen hängen von mehreren Faktoren ab. Es soll versucht werden, durch den Kauf eines Futures und den Kauf von Optionen die Preis-Rendite-Kurve der abzusichernden Anleihe möglichst genau nachzubilden.

Zuerst muß die Preis-Rendite-Kurve der abzusichernden Anleihe berechnet werden. Im zweiten Schritt muß die Preis-Rendite-Kurve für sämtliche lieferbare Anleihen berechnet werden. Man weiß dann, welchen Kurs jede lieferbare Anleihe bei einer bestimmten Rendite hat. Geht man von dem heutigen Zinsniveau aus und trifft die Annahme, daß sich die Zinsstruktur im 8,5- bis 10jährigen Bereich nicht ändert, so kann nun festgestellt werden, welche Anleihe bei einem Renditeniveau der CTD ist. Aufgrund dieser Daten kann die Preis-Rendite-Kurve des Futures bestimmt werden. Vergleicht man sie dann mit der Preis-Rendite-Kurve der abzusichernden Anleihe, so kann festgestellt werden, bei welcher Rendite welche Abweichung der beiden Kurven voneinander stattfindet. Man kann, ausgehend von dem heutigen Renditeniveau feststellen, welche Optionen man in welcher Anzahl kaufen muß, damit der Verlust ausgeglichen wird. Dazu muß man sich ausrechnen, zu welchem Preis die Optionen notieren werden, wenn sich die Rendite ändert. Es müssen nicht nur die Optionspreise für sämtliche Basispreise berechnet werden, sondern auch für verschiedene Renditeänderungen.

Welche Option gekauft wird hängt davon ab, wie hoch die Konvexität der abzusichernden Anleihe ist. Ist sie stark konvex, was zur Folge hat, daß die beiden Kurven am oberen und unteren Ende stark auseinanderdriften, so muß eine Option gekauft werden, deren Delta sich diesem Auseinanderdriften anpasst. Je schneller die beiden Kurven sich auseinanderbewegen, desto schneller muß das Delta ansteigen, um den Verlust zu kompensieren. Das heißt, es muß bei starker Konvexität der abzusichernden Anleihe zunächst einen geringen Wert haben und dann immer größer werden. Je stärker die Konvexität der abzusichernden Anleihe (hier der CTD) im Verhältnis zu der Konvexität des Futures ist, desto schneller muß das Delta der Option ansteigen. Wie schnell das Delta der Option ansteigt, kann durch die zweite Ableitung der Optionsbewertungsformel nach dem Anleihekurs festgestellt werden. Das ist dasselbe wie die erste Ableitung des Deltas nach dem Anleihekurs. Dieser Faktor wird Gamma genannt. Je stärker die Konvexität der abzusichernden Anleihe im Verhältnis zu der Konvexität des Futures ist, desto höher muß das Gamma der Option sein. Kauft man eine Option am oder im Geld, so kann es geschehen, daß bei einer starken Renditebewegung die Option soweit im Geld ist, daß ihr Delta fast eins beträgt. Bewegt sich dann die Rendite weiter in die gleiche Richtung und bewegen sich die Kurven weiter auseinander so kann es sein, daß der Gewinn in der Option, da das Delta nicht weiter ansteigt, nicht ausreicht um den Verlust, der durch die schwächere Konvexität des Futures entsteht, zu kompensieren. Es wird in der Regel sinnvoll sein, statt einer Option im oder am Geld, mehrere Optionen aus dem Geld zu kaufen. Diese haben zu Beginn der Kursbewegung ein niedrigeres Delta was dazu führen kann, daß die Gewinne am Anfang nicht ausreichen. Deshalb müssen mehrere Optionen gekauft werden. Man muß dabei mehrere Optionen aus dem Geld mit nach oben gestaffelten Basispreisen kaufen. Bei einer Option aus dem Geld steigt das Gamma immer mehr an, bis zu dem Zeitpunkt, an dem sie sich am Geld befindet. Sobald sich die Option über den Basispreis hinaus ins Geld bewegt, steigt das Delta nur noch mit einer sinkenden Zuwachsrate an. Da die beiden Preis-Rendite-Kurven sich nicht linear auseinanderbewegen, muß das Delta der Gesamtposition sich mit einer steigenden Zuwachsrate erhöhen. Sobald die eine Option sich am Geld befindet, muß die Option mit dem höheren Basispreis beginnen zu greifen, was bedeutet, daß ihr Delta sich mit einer steigenden Zuwachsrate erhöhen muß. Diese Option muß sich tendenziell ans Geld bewegen. Dadurch wird die fallende Zuwachsrate des Deltas der ersten Option ausgeglichen. Sobald die zweite Option am Geld ist, beginnt die nächste Option mit einem höheren Basispreis zu wirken usw..

Es ist nicht ausreichend, nur eine Kauf- oder Verkaufsoption zu kaufen. Da man die Preis-Rendite-Kurve der abzusichernden Anleihe nach *beiden* Richtungen nachbilden will, müssen sowohl Calls als auch Puts gekauft werden. Es wird weiterhin nicht genügen, nur einen Call und einen Put zu kaufen. Man will die Preis-Rendite-Kurve der abzusichernden Anleihe möglichst genau nachbilden. Dazu muß man mehrere Optionen mit verschiedenen Basispreisen kaufen. Die Zusammenstellung der verschiedenen Optionen kann mit Hilfe einer multilinearen Regression erfolgen. Die Grundlage dafür bildet jedoch die Optionspreistheorie.

Der Kauf der Optionen hat zur Folge, daß das Theta der Option gegen den Käufer der Option läuft. Man hat somit eine Position, die durch einen Verfall des Zeitwertes der Option negativ beeinflußt wird. Ist die Kursbewegung ausreichend hoch, so kann der negative Thetaeffekt durch den positiven Gammaeffekt und somit durch die positive Entwicklung des Deltas in der Form überkompensiert werden, daß der entstandene Abstand zwischen den beiden Preis-Rendite-Kurven geschlossen wird. Bewegen sich die Kurse allerdings nicht, so arbeitet das Theta der Option ohne irgendeinen Ausgleich gegen den Käufer der Option. Es kann daher sinnvoll sein, Optionen zu kaufen, deren Laufzeit länger ist als der Absicherungshorizont. Bei längerlaufenden Optionen ist der Thetaeffekt nicht so stark wie bei Optionen mit kurzer Laufzeit.

Wird der Hedge vor dem Laufzeitende der Option aufgelöst, so besteht als zusätzliches Risiko das Vegarisiko. Durch eine Veränderung der Erwartung der Marktteilnehmer kann sich die implizite Volatilität der Option ändern. Dieser Faktor kann aber auch günstig für den Hedger sein. Findet nämlich wie erwartet eine starke Kursbewegung statt, so wird sich in der Regel die implizite Volatilität der Option erhöhen. Das ist für den Käufer der Option günstig.

Diese Absicherungsstrategie ist dann sinnvoll, wenn der Investor eine starke Renditebewegung erwartet. Die gekauften Optionen werden dann den negativen Effekt, der durch die geringere Konvexität des Futures entsteht, ausgleichen. Bewegen sich dann die Kurse – entgegen der Erwartung des Investors – nicht oder nur wenig, so wird durch den negativen Thetaeffekt aus der Optionsposition ein Verlust entstehen. Man hat dann eine Art Versicherungsprämie gezahlt.

Erwartet man, daß die Renditebewegung innerhalb bestimmter Grenzen bleibt (z. B. +−3 %), so kann man den negativen Thetaeffekt dadurch etwas lindern, indem man zusätzlich Optionen schreibt, die einen höheren Basispreis haben als die Optionen, die man gekauft hat. Das Delta der geschriebenen Optionen ist dann kleiner als das Delta der gekauften Optionen, wodurch bei einem Kursanstieg der Gewinn der gekauften Optionen größer ist als der Verlust durch das Schreiben der Optionen. Der Vorteil dieser Strategie ist, daß die eingenommene Zeitprämie der verkauften Optionen die Kosten, die durch den Kauf der Optionen entstanden sind, vermindert. Der negative Thetaeffekt aus der Long-Position wird somit etwas kompensiert. Die Preis-Rendite-Kurve der abzusichernden Anleihe wurde aber nicht mehr vollständig nachgebildet. Innerhalb einer bestimmten Schwankungsbreite der Renditen ist man jetzt besser abgesichert. Geht die Kursbewegung des Futures aber über den Basispreis der geschriebenen Optionen hinaus, so wird der Hedge an Effizienz einbüßen.

Den negativen Thetaeffekt kann man aber auch für sich wirken lassen. Diese folgend beschriebene Strategie hat dann nicht mehr viel mit einem Hedge zu tun. Sie ist mehr eine Art Arbitrage.

Wie oben beschrieben, ist die schwächere Konvexität des Futures günstig, wenn man einen Short Hedge hat. Bei starken Kursbewegungen wird der verkaufte Futures stärker fallen bzw. schwächer steigen, als die gekaufte Anleihe. Die gekaufte Anleihe muß dabei der CTD sein, da man sich dann an dem Berührungspunkt der beiden Preis-Rendite-Kurven befindet. Man wird bei einer starken Renditebewegung einen zusätzlichen Gewinn einnehmen, der bei einem perfekten Hedge eigentlich nicht entstehen dürfte. Man hat somit in dem Hedge implizit noch eine Art Option. Diese Option kann verkauft werden.

Erwartet man keine starke Renditebewegung, wird man die oben beschriebene Strategie umdrehen. Der Futures wird verkauft, die Anleihe (der derzeitige CTD) gekauft und die Optionen werden geschrieben. Die Optionen werden in derselben Art geschrieben, wie sie bei dem obigen Long Hedge gekauft wurden. Man versucht die Optionen so zu schreiben, daß die Preis-Rendite-Kurve der abzusichernden Anleihe wieder möglichst genau nachgebildet wird. Kommt es dann zu einer starken Kursbewegung, erzielt man im Short Hedge (der jetzt eigentlich keiner mehr ist) keinen zusätzlichen Gewinn, aber auch keinen Verlust. Bewegen sich die Kurse hingegen nicht oder nur wenig, so nimmt man durch das Schreiben der Optionen die Zeitprämie ein. Das Theta der Option arbeitet in diesem Fall für den Investor. Bei starken Renditeschwankungen wird der negative Effekt, der durch das Schreiben der Optionen entstanden ist, durch die schwächere Konvexität des Futures ausgeglichen. Bei schwachen Renditebewegungen nimmt der Investor fast risikolos die Zeitprämie ein. Je genauer dabei die Preis-Rendite-Kurve der abzusichernden Option nachgebildet wurde, desto risikoloser ist der Gewinn.

7.1.6 Absicherung von zukünftigen Verbindlichkeiten

Eine Firma beabsichtigt, in 30 Tagen eine Anleihe mit einer Restlaufzeit von 9 Jahren zu emittieren. Das Nominalvolumen soll DM 50 Mio. betragen. Das augenblickliche Zinsniveau von 8,5 % wird dafür als günstig erachtet. Das Unternehmen war in der Vergangenheit stets in der Lage, Mittel aufzunehmen, deren Zinssatz 108 % des Zinssatzes der entsprechenden Regierungsanleihen betrug, derzeit könnte die Firma daher eine neunjährige Anleihe mit einem Kupon von 9,18 % (8,5 * 1,08) zu pari emittieren.

Die zuständigen Manager befürchten jedoch einen Anstieg der Zinsen bis zu der Plazierung der Emssion in 30 Tagen. Steigen die Zinsen, muß die Firma entweder einen höheren Kupon zahlen oder kann die Emission nur zu einem niedrigeren Marktpreis unterbringen. Es ist daher beabsichtigt, sich den derzeitigen Marktzinssatz durch Verkauf von Terminkontrakten abzusichern.

Eine Anleihe mit 9 Jahren Restlaufzeit und einem Kupon von 9,18 hat, wenn sie zu pari notiert, eine Dollar Duration von 5,949 (Basis Point Value: 5,952). Da der Aufnahmesatz für das Unternehmen 108% des Zinssatzes der entsprechenden Regierungsanleihen beträgt, ist auch die Sensitivität auf Zinsänderungen 1,08 mal höher. Die Dollar Duration von 5,949 muß daher mit 1,08 multipliziert werden. 5,949 * 1,08 = 6,425. Der Cheapest to Deliver des Bund-Futures, mit dem die Absicherung erfolgen soll, hat eine Dollar Duration von 6,2119 und einen Preisfaktor von 1,142062. Das Hedge Ratio errechnet sich dann nach der folgenden Formel:

$$\text{Hedge Ratio} = \frac{6{,}4250 * 50\,000\,000}{6{,}2119 * 250\,000} * 1{,}14206 = 236{,}25$$

Zur Absicherung der Position müssen daher 236 Kontrakte des Bund-Futures verkauft werden.

7.1.7 Absicherung von zukünftigen Einzahlungen

Erwartet ein Marktteilnehmer (z.B. Versicherung, Unternehmen, Bank) zu einem bestimmten Zeitpunkt in der Zukunft eine Einzahlung und beabsichtigt diese Einzahlung nach Erhalt festverzinslich anzulegen, kann er sich dur den Kauf von Zinsterminkontrakten das augenblickliche Zinsniveau sichern.

Die Wahl des Futures hängt von der beabsichtigten Anlagedauer ab. Für den Fall einer Anlage in langfristige Regierungsanleihen müßte z.B. ein langfristiger Zinsterminkontrakt gewählt werden.

Für die Wahl des Kontraktes ist der Zeitpunkt, an dem die Einzahlung erfolgt, ausschlaggebend. Erfolgt die Einzahlung an einem weit entfernten Zeitpunkt, so kann die Wahl eines entferntliegenden Kontraktes sinnvoll sein. Ist der Kontrakt nicht ausreichend liquide oder wird er noch nicht notiert, so muß auf einen näherliegenden Kontrakt ausgewichen werden und dieser dann in den folgenden Kontraktmonat gerollt werden. Dieser Aspekt ist übrigens auch für das Beispiel des letzten Kapitels wichtig.

Die Berechnung des Hedge Ratios erfolgt analog zu den beschriebenen Methoden. Das Hedge Ratio hängt somit auch hier von der Duration bzw. Dollar Duration der Einlage ab.

7.1.8 Durations-Hedge für Swaps

Die Absicherung des kurzen Endes eines Swaps findet sehr häufig unter dem Einsatz von kurzfristigen Zinsterminkontrakten statt. Das lange Ende eines Swaps hat eher die Form einer Anleiheposition. Anleiheterminkontrakte sind daher ein geeignetes Mittel, diese Seite eines Swaps abzusichern. Hierbei kann es sich z. B. um einen kurzfristigen Hedge handeln, der aufgelöst wird, sobald die variable Seite arrangiert ist.

Die Absicherung erfolgt auch hier wie das Hedgen von Anleihen. Um einen Swap gegenüber Zinsschwankungen zu schützen, muß seine Preissensitivität auf Zinsänderungen bestimmt werden. Die fixe Seite eines Swaps kann als eine Anleihe angesehen werden, die eine bestimmte Laufzeit und einen festen Kupon hat und bei Eingehen des Geschäftes zu pari notiert. Der Kupon ist der fixe Zinssatz und die Laufzeit der Anleihe entspricht der Laufzeit des Swaps. Als Maß für die Preissensitivität ist es sinnvoll, die Dollar Duration oder Basis Point Value zu nehmen. Als Beispiel kann man einen Swap mit einer Laufzeit von 4 Jahren nehmen. Die Zahlungsströme die ausgetauscht werden sind 8,00 % fix gegen variablen Sechsmonatszins. Hierbei wurde der Zins der ersten variablen Zahlung schon festgelegt und beträgt 9,00 %. Die variable Seite wird alle sechs Monate angepaßt. Der fixe Kupon wird jährlich gezahlt. Bei Eingehen des Geschäftes hat die fixe Seite die Dollar Duration einer Anleihe, die zu pari notiert, eine Restlaufzeit von 4 Jahren und einen Kupon von 8,00 % hat. Die Dollar Duration beträgt somit 3,3163. Das Hedge Ratio zur Bestimmung der fixen Seite des Swaps beträgt:

$$\text{HR FS} = \frac{\text{DD}_{FS} * \text{NW}_{SW} * \text{PF}_{CTD}}{\text{DD}_{CTD} * \text{NW}_{FUT}}$$

mit: HR = Hedge Ratio
  FS = Fixe Seite des Swap
  DD = Dollar Duration
  NW = Nominalwert
  SW = Swap
  PF = Preisfaktor
  CTD = Cheapest to Deliver
  Fut = Future

Von hier aus ist es nur noch ein kleiner Schritt, den gesamten Swap, also auch inklusive der variablen Seite, abzusichern. Kurz nach Eingehen des Swaps beträgt die Dauer bis zur Anpassung der variablen Seite sechs Monate. Wegen dieser im Vergleich zur fixen Seite geringen Zeitspanne wird die Dollar Duration nur einen kleinen Wert annehmen. Da die Höhe der ersten Zahlung schon festgelegt wurde, beträgt in diesem Beispiel bei Eingehen des Swaps die Dollar Duration der variablen Seite 0,04785. Steigt der Sechsmonatszins von 9,00 % auf 9,10 %, so müßte sich die erste Kuponzahlung von 4,50 (9,0 * 180/360) auf 4,55 (9,1 * 180/360) erhöhen damit man die variable Seite wieder zu pari verkaufen kann. Die erste Zahlung wurde jedoch schon festgelegt. Die Differenz von 0,05 muß mit dem neuen Zinssatz (9,10 %) diskontiert werden. 0,05/(1 + 0,091 * 180/360) = 0,04782. Der Wertverlust der variablen Seite des Swaps beträgt somit 0,04782. Für ein Sinken der Zinsen auf 8,90 % erhält man den Wert von 0,04787. (0,04782 + 0,04787)/2 = 0,04785. Aufgrund dieses Ergebnisses kann man als Dollar Duration der variablen Seite des Swaps den Wert von 0,4785 nehmen.[41]

Erhält man fix und zahlt variabel, so ist das äquivalent zu einer long Bond und short Floating-Rate-Note Position. Das Umgekehrte gilt für einen Swap, bei dem man fix zahlt und variabel erhält. Da man die eine Seite zahlt und die andere Seite erhält, gleichen sich die Zahlungsströme zum Teil aus. Die Netto-Duration eines Swaps ist daher die Duration der fixen Seite, abzüglich der Duration der variablen Seite (falls variabel gezahlt wird), oder die Duration der variablen Seite, abzüglich der Duration der fixen Seite (falls fix gezahlt wird).[42]

$$DD \; Swap = DD_{FS} - DD_{VS} \;^{[43]}$$

mit: VS = Variable Seite des Swaps

Die Dollar Duration des Swaps im obigen Beispiel beträgt
3,3163 – 0,4785 = 2,8378

---

41 Von einer Dollar Duration zu sprechen ist in diesem Fall problematisch. Der Begriff Basis Point Value trifft den Sachverhalt eher.
42 *Goodman, L. S.*: (The Duration of a Swap), S. 310.
43 *Goodman, L. S.*: (The Duration of a Swap), S. 309.

Das Hedge Ratio für den gesamten Swap, inklusive der variablen Seite, kann nach der folgenden Formel berechnet werden:

$$\text{HR Swap} = \frac{DD_{SW} * NW_{SW} * PF_{CTD}}{DD_{CTD} * NW_{FUT}}$$

Die Wahl des Futures, mit dem die Absicherung erfolgt, hängt von der Laufzeit der ihm zugrundeliegenden Instrumente ab.

Eine Absicherung von Swaps kann auf viele verschiedene Weisen erfolgen, die je nach Situation ihre Stärken und Schwächen haben. Der geschilderte Durations Hedge ist besonders für kurzfristige Absicherungen geeignet. Gerade bei kurzfristigen Absicherugen ist es wichtig, eine effiziente, schnell zu arrangierende Hedge-Möglichkeit zu haben, die niedrige Transaktionskosten verursacht.[44]

7.2 Arbitrage

Allgemein gehalten, ist Arbitrage das Ausnutzen von Kursungleichgewichten zur Erzielung eines risikolosen Gewinnes. Ursprünglich wurde Arbitrage in der Form betrieben, daß der Wertunterschied derselben Ware, die gleichzeitig an zwei verschiedenen Plätzen gehandelt wurde, ausgenutzt wurde. An den heutigen Märkten wird Arbitrage nicht nur zwischen identischen, sondern auch zwischen ähnlichen Gütern bzw. Instrumenten betrieben. Das gilt besonders für die Terminmärkte.

Bei Optionen wird nicht nur innerhalb einer Optionsart, sondern vielmehr zwischen Optionen mit verschiedenen Basispreisen, Laufzeiten und auch zwischen Kauf- und Verkaufsoptionen arbitriert.[45]

Wird derselbe Terminkontrakt zum gleichen Zeitpunkt an zwei verschiedenen Märkten gehandelt, wie es z. B. bei dem Bund-Future der Fall ist (DTB: Frankfurt und LIFFE: London), dann kann

---

44 *Kapner, K. R. Marshall, J. F.:* (The Swaps Handbook), S. 391.
45 Die einzelnen Optionsstrategien zur Erzielung eines Arbitragegewinnes wie z. B. Conversion, Reversal und Box sind anschaulich und detailliert in *McMillan, L. G.:* (Options) beschrieben und werden deshalb an dieser Stelle nicht mehr erörtert.

die Arbitrage zwischen diesen beiden Plätzen stattfinden. An dem Ort mit dem niedrigeren Preis wird gekauft und an dem Ort mit dem höheren Preis wird verkauft. Diese Form der Arbitrage wird auch Differenzarbitrage genannt. Sie ist allerdings relativ selten möglich, da die heutigen Märkte eine außerordentlich hohe Transparenz aufweisen. Bei Terminkontrakten ist eine andere Form der Arbitrage wesentlich häufiger anzutreffen. Es ist das Ausnutzen von Kursungleichgewichten zwischen dem Kontrakt und dem ihn zugrundeliegenden Instrument (Underlying). Diese Form der Arbitrage wird für den Bund-Future und den Future auf Bundesobligationen in zwei Unterformen gegliedert: Die Cash and Carry Arbitrage und die Reverse Cash and Carry Arbitrage.

7.2.1 Cash and Carry Arbitrage [46]

Bei einer Cash and Carry Arbitrage kauft der Arbitrageur die dem Kontrakt zugrundeliegende Anleihe[47] (Cash) und hält diese bis zum Kontraktliefertag (Carry). Als Gegengeschäft dazu verkauft er die entsprechende Anzahl an Futures. Am Kontraktliefertag liefert er dann die Anleihe, um seiner Lieferverpflichtung, die durch den Verkauf des Futures entstanden ist, nachzukommen.

Diese Art der Arbitrage ist nur dann möglich, wenn der Future im Verhältnis zur Anleihe unterbewertet ist.

Die folgenden **Beispiele** verdeutlichen, wie diese Art der Arbitrage funktioniert:

Am 31. Juli 1992 bestand um etwa 11 Uhr Vormittag folgende Marktsituation:

Kurs des September-Kontraktes des Bund-Futures: 86,85

Cheapest to Deliver: Anleihe mit Laufzeit bis zum 22. 7. 2002 und Kupon 8 %

Kurs des Cheapest to Deliver: 99,24

Rendite des Cheapest to Deliver: 8,116 %

Repo Rate: 9,7 %

---

46 Die Cash and Carry Arbitrage und die Reverse Cash and Carry Arbitrage verläuft für die meisten mittel- und langfristige Kontrakte identisch und wird aus diesem Grund nur anhand des Bund-Futures dargelegt. Falls bei einzelnen Kontrakten Unterschiede bestehen, wird an der entsprechenden Stelle darauf hingewiesen.

47 Sinnvollerweise wird er den Cheapest to Deliver kaufen.

Ein Arbitrageur, der der Meinung ist, daß der Future im Verhältnis zu der Anleihe überbewertet ist, würde folgendes Geschäft tätigen:

Kauf von Anleihen im Nominalwert von DM 250000 zum Kurs von 99,24.

Als Gegengeschäft wird er September-Kontrakte des Bund-Futures zum Kurs von 86,85 verkaufen.

Er wird aber nicht einen Kontrakt verkaufen, sondern 1,145064 Kontrakte. 1,145064 ist der Preisfaktor der Anleihe für den September-Kontrakt. Er muß diese Anzahl an Kontrakten verkaufen, damit die Margin-Zahlungen die Kursbewegung der Anleihe wertmäßig ausgleichen. Es können natürlich nicht 1,145064 Kontrakte verkauft werden, sondern immer nur eine volle Anzahl. In der Praxis wird Arbitrage ohnehin nur mit größeren Volumina getätigt. Es werden dann statt 1,145064 Kontrakten, z. B. 114 Kontrakte verkauft und Anleihen im Nominalwert von DM 25 Millionen gekauft.

Bei Eingehen der Arbitrage am 31. 7. 1992 kann man folgende Rechnung tätigen:

Kurs der Anleihe: 99,24

Zu zahlender Stückzins bei Kauf der Anleihe: DM 0,1778 [48]

Ausgaben durch den Kauf der Anleihe: (99,24 + 0,1778) * 2500 = DM 248544,50

Kontraktliefertag: 10. 9. 1992

Tage bis zum Kontraktliefertag: 41

Finanzierungskosten für den Kauf der Anleihe (Repo Rate): 9,7%

Cost of Carry: 248544,5 * 1,097 = DM 272653,317. 272653,317 – 248544,5 = DM 24108,817. Diese auf ein Jahr berechneten Finanzierungskosten müssen noch auf die Haltedauer der Anleihe (Zeit bis zum Kontraktliefertag) umgelegt werden. Es ergeben sich dann als effektive Cost of Carry: 24108,817 * 41/360 = DM 2745,726.[49]

---

48 Das ist der Stückzins, der bei dem Kauf von einer Anleihe im Nominalwert von DM 100 anfällt.

49 Bei der Berechnung des Stückzinses und der Finanzierungskosten sind folgende Besonderheiten zu beachten: Die Stückzinsen berechnen sich auf einer 30 zu 360 Tages- Basis. Das bedeutet 30 Tage für den Monat und 360 Tage für das Jahr. Die Finanzierungskosten hingegen berechnen sich genauso wie die Geldmarktzinsen. Für den Monat werden die tatsächlichen

Verkauf von 1,145064 September-Kontrakten zum Kurs von 86,85.

Der Arbitrageur hat sich einen bestimmten Gewinn beziehungsweise Verlust gesichert, unabhängig von dem Kurs der Anleihe bzw. des Futures am Kontraktliefertag. Das kann man sich anhand von möglichen Szenarien für den Kontraktliefertag verdeutlichen:

Mögliche Situation am Kontraktliefertag (10. 9. 1992):

Die gekaufte Anleihe (8 %, 22. 7. 2002) ist Cheapest to Deliver geblieben. Der Kurs ist aber gestiegen und die Anleihe notiert bei einer Rendite von 8011 % (31.7.: 8,116 %) zu einem Kurs von 99,92 (31.7.: 99,24). Aus dem Kurs des Cheapest to Deliver ergibt sich ein Futurepreis von 87,26. Der Future muß nämlich am letzten Handelstag zum Preis von dem Kurs des Cheapest to Deliver, dividiert durch den entsprechenden Preisfaktor notieren.[50] Die Veränderung des Futures beträgt: 86,85–87,26 = 41 Ticks. Da der Future gestiegen ist, errechnet sich aus der Futureposition folgender Verlust: 41 * 25 * 1,145064 = DM 1173,691.

Der aufgelaufene Stückzins beträgt am Kontraktliefertag (10. 09. 1992) DM 1,0667.[51]

Als Andienungspreis erhält man:

(87,26 * 1,145064 + 1,0667) * 2500 = DM 252462,462.

Jetzt kann der gesamte Gewinn bzw. Verlust ausgerechnet werden:

Kaufpreis:	– DM	248544,500
Cost of Carry:	– DM	2745,726
Futureposition:	– DM	1173,691
Andienungspreis:	+ DM	252462,462
Nettoverlust:	– DM	1,455

Der Verlust von DM 1,455 ist verschwindend gering. Das wird besonders bei einem Vergleich der Implied Repo Rate dieses Geschäftes mit der tatsächlichen Repo Rate deutlich. Die Implied

---

Tage genommen und für das Jahr 360 Tage (actual zu 360). Die Beachtung dieser Usancen ist wichtig, da man sonst falsche Zahlen erhält.

50 Siehe Kapitel 6.1.2.3 Formel für den theoretischen Futurepreis.

51 Stückzins für eine Anleihe im Nominalwert von DM 100.

Repo Rate beträgt 9,6945 % gegenüber einer Repo Rate am Markt von 9,7 %. Gewinn und Verlust betragen daher fast Null und eine Arbitrage war nicht möglich.

Es ist wichtig zu beachten, daß am letzten Handelstag 0,145064 Kontrakte zurückgekauft werden müssen. Es wurden nämlich 1,145064 Futures verkauft, aber Anleihen im Nominalwert von nur DM 250000 gekauft. Diese Anzahl der Anleihen entspricht nämlich dem Nominalwert von einem Kontrakt. Damit der Arbitragegewinn der am Anfang berechneten Zahl entspricht, ist es notwendig, die Kontrakte möglichst zum EDSP zurückzukaufen. Auch ein Kursverfall am Anleihemarkt hätte zu demselben Ergebnis geführt. Stände die Anleihe am 10.9.92 bei 96,60 (31.7.: 99,24) [52], woraus sich eine Rendite von 8,522 % ergibt, würde folgende Rechnung zutreffen:

Kurs des Futures: Anleihekurs/Preisfaktor = 84,36

Der Future hat sich um 249 Ticks nach unten bewegt. Daher errechnet sich ein Gewinn aus der Futureposition von:

$$249 * 25 * 1,145064 = DM\ 7128,023$$

Der aufgelaufene Stückzins hat sich nicht geändert und beträgt am Kontraktliefertag (10.9.1992) DM 1,0667.

Als Andienungspreis erhält man:

$$(84,36 * 1,145064 + 1,0667) * 2500 = DM\ 244160,748$$

Jetzt kann wiederum der gesamte Gewinn bzw. Verlust ausgerechnet werden:

Kaufpreis:	− DM 248544,500
Cost of Carry:	− DM 2745,726
Futureposition:	− DM 7128,023
Andienungspreis:	+ DM 244160,748
Nettoverlust:	− DM 1,455

Auch hier erhält man dasselbe Resultat. Der Gewinn bzw. Verlust ist bei einer korrekt ausgeführten Cash and Carry Arbitrage für jede mögliche Kursentwicklung gesichert. Im obigen Beispiel war keine Arbitrage möglich, es entstand aber auch (fast) kein Verlust. Das legt den Gedanken nahe, daß der Future korrekt bewer-

52 Unter der Annahme, daß kein Wechsel des Cheapest to Deliver stattfindet.

tet war. Eine Überprüfung des Futurepreises vom 31.7.92 anhand der Formel für den theoretischen Futurepreis[53] bestätigt diese Annahme. Setzt man in die Formel die entsprechenden aktuellen Zahlen ein, dann erhält man folgendes Ergebnis:

$$FP = \frac{KP_{CTD} - K * \dfrac{T}{360} + (KP_{CTD} + AZ) * r * \dfrac{T}{360}}{PF_{CTD}}$$

mit: FP   = Futurepreis (theoretisch)
      KP   = Aktueller Kassapreis der Anleihe
      CTD = Cheapest to Deliver
      K   = Kupon der Anleihe
      T   = Anzahl der Tage vom Valutatag bis zum Kontraktliefertag
      AZ   = Aufgelaufene Stückzinsen vom letzten Kuponzahlungstag bis zum Valutatag.
      r   = Finanzierungszinssatz.
      PF   = Preisfaktor.

$$FP = \frac{99{,}24-8{,}0*40/360+(99{,}24+0{,}1778)*0{,}097*41/360}{1{,}145064} = 86{,}851$$

Der Future notierte am 31.7.92 bei 86,85. Da die Preisnotierung nur auf zwei Stellen nach dem Komma erfolgt, war der Kontrakt bei einer Repo Rate von 9,7 % korrekt bewertet. Somit bestätigt die Futurepreisformel die Rechnung für die Cash and Carry Arbitrage.

Damit eine Cash and Carry Arbitrage möglich ist, muß der Future im Verhältnis zu den lieferbaren Anleihen überbewertet sein. Bei sonst unveränderten Marktdaten wäre das z.B. bei einem Futurekurs von 86,89 der Fall. Der Kontrakt wäre um 4 Ticks überbewertet. Die Implied Repo Rate beträgt in diesem Falle 10,099 % gegenüber einer Repo Rate am Markt von 9,7 %. Ein Händler, der diese Überbewertung erkennt, wird dasselbe oben gezeigte Geschäft tätigen: Verkauf des überbewerteten Futures und Kauf der entsprechenden Anzahl von Anleihen.

Analog zu obigem Beispiel errechnet sich der Gewinn aus der Arbitrage folgendermaßen:

---

53 Siehe Kapitel 6.1.2.3.

Kurs der Anleihe (8%, 22. 7. 92) = 99,24

Zu zahlender Stückzins bei Kauf der Anleihe: DM 0,1778

Ausgaben durch den Kauf der Anleihe: (99,24 + 0,1778) * 250000 = DM 248544,5

Kontraktliefertag: 10. 09. 1992

Tage bis zum Kontraktliefertag: 41

Finanzierungskosten für den Kauf der Anleihe (Repo Rate): 9,7%

Cost of Carry: 248544,5 * 1,097 = DM 272653,317. 272653,317 – 248544,5 = DM 24108,817. Aus diesen auf ein Jahr berechneten Finanzierungskosten ergeben sich die für die Haltedauer geltenden Cost of Carry: 24108,817 * 41/360 = DM 2745,726.

Verkauf von 1,145064 September-Kontrakten zu 86,89.

Der Arbitragegewinn ist für jede mögliche Situation am Kontraktliefertag gesichert. Das kann man sich leicht verdeutlichen, wenn man sich den Gewinn für mehrere Kursszenarien am Kontraktliefertag ausrechnet.

Mögliche Situationen am Kontraktliefertag (10. 9. 1992):

Fall 1:

Die gekaufte Anleihe (8% 22. 7. 2002) ist Cheapest to Deliver geblieben. Ihr Kurs ist unverändert geblieben und beträgt bei einer Rendite von 8,114% 99,24. Aus diesem Kurs ergibt sich ein Futurepreis von 86,67 (99,24/1,145064). Veränderung des Futures: 86,89 – 86,67 = 22 Ticks. Da der Future gefallen ist, errechnet sich aus der Futureposition folgender Gewinn: 22 * 25 * 1,145064 = +DM 629,785.

Der aufgelaufene Stückzins beträgt am Kontraktliefertag (10. 09. 1992) DM 1,0667.

Als Andienungspreis erhält man:

(87,76 * 1,145064 + 1,0667) * 2500 = DM 250773,492

Jetzt kann der gesamte Gewinn bzw. Verlust ausgerechnet werden:

Kaufpreis:	– DM	248544,500
Cost of Carry:	– DM	2745,726
Futureposition:	+ DM	629,785
Andienungspreis:	+ DM	250773,492
Nettogewinn:	+ DM	113,051

Die Arbitrage hätte in diesem Fall zu einem Gewinn von DM 113,051 geführt. Das ist für eine Arbitrage ein sich lohnender Betrag, besonders wenn man sich vor Augen führt, daß eine Arbitrage in der Regel nicht mit einem Kontrakt, sondern mit einer höheren Anzahl, z. B. 100 Kontrakten durchgeführt wird. Der Gewinn würde dann DM 11305,1 betragen. Umgelegt auf die zeitliche Dauer der Arbitrageposition (ca. 6 Wochen) errechnet sich eine Implied Repo Rate von 10,099 %. Da die tatsächliche Repo Rate am Markt 9,7 % beträgt, hat der Arbitrageur eine „risikolose" Rendite erzielt, die um 60,1 Basispunkte über dem kurzfristigen Zinssatz liegt. Vollkommen risikolos ist diese Rendite allerdings nicht, da das Etablieren und Auflösen einer Arbitrageposition mit gewissen technischen Risiken verbunden ist. Zum Beispiel müßten die Anleihen und der Future gleichzeitig ge- bzw. verkauft werden. Wird die Anleihe- und die Futureposition zeitlich nacheinander eingegangen, so besteht für einen kurzen Zeitraum ein Kursrisiko. Der Gewinn von DM 113,051 ist für jede mögliche Kursbewegung der Anleihe und des Futures gesichert. Zwei andere denkbare Marktsituationen für den Kontraktliefertag verdeutlichen dies:

Fall 2:

Der Kurs der Anleihe ist relativ stark gefallen und beträgt am 10. 09. 92 94,02. Daraus errechnet sich eine Rendite von 8,936 %. Da der Cheapest to Deliver nicht gewechselt hat, errechnet sich ein Kurs für den Future von 82,11 (94,02/1,145064). Veränderung des Futures: 86,89–82,11 = 478 Ticks. Durch den Kursverfall des Futures beträgt der Gewinn aus der Futureposition: 478 * 25 * 1,145064 = + DM 13683,515.

Der aufgelaufene Stückzins beträgt DM 1,0667.

Als Andienungspreis erhält man:

(87,76 * 1,145064 + 1,0667) * 2500 = DM 250773,492.

Der gesamte Gewinn bzw. Verlust beträgt:

Kaufpreis:	– DM 248544,500
Cost of Carry:	– DM 2745,726
Futureposition:	+ DM 13683,515
Andienungspreis:	+ DM 250773,492
Nettogewinn:	+ DM 113,051

Auch hier fiel ein Nettogewinn von DM 113,051 an.

Fall 3:
Kurs der Anleihe am 10. 9. 92: 102,05. Rendite: 7,695 %. Kurs des Kontraktes: 102,05/1,145064 = 89,12. Kursveränderung des Futures: 86,89 – 89,12 = 223 Ticks. Verlust aus der Futureposition: 223 * 25 * 1,145064 = DM 6383,732.
Der Andienungspreis beträgt:

(89,12 * 1,145064 + 1,0667) * 2500 = DM 257787,009.

Der gesamte Gewinn bzw. Verlust beträgt:

Kaufpreis:	– DM 248544,500
Cost of Carry:	– DM 2745,726
Futureposition:	– DM 6383,515
Andienungspreis:	+ DM 257787,009
Nettogewinn:	+ DM 113,051

Wie ersichtlich ist, ist der Gewinn in jedem Fall gesichert. Egal ob der Kurs der Anleihe oder des Futures bis zum Liefertag gleichbleibt, fällt oder steigt, der Gewinn bleibt unverändert.

Der Kontraktliefertag ist der 10. 9. 92. Der letzte Handelstag ist aber der 08. 9. 92. Wäre der letzte Handelstag auch der Kontraktliefertag, so müßte der Future am Ende des Tages wie in den obigen Beispielen zu Kurs der Cheapest to Deliver Anleihe dividiert durch den Preisfaktor der Cheapest to Deliver Anleihe notieren. Zwischen dem letzten Handelstag und dem Kontraktliefertag liegen aber bei dem September 92 Kontrakt zwei Tage. Während dieser zwei Tage fallen Kuponerträge, aber auch Haltekosten an. Der Future hat daher am letzten Handelstag eine theoretische Basis. Diese ist aber, da der Zeitraum sehr kurz ist, verschwindend gering. Für des Fall 3 des obigen Beispiels betrug sie 0,011. Daraus errechnet sich ein theoretischer Futurekurs von 89,13 statt den vorher errechneten 89,12. Die Differenz beträgt also einen Tick. Das macht aber keinen Unterschied für die Gewinnberechnung der Arbitrage. Ist der Settlementpreis des Futures einen Tick höher, dann ist der Verlust aus der Futureposition etwas höher, nämlich: 1 * 25 * 1,145064 = DM 28,6266. Dieser Verlust wird aber exakt durch den höheren Andienungspreis ausgeglichen. Der Andienungspreis berechnet sich nämlich auf der Basis des Settlementpreises, der nun einen Punkt höher ist. Der Andienungspreis wäre in diesem Falle: (89,13 * 1,145064 + 1,0667) * 2500 = DM 257815,62. Dieser Andienungspreis ist aber genau um DM 28,6266 höher als der ursprügliche Andienungspreis, der DM 257787,009 betrug. Wie ersichtlich ist, bleibt die obige Gewinn- und Verlustrechnung von der theoretischen Basis am letzten Handelstag unberührt.

Auch dieses Beispiel macht deutlich, daß, egal wo der Future am letzten Handelstag steht, der Gewinn, der bei Eingehen der Cash and Carry Arbitrage ausgerechnet wurde, gesichert ist.

Einen zusätzlichen Ertrag kann der Arbitrageur erzielen, indem er die Anleihen bis zum Kontraktliefertag verleiht. Da er die Anleihen bis zum Kontraktliefertag nicht mehr braucht, ist ein Verleihen der Anleihen in Form einer Wertpapierleihe vorteilhaft, da ertragbringend. Dieser Aspekt sollte nicht vernachlässigt werden.

7.2.2 Cash and Carry Arbitrage unter Ausnutzen der Seller's Option

In der vorherigen Beispielen wurde davon ausgegangen, daß am letzten Kontraktliefertag der Cheapest to Deliver dieselbe Anleihe war wie zum Zeitpunkt des Eingehens der Arbitrageposition, das heißt, daß kein Wechsel stattgefunden hat. Ist der Cheapest to Deliver am Kontraktliefertag aber eine andere Anleihe, so hat der Arbitrageur bei einer Cash and Carry Arbitrage die Möglichkeit, die sogenannte Seller's Option[54] auszunutzen. Da er den Future short gegangen ist, liegt es in seinem Ermessen, welche lieferbare Anleihe er in den Future einliefert. Durch diese Wahlmöglichkeit kann er seinen ohnehin sicheren Arbitragegewinn noch zusätzlich steigern.

Auch ohne eine reine Arbitrageposition ist es möglich, von der Qualitätsoption zu profitieren. Ist der Future fair bewertet, das heißt, er notiert zu seinem theoretischen Preis, so ist eine Arbitrage nicht möglich. Der Händler kann aber eine der Cash and Carry Arbitrage identische Position eingehen, in der Erwartung, daß der Cheapest to Deliver bis zum Kontraktliefertag wechselt. Da der Future fair bewertet ist, ist ein Arbitragegewinn nicht möglich. An-

---

54 In diesem Beispiel handelt es sich um den Aspekt der Qualitätsoption.

derseits kann auch kein Verlust entstehen. Wechselt aber der Cheapest to Deliver, dann kann der Händler einen Gewinn erzielen. Dieser Gewinn kann bei Eingehen der Position zwar nicht genau vorherbestimmt werden, ist jedoch risikolos.

Anhand des ersten Beipiels des vorherigen Kapitels soll dieser Sachverhalt verdeutlicht werden.

Der Future notierte am 31. 7. 92 zu seinem theoretischen Wert von 86,85 bei einem Kurs des Cheapest to Deliver (8 %, 22. 7. 2002) von 99,24. Unter der Annahme, daß der Cheapest to Deliver nicht gewechselt hat, errechnet sich ein Verlust von DM 1,455 aus der Arbitrageposition.

Ist am letzten Handelstag aber eine andere Anleihe der Cheapest to Deliver, z. B. die Anleihe mit 8 % Kupon und Laufzeit bis zum 22. 1. 2002, dann besteht folgende Situation:

Der ursprüngliche Cheapest to Deliver notiert wie im ersten Beispiel am letzten Handelstag bei 99,92 (Rendite: 8,011). Der neue Cheapest to Deliver (8 %, 21. 1. 2002) notiert bei 98,80 (Rendite: 8,176). Der Preisfaktor dieser Anleihe ist 1,139309. Als Futurepreis errechnet sich jetzt statt 87,26 ein Kurs von 86,72 (98,80 / 1,139309). Die Kursveränderung des Futures beträgt 86,85 – 86,72 = 13 Ticks. Der Gewinn aus der Futureposition beträgt 13 * 25 *1,145064 = DM 372,146

Der Arbitrageur hat am Kontraktliefertag zwei Möglichkeiten:

Möglichkeit 1:

Lieferung der ursprünglichen Anleihe, d. h. er liefert die Anleihe, die er am 31. 7. 92 gekauft hat.

Der Andienungspreis beträgt in diesem Fall:

$(86,72 * 1,145064 + 1,0667) * 2500 = DM\ 250916,625.$

Der gesamte Gewinn bzw. Verlust beträgt:

Kaufpreis:	– DM	248544,500
Cost of Carry:	– DM	2745,726
Futureposition:	+ DM	372,146
Andienungspreis:	+ DM	250916,625
Nettoverlust	– DM	1,455

Das Ergebnis ist auch bei einem Wechsel des Cheapest to Deliver dasselbe, falls der Arbitrageur die ursprüngliche Anleihe liefert.

Möglichkeit 2:

Der Arbitrageur hat jetzt aber die Möglichkeit, einen zusätzlichen Gewinn zu erzielen. Er kann den alten Cheapest to Deliver am Markt verkaufen, den neuen Cheapest to Deliver kaufen und in den Kontrakt einliefern.

Durch den Verkauf der Anleihe, die er am 31. 7. 92 gekauft hatte (8 %, 22. 07. 2002), erhält der Verkäufer neben dem Kurswert von 99,92 auch den bis zum Verkaufszeitpunkt (10. 9. 92) aufgelaufenen Stückzins in Höhe von DM 1,0667. Der Erlös durch den Verkauf beträgt dann:

$$(99,92 + 1,0667) * 2500 = DM\ 252466,75$$

Der neue Cheapest to Deliver (8 %, 21. 01. 2002) notiert bei 98,80 und hat am 10. 9. 92 aufgelaufene Stückzinsen in Höhe von DM 5,0889. Die Ausgaben für den Kauf dieser Anleihe betragen dann: $(98,80 + 5,0889) * 2500 = DM\ 259722,25$

Der Andienungspreis, der bei der Lieferung dieser Anleihe gezahlt wird, beträgt:

$$(86,72 * 1,139309 + 5,0889) * 2500 = 259742,441$$

Jetzt kann erneut eine Gewinn- und Verlustrechnung aufgestellt werden:

Kaufpreis (8 %, 22. 7. 2002):	– DM 248544,500
Verkauferlös (8 %, 22. 7. 2002):	+ DM 252466,750
Kaufpreis (8 %, 21. 1. 2001):	– DM 259722,441
Andienungspreis:	+ DM 250916,625
Cost of Carry:	– DM 2745,726
Futureposition:	+ DM 372,146
Nettogewinn:	+ DM 1550,861

Durch die Lieferung des neuen Cheapest to Deliver anstelle des ursprünglichen Cheapest to Deliver konnte ein Gewinn von DM 1550,861 erzielt werden. Verglichen mit dem Verlust von DM 1,455 beträgt die Erhöhung des Ertrages DM 1552,316. [55]

---

[55] Ohne eine Rechnung explizit durchzuführen, soll erwähnt werden, daß ein Wechsel des Cheapest to Deliver auf die 8,25prozentige Anleihe mit Restlaufzeit bis 20. 9. 2001 zu einem noch höheren Ertrag geführt hätte. Notiert diese am letzten Handelstag bei 99,50, dann würde der Gewinn bei Lieferung dieser Anleihe DM 2768,737 betragen. Solche Situationen sind in der Praxis aber äußerst selten anzutreffen.

Auch für den Fall eines Sinkens der Anleihekurse ist es sinnvoll, den neuen Cheapest to Deliver zu liefern. Steht der ursprüngliche Cheapest to Deliver (8 %, 22. 7. 2002) bei 96,60 und der neue Cheapest to Deliver (8 %, 21. 1. 2002) bei 95,50 dann beträgt der Verlust bei der Lieferung des ursprünglichen Cheapest to Deliver DM 1,455. Der Future notiert am letzten Handelstag bei 83,82. Da der Future um 303 Ticks gefallen ist, beträgt der Gewinn aus der Futureposition 303 * 25 * 1,145064 = DM 8673,863. Der Andienungspreis beträgt bei Lieferung der Anleihe mit Restlaufzeit bis 22. 07. 2002 und 8 % Kupon:

$$(83,82 * 1,145064 + 1,0667) * 2500 = 242614,726$$

Gewinn und Verlust:

Kaufpreis:	– DM 248544,500
Cost of Carry:	– DM 2745,726
Futureposition:	+ DM 8673,863
Andienungspreis:	+ DM 242614,726
Nettoverlust	– DM 1,455

Sinnvoller ist es, statt dieser Anleihe den neuen Cheapest to Deliver zu liefern.

Der Erlös durch den Verkauf des alten Cheapest to Deliver beträgt:

$$(96,60 + 1,0667) * 2500 = DM\ 244166,75$$

Die Kosten für den Kauf des neuen Cheapest to Deliver betragen:

$$(95,50 + 5,0889) * 2500 = DM\ 252472,25$$

Der Andienungspreis beträgt in diesem Fall:

$$(83,82 * 1,139309 + 5,0889) * 2500 = DM\ 251464,451$$

Gewinn und Verlust:

Kaufpreis (8 %, 22. 7. 2002):	– DM 248544,500
Verkauferlös (8 %, 22. 7. 2002):	+ DM 244166,750
Kaufpreis (8 %, 21. 1. 2001):	– DM 251472,250
Andienungspreis:	+ DM 251464,451
Cost of Carry:	– DM 2745,726
Futureposition:	+ DM 8673,863
Nettogewinn:	+ DM 1542,858

Generell kann man sagen, daß es stets sinnvoll ist, die Anleihe in den Kontrakt zu liefern, die am Kontraktliefertag der Cheapest to Deliver ist. Hält sich ein Marktteilnehmer nicht an diese Regel, dann verschenkt er Geld. Diese Aussage hat für sämtliche lang- und mittelfristige Zinsterminkontrakte Gültigkeit.

Da der Cheapest to Deliver häufig und rasch wechseln kann, ist es für einen Arbitrageur äußerst wichtig, ständig sein Augenmerk darauf zu richten, welche Anleihe Cheapest to Deliver ist.

In der Praxis kommt es dennoch immer wieder vor, daß Anleihen geliefert werden, die nicht Cheapest to Deliver sind. Ein Grund dafür mag sein, daß der Arbitrageur, wenn der Cheapest to Deliver von einer Anleihe mit einem hohen Kupon und relativ niedrigen Kurs auf eine Anleihe mit niedrigem Kupon und relativ hohem Kurs wechselt, die erste Anleihe am Markt verkaufen muß und die teurere Anleihe kaufen muß. Verfügt er nicht über ausreichende liquide Mittel, dann kann er den Kauf des neuen Cheapest to Deliver nicht finanzieren und wird die ursprüngliche Anleihe einliefern. Allerdings verfügen Marktteilnehmer, die Arbitrage betreiben, in der Regel auch über ausreichend liquide Mittel.

Oft liegen mehrere Anleihen bei der Beurteilung, welche von ihnen Cheapest to Deliver ist, sehr dicht beieinander. In diesem Fall macht es besonders bei Berücksichtigung der Transaktionskosten und des Tranaktionsrisikos (gleichzeitiger Kauf und Verkauf der Anleihen ist notwendig) keinen großen Unterschied, wenn nicht der Cheapest to Deliver eingeliefert wird.

7.2.3 Reverse Cash and Carry Arbitrage

Das Geschäft bei einer Reverse Cash and Carry Arbitrage entspricht dem einer Cash and Carry Arbitrage, nur daß es mit umgekehrten Vorzeichen getätigt wird. Der Future, der in diesem Fall im Verhältnis zur Anleihe unterbewertet ist, wird gekauft und die entsprechende Anzahl an Anleihen wird leerverkauft.

Die Anzahl der Kontrakte, die gekauft wird, entspricht dem Preisfaktor des CTD für den relevanten Liefermonat.

Man hat auch dieselben Zahlungsströme; nur muß man diese Zahlungsstöme mit einem umgekehrten Vorzeichen versehen: Durch den Leerverkauf der Anleihe hat man zunächst einen Cash

Inflow, den man zu der Repo Rate über den Zeitraum bis zum Kontraktliefertag anlegen kann. Statt der Finanzierungskosten für den Kauf der Anleihe hat man jetzt Anlageerträge durch den Leerverkauf der Anleihe. Andererseits hat man keine Kuponerträge. Da man die Anleihe verkauft hat und später wieder zurückkaufen muß, muß man die Stückzinsen über diesen Zeitraum bezahlen. Zusätzlich können noch Leihkosten hinzukommen, die durch das Entleihen der Anleihe entstehen. Man könnte das Zahlenbeispiel aus dem letzten Kapitel nehmen und testen, ob sich eine Reverse Cash and Carry Arbitrage lohnen würde. In diesem Fall würde ein Verlust entstehen, da ein Gewinn aus einer Cash and Carry Arbitrage dem Verlust bei einer Reverse Cash and Carry Arbitrage entspricht.[56]

Im Gegensatz zu einer Cash and Carry Arbitrage ist eine Reverse Cash and Carry Arbitrage mit gewissen Risiken behaftet. Das Risiko liegt hier in der Seller's Option. Der Verkäufer des Kontraktes besitzt die Qualitätsoption und bei einigen Kontrakten auch die Zeitoption.

Wurde eine Reverse Cash and Carry Arbitrage mit dem CTD eingegangen und der CTD wechselt bis zum Kontraktliefertag, so wird man in der Regel den neuen CTD geliefert bekommen. Dieser Wechsel des CTD schmälert aber den möglichen Gewinn. Der zusätzliche Ertrag, der aus dem Wechsel des CTD für den Verkäufer des Kontraktes im Beispiel des letzten Kapitels entstanden ist, geht voll zu Lasten des Käufers.

Wüßte man im voraus, welche Anleihe man zu welchem Zeitpunkt angedient bekommt, wäre auch die Reverse Cash and Carry Arbitrage risikolos. Man könnte sich dann den sicheren Ertrag aus diesem Geschäft berechnen. Durch die Seller's Option ist man aber einem schwer kalkulierbaren Risiko ausgesetzt.

Um das Risiko der Qualitätsoption einigermaßen in den Griff zu bekommen, kann man versuchen, die Wahrscheinlichkeit für einen Wechsel des CDT zu ermitteln. Kann man dann noch die Kosten abschätzen, die durch die Andienung einer anderen Anleihe als dem CTD entstehen, hat man einen groben Anhaltspunkt

---

56 Die Zahlen werden sich nicht exakt entsprechen, da es bei der Repo Rate und den Leihkosten noch eine Geld-Brief-Spanne gibt.

dafür, wie stark der Future unterbewertet sein muß, damit eine Reverse Cash and Carry Arbitrage ohne allzugroßes Risiko ertragreich wird.

Hinzu kommen einige technische Probleme, die bei dem für die Reverse Cash and Carry Arbitrage notwendigen Leerverkauf von Anleihen auftreten können. Ist der betreffende Repo-Markt nicht ausreichend liquide, kann der Fall auftreten, daß, obwohl der Future stark unterbewertet ist, diese Unterbewertung nicht wegarbitriert werden kann, weil es nicht möglich ist, die notwendige Anzahl an Anleihen leerzuverkaufen. Gelingt es, die Anleihen leerzuverkaufen, muß die Leihdauer dem Zeitraum bis zum Kontraktliefertag entsprechen. Ist die Leihdauer kürzer, besteht die Gefahr, daß man sich die Anleihen nicht erneut ausleihen kann. Man muß dann die Arbitrageposition auflösen. Das Risiko bei einer vorzeitigen Auflösung besteht darin, daß die Basis in der Zwischenzeit einen für die Position ungünstigen Verlauf genommen hat. Bei einer solchen Illiquidität des Repo-Marktes kann sogar der Fall eintreten, daß Anleihen gegenüber dem Future mit einer negativen Implied Repo Rate gehandelt werden.[57]

Gelingt es die Anleihen leerzuverkaufen, bleibt das Risiko, daß man eine andere Anleihe geliefert bekommt als man ursprünglich leerverkauft hat. Man muß sich dann am Markt wieder eindecken, d. h. die Anleihe wieder zurückkaufen. Hier kann es bei illiquiden Papieren zu einem Short Squeeze kommen. Es sind dann nicht genügend Papiere im freien Umlauf damit der ursprüngliche Verkäufer seinen Lieferverpflichtungen nachkommen kann.

Banken haben oft die Möglichkeit, Anleihen aus dem eigenen Bestand zu nehmen und am Markt zu verkaufen. Durch dieses Vorgehen wurden die Anleihen indirekt leerverkauft. Abgesehen von eventuell auftretenden bilanziellen Problemen, haben es Banken dadurch wesentlich leichter, Anleihen leerzuverkaufen als viele andere Marktteilnehmer.

Das waren einige Probleme, die bei einer Reverse Cash and Carry Arbitrage auftreten können. Diese Probleme müssen in der geschilderten Form nicht immer auftreten. Eine Reverse Cash and Carry Arbitrage kann daher durchaus profitabel sein. Oft sieht

---

57 Vgl. *Burghard, G., Lane, M., Papa, J.:* (Treasury Bond), S. 108.

man Unterbewertungen in den Terminkontrakten, die eine solche Arbitrage trotz der genannten Risiken äußerst ertragreich machen.

7.2.4 Inter Market Arbitrage

Eine Inter Market Arbitrage findet im selben Kontrakt zwischen zwei verschiedenen Märkten statt. Notiert der Future an dem einen Markt zu einem niedrigeren Kurs als an dem anderen Markt, so wird er an dem ersten Markt gekauft, und möglichst gleichzeitig an dem anderen Markt verkauft. Dieses Vorgehen bewirkt, daß sich die Preise an dem beiden Märkten wieder angleichen.

Eine solche Arbitrage ist gelegentlich bei dem Treasury Bond Future möglich. Der Treasury Bond Future der LIFFE entspricht nämlich in den Kontraktspezifikationen dem Treasury Bond Future, der in Chicago an der CBOT gehandelt wird.

Ein weiteres Beispiel für einen Future, der an zwei verschiedenen Märkten gehandelt wird, ist der Bund-Future der DTB, und der Bund-Future der LIFFE.

Das Risiko bei einer Inter Market Arbitrage besteht in dem zeitlichen Risiko. Theoretisch müßten Kauf und Verkauf gleichzeitig stattfinden. Dies ist oft aus technischen Gründen nicht möglich. Es besteht dann das Risiko, daß sich in der Zwischenzeit die Kurse zuungunsten des Arbitrageurs entwickeln.

7.2.5 Arbitrage zwischen Terminkontrakten mit unterschiedlichen Liefermonaten

In Kapitel 6. 1. 7 wurde eine Formel hergeleitet, mit der das Preisverhältnis zwischen Kontrakten mit unterschiedlichen Liefermonaten bestimmt werden kann. Weichen die Marktpreise von diesem Preisverhältnis ab, d. h., ein Kontrakt ist im Verhältnis zum anderen Kontrakt über- bzw. unterbewertet, so ist (mit gewissen Einschränkungen) eine Arbitrage möglich.

Der erste denkbare Fall ist, daß der naheliegende Kontrakt im Verhältnis zum entferntliegenden Kontrakt unterbewertet ist, bzw. der entferntliegende Kontrakt im Verhältnis zum naheliegenden Kontrakt überbewertet ist. Um sich einen Gewinn zu sichern, muß der Front-Monat gekauft und der entfernte Monat verkauft werden. Am Liefertag des naheliegenden Monats läßt man sich die Anleihe andienen und liefert sie später in den entfernten Monat ein.

Damit dieses Geschäft auch einigermaßen sicher ist, muß man schon am Anfang die Finanzierungskosten, die für die Fremdfinanzierung der Anleihe ab dem Liefertag des Front-Monats anfallen, fixieren. Es muß also der entsprechende Forward-Zinssatz gesichert werden. Das kann mit Hilfe eines FRA's geschehen. Eine andere Möglichkeit wäre der Verkauf der entsprechenden Anzahl an kurzfristigen Terminkontrakten, wie z. B. Euro-DM-Futures. Da die Liefertage dieser Kontrakte meist nicht sehr weit voneinander abweichen, wird der entsprechende Zeitraum abgedeckt.[58] Allerdings muß der tatsächliche Fremdfinanzierungszinssatz des Arbitrageurs mit dem Zinssatz des Euro-DM-Futures eng korreliert sein.

Das Risiko bei diesem Geschäft ist, daß man im Front-Monat eine andere Anleihe angedient bekommt als ursprünglich geplant. Das kann den anfangs berechneten Gewinn unter Umständen vermindern. Bis zum letzten Handelstag des Front-Monats besteht somit das Risiko der Seller's Option. Da man aber den Future im Back-Monat short ist, besitzt man für diesen Kontraktmonat die Seller's Option. Das Risiko im ersten Kontrakt kann somit durch ein Potential im zweiten Kontrakt ausgeglichen werden. Je näher man sich am Liefertag des ersten Kontraktes befindet, desto geringer ist das aus der Seller's Option entstehende Risiko. Dieses Risiko wird umso größer, je weiter man sich von dem Liefertag entfernt. Befindet man sich genau drei Monate vor dem Kontraktliefertag des Front-Monat, so hat man eine dreimonatige Seller's Option verkauft und eine sechsmonatige Seller's Option gekauft. Wie ersichtlich ist, ist die Laufzeit der gekauften Seller's Option bei einem Verkauf des Back-Monats und einem Kauf des FrontMonats stets länger als die Laufzeit der verkauften Option. Das Potential ist somit größer als das Risiko. Es besteht jedoch immer noch das Risiko, daß der CTD im Front-Monat wechselt, ohne daß der CTD im Back-Monat wechselt, bzw. daß der Ertrag aus dem Wechsel des CTD im Back-Monat nicht ausreicht, um den Verlust aus dem Wechsel im Front-Monat auszugleichen.

---

58 Beispielsweise betrug der Unterschied für den Dezember 92 Kontrakt des Bund- und Euro-DM-Futures an der LIFFE 4 Tage.

Der zweite denkbare Fall ist, daß der Front-Monat im Verhältnis zum entfernten Monat überbewertet ist. Der Front-Monat wird dann verkauft und der Back-Monat gekauft. Am Liefertag des naheliegenden Monats wird die Anleihe ausgeliehen und in den Kontrakt geliefert. Die Leihdauer ist hier der Zeitraum bis zum Liefertag des entferntliegenden Monats. Dadurch ist man die Anleihe über diesen Zeitraum short, bekommt sie aber am Liefertag wieder angedient.

In diesem Fall ist das durch die Seller's Option entstehende Risiko wesentlich größer. Zudem besteht die nicht unbeträchtliche Gefahr eines Short Squeeze. Am Kontraktliefertag des Front-Monats muß man sich die Anleihe beschaffen bzw. ausleihen. Das kann unter Umständen problematisch werden.

7.3 Trading

7.3.1 Long Position

Jemand der eine Long Position in einem Zinsterminkontrakt hat, hat den Kontrakt gekauft, hofft auf steigende Kurse und somit fallende Zinsen.

Beispiel:
Kauf von britischen Long-Gilt-Kontrakten an der LIFFE:
Am 16. 10. 1992 notierte der Long-Gilt-Future zu 98–31/32. Ein Anleger, der auf steigende Kurse spekuliert, kauft 25 Kontrakte. Für diese 25 Kontrakte hinterlegt er eine Initial Margin in Höhe von £ 37 500 (£ 1500 pro Kontrakt).
Am nächsten Börsentag (19.10.) notiert der Future 1–5/32 niedriger (37 Ticks) bei 97–26/32.
Die Kontowertänderung beträgt:

– 37 Ticks * £ 15,625 * 25 Kontrakte = – £ 14 453,125

Der neue Kontostand beträgt:

£ 37 500,000
– £ 14 453,125
= £ 23 046,875

Bis zum 23. 10. 1992 stieg der Future auf 100–12/32. Das entspricht einer Veränderung von 2–18/32 (82 Ticks) gegenüber dem 19.10.

Die Kontowertänderung beträgt:

+ 82 Ticks * £ 15,625 * 25 Kontrakte = + £ 32031,25

Der neue Kontostand beträgt:

$$
\begin{array}{r}
£\ 23\,046,875 \\
+\ £\ 32\,031,250 \\
\hline
=\ £\ 55\,078,125
\end{array}
$$

Der Investor hat gegenüber seinem anfänglichen Kontostand von £ 37500 einen Gewinn von £ 17578,125 gemacht. Das entspricht einem Gewinn von 46,875 Prozent, obwohl der Future nur um 1,421 Prozent gestiegen ist.

   Dieses Beispiel macht die Hebelwirkung, die durch den relativ geringen Einschuß entsteht, deutlich. Diese Hebelwirkung kann sich aber auch gegen den Investor richten. Dabei ist es wichtig zu beachten, daß das Risiko des Anlegers nicht auf den Einschuß beschränkt ist. Eine ungünstige Marktentwicklung kann dazu führen, daß Variation-Margin-Zahlungen zu leisten sind, die ein Vielfaches der ursprünglichen Initial Margin ausmachen. Dieses Risiko kann teilweise dadurch ausgeschaltet werden, indem schon bei Eingehen der Position eine Stop Order erteilt wird. In diesem Beispiel wäre es eine Stop Sell Order. Sinkt der Future auf einen bestimmten vorher festgegten Kurs, werden die Kontrakte bestens verkauft. Bei heftigen Marktbewegungen kann es dem Anleger passieren, daß seine Order zu einem für ihn nur sehr ungünstigen Kurs ausgeführt wird. Außerdem besteht die Gefahr, daß der Future nur kurzfristig den Kurs erreicht und dann wieder nach oben dreht. Der Anleger wurde dann ausgestoppt.

7.3.2 Short-Position

Das Gegenteil von einer Long Position ist eine Short-Position. Hier hofft der Anleger auf fallende Kurse und somit steigende Zinsen.

   Ein Investor geht von steigenden Zinsen in Italien aus und verkauft daher am 1. 10. 1992 30 BTP-Futures an der LIFFE zum Kurs von 92,40.

   Er hinterlegt für diese 30 Kontrakte eine Initial Margin von ITL (Italienische Lira) 180 000 000,00 (ITL 6 000 000,00 pro Kontrakt).

Tatsächlich fällt der Future am nächsten Tag um 151 Ticks auf 90,89.

Die Kontowertänderung beträgt:

+ 151 Ticks * ITL 20000,00 * 30 Kontrakte = ITL 90600000,00.

Der neue Kontostand beträgt:

   ITL 180000000,00
<u>+ ITL   90600000,00</u>
= ITL 270600000,00

Auch am nächsten Tag fällt der Future. Bei einem Stand von 88,85 entschließt sich der Anleger, seine Gewinne zu realisieren und verkauft seine Kontrakte. Seine Abrechnung sieht folgendermaßen aus:

Die Kontowertänderung beträgt:

+ 204 Ticks * ITL 20000,00 * 30 Kontrakte = ITL 122400000,00

Der neue Kontostand beträgt:

   ITL 270600000,00
<u>− ITL 122400000,00</u>
= ITL 393000000,00

Das entspricht gegenüber dem Anfangsbestand von ITL 180000000,00 einem Gewinn von ITL 213000000,00 oder 118,333 Prozent.

7.3.3 Spread Trading

Unter einem Spread versteht man in den Future-Märkten den gleichzeitigen Kauf und Verkauf von zwei verschiedenen Terminkontrakten. Die Kontrakte können sich in der Fälligkeit und/oder in den Spezifikationen unterscheiden.

Ein Spread wird eingegangen, wenn man der Meinung ist, daß sich das Preisverhältnis und/oder das Renditeverhältnis zwischen den beiden Kontrakten verändern wird. Es ist unerheblich, ob beide Kontrakte steigen oder fallen, entscheidend ist die Veränderung der Kontrakte im Verhältnis zueinander.

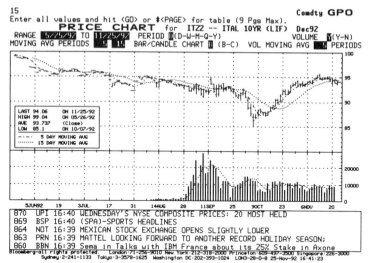

Kursverlauf des Dez. 92 Kontrakt des BTP-Futures in der Zeit vom 25. 5. 92 bis 25. 11. 92 (Quelle: Bloomberg)

Oft werden Spreads auch zum Rollen einer Position von einem Liefermonat in den nächsten Liefermonat genutzt.

Bei dem Aufbau eines Spreads ist es wichtig, daß beide Seiten gleichzeitig in den Markt gegeben werden. Werden beide Seiten nicht gleichzeitig ausgeführt, hat man in der Zwischenzeit eine ungedeckte Long- oder Short-Position, wodurch ein zusätzliches Risiko entsteht. Dieses Risiko wird Investoren an der DTB und LIFFE abgenommen. An diesen beiden Börsen (sowie an den meisten anderen Terminbörsen) ist es möglich, bestimmte Arten von Spreads als solche zu handeln. Es ist dann nicht notwendig, den Kauf- bzw. den Verkaufspreis der einzelnen Kontrakte anzugeben, sondern ausreichend die Preisdifferenz zwischen den beiden Kontrakten zu nennen. Diese Preisdifferenz ist dann der Spread. Der Marktteilnehmer braucht nur noch anzugeben, zu welchem Preis er den Spread kaufen bzw. verkaufen möchte. Ihm wird dadurch das Risiko abgenommen, daß er eventuell nur eine Seite des Spreads aufbauen kann. Nach der Ausführung seiner Order erhält er jedoch eine Bestätigung, zu welchen Preisen er die einzelnen Kontrakte ge- bzw. verkauft hat.

Der Handel eines Spreads ist in bezug auf die entstehenden Gebühren wesentlich günstiger als der separate Aufbau der einelnen Positionen, da beim Spread eine einfache Spread Gebühr in Rechnung gestellt wird, beim separaten Aufbau dagegen Gebühren für den Kauf und Verkauf der Kontrakte zu entrichten sind.

Spreads können in verschiedenen Formen gehandelt werden. Eine Form sind die Renditestruktur-Spreads. Zu ihnen gehören z. B. Time Spreads (gleichzeitiger Kauf und Verkauf von verschiedenen Kontraktmonaten desselben Futures), Spreads zwischen mittel- und langfristigen Kontrakten (z. B. Bund – Bobl) oder Spreads zwischen kurz- und langfristigen Kontrakten (z. B. Short-Sterling gegen Long-Gilt).[59]

Bei Bond Spreads (z. B. T-Bond Future – Bund-Future) werden verschiedene langfristige Terminkontrakte gegeneinandergestellt. Hier wird weniger auf eine Veränderung der Renditestruktur spekuliert, als vielmehr auf eine Veränderung der Renditeverhältnisse (z. B. Renditeverhältnis zwischen Treasury Bonds und Bundesanleihen). Da aber die meisten langfristigen Zinsterminkontrakte unterschiedliche Kontraktspezifikationen bezüglich der Restlaufzeit der zugrundeliegenden Anleihen haben, wird auch eine solche Position zum Teil von einer Veränderung der Zinsstruktur beeinflußt.

7.3.3.1 Intrakontrakt Spread Trading

Unterscheiden sich die Kontrakte bei einem Spread nur bezüglich ihres Kontraktliefermonats, nicht aber bezüglich ihrer Spezifikationen, so spricht man von einem Intrakontrakt Spread.

Ein Beispiel für einen Intrakontrakt Spread ist der gleichzeitige Kauf des Juni-Kontraktes des Bund-Futures und Verkauf des September-Kontraktes des Bund-Futures. Ein derartiger Spread wird auch Kalender oder Time Spread genannt.

Sind Bid (Geld) und Ask (Brief) Kurse des Juni-Kontraktes 93,15 und 93,25 und Bid und Ask Kurse des September-Kontraktes 93,67 und 93,79, so kann der Spread zu –0,42 gekauft werden. Das entspricht dem Kauf des Juni-Kontraktes zu 93,25 und dem Verkauf des September-Kontraktes zu 93,67. Verkauft werden

59 Siehe dazu Kapitel 8.3.2.2.

kann der Spread zu –0,64 (93,15 – 92,79 = –0,64). Geld und Brief des Spread sind somit –0,64 zu –0,42.[60] Der Spread wird somit immer gekauft, wenn der naheliegende Monat gekauft wird und der entferntliegende Monat verkauft wird. Verkauft wird der Spread, wenn der naheliegende Monat verkauft und der entfernte Monat gekauft wird.

Steigt der Juni-Kontrakt auf 93,57 zu 93,62 und der September-Kontrakt auf 93,76 zu 93,83 so steht der Spread bei –0,26 zu –0,14. Wäre der Spread zu –0,42 gekauft worden, könnte er jetzt zu –0,26 verkauft werden. Das entspricht einer Veränderung von 16 Ticks und somit einem Gewinn von DM 400 pro Kontrakt. Der Gewinn kann auch (umständlicher) über die Future-Transaktionen errechnet werden: Der Juni-Kontrakt wurde zu 93,25 gekauft und zu 93,57 verkauft = Gewinn von DM 800. Der September-Kontrakt wurde zu 93,67 verkauft und zu 93,83 zurückgekauft = Verlust von DM 400. Der gesamte Gewinn beträgt: DM 800 – DM 400 = DM 400.

Ein Intrakontrakt Spread kann sowohl als ein Preisspread als auch als ein Renditespread eingegangen werden.

Ein Preisspread wird im Verhältnis eins zu eins aufgebaut. Hier kommt es auf die absolute Veränderung der Preise zueinander an. Bei einem Renditespread müssen auch bei einem Time Spread die unterschiedlichen Preissensitivitäten der Kontrakte auf Renditeänderungen berücksichtigt werden. Haben beide Kontrakte denselben CTD so müssen, da sich der Future im Verhältnis Kassapreis des CTD geteilt durch den Preisfaktor bewegt, die Preisfaktoren des CTD für die beiden verschiedenen Liefermonate ins Verhältnis gesetzt werden. Dieses Ratio wird in den meisten Fällen nur geringfügig von eins abeichen und ist vorwiegend für große Positionen von Bedeutung. Nimmt man dieses Verhältnis als Spread Ratio, ist der Gewinn der Position von der Veränderung der kurzfristigen Finanzierungszinssätze (Repo Rate) mit denen die Kontrakte bewertet sind, abhängig. Da der Kassapreis der zu-

---

60 Das negative Vorzeichen hat zur Folge, daß auf der Geld Seite der zahlenmäßig größere Betrag steht.
An der DTB und LIFFE ist es möglich, den Spread als solchen zu handeln. Der Spread kann daher enger und somit günstiger stehen, als es sich aus den Bid und Ask Kursen der einzelnen Kontrakte ergeben würde.

grundeliegenden Anleihe für beide Kontrakte gleich ist und das Verhältnis der Kuponerträge sich nicht ändert, bleibt als variabler Faktor, die sich ändernden kurzfristigen Zinssätze. Wie man sieht, ist eine solche Position ein Zinsstrukturspiel. Man spekuliert auf eine Veränderung der Zinsstruktur zwischen dem Valutatag und dem Kontraktliefertag des ersten Kontraktes und der Zinsstruktur zwischen dem Valutatag und dem Kontraktliefertag des zweiten Kontraktes. Es werden zwei Zinssätze gegeneinander gestellt: Der erste Zinssatz ist der im ersten Future implizite Zins bis zum ersten Kontraktliefertag, und der zweite Zinssatz ist der im zweiten Kontrakt implizite Zinssatz bis zum zweiten Kontraktliefertag. Im Endeffekt spekuliert man auf eine Veränderung des in den beiden Futures impliziten Drei-Monats-Forward-Zinses, der ab dem Kontraktliefertag des naheliegenden Kontraktes gilt. Sind beide Futures fair bewertet, folgt dieser Forward-Zinssatz der Zinsentwicklung des entsprechenden Drei-Monats-Futures (z. B Euro-DM-Future). Man könnte dann statt dem Spread auch den entsprechenden Drei-Monats-Future handeln.[61] Dies hat jedoch nur für den Fall Gültigkeit, daß beide Kontrakte ständig fair bewertet sind. Das kommt in der Realität jedoch selten vor.

Haben beide Kontrakte einen unterschiedlichen Cheapest to Deliver, kommt zusätzlich noch eine Spekulation auf die Veränderung des Renditeverhältnisses zwischen den beiden Anleihen hinzu. Damit die Veränderung des Renditeverhältnisses im Spread Ratio korrekt berücksichtigt wird, müssen die unterschiedlichen Preissensitivitäten der beiden Anleihen in die Formel für das Spread Ratio implementiert werden. Da es hier auf die Preisveränderung der Anleihe bzw. des Futures ankommt, ist es sinnvoll, die Dollar Durationen der Anleihen zu nehmen.[62] Da die Dollar Duration des Futures die Dollar Duration des CTD geteilt durch dessen Preisfaktor ist, genügt es, die Dollar Durationen der beiden Kontrakte ins Verhältnis zueinander zu setzen.

Das Spread Ratio für einen Intrakontrakt Renditespread berechnet sich dann nach der folgenden Formel:

---

61 Zum besseren Verständnis siehe auch Kapitel 6.1.7 und 7.2.5.
62 Siehe dazu auch Kapitel 7.1.4.2.3: Berechnung des Hedge Ratios mittels der Dollar Duration.

$$\text{Spread Ratio} = \frac{\text{DD Kontrakt 1}}{\text{DD Kontrakt 2}}$$

$$\text{mit: DD Kontrakt x} = \frac{\text{Dollar Duration CTD Kontrakt x}}{\text{Preisfaktor CTD Kontrakt x}}$$

DD = Dollar Duration
CTD = Cheapest to Deliver

Das Spread Ratio eines Intrakontrakt Renditespreads wird in der Regel nicht so stark von eins abweichen wie das Spread Ratio eines Interkontrakt Renditespreads. Das hat zur Folge, daß man bei einem Interkontrakt Preisspread viel leichter erkennen kann, daß ein Teil der Position eine Renditespread ist und der andere Teil eine einfache Long- oder Short-Position ist.

7.3.3.2 Interkontrakt Spread Trading

Bei einem Interkontrakt Spread wird ein Spread zwischen zwei Futures mit verschiedenen Kontraktspezifikationen aufgestellt.
Er kann sowohl als Preisspread als auch als Renditespread eingegangen werden.

Renditespreads sind in den verschiedensten Formen möglich. Spreads, die von der Veränderung der Renditestruktur in einem Markt beeinflußt werden, sind z. B. Euro-DM-Future gegen Bund-Future, Euro-Lira-Future gegen BTP-Future, Bobl- gegen Bund-Future.

Beispiele für Spreads, die von der Veränderung des Renditeverhältnisses zwischen zwei verschiedenen Märkten abhängig sind, sind: T-Bond-Future gegen JGB-Future, Bund-Future gegen BTP-Future oder Euro-Dollar gegen Short-Serling-Future.

Um sich eine Meinung über die Entwicklung des Renditeverhältnis zweier Zinsterminkontrakte bzw. zweier Märkte bilden zu können, muß man die entsprechenden Renditen miteinander vergleichen. Bei einem kurzfristigen Zinsterminkontrakt ist die Rendite aus dem Kurs des Futures ersichtlich (100 minus dem Kurs).

Bei lang- bzw. mittelfristigen Zinsterminkontrakten kann man als Maßstab dafür, wie stark sich das Renditeverhältnis zwischen den beiden Märkten verändert hat, entweder die Rendite des Cheapest to Deliver des jeweiligen Kontraktes nehmen oder die Implied Forward Yield der verschiedenen Kontrakte. Welcher Maßstab der bessere ist, ist schwierig zu entscheiden. Die Implied Forward Yield wird unter anderem von Veränderungen in der Basis beeinflußt, die wiederum auch von sich ändernden kurzfristigen Zinsen beeinflußt wird. Die Veränderung der Implied Forward Yield gibt daher zwar die Veränderung der impliziten Rendite des Futures wieder, nicht aber zwangsläufig die Veränderung der Renditen des dem Future zugrundeliegenden Marktes. Nimmt man dagegen die Renditeentwicklung der Cheapest to Deliver Anleihen der einzelnen Futures als Vergleichsmaßstab, hat man das Problem, daß sich das Renditeverhältnis zwischen den Märkten zwar verändern kann, die Futures dieser Veränderung aber nicht unbedingt folgen müssen.[62]

Ist ein Händler der Meinung, daß die Renditedifferenz zwischen Future X (niedrigere Rendite) und Future Y (höhere Rendite) geringer wird, so kauft er Future Y und verkauft Future X.

Ist er umgekehrt der Meinung, daß sich die Renditedifferenz zwischen den beiden Kontrakten ausweiten wird, kauft er Future X (niedrigere Rendite) und verkauft Future Y (höhere Rendite).

Es kommt hierbei auf die relative Preisveränderung zwischen den Kontrakten an und nicht auf die absolute Preisänderung. Ein Ratio von eins zu eins ist folglich nur bei einem Preisspread und nicht bei einem Renditespread korrekt.[63]

Eine Position in einem Renditespread soll von Parallelverschiebungen in den Zinsen nicht beeinflußt werden. Beim Aufbau eines Renditespreads ist es daher notwendig, die unterschiedlichen Preisreagibilitäten der einzelnen Kontrakte auf eine gegebene Renditeänderung zu berücksichtigen. Ändern sich z. B. in beiden Märkten die Renditen parallel um einen Prozentpunkt, hat sich das Renditeverhältnis nicht verschoben. Bei einem Renditespread sollte daher noch kein Gewinn oder Verlust aufgetreten sein. Haben beide Kontrakte aber eine unterschiedliche Preisreagibilität,

---

62 Dieser Effekt kann durch eine gegenläufige Entwicklung der Basis bedingt sein.
63 Theoretisch ist es denkbar, daß auch bei einem Renditespread das Spread Ratio eins zu eins beträgt.

wird sich das Preisverhältnis zwischen den Kontrakten verändert haben. In der Berechnung des Spread Ratios muß daher diese Reagibilität berücksichtigt werden. Als Preisreagibilität des Futures kann die Dollar Duration des Futures genommen werden. Diese Berücksichtigung der unterschiedlichen Preisreagibilitäten entspricht der Berechnung des Hedge Ratios zwischen Anleihen und Terminkontrakten. Genauso wie die Berechnung des Hedge Ratios ist die Güte der Berechnung des Spread Ratios unter anderem von der Berücksichtigung der möglicherweise unterschiedlichen Konvexität der beiden Terminkontrakte abhängig. Weisen beide Terminkontrakte eine stark unterschiedliche Konvexität auf, muß diese bei der Berechnung des Spread Ratios berücksichtigt werden.

Als weiterer Punkt muß man noch das möglicherweise unterschiedliche Nominalvolumen der beiden Futures beachten.

Wird zudem der Spread zwischen zwei Kontrakten mit unterschiedlichen Währungen (Cross-Currency Spread) aufgebaut, ist auch das Kursverhältnis der beiden Währungen zu berücksichtigen.

Das Spread Ratio für einen Interkontrakt Renditespread berechnet sich dann folgendermaßen:

$$\text{Spread Ratio} = \frac{\text{DD Fut Y} * \text{NW Fut Y}}{\text{DD Fut Z} * \text{NW Fut Z}} * \text{WK } \frac{Z}{Y}$$

mit: NW = Nominalwert
     Fut = Future
     DD = Dollar Duration
     WK = Wechselkurs

$$\text{DD Fut x} = \frac{\text{Dollar Duration CTD Future x}}{\text{Preisfaktor CTD Future x}}$$

Als ein *Beispiel* sei ein Renditespread zwischen dem Bund- und dem Bobl-Future genannt:

Am 15.10 1992 notierte der Dezember-Kontrakt des Bobl-Futures an der DTB zu 95,14. Der Cheapest to Deliver war die Bundesobligation mit 8 % Kupon und einer Laufzeit bis zum 22. 9. 1997 und notierte zu 102,49. Das entspricht einer Rendite von 7,369 % für die Anleihe und einer Implied Forward Yield von 7,276 % für den Future.

Der Dezember-Kontrakt des Bund-Futures hatte zu derselben Zeit einen Kurs von 91,19. Der Cheapest to Deliver (7,25 %, 21. 10. 2002) notierte bei 99,11. Das entspricht einer Rendite von 7,372 % für die Anleihe und einer Implied Forward Yield von 7,321 % für den Future.

Der Preisspread zwischen beiden Kontrakten beträgt -3,95 und der Renditespread 0,03 % (CTD), bzw. 0,054 % (Future). Der Spread entspricht 3 Basispunkten bzw. 5,4 Basispunkten.

Ein Händler ist der Meinung, daß sich der Renditespread ausweiten wird. Er kauft deshalb Bobl-Futures und verkauft Bund-Futures. Da er den Renditespread handeln möchte, muß er sich vorher das korrekte Spread Ratio berechnen. Der CTD des Bobl-Futures hatte eine Dollar Duration von 4,0623 und einen Preisfaktor von 1,08016. Der CTD des Bund-Futures hatte eine Dollar Duration von 6,4089 und einen Preisfaktor von 1,09057. Die Dollar Duration der beiden Futures beträgt demzufolge: Bobl-Future: 3,7608 (4,0623/1,08016), Bund-Future: 5,8767 (6,4089/1,09057). Da hier keine Wechselkursdifferenzen zu beachten sind, berechnet sich das Spread Ratio folgendermaßen:

$$\text{Spread Ratio} = \frac{5,8767}{3,7608} * \frac{250000}{250000} = \frac{1,5626}{1}$$

Das heißt, daß als Gegengeschäft zu dem Verkauf eines Bund-Future-Kontraktes 1,5626 Bobl-Kontrakte gekauft werden müssen, bzw. 100 Bund-Futures gegen 156 Bobl-Futures.

Am 19.10. steht der Bobl-Future bei 95,75 und der Bund-Future bei 91,50. Der CTD des Bobl notiert bei 103,27 (Rendite: 7,177 %) und der CTD des Bund notiert bei 99,58 (Rendite: 7,3055). Die Implied Forward Yield des Bobl-Futures beträgt 7,113 % und die des Bund-Futures 7,272 %.

Der Renditespread der Anleihen beträgt jetzt 0,128 % und hat sich somit um 0,098 % ausgeweitet. Genauso hat sich auch der Spread der Implied Forward Yield der beiden Futures um 0,105 % auf 0,159 % ausgeweitet.

Der Händler beschließt seine Gewinne zu realisieren und verkauft 156 Bobl Kontrakte und kauft 100 Bund Kontrakte. Sein Gewinn berechnet sich dann folgendermaßen:

Kauf von 156 Bobl-Futures bei 95,14.
Verkauf von 156 Bobl-Futures bei 95,75.
Gewinn: 61 * 25 * 156 = DM 237 900,00
Verkauf von 100 Bund-Futures bei 91,19.
Kauf von 100 Bund-Futures bei 91,50.
Verlust: 31 * DM 25 * 100 = DM 77 500,00.

Der gesamte Gewinn aus dem Trade beträgt: DM 160 400,00 (237 900,00 – 77 500,00).

Wäre der obige Spread im Verhältnis eins zu eins eingegangen worden, wäre dies ein Preisspread gewesen. Entscheidend wären dann die Preisveränderungen zwischen den Kontrakten gewesen. Der Händler hätte dann beispielsweise 100 Bobl-Kontrakte gekauft und 100 Bund-Future-Kontrakte verkauft. Man muß sich aber darüber im klaren sein, daß ein Teil dieser Position ein Renditespread ist und der andere Teil eine einfache Long- bzw. Short-Position. Für einen Renditespread müßten für 100 Bund Kontrakte 156 Bobl-Kontrakte gekauft werden, bzw. müßten für 100 Bobl-Futures 64 Bund-Futures (1/1,5626) verkauft werden. In diesem Fall wurden aber 100 Bund-Futures verkauft und 100 Bobl-Futures gekauft. 64 verkaufte Bund-Futures gegen 100 verkaufte Bobl-Futures ist der Teil der Position, der den Renditespread darstellt. Die restlichen 36 Bund-Future-Kontrakte sind eine einfache ungedeckte Short-Position. Es fließt somit eine zusätzliche Marktmeinung über die Kursentwicklung des Bund-Futures mit ein. Der Händler muß sich daher darüber im klaren sein, daß er eigentlich zwei verschiedene Positionen gleichzeitig etabliert hat; nämlich einen Renditespread und eine Short-Position.

Bei einem Spread Trade ist zu beachten, daß das Spread Ratio gegebenenfalls angepaßt werden muß. Ändern sich nach Eingehen der Position die Dollar Durationen der einzelnen Futures, so ändert sich auch das Spread Ratio. Eine Änderung der Dollar Duration des Futures kann durch sich ändernde Dollar Durationen der Cheapest to Deliver Anleihen der Futures bedingt sein. Einen stärkeren Effekt wird meistens ein Wechsel des CTD haben, da die neue Anleihe in aller Regel nicht nur eine andere Dollar Duration hat, sondern auch einen anderen Preisfaktor.

Die Entwicklung des Renditespreads zwischen dem Dezember 92 Kontrakt des Bobl-Futures und dem Dezember 92-Kontrakt des Bund-Futures zeigen *Abb. 7.32* und *Abb. 7.33*.

Wird der Spread zwischen Kontrakten mit unterschiedlichen Währungen aufgestellt, so müssen zusätzlich noch auftretende Wechselkursveränderungen berücksichtigt werden.

In den genannten Fällen muß das Spread Ratio neu berechnet werden und gegebenenfalls Kontrakte ge- bzw. verkauft werden. Die Anpassung des Spread Ratios entspricht der Anpassung des Hedge Ratios bei einem Hedge.

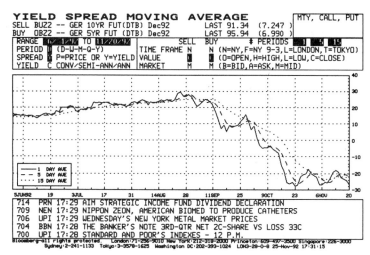

Abb. 7.32: Entwicklung des Renditespread des Dez. 92 Kontrakt
zwischen Bund und Bobl-Future (Quelle: Bloomberg)

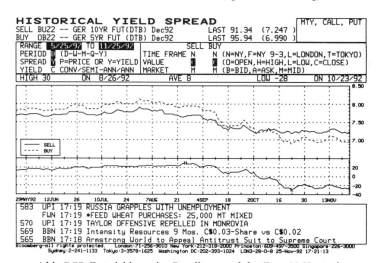

Abb. 7.33: Entwicklung des Renditespread des Dez. 92 Kontrakt
zwischen Bund und Bobl-Future[64] (Quelle: Bloomberg)

64 Bei diesem Graph ist zu beachten, daß die Renditeentwicklungen verglichen werden und nicht die Preisentwicklungen.

Beispiel für einen Renditespread zwischen dem Treasury Bond Future und dem Bund-Future an der LIFFE:

2. 10. 1992:

Kurs des T-Bond-Futures: 106–1/32. CTD: 9,25 % Kupon, Laufzeit bis Februar 2016, Kurs: 121–2/32, Preisfaktor: 1,1305, Dollar Duration der Anleihe: 12,2561, Rendite der Anleihe: 7,331 %. Implied Forward Yield des Futures: 7,420 %, Dollar Duration des Futures: 10,1483 (12,2561/1,1305).

Kurs des Bund-Futures: 91,34. CTD: 7,25 % Kupon, Laufzeit bis 20. 9. 2001, Kurs: 104,74, Preisfaktor: 1,14933, Dollar Duration der Anleihe: 6,5449, Rendite der Anleihe: 7,503 %, Implied Forward Yield des Futures: 7,442 %, Dollar Duration des Futures: 5,6945 (6,5449/1,14933).[65]

Aus diesen Daten errechnet sich ein Renditespread von 0,172 % (CTD), bzw. 0,022 % (Implied Forward Yield) und ein Preisspread von 14,69.

Der Wechselkurs Dollars betrug 1,4095 DM/$, bzw. 0,709 $/DM.

Ein Marktteilnehmer glaubt, daß sich der Renditespread verkleinern wird und verkauft daher Treasury Bond Kontrakte und kauft Bund-Future-Kontrakte im folgenden Verhältnis:

$$\text{Spread Ratio} = \frac{10,1483}{5,6945} * \frac{100000}{250000} * \frac{1,4095}{1} = \frac{1,00476}{1}$$

Das heißt, daß für 100 verkaufte Treasury Bond Kontrakte 100,476 (gerundet 101) Bund-Future-Kontrakte gekauft werden müssen.

Am 8. 10. 1992 haben sich die Marktverhältnisse geändert. Der Treasury Bond Future steht bei 104–6/32 und der Bund-Future bei 91,12. Besonders wichtig ist die Tatsache, daß bei beiden Futures der CTD gewechselt hat. Für den Treasury Bond Future ist die Anleihe mit 7,5 % Kupon und Laufzeit bis November 2016 (Kurs: 99–27/32, Rendite: 7,511 %, Preisfaktor: 0,9470, Dollar Duration: 10,300) Cheapest to Deliver. Für den Bund-Future ist es die Anleihe mit 8 % Kupon und Laufzeit bis 22. 7. 2002 (Kurs: 103,87, Rendite: 7,426 %, Preisfaktor: 1,142062, Dollar Duration: 6,8559). Die Implied Forward Yield und Dollar Duration beträgt für den T-Bond Future 7,590 % und 10,8765 und für den Bund-Future 7,382 % und 6,0031.

Zusätzlich zu dem Wechsel des CTD kam noch eine Veränderung des Wechselkurses hinzu: 1,4720 DM/$, bzw. 0,679 $/DM.

---

65 Bloomberg liefert leicht abweichende Ergebnisse. Deshalb stimmen diese Zahlen teilweise nicht mit den Zahlen in den Abb. 7.34 und 7.35 überein. Die Graphen verdeutlichen jedoch sehr schön die Entwicklung des Spreads.

Durch diese Veränderungen wird eine Anpassung des Spread Ratios notwendig:

$$\text{Spread Ratio} = \frac{10,8765}{6,0031} * \frac{100000}{250000} * \frac{1,4720}{1} = \frac{1,0668}{1}$$

Gerundet beträgt Spread Ratio jetzt 100 verkaufte T-Bond-Kontrakte zu 107 gekauften Bund-Future-Kontrakten.

Es müssen daher 6 Bund-Future-Kontrakte gekauft werden.

Bis zum 16.10. 1992 hat sich der Renditespread weiter verkleinert: Der Treasury Bond Future notiert jetzt bei 103–19/32. Cheapest to Deliver: 8,125 % Kupon, Laufzeit bis Mai 2021, Kurs: 106–2/32, Rendite: 7,595 %, Preisfaktor: 1,0137, Dollar Duration: 11,7625. Implied Forward Yield und Dollar Duration des Futures: 7,650 % und 11,6035.

Der Kurs des Bund-Futures beträgt 91,39. Cheapest to Deliver ist die Anleihe mit 8,25 % Kupon und Laufzeit bis zum 20. 09. 2001. Kurs der Anleihe: 104,89, Rendite: 7,469%, Preisfaktor: 1,14933, Dollar Duration: 6,5268. Implied Forward Yield und Dollar Duration des Futures: 7,433 % und 5,6788.

Der Wechselkurs DM/$ beträgt: 1,4800.

Der Renditespread beträgt jetzt –0,126 % (Bund-T-Bond) für die Anleihen und –0,217 % für die Implied Forward Yield. Er hat sich somit um 0,298 % bzw. 0,239 % verkleinert.

Der Preisspread hat sich um 2,49 Punkte verkleinert und beträgt nun 12,20.

Durch ein Glattstellen der Positionen könnte folgender Gewinn realisiert werden:

Kauf von 101 Bund-Future-Kontrakten zu: 91,34 am 2.10.

Verkauf von 101 Bund-Future-Kontrakten zu: 91,39 am 16.10.

Gewinn: 5 * DM 25 * 101 = DM 12625,00.

Zusätzlich wurden am 8.10. wegen der notwendigen Anpassung des Spread Ratios 6 Bund-Future-Kontrakte zu einem Kurs von 91,12 gekauft. Diese Kontrakte wurden ebenfalls am 16.10. zum Kurs von 91,39 glattgestellt. Daraus errechnet sich ein Gewinn vo DM 4050 (27 * DM 25 * 6).

Der gesamte Gewinn der Bund-Future-Position beträgt somit DM 16675,00.

Der Gewinn aus der T-Bond-Position errechnet sich folgendermaßen:

Verkauf von 100 Treasury Bond Kontrakten zu 106–01/32.

Kauf von 100 Treasury Bond Kontrakten zu 103–19/32.

Die Kursveränderung beträgt 78 Ticks (2–14/32).

Der Gewinn beträgt dann: 78 * $ 31,25 * 100 = $ 243750,00.

Bei einem Wechselkurs von 1,4800 DM/$ entspricht das DM 360750,00.

Der Gesamtgewinn der aus dem Spread Trade entstand, beträgt nun DM 360750,00 + DM 16675,00 = DM 377425,00.

Die Entwicklung des Renditespreads zwischen dem Dezember 92 Kontrakt des Treasury Bond Futures und dem Dezember 92 Kontrakt des Bund-Futures über den Zeitraum vom 01.06.92 bis zum 20.11.92 zeigt *Abb. 7.34* und *Abb. 7.35*.

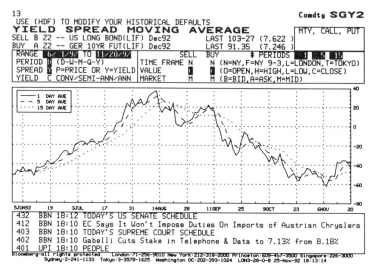

Abb. 7.34: Entwicklung des Renditespread des Dez. 92 Kontraktes zwischen T-Bond- und Bund-Future (Quelle: Bloomberg)

Wird ein Spread zwischen Märkten mit verschiedenen Währungen eingegangen, besteht ein Wechselkursrisiko. Dieses Wechselkursrisiko ist aber geringer, wenn der Spread statt mit Anleihen über den Future durchgeführt wird. Wird der Spread mit Anleihen etabliert, besteht das Wechselkursrisiko bezüglich des gesamten Kaufpreises der Anleihen. Bei Terminkontrakten muß dagegen nur eine vergleichsweise geringe Margin hinterlegt werden. Das Wechselkursrisiko beschränkt sich daher auf die hinterlegte Margin, sowie auf die aus den Kursänderungen der Terminkontrakte resultierenden Variation-Margin-Zahlungen.

Als weiteres Risiko besteht bei einem Spread, genauso wie bei einem Hedge von Anleihen, das Basisrisiko. Folgt der Future nicht den Bewegungen der zugrundeliegenden Anleihen, kann der Trader in seiner Markteinschätzung zwar Recht bekommen, die

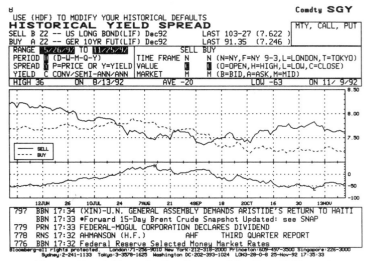

Abb. 7.35: Entwicklung des Renditespread des Dez. 92 Kontraktes
zwischen T-Bond- und Bund-Future (Quelle: Bloomberg)

Position kann trotzdem mit einem Verlust enden. Die Basis kann
sich auch aus anderen Gründen ändern (z. B. Änderung der kurzfristigen Zinsen, Wechsel des CTD usw.). In jedem Fall besteht das
Risiko, daß sich die Basis zuungunsten der bestehenden Position
entwickelt.

7.3.4 Basis Trading

Basis Trader spekulieren auf eine Veränderung der Basis. Die Positionen, die sie dabei eingehen und auch die Vorgehensweise entspricht der einer Arbitrage zwischen der Anleihe und dem Future.
Es ist nämlich der gleichzeitige Kauf bzw. Verkauf von Terminkontrakt und Anleihe. Der Unterschied besteht aber darin, daß bei
einer Arbitrage die Position eingegangen wird, mit der Absicht, sie
bis zum Kontraktliefertag zu halten und einen relativ sicheren Gewinn einzunehmen. Bei einem Basis Trade wird die Position aus
rein spekulativen Gründen eingegangen. Sie wird meistens vor
dem Liefertag aufgelöst, kann aber auch in den nächsten Kontraktmonat gerollt werden.

Oft machen Händler aus einer Arbitrage einen Basis Trade, indem sie, wenn sich die Basis stark zu ihren Gunsten entwickelt hat, die Position vorzeitig schließen. Sie werden dies dann tun, wenn sie durch das vorzeitige Schließen der Position einen gößeren Gewinn erzielen würden, als dies durch das Halten der ursprünglichen Arbitrageposition bis zum Liefertag möglich wäre.

Beispiel:
Die aktuelle Repo Rate beträgt 9 Prozent und die Implied Repo Rate des Futures 9,3 Prozent. Ein Händler tätigt in diesem Fall eine Cash and Carry Arbitrage. Sinkt nach Eingehen der Position die Implied Repo Rate unter 9 Prozent, ist es möglich, durch vorzeitiges Auflösen der Position die Differenz zwischen der aktuellen Implied Repo Rate und der Repo Rate von 9 Prozent als zusätzlichen Gewinn einzunehmen.

Beim Basis Trading unterscheidet man zwischen einer „Long the Basis" Position und einer „Short the Basis" Position.

7.3.4.1 Long the Basis

Man kauft die Basis bzw. ist „Long the Basis" wenn man Anleihen kauft und Futures verkauft.

Man verkauft die Basis bzw. ist „Short the Basis" wenn man Anleihen leerverkauft und Futures kauft.[66]

Das Verhältnis, in dem Anleihen gegen den Kontrakt gestellt werden, wird durch den Preisfaktor der jeweiligen Anleihe bestimmt, mit der der Basis Trade eingegangen wird. Der Future bewegt sich nämlich nicht im Verhältnis eins zu eins mit der Anleihe. Geht man von einer konstanten Basis aus, bewegt sich der Future im Verhältnis eins geteilt durch den Preisfaktor zu der Anleihe. Es wird dabei vorausgesetzt, daß der Basis Trade mit dem Cheapest to Deliver aufgesetzt wird.

Eine Long the Basis Position profitiert von einer Vergrößerung der Basis. Der Future wird dann im Verhältnis zur Anleihe billiger.

Ist die Carry positiv, d. h. daß die Erträge aus dem Halten der Position größer sind als die Finanzierungskosten, dann nimmt der Händler, zusätzlich zu seinem möglichen Gewinn aus der Veränderung der Basis, diese Carry ein. Ist die Carry dagegen negativ, dann muß er diese Kosten bezahlen.

---

66 Vgl. *Burghard, G., Lane, M., Papa, J.:* (Treasury Bond), S. 25 f.

Ein solcher Basis Trade soll anhand des Futures auf Bundesobligationen verdeutlicht werden. Er ist jedoch analog für jeden
anderen mittelfristigen und langfristigen Zinsterminkontrakt
möglich.

Beispiel:
Am 17. November 1992 betrug die Repo Rate 8,90 % für die Serie 100 der
Bundesobligationen. Der Bobl-Future für den Monat Dezember notierte
bei 95,42. Die Obligation der Serie 100 (Conversion Faktor 1,08731) Kupon 8,25 % und Laufzeit bis 20. 7. 1997 notierte bei 103,49. Daraus errechnet sich eine Implied Repo Rate von 9,326 % und eine aktuelle Basis
von −0,26096.
Ein Marktteilnehmer, der der Meinung ist, daß sich die Basis ver-
größern wird, kann folgende Positionen eingehen:
Kauf von Obligationen im Nominalwert DM 25 000 000,00. Verkauf von
109 Bobl-Futures [(25 000 000,00/250 000) * 1,08731=109].
Am 23. November stand der Future bei 96,20 und die Obligation bei
104,59. Die Implied Repo Rate ist auf 7,633 % gesunken und die aktuelle
Basis hat sich gemäß der Erwartung des Marktteilnehmers um ca. 25 Ba-
sispunkte auf −0,00906 ausgedehnt. Durch ein Schließen der Position zu
diesen Preisen, könnte folgender Gewinn realisiert werden:
Wertpapierposition:
Kauf: 103,49 * 250 000 = DM 25 872 500,00
Verkauf: 104,59 * 250 000 = <u>DM 26 147 500,00</u>
Gewinn: + DM   275 000,00

Futureposition:
Verkauf: 95,42
Kauf: 96,20
Das entspricht einem Anstieg um 78 Ticks.
Verlust: 78 * 25 * 109 = − DM 212 550,00

Aus der Kursveränderung errechnet sich daher ein Gewinn von: + DM
275 000,00 − DM 212 550,00 = <u>+ DM 62 450,00</u>
Es muß jedoch noch die Cost of Carry berücksichtigt werden, die für
das Halten der Anleihe während der sechs Tage angefallen ist.
Carry für 6 Tage:
Stückzins erhalten:

250 000 * 6/360 * 0,0825 = + DM 34 375,00.

Finanzierungskosten bezahlt (berechnet auf den dirty spot-price):
Stückzins pro Obligation seit dem letztem Kuponzahlungsdatum:

87/360 * 8,25 = 1,9938.

Finanzierungszinssatz: 8,90 Prozent.

(103,49 + 1,99) * 0,0890 * 6/360 * 250 000 = – DM 39 115,50

Als Carry ist insgesamt zu bezahlen: + DM 34 375,00 – DM 39 115,50
= – DM 4740,50

Der gesamte Gewinn beträgt dann:

Kurswertänderung:	+ DM 62 450,00
Carry:	– DM 4740,50
Gewinn:	+ DM 57 709,50

7.3.4.2 Short the Basis

Wie oben festgestellt, verkauft man die Basis bzw. ist Short the Basis, wenn man Anleihen leerverkauft und die entsprechende Anzahl an Futures kauft.

Wenn man die Basis verkauft, profitiert man von einer Verengung der Basis. Auch hier hat man neben der Veränderung der Basis als zweite Ertrags- bzw. Kostenkomponente, je nachdem, ob sie positiv oder negativ ist, die Carry. Bei einer Short Basis Position muß man, wenn sie positiv ist, die Carry bezahlen. Umgekehrt ist es für diese Position günstig, wenn die Carry negativ ist, da man sie dann als zusätzlichen Ertrag erhält.

Beispiel:

Glaubt in dem letzten Beispiel der Marktteilnehmer, daß sich die Basis verengen wird, dann wird er den Future kaufen und die Obligationen leerverkaufen. Er muß für den Zeitraum, in dem er die Position hält, die Stückzinsen bezahlen. Anderseits hat er Zinseinnahmen in Höhe der Repo Rate. Diese Einnahmen entstehen dadurch, daß die Obligationen verkauft werden und der erhaltene Betrag zu der Repo Rate angelegt wird.

Die Position lautet dann folgendermaßen:

Leerverkauf von Obligationen im Nominalwert DM 25 000 000,00. Kauf von 109 Bobl-Futures [(25 000 000/250 000) * 1,08731=109].

Hätte sich die Basis bis zu 23. Oktober statt auszuweiten verengt, könnte man folgende Rechnung aufstellen:

Rückkauf der Obligationen zu: 104,19.

Verkauf des Futures zu: 96,13

Die Basis beträgt bei diesen Preisen –0,33294 und die Implied Repo Rate 9,94647.

Obwohl sie sich betragsmäßig ausgeweitet hat, hat die Basis sich effektiv verengt, da sie hier ein negatives Vorzeichen hat.

Die Basis wurde in diesem Fall zu –0,26096 verkauft und zu –0,33294 zurückgekauft.

Die Gewinn und Verlustrechnung sieht dann folgendermaßen aus:

Wertpapierposition:

Verkauf: 103,49 * 250 000	= DM 25 872 500,00	
Kauf: 104,19 * 250 000	= DM 26 047 500,00	
Verlust:	+ DM	175 000,00

Futureposition:

Kauf: 95,42

Verkauf: 96,13

Das entspricht einem Anstieg um 71 Ticks.

Gewinn: 71 * 25 * 109 = – DM 193 475,00

Aus der Kursveränderung errechnet sich daher ein Gewinn von:

+ DM 193 475,00 – DM 175 000,00 = + DM 18 475,00

Auch in diesem Beispiel muß die Cost of Carry berücksichtigt werden. Hier ist sie jedoch positiv, da der Zinsertrag aus der Anlage des durch den Leerverkauf der Obligationen hereingeflossenen Geldes die zu zahlenden Stückzinsen überkompensiert.

Carry für 6 Tage:

Zu zahlender Stückzins:

250 000 * 6/360 * 0,0825 = – DM 34 375,00.

Zinserträge durch den Verkauf der Obligationen (berechnet auf den dirty spot-price):

Stückzins pro Obligation seit dem letztem Kuponzahlungsdatum:

87/360 * 8,25 = 1,9938.

Anlagezinssatz: 8,90 Prozent.

(103,49 + 1,99) * 0,0890 * 6/360 * 250 000 = + DM 39 115,50

Die erhaltene Carry beträgt insgesamt: + DM 39 115,50 – DM 34 375,00 = + DM 4 740,50

Der gesamte Gewinn beträgt dann:

Kurswertänderung:	+ DM 18 475,00
Carry:	+ DM 4 740,50
Gewinn:	+ DM 23 215,50

Es ist zu beachten, daß der Gewinn in diesem Fall aus zwei Komponenten besteht: Dem Ertrag aus der Kursveränderung und dem Zinsertrag, der durch den Leerverkauf der Obligationen entstanden ist.

Die Veränderung der Implied Repo Rate kann einen Hinweis

darauf geben, in welche Richtung sich die Basis entwickelt hat. Zum Beispiel hat eine Verringerung der Implied Repo Rate meistens eine Erweiterung der Basis zur Folge. Umgekehrt wird sich meistens die Basis verengen wenn die Implied Repo Rate steigt. Entscheidend ist aber der Zeitraum in dem die Veränderung stattfindet. Da die Basis bis zum Liefertag gegen Null konvergiert, wird sich die Basis, auch wenn sich die IRR nicht verändert, ständig abbauen. Anderseits kann es vorkommen, daß sich die Basis über einen längeren Zeitraum nicht verändert. Die IRR wird sich in diesem Fall nur dann nicht verändern, wenn die Carry gleich Null ist (Erträge entsprechen den Finanzierungskosten).

Nähert sich der Liefertag und sind die Positionen noch nicht geschlossen, bestehen bei einem Basis Trade drei Möglichkeiten:[67]

1. Glattstellen der Position
Dies wurde in den vorhergehenden Beispielen erörtert.

2. Halten der Position bis zum Lieferzeitpunkt
Hält man die Position bis zum Liefertag, muß man, wenn die Basis gekauft wurde, Anleihen in den Kontrakt liefern. Umgekehrt muß man bei einem Verkauf der Basis die Lieferung der Anleihen entgegennehmen. In beiden Fällen muß man, ähnlich wie bei einer Arbitrage, am letzten Handelstag den überhängenden Teil der Future-Position, der nicht mit dem Nominalwert der Anleihen übereinstimmt, verkaufen bzw. zukaufen.

3. Rollen der Future-Position
Die dritte Möglichkeit besteht in dem Rollen der Future-Position in einen der folgenden Kontraktmonate. Die bestehende Future-Position wird geschlossen, während für den darauffolgenden Liefermonat dieselbe Position eröffnet wird, wie sie ursprünglich für den laufenden Kontraktmonat bestanden hat.

Ist man Short the Basis, kauft man die Basis zum aktuellen Preis zurück und verkauft sie für den nächsten Kontraktmonat. Bei einer Long the Basis Position wird umgekehrt verfahren.

Ein Punkt, der nur bei großen Positionen von Bedeutung ist, ist der Umstand, daß für unterschiedliche Liefermonate auch unterschiedliche Preisfaktoren gelten. Die Anzahl der Futures die ge- bzw. verkauft werden, kann dann leicht unterschiedlich sein.

---

67 Vgl. *Burghard, G., Lane, M., Papa, J.:* (Treasury Bond), S. 115.

7.3.4.3 Risiken eines Basis Trades

Neben dem Risiko, daß sich der Händler mit seiner Markteinschätzung geirrt hat und sich die Basis zu seinen Ungunsten entwickelt, gibt es einige für einen Basis Trade spezifische Risiken.

Ein beträchliches Risiko, das auftreten kann, wenn man die Basis verkauft, besteht in dem sogenannten „Short Squeeze". Wurde die Anleihe leerverkauft, so muß sie, wenn die Position glattgestellt werden soll, zurückgekauft werden. Das kann aber unter bestimmten Umständen problematisch werden. Haben viele Marktteilnehmer in demselben Papier eine Short-Position und müssen sie sich zur gleichen Zeit wieder eindecken, kann es zu einer vorrübergehenden Nichtverfügbarkeit bei diesem Wert kommen. Ist das Volumen der Positionen, die eingedeckt werden müssen, größer als das Volumen der Positionen, die am Markt frei verfügbar sind, kommt es einem Short Squeeze. Es ist dann nicht oder nur zu äußerst ungünstigen Bedingungen möglich, seine Position glattzustellen. Eine solche Nichtverfügbarkeit kann auch bei illiquiden Papieren oder bei Werten vorkommen, bei denen ein großer Anteil von einer Marktteilnehmergruppe gehalten wird. Solche Anleihen können im Vergleich mit anderen Anleihen mit einer völlig unterschiedlichen Rendite rentieren, obwohl sie ähnliche Ausstattungsmerkmale aufweisen.

Das Risiko bei einer Short Basis Spekulation ist theoretisch unbegrenzt, da bei einem Short Squeeze auch der Fall einer negativen Implied Repo Rate eintreten kann. Bei einer Long Basis Spekulation kann man notfalls die Anleihe in den Future einliefern und so sein Risiko begrenzen.

Ein weiteres Risiko liegt in dem möglichen Wechsel des Cheapest to Deliver. Der CTD kann relativ schnell wechseln. Tut er das, dann ändert sich auch die Duration des Futures und meistens auch der Preis des Futures. Als Folge wird eine Renditeänderung nicht mehr dieselbe Preisänderung im Future bewirken, wie es vor dem Wechsel des CTD der Fall war. Das Verhältnis der Preisbewegung des Futures gegenüber dem ursprünglichen CTD entspricht dann nicht mehr dem Preisfaktor dieser Anleihe.[68] Aus einem Basis Trade wird dann ein Spread Trade zwischen den Ren-

---

68 Vgl. *Jonas S.*: (Change in the Cheapest to Deliver), S. 316.

diten des ursprünglichen und des neuen CTD. Das Verhältnis Anleihe zu Future ist in diesem Renditespread zudem auch noch un-
ausgewogen.

Handelt man die Basis mit einer anderen Anleihe als dem CTD,
so muß man das Verhältnis von Future zu Anleihe anpassen. Die
Anzahl der ge- bzw. verkauften Futures entspricht dann dem
Preisfaktor des CTD. Dieser Preisfaktor muß aber zusätzlich noch
durch die Dollar Duration des CTD dividiert werden und mit der
Dollar Duration der Anleihe multipliziert werden, mit der der Basis Trade eingegangen wird.[69] Nur bei dieser Berechnung resultieren die entstehenden Zahlungströme aus Veränderungen der Basis und nicht aus einfachen Preisveränderungen zwischen Anleihe und Future. Allerdings besteht bei einem solchen Basis Trade
der nicht mit dem CTD eingegangen wird, das Risiko, daß sich die
Renditen der einzelnen Anleihen nicht parallel entwickeln. Dies
ist ein zusätzliches Basisrisiko, das auch bei einem Cross Hedge
auftritt.

---

69 Vgl. hierzu auch Methoden zur Berechnung des Hedge Ratios, Kapitel
   7.1.4.

8. Anwendungsmöglichkeiten für kurzfristige Zinsterminkontrakte

8.1 Hedging

8.1.1 Grundlagen

8.1.1.1 Das Basisrisiko

Wird ein Hedge nicht exakt zum Zeitpunkt der Fälligkeit des Kontraktes aufgelöst, oder wird ein Zinssatz abgesichert, der dem Future nicht zugrunde liegt, so besteht ein Basisrisiko. Das Risiko besteht darin, daß die Wertentwicklung des Futures nicht der Wertentwicklung der abzusichernden Position entspricht, daß sich somit die Basis zuungunsten des Hedgers entwickelt.

Für einen Short Hedge (Verkauf von Futures) ist es nachteilig, wenn die Basis größer wird, dagegen günstig, wenn die Basis kleiner wird. Das Gegenteil gilt für einen Long Hedge.

Eine grobe Abschätzung der Basis für einen bestimmten Zeitpunkt in der Zukunft kann erfolgen, indem man von einer linearen Entwicklung ausgeht: Der Future notiert bei 90,65 und hat eine aktuelle Basis von 0,37. Die derzeitige Spot-LIBOR für drei Monate beträgt daher 8,98 % (100–90,65–0,37 bzw. 9,35–0,37). Der letzte Handelstag des Futures liegt 62 Tage entfernt. Würde sich die Basis linear abbauen so würde ihr Wert in 28 Tagen (34 Tage vor dem letzten Handelstag) nur noch 0,203 = (34/62) * 0,37 betragen.

Allgemein ausgedrückt beträgt die erwartete Basis bei linearer Abnahme:

Erwartete Basis = $B_a * (T_{AK}/T_{LH})$

mit: B_a = aktuelle Basis
 T_{AK} = Tage vom Absicherungsende bis zum Kontraktliefertag
 T_{LH} = Tage bis zum letzten Handelstag

In der Regel konvergiert die Basis nicht linear, sondern unter Schwankungen gegen Null. Die geschilderte Vorgehensweise stellt daher nur eine grobe Abschätzung dar.

Die erwartete Basis kann ebenso auch für entferntliegende Kontrakte ermittelt werden.

Das Basisrisiko ist am höchsten, wenn Zinssätze abgesichert werden, die dem Future-Zinssatz nicht entsprechen. Beispiele hierfür sind Absicherungen von unterschiedlichen Referenzzinssätzen, von Zinssätzen die sechs Monate oder neun Monate umfassen mit Hilfe eines Drei-Monats-Futures oder die Absicherung von Bulis über den Euro-DM-Future. In diesen Fällen konvergiert die Basis nicht zwangsläufig gegen Null. Eine Abschätzung der Basisentwicklung kann dann äußerst problematisch werden.

8.1.1.2 Ermittlung des Zielzinssatzes

Kurzfristige Zinsterminkontrakte werden mit Forward-Zinssätzen bewertet. Mit einem Future wird daher der entsprechende Forward-Zinssatz abgesichert und nicht ein Spot-Zinssatz.

Richtet sich der Kurs des Terminkontraktes nach der LIBOR, dann sichert man sich durch den Verkauf von Kontrakten einen Kreditsatz ab. Die LIBOR ist die Briefseite bzw. die Offered Rate, also der Zins, zu dem man Geld aufnehmen kann.[1] Beabsichtigt man einen Kredit aufzunehmen, so sind steigende Zinsen ungünstig. Der Verkauf von Futures stellt die Gegenposition dazu dar, da diese Position von steigenden Zinsen profitiert. Durch den Verkauf eines Futures hat man indirekt für einen in der Zukunft liegenden Zeitpunkt einen Kredit aufgenommen.

Werden Futures gekauft, so werden Einlagesätze abgesichert. Der Forward-Einlagezinssatz, den man sich mit dem Future absichern kann, entspricht dem im Future impliziten Zinssatz, abzüglich der marktüblichen Geld-Brief-Spanne. Der Verkauf eines Euro-Dollar-Futures zu 91,70 sichert daher – eine Geld-Brief-Spanne von 0,125 angenommen- einen Forward-Einlagenzinssatz von 8,175 (100 – 91,70 – 0,125 oder 8,30% –0,125%) ab.[2]

---

1 LIBID wäre die Geldseite.

2 In den folgenden Beispielen wird aus Gründen der Vereinfachung von der Berücksichtigung des Geld-Brief-Spread abgesehen. In der Realität ist er aber stets existent.

Wird die Absicherung vor der Fälligkeit des Kontraktes aufgelöst, so besteht ein Basisrisiko. Der abzusichernde Zinssatz kann somit nicht mehr genau fixiert werden. Es kann jedoch über eine Abschätzung der Basisentwicklung ein zu erreichender Zielzinssatz grob festgelegt werden. Dieser Zielzinssatz ist ein Zinssatz, der bei einer realistischen Bewertung der Position eine Zielgröße darstellt. Er stellt aber keine unwiderruflich fixierte Größe dar, da die Position unter anderem durch Basiseffekte und Fehlbewertung des Futures negativ beeinflußt werden kann.

Der Future im Beispiel des letzten Kapitels hatte einen Kurs von 90,65 (Spot-LIBOR 8,98 %, Forward-Rendite des Futures: 9,35 %) und für 34 Tage vor Verfall eine erwarte Basis von 0,203 = (34/62) * 0,37. Durch den Verkauf eines Futures kann ein Kreditsatz von 9,35 % (100 – 90,65) abgesichert werden. Wird der Hedge aber in 28 Tagen (34 Tage vor Kontraktfälligkeit) aufgelöst, hat sich die Basis nur um 0,167 (0,37 – 0,203) abgebaut. Der erwartete Kreditzinssatz, der durch den Verkauf von Kontrakten bei einer linearen Entwicklung der Basis erzielt werden kann, beträgt somit 9,147 % (8,98 % + 0,167 oder 9,35 % –0,203).

Allgemein beträgt der Zielzinssatz bei einem linearen Abbau der Basis:

Erwarteter Zins = 100 – aktueller Futurepreis – erwartete Basis

Liegt das Datum der Auflösung des Hedges zwischen zwei Kontraktmonaten und wird die Absicherung mit diesen beiden Kontrakten vorgenommen, so kann ebenfalls durch eine Interpolation zwischen den Kursen und somit zwischen den impliziten Forward-Zinssätzen dieser beiden Kontrakte ein Zielzinssatz ermittelt werden. Die Gewichtung der beiden Zinssätze erfolgt in dem Verhältnis des Abstands des Zeitpunkts der Auflösung des Hedges zu den Fälligkeitszeitpunkten der einzelnen Kontrakte.

Beispiel:
Der März-Kontrakt des Euro-DM Futures notiert bei 91,70 und der Juni-Kontrakt bei 92,30. Der Zeitraum zwischen den beiden Kontrakten umfaßt 91 Tage. Der Auflösungszeitpunkt der Absicherung des Zinssatzes liegt 23 Tage nach der Fälligkeit des März Kontraktes. Mit Hilfe einer linearen Interpolation kann nun der Zielzinssatz für die Absicherung ermittelt werden:

91,70 * 68/91 + 92,30 * 23/91 = 91,85

Der Zielzinssatz beträgt 8,15 %.

Hat die Absicherung einen langen Zeithorizont, ist es meistens sinnvoll, einen diesem Zeithorizont entsprechenden Kontraktmonat zu wählen. Es kann dabei der Fall auftreten, daß die benötigten entferntliegenden Kontraktmonate noch nicht notiert werden oder zu illiquide sind. Es muß dann auf die näherliegenden Kontrakte ausgewichen werden. Die Bestimmung des Zielzinssatzes muß hier durch eine Extrapolation aus den gehandelten Kursen der gehandelten Kontrakte vorgenommen werden. Wird aus den impliziten Forward-Zinssätzen von zwei naheliegenden Kontrakten auf den Zinssatz eines entferntliegenden Kontraktes linear extrapoliert, wird davon ausgegangen, daß sich die Zinskurve entsprechend linear fortsetzt. Ein Hedge hätte z. B. mit dem März-Kontrakt durchgeführt werden sollen. Dieser Kontrakt wird aber noch nicht notiert. Es muß somit auf die näherliegenden Kontrakte ausgewichen werden. Aus diesen Kursen kann aber auf den Kurs des März-Futures extrapoliert werden. Beträgt der Kurs des September-Futures beispielsweise 91,90 und der Kurs des Dezember-Futures 91,60, so erhält man bei linearer Extrapolation einen Kurs von 91,30 für den März-Future und somit einen Zielzinssatz von 8,70 %. Ein genaueres Vorgehen bestände darin, sich aus den gegebenen Spot-Zinssätzen bzw. Zero-Raten und den in den gehandelten Futures impliziten Forward-Zinssätzen, den theoretischen Future-Kurs für den März-Kontrakt auszurechnen. Dieser Forward-Zinssatz wäre dann der Zielzinssatz.

Umfaßt der Zinssatz, der abgesichert wird, einen anderen Zeitraum als der Zinssatz, der dem Future zugrunde liegt, kann durch die Benutzung zweier kurzfristiger Zinssätze der entsprechende langfristige Zinssatz berechnet werden. Das Vorgehen entspricht der Methodik zur Berechnung von Zero- und Forward-Raten bzw. der Berechnung des theoretischen Futurepreises.[3]

Die Formel lautet:

$$(1 + Z_L * TL/360) = (1 + Z_{K1} * T_{K1}/360) * (1 + ZK_2 * (T_{K2})/360)$$

---

3 Siehe dazu Kapitel 6.2.1 und 6.2.2.

mit: Z_L = Zinssatz für den langen Zeitraum
Z_{K1} = Zinssatz für den kurzen Zeitraum 1
Z_{K2} = Zinssatz für den kurzen Zeitraum 2
T_L = Tage für den langen Zeitraum (ZK_1+ZK_2)
T_{K1} = Tage für den kurzen Zeitraum 1
T_{K2} = Tage für den kurzen Zeitraum 2

In die Formel kann für ZK entweder ein Spot-Zins und ein im Future impliziter Forward-Zins oder zwei aus zwei verschiedenen Kontrakten erhaltene Forward-Zinssätze eingesetzt werden. ZL ist dann der Zielzinssatz. Es ist somit auch möglich, aus den in den verschiedenen Futures enthaltenen Forward-Raten eine Forward-Rate mit einer anderen Periode zu ermitteln.

Beispiel:

Kontrakt	Kurs	Impliziter Forward-Zins
Dezember	90,80	9,20 %
März	90,55	9,45 %
Juni	90,30	9,70 %

Der Sechs-Monats-Forward-Zinssatz für den letzten Handelstag des Dezember-Kontraktes errechnet sich folgendermaßen:
$$(1 + ZL * 180/360) = (1 + 0,0920 * 90/360) * (1 + 0,0945 * 90/360) =$$
$$= 0,09434 \text{ bzw. } 9,434 \%.$$

Kauft man einen Dezember- und einen März-Kontrakt, so entspricht das einer Anlage von Geld zu 9,20 % für drei Monate am letzten Handelstag des Dezember-Futures. Nach drei Monaten wird das Geld für weitere drei Monate zu 9,45 % angelegt. Dieser Zinssatz ist durch den Kauf des März-Futures abgesichert. Der Forward-Zinssatz für die sechs Monate beträgt somit 9,434 %.

Analog läßt sich auch für den März-Termin ein Sechs-Monats-Forward-Zins ausrechnen.

Soll jetzt ein Sechs-Monats-Zins abgesichert werden und liegt das Datum der Auflösung des Hedges z. B. zwischen den letzten Handelstagen des Dezember- und März-Kontraktes, so ist es möglich, durch Interpolation zwischen den Sechs-Monats-Forward-Zinssätzen vom Dezember- und März-Kontrakt einen Zielzinssatz zu ermitteln.

Die in diesem Kapitel geschilderten Methoden der linearen Interpolation zwischen zwei Zinssätzen sind relativ einfache Vorgehensweisen. Bei der linearen Interpolation wird die Krümmung der Zinskurve vernachlässigt. Durch eine logarithmische Interpolation wird die Konvexität der Zinskurve besser nachgebildet. Die logarithmische Kurve ist durch die folgende Gleichung definiert:

$$y = (a * lnx) + b$$

Sind zwei Zinssätze (y) für zwei Zeitperioden (x) gegeben, sind zwei Gleichungen mit zwei Unbekannten gegeben (a und b). Durch Auflösung dieser beiden Gleichungen können a und b bestimmt werden. Durch Einsetzen von a und b in die ursprüngliche Gleichung kann der interpolierte Zinssatz x bestimmt werden.

8.1.1.3 Stack Hedge und Strip Hedge

Wird die zum Absichern der Position benötigte Anzahl an Terminkontrakten über mehrere Kontraktmonate des Futures verteilt, so spricht man von einem Strip Hedge. Wird dagegen die gesamte Absicherung (zunächst) nur über einen Kontraktmonat vorgenommen, liegt ein Stack Hedge vor. Bei einem Stack Hedge werden die zu kaufenden bzw. zu verkaufenden Kontrakte somit nicht über mehrere Fälligkeiten verteilt. Eine solche Absicherung ist sinnvoll, wenn der Zeitraum der Absicherung mit dem Zeitraum bis zum Kontraktliefertag übereinstimmt. Weichen diese Zeiträume voneinander ab, kann es sinnvoll, sein die Anzahl der Kontrakte über mehrere Fälligkeiten zu verteilen. Dieses Vorgehen ist besonders dann empfehlenswert, wenn die Absicherung als Stack Hedge vorgenommen gegenüber Veränderungen in der Zinsstruktur sensitiv ist.

Bei manchen Futures werden jedoch nicht genügend Fälligkeiten gehandelt oder falls genügend Kontraktmonate vorliegen, sind sie manchmal nicht liquide[4] genug, um einen Strip Hedge vorzunehmen. Es muß dann auf einen Stack Hedge ausgewichen werden, der dann gegebenenfalls in den folgenden Kontraktmonat gerollt wird.

---

4 Bei illiquiden Kontrakten kommt als zusätzlicher Nachteil der höhere Geld-Brief-Spread hinzu.

8.1.1.4 Tailing the Hedge

Auch bei kurzfristigen Zinsterminkontrakten muß aufgrund der durch Kursbewegungen erfolgenden Variation-Margin-Zahlungen eine Anpassung des Hedge Ratios erfolgen. Es finden hier die Punkte des Kapitel 7.1.4.5 Anwendung. Die Berechnung des Tailing Factors erfolgt nach derselben Methode:

$$\text{Tailing Factor} = \frac{1}{(1+i)^{\,(T/360)}}$$

mit: T = Tage bis zur Auflösung der Position minus 1
    i = Zinssatz

Das angepaßte Hedge Ratio erhält man durch Multiplikation des ursprünglichen Hedge Ratios mit den Tailing Factor.[5]

8.1.1.5 Optionsähnliche Positionen erzeugt durch Variation Margin Cash Flows

Ändert sich die Zeit bis zur Auflösung des Hedges oder verändern sich die Einlage- bzw. Fremdfinanzierungszinssätze, so muß der Hedge angepaßt werden. Der Tailing Factor verändert sich dann und somit auch das Hedge Ratio.

Aus der Formel für den Tailing Factor wird ersichtlich, daß bei steigenden Zinssätzen mit einem höheren Zins abgezinst wird, der Tailing Faktor geringer und somit auch das Hedge Ratio geringer wird. Bei einem Hedge mit Drei-Monats-Zinsterminkontrakten kann man von einer hohen positiven Korrelation zwischen den kurzfristigen Finanzierungs- bzw. Einlagezinssätzen und den im Future impliziten Zinsen ausgehen. Fallen die Kurse bzw. steigen die Zinsen, so verringert sich das Hedge Ratio. Das bedeutet für einen Short Hedger der Futures short ist, daß er bei fallenden Kursen einen Teil seiner Future-Position zurückkauft und somit einen kleinen Gewinn realisiert. War er beispielsweise ursprünglich 909 Futures short und beträgt sein neues Hedge Ratio –893 Futures,

---

5 In den Beispielen der folgenden Kapitel wird aus Gründen der besseren Darstellung des jeweiligen Sachverhalts von einem Tailing abgesehen. Tailing ist jedoch ein wichtiger Aspekt, der nicht vernachlässigt werden sollte. Bei den einzelnen Strategien muß daher berücksichtigt werden, daß u. U. noch ein Tailing vorzunehmen ist.

so kauft er bei fallenden Kursen 16 Futures zurück und realisiert einen Gewinn. Umgekehrt erhöht sich bei sinkenden Zinsen das Hedge Ratio. Der Short Hedger wird bei steigenden Kursen ein paar Futures mehr verkaufen. Wie ersichtlich ist, ist in dem Hedge eine Optionsposition eingebettet, deren Wert abhängig ist von der Zeit bis zur Fälligkeit und der Volatilität der Kurse bzw. Zinsen.[6]

Für einen Short Hedger stellt diese Position eine Gamma Long (d. h. die Position profitiert von starken Bewegungen des Underlying) Position dar. Um diese deltaneutral zu halten, wird er bei steigenden Kursen Futures verkaufen und bei fallenden Kursen kaufen. Je stärker die Kurse schwanken, desto besser ist das für seine Position.

Der Long Hedger dagegen ist Gamma short (starke Bewegungen des Underlying wirken sich ungünstig auf die Position aus). Bei steigenden Zinsen und fallenden Kursen muß er, um seine Position anzupassen, Futures verkaufen. Steigen dagegen die Kurse, muß er Futures kaufen. Ähnlich wie bei einer Gamma Short Position gibt er bei sich bewegenden Kursen einen Teil seines möglichen Gewinnes ab.

Dieser Aspekt ist bei einem Hedge mit kurzfristigen Zinsterminkontrakten wichtiger als bei langfristigen Futures. Bei Futures auf Anleihen ist diese Option zwar auch gegeben, jedoch ist ihr Wert geringer, da die Korrelation zwischen den langfristigen Anleihezinsen – die für den Kurs des Futures relevant sind – und den kurzfristigen Zinsen – die für den Tailing Factor ausschlaggebend sind – nicht so hoch ist wie zwischen den kurzfristigen Zinsen und Dreimonatszinssätzen. Trotzdem muß auch hier die Position ständig an sich ändernde Geldmarktzinsen angepaßt werden.

Für kurze Zeiträume wird der Wert dieser Option nicht sehr hoch sein. Für längere Zeiträume (ab etwa einem Jahr) jedoch gewinnt sie an Bedeutung und wird den Zielzinssatz eines Hedges und die Break-Even-Swap-Rate beeinflussen. In diesem Fall kann besonders bei hoher Volatilität ein Hedge notwendig werden, der mit Optionspositionen z. B. Strangles oder Straddles durchgeführt werden kann.[7]

---

6 Vgl. *Nadler, D.:* (Euro-Dollar-Futures), S. 1239.
7 Vgl. *Nadler, D.:* (Euro-Dollar-Futures), S. 1239.

8.1.2 Anwendungen

8.1.2.1 Absicherung von Zinssätzen, die zum Future-Zinssatz kongruent sind

Ein Unternehmer erwartet in drei Monaten einen Zahlungseingang in Höhe von DM 65 000 000,00. Nach Erhalt der Zahlung beabsichtigt er, diesen Betrag für drei Monate anzulegen. Das augenblickliche Zinsniveau erscheint ihm günstig. Aus diesem Grund möchte er sich gegenüber steigenden Zinsen absichern. Zu der Absicherung nimmt er den Euro-DM-Future (Dezember-Kontrakt), dessen letzter Handelstag genau drei Monate entfernt liegt und der mit einem aktuellen Kurs von 90,30 (entspricht einem Forward-Zins von 9,70 %) notiert wird. Fälligkeit des Futures und Zeitpunkt des Zahlungseinganges stimmen hier genau überein. Zudem entspricht der Zinssatz, der abgesichert wird (Dreimonatszins), genau dem Zins, der dem Future zugrunde liegt. Das Hedge Ratio berechnet sich dann nach der folgenden Formel:

$$\text{Hedge Ratio} = \frac{\text{Nominalwert Kassaposition}}{\text{Nominalwert Future}}$$

Es beträgt in diesem Beispiel: 65 Mio./1 Mio = 65 Kontrakte. Zur Absicherung werden 65 Kontrakte zu 90,30 gekauft.

Am letzten Handelstag des Futures notiert der Kontrakt bei 91,10. Das entspricht einer Drei-Monats-LIBOR von 8,90%. Der Unternehmer kann jetzt nur noch zu 8,90% anlegen und nicht mehr zu 9,70%. Dadurch entgehen ihm Zinsen von DM 130000,00 = 65000000,00 * 90/360 * 0,008 (0,008 = 0,097 – 0,089)).

Der Future ist aber um 80 Ticks gestiegen. Der Wert eines Ticks beträgt DM 25. Der Gewinn aus der Future-Position beträgt somit 80 * DM 25 * 65 = DM 130000,00 und gleicht die entgangenen Zinseinnahmen voll aus. Der effektive Einlagezins entspricht somit dem ursprünglichen Forward-Zins des Futures.

Wird ein Hedge vor der Fälligkeit des Kontraktes aufgelöst, so besteht ein Basisrisiko. Würde der Unternehmer im letzten Beispiel seine Zahlung schon in acht Wochen (60 Tage) erhalten, so wäre sein Hedge dem Risiko einer Basisveränderung ausgesetzt. Eine Vergrößerung der Basis wäre für ihn das ungünstige Szenario.

Dieses Basisrisiko kann er bis zu einem gewissen Maß verringern indem er zusätzlich zu seiner Hedgeposition einen Spread aufbaut. In diesem Fall ist es der Kauf eines Dezember-März-Spread. Das heißt, es werden zusätzlich Dezember-Futures gekauft und März-Futures verkauft.[8] Das Verhältnis des Spreads berechnet sich nach der folgenden Formel:

(T1/T2) * ursprüngliche Anzahl an Kontrakten

mit: T1 = Anzahl der Tage von der Auflösung des Hedges bis zum letzten Handelstag des Futures 1
      T2 = Anzahl der Tage vom letzten Handelstag des Futures 1 bis zum letzten Handelstag des Futures 2

Es sind demnach zusätzlich 22 ((30/90) * 65) März-Kontrakte zu verkaufen und 22 Dezember-Kontrakte zu kaufen. Dadurch wird ein gewisser Schutz gegenüber Basisveränderungen erreicht.

Liegt das Ende der Absicherung dagegen zwischen den letzten Handelstagen des Dezember- und des März-Kontraktes, so ist es auch hier sinnvoll, die zu kaufenden bzw. verkaufenden Kontrakte auf diese beiden Kontrakte zu verteilen. Das Verhältnis, in dem die Kontrakte verteilt werden, hängt davon ab, wie nah sich die Fälligkeit des Hedges an den Fälligkeiten der Kontrakte befindet. Beträgt der zeitliche Abstand zwischen beiden Kontrakten 90 Tage und der Hedge wird 33 Tage nach dem Fälligkeitsdatum des Dezember-Kontraktes aufgelöst, berechnet sich das Hedge Ratio bei einer abzusichernden Position von DM 65 Mio. folgendermaßen:

Kauf von 41 Dezember-Kontrakten = 57/90 * 65
Kauf von 24 März-Kontrakten = 33/90 * 65

Am Fälligkeitstag des Dezember-Futures muß die Position umgewandelt werden. Die Dezember-Kontrakte müssen zum Schließen der Position zurückgekauft werden und in den März-Kontrakt gerollt werden, d. h. es werden 41 Dezember-Kontrakte verkauft und 41 März-Kontrakte gekauft. Um das Basisrisiko zu verringern kann jetzt auch hier zusätzlich ein Spread zwischen März- und Juni-Kontrakt gebildet werden. Es werden dann zusätzlich zu der bestehenden Position 41 (57/90) März-Kontrakte gekauft und 41 Juni-Kontrakte verkauft.

---

8 Im Falle eines Short Hedges müßte der Spread verkauft werden, d. h. Dezember-Kontrakte würden verkauft und März-Kontrakte gekauft.

Gelegentlich tritt der Fall ein, daß es sinnvoll wäre, den Hedge mit entferntliegenden Kontrakten durchzuführen, diese Kontraktmonate aber noch nicht notiert werden oder illiquide sind. Es muß dann auf näherliegende Kontraktmonate ausgewichen werden. *Beispiel:* Für eine Absicherung wäre es sinnvoll, Euro-DM-Kontrakte des Kontraktmonats März zu kaufen. Da diese Kontrakte aber noch sehr illiquide sind, wird auf den Dezember-Kontrakt ausgewichen. Dadurch entsteht ein Basisrisiko. Dieses Basisrisiko kann ebenso wie in den letzten Beispielen durch einen Spread verringert werden. Obwohl hier auch ein Long Hedge aufgebaut wird, wird jetzt der Spread nicht gekauft, sondern verkauft. Der Grund dafür ist, daß diese Absicherung nicht wie der letzte Hedge eine interpolierte Absicherung ist, sondern eine extrapolierte Absicherung. Das Datum der Auflösung des Hedges liegt in diesem Fall hinter dem letzten Handelstag des Kontraktes, mit dem der Hedge zunächst aufgebaut wird. Der Spread, der zur Verringerung des Basisrisikos verkauft wird, ist ein September-Dezember-Spread. September-Kontrakte werden verkauft und Dezember-Kontrakte werden zusätzlich gekauft. Am Fälligkeitstag des Dezember-Kontraktes werden die offenen September- und Dezember-Positionen geschlossen und der Hedge wird in den März-Kontrakt gerollt. Der Spread wird somit zurückgekauft und die restlichen Dezember-Kontrakte werden in den März-Future gerollt. Falls die Marktsituation günstig ist, kann die Position natürlich auch schon vorher in den März-Kontrakt übertragen werden.

8.1.2.2 Absicherung von Zinssätzen, die vom Future-Zinssatz abweichen

Das Verhältnis des Nominalwerts der Kassaposition zu dem des Futures kann als Hedge Ratio nur dann verwendet werden, wenn der Zinssatz, der abgesichert wird, in seiner Zeitdauer (z. B. Dreimonatszins oder Sechsmonatszins) genau dem entspricht, der dem jeweiligen Future zugrunde liegt. Dem Euro-DM-Future liegt beispielsweise die Drei-Monats-LIBOR zugrunde, gerechnet auf 90/360 Tage. Wird mit diesem Future ein Zinssatz abgesichert, dem eine längere oder kürzere Zeitdauer zugrunde liegt, muß das Hedge Ratio entsprechend angepaßt werden.

Bei einem Hedge muß die Wertveränderung der Kassaposition der Wertveränderung der Futureposition entsprechen. Steigen die Zinsen parallel um ein Prozent, so wird diese Zinserhöhung bei einen Sechsmonatskredit zu wesentlich höheren zusätzlichen Zinsaufwendungen führen als bei einem Dreimonatskredit. Das zusätzliche Prozent an Zinszahlung muß nämlich über sechs Monate und nicht über drei Monate gezahlt werden. Umgekehrt ist eine Position, die von einem Zweimonatszins abhängt, unempfindlicher gegenüber Zinsänderungen als eine Dreimonatsposition. Die Zinsreagibilität der Positionen verhält sich hier linear zu der Zeitperiode, die der jeweilige Zinssatz umfaßt. Die Duration von Geldmarkteinlagen kann mit der Duration eines Zero Bonds verglichen werden. Die Macaulay Duration eines Zero Bonds entspricht nämlich seiner Restlaufzeit.

Das Hedge Ratio muß somit an die unterschiedlichen Zeiträume angepaßt werden.

$$\text{Hedge Ratio} = \frac{\text{Nominalwert Kassaposition}}{\text{Nominalwert Future}} * \frac{\text{TA}}{\text{TF}}$$

mit: TA = Zeitraum, den der abzusichernde Zinssatz umfaßt, gerechnet in Tagen

TF = Zeitraum, den der dem Future zugrundeliegende Zinssatz umfaßt, gerechnet in Tagen

Hätte der Unternehmer in dem Beispiel am Anfang des letzten Kapitels die erwarteten Einnahmen (DM 65 Mio.) statt für drei Monate für sechs Monate (180 Tage) anlegen wollen, so hätte sich ein anderes (höheres) Hedge Ratio errechnet:

$$\text{Hedge Ratio} = \frac{65\,000\,000}{1\,000\,000} * \frac{180}{90} = 130 \text{ Kontakte}$$

Das Hedge Ratio berücksichtigt zwar jetzt die unterschiedlichen Zinsreagibilitäten, es wird aber ein Sechsmonatszins mit einem Dreimonatszins abgesichert. Diese Absicherung wird somit nur für den Fall einer Parallelverschiebung der Zinsen zu befriedigenden Ergebnissen führen. Sinken jedoch die Sechsmonatszinsen stärker als die Dreimonatszinsen, so wird der obige Long Hedge nicht optimal sein.

Es muß daher versucht werden, durch ein Verteilen der Kontrakte auf verschiedene Kontraktmonate den Sechsmonatszins nachzubilden. Kauft der Unternehmer einen Dezember-Kontrakt zu 90,30 und einen März-Kontrakt zu 90,10 so entspricht das einer Anlage von Geld zu 9,70 % für drei Monate am letzten Handelstag des Dezember-Futures. Nach drei Monaten wird das Geld für weitere drei Monate zu 9,90 % angelegt. Dieser Zinssatz ist durch den Kauf des März-Futures abgesichert. Durch den Kauf der beiden Futures wurde somit ein sechsmonatiger Forward-Zinssatz abgesichert. Das Zinsniveau, das abgesichert wurde, beträgt:

$$(1 + ZL * 180/360) = (1 + 0{,}0970 * 90/360) * (1 + 0{,}0990 * 90/360)$$
$$= 0{,}09920 \text{ bzw. } 9{,}920\%.$$

Es sind somit statt 130 Dezember-Kontrakten 65 Dezember-Kontrakte und 65 März-Kontrakte zu kaufen.[9]

Dieser Forward-Zinssatz ist für den Fall gesichert, daß das Ende der Absicherung mit dem letzten Handelstag des März-Futures zusamenfällt. Endet der Hedge früher, so besteht ein Basisrisiko. Dieses Basisrisiko kann reduziert werden, indem die Kontrakte auf mehrere Fälligkeiten verteilt werden. In diesem Beispiel wäre eine Verteilung der Kontrakte auf Dezember, März und Juni sinnvoll. Durch dieses Vorgehen kann man die Zinskurve für die entsprechende Zinsperiode bis zu einem gewissen Grad nachbilden. Auf wieviele Kontraktmonate die Anzahl der Futures verteilt wird, sowie das Aufteilungsverhältnis hängt von dem Zinssatz ab, der abgesichert wird, und von dem Abstand des Zeitpunkts der Auflösung des Hedges von den Fälligkeiten der Kontrakte.

Die vorangegangenen Absicherungen sind Cross Hedges. Zu einem Cross Hedge gehört nicht nur die Absicherung von Zinssätzen die einen zum Future-Zinssatz unterschiedlichen Zeitraum umfassen, sondern auch die Absicherung von zum Future-Zinssatz abweichenden Referenzzinssätzen. Ein weiteres Beispiel für einen Cross-Hedge ist die Absicherung von Bulis mit Hilfe des Euro-DM-Futures.

---

9 Genauso kann auch ein längerer bzw. kürzerer Zinssatz abgesichert werden. Die Futures müssen dann u. U. über mehr als zwei Kontraktmonate verteilt werden.

8.1.2.3 Hedging von FRA's

FRA's sind Forward-Zinssätze. Soll daher ein FRA abgesichert werden, so entspricht das der Absicherung eines zukünftigen Einlage- bzw. Kreditzinssatzes. Die Vorgehensweise der Berechnung des Hedge Ratios bzw. der Durchführung des Hedges unterscheidet sich daher nur unwesentlich von den Beispielen der letzten Kapitel. FRA's werden im Unterschied zu Futures in Zinssätzen quotiert, Futures dagegen in Prozentsätzen von Pari. Das führt zu dem leicht Verwirrung verursachenden Umstand, daß der Kauf eines FRA's mit dem Kauf von Futures abgesichert wird und der Verkauf eines FRA's mit dem Verkauf von Futures. Der Kauf eines FRA's entspricht der Fixierung eines zukünftigen Kreditzinsatzes. Der Käufer profitiert somit von einem Anstieg der Zinsen, ist aber dem Risiko fallender Zinsen ausgesetzt. Die Vorgehensweise der Absicherung des Kaufs eines FRA's erfolgt daher analog zu der Absicherung einer zu einem zukünftigen Zeitpunkt zu tätigenden Einlage. Umgekehrt kann der Verkauf eines FRA's als Fixierung eines zukünftigen Kreditvergabezinssatzes oder zukünftigen Einlagezinssatzes angesehen werden. Der Verkauf wird somit analog zu dem Hedge einer zukünftigen Verbindlichkeit vorgenommen.

8.1.2.4 Hedging von Floating-Rate Notes

Floating-Rate Notes sind Schuldverschreibungen mit variabler Verzinsung. Die Anpassung der Zinszahlungen an die Marktverhältnisse erfolgt in der Regel in bestimmten festgelegten Zeitabständen auf der Basis eines Referenzzinssatzes (z. B. LIBOR oder FIBOR). Der Emittent und Käufer eines solchen Floaters sind daher dem Zinsänderungsrisiko des Referenzzinssatzes ausgesetzt. Durch den Einsatz von kurzfristigen Zinsterminkontrakten ist es jedoch möglich, sich gegenüber diesem Risiko abzusichern.

Beispiel:
Eine Bank beabsichtigt in einem Monat (30 Tage) eine Floating-Rate Note mit einer Laufzeit von einem Jahr[10] zu emittieren, deren Zinszahlungen

---

10 Meistens haben derartige Anleihen eine wesentlich längere Laufzeit. Aus Gründen des leichteren Verständnisses wurde für dieses Beispiel eine kürzere Laufzeit gewählt.

alle drei Monate an die zu diesem Zeitpunkt gültige Drei-Monats-DM-LIBOR angepaßt werden. Die Zinsanpassungszeitpunkte fallen zudem mit den Fälligkeitszeitpunkten des Euro-DM-Futures zusammen. Die erste Kuponzahlung richtet sich nach der LIBOR am Fälligkeitstag des März 1 Kontraktes, wird aber erst 3 Monate nach dem Emissionszeitpunkt am Fälligkeitstag des Juni 1-Kontraktes gezahlt. Die restlichen Zahlungen erfolgen analog. Das Emissionsvolumen beträgt DM 150 Mio.

Die Bank befürchtet, daß die Dreimonatszinsen steigen könnten und möchte sich daher absichern. Die Euro-DM-Futures werden am Markt mit folgenden Kursen gehandelt:

Kontraktmonat	Future-Kurs	impliziter Zins	Tage bis zum nächsten Kontrakt
März 1	92,80	7,20 %	92
Juni 1	92,45	7,55 %	90
Sept.1	92,20	7,80 %	92
Dez. 1	92,02	7,98 %	91
März 2	91,83	8,17 %	91
Juni 2	91,61	8,39 %	92

Der Kontraktliefertag des ersten Kontrakts (März 1) liegt einen Monat (30 Tage) entfernt. Die Spot-LIBOR für einen Monat betrage 7,10 %.

Das Risiko für die Bank liegt in einem Anstieg der an den Anpassungszeitpunkten gültigen Drei-Monats-LIBOR. Gegenüber diesem Risiko kann Sie sich absichern, indem Sie Euro-DM-Kontrakte verkaufen.

Dieser Hedge könnte als Stack Hedge aufgebaut werden, indem die Absicherung zunächst über den Front-Monat vorgenommen wird. Am letzten Handelstag werden die Kontrakte dann in den darauffolgenden Kontraktmonat gerollt. Dieser Hedge wird jedoch nur dann effizient sein, wenn sich die Zinskurve parallel verschiebt. Sollte sich die Zinsstruktur verändern, so wird der Hedge unbefriedigende Ergebnisse liefern.

Sinnvoller ist daher ein Strip Hedge. Hier werden die Kontrakte gleichmäßig auf die einzelnen Kontraktmonate verteilt. Da die Schuldverschreibung eine Laufzeit von einem Jahr hat (vier Zinsanpassungszeitpunkte) müssen die Kontrakte auf vier Zeitpunkte verteilt werden. In diesem Beispiel sind es der März 1-, Juni 1-, September 1-, und der Dezember 1-Kontrakt. Da das Emissionsvolumen DM 150 Mio. beträgt, müssen von den einzelnen Futures jeweils 150 Kontrakte verkauft werden.[11] Dieses Hedge Ratio muß noch an die Tage zwischen den einzelnen Kontrakten angepaßt werden. Der Euro-DM-Future berechnet sich auf der Basis eines 90 Tage-Zinssatzes, die gezahlten Zinsen basieren jedoch auf tatsächlichen Tagen. Das dementsprechend angepaßte Hedge Ratio lautet dann:

---

11 Bei einem Stack Hedge würden zunächst 600 (150∗4) März 1-Kontrakte verkauft.

153 März 1-Kontrakte (150 * 92/90)
150 Juni 1-Kontrakte (150 * 90/90)
153 Sept. 1-Kontrakte (150 * 92/90)
152 Dez. 1-Kontrakte (150 * 91/90)

Der Zielzinssatz (Z) der bei diesem Hedge gesichert werden kann, entspricht der Future-Strip-Rate für den entsprechenden Zeitraum:

$(1 + Z * 365/360) = (1+0,072 * 92/360) * (1+0,0755 \times 90/360) *$
$(1 + 0,0780 * 92/360) * (1 + 0,0798 * 91/360)$
$(1 + Z * 365/360) = 1,0184 * 1,0189 * 1,0199 * 1,0202$
$(1 + Z * 365/360) = 1,07967$
$Z * 365/360 = 0,07967$
$Z = 7,8583\%$

Dieser Zins ist die Forward Zero-Rate für ein Jahr beginnend in 30 Tagen.

Durch diesen Hedge ist die Höhe der Zinszahlungen, berechnet auf das Nominalvolumen der Anleihe, für die einzelnen Zeitpunkte fixiert und somit abgesichert worden. Was jedoch noch nicht abgesichert wurde, ist das Finanzierungsrisiko der Zahlungsströme. Werden die Zahlungen zu den einzelnen Zeitpunkten fremdfinanziert, so besteht immer noch das Risiko, daß diese Zahlungen zu einem höheren Zinssatz finanziert werden müssen. Anders gesagt: Zu einem späteren Zeitpunkt (Kuponzahlungstag) wird der Kupon gezahlt. Wird diese Kuponzahlung fremdfinanziert, besteht für den Emittenten das Risiko, daß sich der Finanzierungszins bis zu diesem Zeitpunkt erhöht. Aus diesem Risiko ergibt sich ein Absicherungsbedarf. Meist wird davon ausgegangen, daß die Zahlungen bis zu dem Fälligkeitszeitpunkt der Anleihe finanziert werden, da zu diesem Zeitpunkt die Tilgung der Emission erfolgt.

Umgekehrt besteht für den Käufer eines Floaters das Wiederanlagerisiko. Hier liegt das Risiko in einem Sinken der Zinsen.

Die oben geschilderte Absicherung wird oft auch Basis Hedge genannt. Durch einen sogenannten Zero Hedge ist es möglich, neben den Kuponzahlungen auch das Zinseszinsrisiko (Finanzierungszins auf die Kuponzahlung) abzusichern. Der springende Punkt bei einem Zero Hedge ist, daß zu dem Volumen der Emission noch der Betrag der Kuponzahlungen (berechnet auf das Nominalvolumen der Emission) addiert wird und man dann auf den gesamten Betrag das Hedge Ratio berechnet.[12] Die Höhe der einzelnen Kuponzahlungen ist bekannt, da sie durch den Verkauf der Futures gesichert wurde. Vor der Addition sind jedoch die einzelnen Zinsbeträge mit den in den Preisen der einzelnen Kontrakte

---

12 Vgl. *Nadler, D.*: (Euro-Dollar-Futures), S. 1231.

impliziten Forward-Zinssätzen aufzuzinsen. Diese Zinssätze müssen deshalb genommen werden, weil bei einem Hedge davon ausgegangen wird, daß man sich diese Zinssätze (hier Finanzierungszinssätze) sichern kann. Da sich bei einem Zero Hedge somit das gesamte abzusichernde Volumen erhöht, erhöht sich auch das Hedge Ratio. Das Hedge Ratio bei einem Zero Hedge berechnet sich dann folgendermaßen:

Das Hedge Ratio für den März 1-Kontrakt bleibt unverändert, da für diesen Zeitpunkt noch kein Finanzierungszinssatz einer Kuponzahlung abgesichert werden muß.

Am Juni 1-Termin müssen DM 2760000,00 an Zinsen gezahlt werden (150 Mio $*$ 0,0720 $*$ 92/360). Die Höhe dieser Zinszahlungen wurde durch den Verkauf von März 1-Kontrakten gesichert, muß jedoch am Juni 1-Termin fremdfinanziert werden. Dieser Betrag wird zunächst für 90 Tage finanziert und dann am Sept. 1-Termin refinanziert. Es ist daher notwendig, sich zunächst für den Juni 1-Termin den Finanzierungszinssatz für zusätzlich DM 2,760 Mio zu sichern. Das Hedge Ratio erhöht sich daher dementsprechend. Es beträgt gerundet 153 Kontrakte = (150 Mio + 2,760 Mio) $*$ 90/90. Durch diese Erhöhung des Hedge Ratios wurde ein Finanzierungszinssatz von 7,55 % (über 90 Tage) für die erste Kuponzahlung gesichert

DM 2760000,00 $*$ (1 + 0,0755 $*$ 90/360) = DM 2812095,00. Dieser Betrag muß am Sept. 1-Termin refinanziert werden. Außerdem fallen Kuponzahlungen in Höhe von DM 2831250,00 an (150 Mio. $*$ 0,0755 $*$ 90/360). Der Gesamtbetrag der zusätzlich abzusichern ist, beträgt daher DM 5643345,00. Das Hedge Ratio beträgt hier 159 Kontrakte = (150 Mio. + 5,643 Mio.) $*$ 92/90.

Am Dez. 1-Termin müssen DM 5755835,68 refinanziert werden: DM 5643345,00 $*$ (1 + 0,0780 $*$ 92/360). Addiert man zu dieser Zahl die Kuponzahlung von DM 2990000,00 so erhält man einen Betrag von DM 8745835,68. Hier errechnet sich ein Hedge Ratio von 161 Kontrakten = (150 Mio. + 8,746 Mio.) $*$ 91/90.

Die Hedge Ratios für den Zero Hedge betragen somit:

153 März 1-Kontrakte
153 Juni 1-Kontrakte
159 Sept. 1-Kontrakte
161 Dez. 1-Kontrakte

Bei diesen Überlegungen wurde davon ausgegangen, daß sich die Bank zu der an den einzelnen Terminen gültigen LIBOR finanzieren kann.

Um zu einem möglichst korrekten Hedge Ratio zu gelangen, müßte jetzt noch eine Anpassung an mögliche Variation Margin-Zahlungen vorgenommen werden (Tailing the Hedge). Der Finanzierungszins für die Variation Margin betrage 6,95 %. Für den Dez. 1 Kontrakt errechnet sich beispielsweise ein angepaßtes Hedge Ratio von gerundet 152 Kontrakten: 161 * 1/(1,0695^(303/360)).

Die Absicherung, Bewertung und Arbitrage von Swaps basiert auf denselben Überlegungen, wie sie in diesem Kapitel getätigt wurden. Für das Verständnis der folgenden Kapitel ist es daher notwendig, die vorangegangen Sachverhalte verstanden zu haben. Sollten einige Punkte unklar sein, möge der Leser die jeweiligen Stellen noch einmal überdenken.

8.1.2.5 Hedging von Swaps

Kurzfristige Zinsterminkontrakte werden häufig genommen, um die variable Seite eines Swaps abzusichern. Die variable Seite eines Swaps weist aber Zahlungsströme auf, die den Zahlungsströmen einer Floating-Rate Note sehr ähnlich sind. Hat man deshalb das Prinzip der Absicherung eines Floaters verstanden, so weiß man auch, wie man die variable Seite eines Swaps absichert.

Man kann das Beipiel aus dem letzten Kapitel nehmen und es auf einen Swap übertragen: Eine Bank geht einen Einjahresswap ein, der in 30 Tagen startet. Sie zahlt Drei-Monats-LIBOR und erhält einen fixen Kupon. Die Anpassungen der Zinszahlungen erfolgen an dem letzten Handelstag des jeweiligen Euro-DM-Futures. Der letzte Handelstag des März 1-Kontraktes liegt wie in dem letzten Beispiel 30 Tage entfernt, und das restliche Marktszenario ist dasselbe.

Das Risiko bei diesem Swap ist somit identisch mit dem Risiko bei der Emission der Floating-Rate Note des letzten Kapitels. Das Risiko liegt auch hier in einem Anstieg der Drei-Monats-LIBOR. Zudem startet der Swap zu demselben Zeitpunkt wie die Emission des Floaters. In der Vorgehensweise der Absicherung bzw. der Berechnung des Hedge Ratios besteht daher kein Unterschied zu der

Absicherung des Floaters. Es muß daher (mit einer gewissen Einschränkung, siehe unten) dieselbe Anzahl an Futures verkauft werden. Der Zielzinssatz ist im Prinzip derselbe. Er ist bei der Absicherung der Floating-Rate Note eine Zero-Rate. Wird dieser Zins in einen Swap-Markt-Zinssatz umgerechnet, entspricht er der Break-Even Swap-Rate (siehe Kapitel 8.2.3) bei der Arbitrage von Swaps mit Futures.

Falls man einen Zero Hedge durchführt und somit auch das Refinanzierungsrisiko (bzw. das Wiederanlagerisiko) absichert, so können Unterschiede im Hedge Ratio auftreten. Oft wird die variable Seite eines Swaps nur so lange abgesichert, bis die feste Seite fixiert ist. Ist die feste Seite noch nicht fixiert, so entspricht das Hedge Ratio des Swaps dem Hedge Ratio der Floating-Rate Note. Ist die feste Seite jedoch auch schon festgelegt und wird die variable Seite trotzdem abgesichert, so hat man nicht nur Cash Outflows sondern auch Cash Inflows. Die Zinsen auf diese Zinszahlungen müssen auch hier fixiert werden. Bis zum Kuponzahlungszeitpunkt der fixen Seite entspricht das Hedge Ratio des Swaps dem Hedge Ratio der Floating-Rate Note. An diesem Kuponzahlungszeitpunkt jedoch hat man einen Cash Inflow, der unter Umständen höher sein kann als die Summe der bis zu diesem Zeitpunkt getätigten Cash Outflows. In diesem Fall würde für einen gewissen Zeitraum ein Wiederanlagerisiko bestehen, wodurch sich die Anzahl der zu verkaufenden Kontrakte vermindert.

In jedem Fall verringert sich ab der fixen Kuponzahlung das abzusichernde Zinseszinsrisiko (Finanzierungszins bzw. Anlagezins für die variable Kuponzahlung) und somit die Anzahl der zu verkaufenden Kontrakte. Es ist dann nur noch die Differenz zwischen den bis zu diesem Zeitpunkt angefallenen fixen und variablen Zahlungsströmen als zusätzliches Zinseszinsrisiko abzusichern. Das Hedge Ratio wird daher ab diesem Zeitpunkt etwas niedriger sein. Für einen Zero Hedge bei einem Swap wird somit zu dem Volumen der Emission nur noch die Differenz der zu den einzelnen Zeitpunkten anfallenden Kuponzahlungen (berechnet auf das Nominalvolumen der Emission) addiert und dann auf den gesamten Betrag das Hedge Ratio berechnet. Wird der fixe Kupon nur halbjährlich gezahlt, beträgt das Hedge Ratio bei einer Swap-Rate von 7,7053 %:

153 März 1-Kontrakte
153 Juni 1-Kontrakte
153 Sept. 1-Kontrakte
155 Dez. 1-Kontrakte

Da der erste Kupon erst sechs Monate (182 Tage) nach Beginn des Swaps gezahlt wird, bleiben die Hedge Ratios für die ersten beiden Kontrakte unverändert. Am Fälligkeitstag des Sept. 1-Kontrakt erhält man aus der fixen Kuponzahlung einen Betrag in Höhe von DM 5 843 186,00 (0,077053 * 182/360 *150 Mio.).[13] Dieser Betrag kann wieder angelegt werden. Um den Wiederanlagezinssatz zu sichern, müssen Futures gekauft bzw. weniger Futures als ursprünglich geplant verkauft werden. Aus den variablen Kuponzahlungen muß ein Betrag von DM 5 643 345,00 refinanziert werden. DM 5 643 345,00 – 5 843 186,00 = –DM 199 841,00. Das Hedge Ratio für den September Kontrakt beträgt dann (150 Mio. – 0,1998 Mio.) * 92/90 = 153,13 bzw. 153 Kontrakte.

DM 199 841,00 * (1 + 0,078 * 93/360) = DM 203 824,50. An variablen Kuponzahlungen fallen am Fälligkeitstag des Dez. 1-Kontrakt DM 2 990 000,00 an. DM 2 990 000,00 – DM 203 824,50 = 2 786 175,50. (150 Mio. + 2,786 Mio.) + 91/90 = 154,48. Das Hedge Ratio für den Dez. 1 Kontrakt beträgt 155 Kontrakte.

Korrekterweise müssen auch hier die Marginzahlungen bei der Anzahl der zu verkaufenden Kontrakte berücksichtigt werden. Für den Dez. 1-Kontrakt beträgt dann das Hedge Ratio 147 Kontrakte = 155 * 1/(1,0695^(303/360).

Ob die Summe der bis zum fixen Kuponzahlungszeitpunkt getätigten variablen Cash Outflows höher oder niedriger ist als die fixe Kuponzahlung, hängt von der Krümmung der Zinskurve bei Eingehen des Hedges ab. Wurde der Hedge jedoch zu der Break-Even Swap-Rate (siehe Kapitel 8.2.3) eingegangen, wird, auf den **gesamten** Zeitraum des Swaps gerechnet, die Summe der fixen Zahlungseingänge der Summe der variablen Zahlungsausgänge entsprechen. Bei der Summenbildung muß natürlich die Aufzinsung der einzelnen Beträge berücksichtigt werden.

Ein Hedge von einem Swap ist genauso wie ein Hedge von ei-

---

13 Der zweite fixe Kupon wird einen Monat nach Verfall des Dez. 1-Kontraktes gezahlt und beträgt DM 5 875 291,25 (0,077053 * 183/360 * 150 Mio.).

ner Floating-Rate Note nur dann perfekt, wenn bei der Auflösung des Hedges keine Basis mehr besteht. Löst man die Absicherung zu einem Zeitpunkt auf, an dem noch eine Basis vorhanden ist, so besteht das Risiko einer ungünstigen Basisentwicklung.[14] Die Anpassungszeitpunkte des Swaps sollten daher mit den letzten Handelstagen der verschiedenen Futures übereinstimmen. Häufig ist dies jedoch nicht zu arrangieren. Es muß dann ein gewisses Basisrisiko in Kauf genommen werden.

8.1.2.6 Umwandlung einer Verbindlichkeit mit variabler Zinszahlung in eine Verbindlichkeit mit fixer Zinszahlung

Oft liegt die Situation vor, daß jemand zu einem fixen Zinssatz einen Kredit aufnehmen möchte, ihm aber nur ein Kredit angeboten wird, dessen Zinszahlungen variabel sind. Ein mögliches Beispiel dafür wäre ein Unternehmer, der ein Projekt zu einem fixen Zinssatz finanzieren möchte. Seine Bank bietet ihm jedoch nur einen Kredit an, dessen Zinszahlungen der Drei-Monats-DM-LIBOR zuzüglich einem Spread entsprechen. Diese Zinszahlungen werden alle drei Monate an die zu diesem Zeitpunkt geltende Drei-Monats-LIBOR angepaßt. Der Unternehmer kann natürlich jetzt die Bank wechseln und versuchen, bei einer anderen Bank einen fixen Kredit zu bekommen. Eine andere Lösung für sein Problem wäre der Einsatz von Euro-DM-Futures. Um sich gegen den Anstieg der variablen Zinsen abzusichern, muß er Futures verkaufen. Er muß die Futures jedoch auf den Zeitraum des Kredits verteilen. Welcher langfristige Zinssatz dadurch zu realisieren ist, kann durch eine Future-Strip-Rate-Berechnung bestimmt werden.

Für eine Beispielsrechnung wird auf die inzwischen bekannten Daten aus Kapitel 6.2.3 (Berechnung von Future-Strip-Raten) zurückgegriffen:

Kontraktmonat	Future-Kurs	impliziter Zins	Tage bis zum nächsten Kontrakt
März 1	92,80	7,20 %	92
Juni 1	92,45	7,55 %	90
Sept.1	92,20	7,80 %	92

14 Vgl. *Kawaller, I.:* (Eurodollar Strips), S. 398.

Dez. 1	92,02	7,98 %	91
März 2	91,83	8,17 %	91
Juni 2	91,61	8,39 %	92

Der Kontraktliefertag des ersten Kontrakt (März 1) liegt einen Monat (30 Tage) entfernt. Die Spot-LIBOR für einen Monat betrage 7,10 %. Die Bank offeriert dem Unternehmer einen Kredit über ein Jahr zu einem Zins, der der LIBOR entspricht, plus 50 Basispunkte. Die erste Zinszahlung, die er zu tätigen hat, beruht auf der aktuellen Ein-Monats-LIBOR (plus 50 BP), die restlichen Zinszahlungen auf der Drei-Monats-LIBOR (plus 50 BP), deren Anpassung an den letzten Handelstagen des Euro-DM-Futures stattfindet. Die letzte Zinszahlung basiert auf der LIBOR für 61 Tage, gültig am Fälligkeitstag des Dez. 1-Kontraktes. Der fixe Kreditzinssatz (F), den der Unternehmer über ein Jahr realisieren kann, berechnet sich folgendermaßen:

$$(1 + F * 365/360) =$$
$$= (1 + (0,071 + 0,005) * 30/360) * (1 + (0,072 + 0,005) * 92/360) *$$
$$* (1 + (0,0755 + 0,005) * 90/360) * (1 + (0,0780 + 0,005) * 92/360) *$$
$$* (1 + (0,0798 + 0,005) * 61/360)$$
$$(1 + F * 365/360) = 1,00633x * 1,01968 * 1,02013 * 1,02121 * 1,01437$$
$$(1 + F * 365/360) = 1,08435$$
$$F = 8,319 \%$$

Der fixe Zinssatz, zu dem sich der Unternehmer finanzieren kann, beträgt somit 8,319 %.

Beträgt das Kreditvolumen DM 25 Mio., so muß er folgende Anzahl an Euro-DM-Futures verkaufen:

25 * 92/90 = 26 März 1-Kontrakte
25 * 90/90 = 25 Juni 1-Kontrakte
25 * 92/90 = 26 Sept. 1-Kontrakte
25 * 61/90 = 17 Dez. 1-Kontrakte

Der Zinssatz für die letzte Anpassung richtet sich nach der LIBOR für 61 Tage, gültig am Fälligkeitstag des Dez. 1-Kontraktes. Durch den Verkauf des Dez. 1-Kontraktes wird jedoch ein Drei-Monats-Zinssatz abgesichert. Für den Unternehmer besteht daher das Risiko, daß am Fälligkeitstag des Dez. 1-Kontraktes die Drei-Monats-LIBOR von der LIBOR für 61 Tage abweicht.

Dieses Risiko kann unter anderem dadurch ausgeschaltet werden, daß Beginn und Ende des Kreditzeitpunktes so gewählt werden, daß sie exakt mit den Fälligkeitszeitpunkten der Futures übereinstimmen.

8.2 Arbitrage

8.2.1 Arbitrage zwischen Future und Zero-Rate

Das folgende **Beispiel** zeigt eine Arbitrage zwischen dem Euro-DM-Future und der entsprechenden Zero-Rate:

Der Kontraktliefertag des Euro-DM-Futures liegt 31 Tage entfernt. Die Zero-Rate über 31 Tage beträgt 8,25 % zu 8,30 %, und über 121 (31 + 90) Tage beträgt sie 8,90 % zu 8,95 %. Die theoretischen Geld- und Briefkurse des Euro-DM-Futures betragen dann:

Geldkurs: $(1+0,0895 * 121/360) = (1+0,0825 * 31/360) * (1+FF * 90/360)$

FF = 9,1263 %. Der theoretische Geldkurs des Futures beträgt daher 90,87 (100 – 9,1263).

Briefkurs: $(1+0,0890 * 121/360) = (1+0,0830 * 31/360) * (1+FF * 90/360)$

FF = 9,0420 %. Der theoretische Briefkurs des Futures beträgt daher 90,96 (100–9,0420).

Können Marktteilnehmer nur auf den Geld- und Briefkursen der Zinsquotierungen handeln, so stellen diese beiden Futurepreise eine Bandbreite dar, innerhalb der keine Arbitrage möglich ist. Zudem muß am letzten Handelstag des Futures ein Teil der Position zu dem an diesem Tag geltenden Zinssatz reinvestiert bzw. refinanziert werden. Kann auch hier nur auf dem Bid-Offer-Spread gehandelt werden, so muß dieser Aspekt vor Eingehen einer Arbitrageposition zusätzlich berücksichtigt werden.

Ist es für einen Arbitrageur jedoch möglich, auf Zinssätzen zu handeln, die in der Mitte zwischen Geld und Brief liegen, errechnet sich folgender theoretischer Futurepreis:

31-Tage-Zins: 8,28 %, 121-Tage-Zins: 8,93 %.

$(1+0,0893 * 121/360) = (1+0,0828 * 31/360) * (1+FF * 90/360)$

FF = 9,0891. Der Future notiert jedoch nur auf zwei Stellen nach dem Komma. Gerundet beträgt der theoretische Futurepreis: 90,91 (100 − 9,09)

Am Markt beträgt der aktuelle Futurepreis jedoch 90,79 und der im Future implizite Zinssatz somit 100−90,79 = 9,21%. Der Futurekurs ist somit niedriger als der theoretische Preis von 90,91. Die Differenz beträgt 12 Ticks. Über eine Arbitrage sollte es möglich sein, diese Differenz als Gewinn zu realisieren. Der Arbitrageur entscheidet sich daher, folgende Transaktionen zu tätigen:

Kauf von 40 Kontrakten des Euro-DM-Futures zu 90,79.

Anlage von DM 40 000 000,00 für 31 Tage zu einem Zinssatz von 8,28%.

Aufnahme von DM 40 000 000,00 für 121 Tage zu einem Zinssatz von 8,93%.

Da die Abweichung des Futurepreises von seinem theoretischen Wert 12 Ticks beträgt, sollte als Arbitragegewinn folgender Betrag anfallen:

12 * DM 25 * 40 = DM 12 000,00.

Es ist nun möglich, für den Zeitpunkt des Kontraktliefertages anhand von verschiedenen Szenarien zu testen, ob dieser potentielle Arbitragegewinn wirklich sicher ist.

Szenario 1: Der Future notiert am letzten Handelstag zu demselben Kurs wie bei Eingehen der Position (90,79 = Settlementkurs).

Ertrag aus der Anlage von DM 40 Mio. über 31 Tage:

40 Mio * 31/360 * 0,0828 = DM 285 200,00.

DM 40 285 200,00 werden jetzt für 90 Tage zu einem Zins von 9,21% (100 − 90,79) angelegt.[15] Die Zinseinnahmen betragen:

40 285 200 * 90/360 * 0,0921 = DM 927 566,73.

Die gesamten Zinserträge belaufen sich auf:

285 200,00 + 927 566,73 = DM 1 212 766,73.

Durch die Geldaufnahme von DM 40 Mio. über 121 Tage entstanden folgende Aufwendungen:

40 Mio * 121/360 * 0,0893 = DM 1 200 588,89.

Subtrahiert man diesen Betrag von den gesamten Zinsaufwendungen, so erhält man den Netto-Gewinn in Höhe von DM 12 177,84. Der theoretische Arbitrage-Gewinn sollte DM 12 000,00

---

15 Unter Umständen ist es nur möglich, auf dem Geld-Brief-Spread des Marktes zu handeln. Der Ertrag fällt dann etwas geringer aus.

betragen. Die geringe Abweichung von DM 177,84 ist bedingt durch die Rundung des theoretischen Futurepreises auf zwei Stellen nach dem Komma.

Szenario 2: Settlementpreis des Futures am letzten Handelstag: 91,02.

Gewinn aus der Future-Position:

23 * DM 25 * 40 = DM 23 000,00.

Ertrag aus der Anlage von DM 40 Mio. über 31 Tage: DM 285 200,00.

DM 40 308 200,00 werden jetzt für 90 Tage zu einem Zins von 8,98 % (100 – 91,02) angelegt. Die Zinseinnahmen betragen:

40 308 200,00 * 90/360 * 0,0898 = DM 904 919,09.

Die Brutto-Erträge belaufen sich auf:

285 200,00 + 23 000,00 + 904 919,09 = DM 1 213 119,09.

Aufwendungen durch die Geldaufnahme von DM 40 Mio. über 121 Tage:

DM 1 200 588,89.

Der Netto-Gewinn beträgt: 12 530,20.

In diesem Szenario ist der Gewinn etwas höher. Durch den gestiegenen Kurs des Futures erhielt man Margin-Zahlungen in Höhe von DM 23 000,000. Dieser Betrag konnte nun zusätzlich für 90 Tage angelegt werden. Daraus entstanden Zinserträge in Höhe von DM 516,35 (23 000,00 * 90/360 * 0,0898). Ohne diese Erträge hätte der Gewinn DM 12 013,85 betragen. Bei einer gegenläufigen Kursentwicklung hätte aufgrund von Margin-Aufwendungen nur ein niedrigerer Betrag angelegt werden können. In diesem Fall wäre der Gewinn geringfügig kleiner ausgefallen. Szenario 3 zeigt diesen Fall.

Szenario 3: Settlementpreis des Futures am letzten Handelstag: 90,56.

Verlust aus der Future-Position:

23 * DM 25 * 40 = DM 23 000,00.

Ertrag aus der Anlage von DM 40 Mio. über 31 Tage: DM 285 200,00.

DM 40 262 200,00 (40 Mio. – 23' + 285,2') werden jetzt für 90 Tage zu einem Zins von 9,44 % (100 – 90,56) angelegt. Die Zinseinnahmen betragen:

40 262 200,00 * 90/360 * 0,0944 = DM 950 187,92.

Die Brutto-Erträge belaufen sich auf:
285 200,00 – 23 000,00 + 950 187,92 = DM 1 212 387,92.
Aufwendungen durch die Geldaufnahme über 121 Tage:
DM 1 200 588,89.
Der Netto-Gewinn beträgt: 11 799,03.
Hier ist der Erlös etwas geringer als in den vorherigen Szenarien. Dies ist auf den Umstand zurückzuführen, daß durch den Kursverfall Margin-Aufwendungen in Höhe von DM 23 000,00 entstanden. Dieser Betrag konnte am Settlementtag des Futures nicht mehr angelegt werden. Dadurch verringerten sich die Zinserträge um DM 542,80 (23 000,00 * 90/360 * 0,0944). Ohne diesen Effekt hätte der Gewinn DM 12 341,80 betragen.

Die Auswirkungen der Margin-Zahlungen fallen bei höheren Kontrakt-Volumina und bei größeren Kursbewegungen stärker ins Gewicht.

Bei einer Überbewertung des Futures sind dieselben Geschäfte zu tätigen, nur mit umgekehrtem Vorzeichen.

Werden Zero-Raten mit etwas längeren Laufzeiten (z. B. ein oder zwei Jahre) arbitriert (in diesem Fall mit einem Future-Strip), ist es wichtig zu beachten, auf welcher Basis diese Zinssätze quotiert werden. Ab einer bestimmten Laufzeit (von Markt zu Markt unterschiedlich) fallen die Raten aus dem Geldmarktbereich heraus. Es erfolgt dann unter Umständen eine halbjährliche oder jährliche Aufzinsung. Bei einer Zero-Rate für beispielsweise 1,5 Jahre macht es einen Unterschied, ob man z. B. $(1 + r * 548/360)$, $(1 + r * 365/360) * (1 + r * 183/360)$ oder $(1 + r)^{1,5}$ (jährlich, 30/360) zu bezahlen hat. Dieser Unterschied fällt besonders bei längeren Laufzeiten ins Gewicht.

8.2.2 Arbitrage zwischen Future und FRA

Eine weitere Möglichkeit der Arbitrage ist die Arbitrage zwischen Terminkontrakt und dem entsprechenden Forward-Rate Agreement (FRA). Der Käufer eines FRA erhält am Settlement Date (Beginn der Periode, die das FRA umfaßt) die positive Differenz zwischen LIBOR und dem beim Kauf vereinbarten FRA-Zinssatz. Diese Zinsdifferenz muß noch auf das Nominalvolumen (notional principal) der Transaktion hochgerechnet werden. Es findet kein

Austausch des Nominalvolumens statt, sondern nur eine Zahlung der Zinsdifferenz. Im letzten Schritt wird diese Summe über den Zeitraum des dem FRA zugrundeliegenden Zinssatzes (z. B. drei Monate, falls als Referenzzinssatz eine Drei-Monats-LIBOR vereinbart wurde) abgezinst. Es handelt sich um den Zeitraum zwischen dem Settlement Date und dem Endfälligkeitstag des FRA. Der Zinssatz, mit dem diskontiert wird, ist der am Settlement Date geltende Referenzzinssatz.[16] Eine Abzinsung des Differenzbetrages ist notwendig, weil die Zahlung schon am Settlement Date des FRA erfolgt, d. h. zu Beginn der Periode, die das FRA umfaßt, und nicht am Ende der Periode. Jede Zahlung, die früher erfolgt, ist mehr wert und wird daher zum Ausgleich mit dem entsprechenden Zinssatz diskontiert.

Der Käufer des FRA profitiert somit von einem Anstieg der Zinsen, während der Verkäufer von einem Sinken der Zinsen profitiert. Um einen unterbewerteten Future mit einem FRA zu arbitrieren, müssen daher Future *und* FRA gekauft werden.[17] Ist der Future überbewertet, werden Future und FRA verkauft. FRA-Sätze werden als Zinssätze quotiert und basieren, im Gegensatz Euro-DM-Sätzen, auf 92/360 Tagen.

In dem Beispiel des letzten Kapitels hätte die Arbitrage auch über ein FRA stattfinden können.

Der Händler kauft DM 40 Mio. 1x4 FRA zu 9,09 %. Die Zinsperiode, die das FRA umfaßt, beginnt in einem Monat und endet in vier Monaten. Zwischen diesen beiden Zeitpunkten liegen 92 Tage. Dem FRA liegt somit der Dreimonatszins zugrunde, der einen Monat entfernt vom heutigen Datum Gültigkeit hat. Als Gegengeschäft kauft er 40 Euro-DM-Kontrakte zu 90,79.

Auch über diesen Weg getätigt sollte die Arbitrage einen Gewinn von DM 12000,00 abwerfen: 12 (9,21 % − 9,09 %) * DM 25 * 40 = DM 12000,00.

Am Kontraktliefertag notiert der Future bei 91,02. Das entspricht einer Dreimonats-LIBOR von 8,98 %. Der Gewinn aus der Future-Position beträgt: 23 * DM 25 * 40 = DM 23000,00.

---

16 Vgl. *Schwartz, R. J., Smith, C. W.:* (Risk Management), S. 196.
17 Daß die Positionen im Future und im FRA dasselbe Vorzeichen haben, erklärt sich aus der Tatsache, daß Futures in einem Prozentsatz von 100 notiert werden. FRA's dagegen werden in Zinssätzen quotiert.

Die Veränderung der Zinsen beträgt 11 Basispunkte (9,09 – 8,98). Der Verlust aus dem FRA errechnet sich dann folgendermaßen:

40000000,00 * 0,0011 * 92/360 = DM 11244,44.

Dieser Betrag muß jetzt noch über 92 Tage zu 8,98% diskontiert werden:

11244,44/(1 + 0,0898 * 92/360) = DM 10992,18.

Der Netto-Gewinn beträgt wie erwartet:

DM 23000,00 – DM 10992,18 = DM 12007,82.

8.2.3 Arbitrage und Bewertung von Swaps

Mit Hilfe von kurzfristigen Zinsterminkontrakten lassen sich Swaps bewerten und gegebenenfalls arbitrieren. Die Vorgehensweise ist dieselbe wie bei einer Absicherung der variablen Seite eines Swaps.[18] Aus diesem Grund wird auf das Beispiel aus Kapitel 8.1.2.5 bzw. 8.1.2.4 zurückgegriffen.

Vor Eingehen eines Swaps ist es notwendig, diesen zu bewerten, um zu wissen, wo der faire Preis liegt. Eine solche Bewertung ist mit Hilfe eines Future-Strips möglich.

Der Swap in dem genannten Beispiel beginnt in 30 Tagen. Man zahlt den jeweiligen Dreimonatszinssatz und erhält einen fixen Einjahreszins. Diesen Einjahreszins erhält man aber über die Einjahresperiode, die in 30 Tagen beginnt. Es ist somit ein Forward-Zinssatz und kann aus den in den verschiedenen Futures enthaltenen Dreimonats-Forward-Zinssätzen berechnet werden.

Die Marktdaten sind in der folgenden Tabelle nochmals angegeben.

Kontraktmonat	Future-Kurs	impliziter Zins	Tage bis zum nächsten Kontrakt
März 1	92,80	7,20%	92
Juni 1	92,45	7,55%	90
Sept.1	92,20	7,80%	92
Dez. 1	92,02	7,98%	91
März 2	91,83	8,17%	91
Juni 2	91,61	8,39%	92

---

18 Es können daher u. U. auch dieselben Probleme und Risiken wie bei der Absicherung eines Swaps auftreten.

Aus den in den ersten vier Kontrakten enthaltenen Dreimonats-Forward-Zinssätzen läßt sich der Einjahres-Forward-Zins in 30 Tagen (F_{1J}) folgendermaßen errechnen:

$(1 + F_{1J} * 365/360) = (1 + 0,072 * 92/360) * (1 + 0,0755 * 90/360) *$
$(1 + 0,0780 * 92/360) * (1 + 0,0798 * 91/360)$

$(1 + F_{1J} * 365/360) = 1,0184 * 1,0189 * 1,0199 * 1,0202$

$(1 + F_{1J} * 365/360) = 1,07967$

$F_{1J} * 365/360 = 0,07967$

$F_{1J} = 7,8583\%$

Dieser Zinssatz ist jedoch eine Zero-Rate. Um eine Swap-Rate zu erhalten, muß dieser Zinssatz an die Konventionen des Swap-Marktes angepaßt werden. Wird der Swap auf einer halbjährlichen actual/360-Tage-Basis quotiert, erfolgt die Umrechnung folgendermaßen:

Abzinsen von 0,07967 (nicht 0,07858!) auf 180 Tage:

$1,07967^{(180/365)} = 1,03826$

Subtrahieren von eins und annualisieren:

$0,03826 * (360/180) = 0,077053$.

Der theoretisch faire Zinssatz für die fixe Seite des Swaps beträgt somit 7,7053%. Dieser Zinssatz wird auch Break-Even Swap-Rate genannt.

Diese Bewertung wurde mit Zinsterminkontrakten vorgenommen. Es ist natürlich auch möglich, mit anderen Instrumenten (z. B. FRA's) einen Swap zu bewerten. Man erhält dann u. U. leicht abweichende Ergebnisse.

Ist es der Bank möglich, gegen Zahlung der variablen Dreimonatszinsen einen höheren fixen Zinssatz als diese 7,7053% zu erhalten, so kann sie mit Hilfe der Euro-DM-Futures diese Differenz arbitrieren. Das Verhältnis, in dem die Kontrakte verkauft werden müssen, entspricht dem Hedge Ratio aus Kapitel 8.1.2.4 bzw. 8.1.2.5 (Floating-Rate Note und Swap Hedging).

Beginnt der Swap in 30 Tagen und endet mit dem Juni 2-Kontrakt, so berechnet sich die Break-Even Swap-Rate:

$(1 + F * 548/360) = (1 + 0,072 * 92/360) * (1 + 0,0755 * 90/360) *$
$(1 + 0,0780 * 92/360) * (1 + 0,0798 * 91/360) * (1 + 0,0817 *$
$91/360) * (1 + 0,0839 * 92/360)$

$(1 + F * 548/360) = 1,0184 * 1,0189 * 1,0199 * 1,0202 * 1,02065 *$
$1,02144$

$(1 + F * 548/360) = 1,125598$

F * 548/360 = 0,125598

F = 8,25095 %

Dieser Zins ist eine Zero-Rate. Um zu der Break-Even Swap-Rate zu gelangen, muß 1,125598 auf eine halbjährliche actual/360-Tage-Basis umgelegt werden:

$1,125598^{(180/548)} = 1,039627$

$0,039627 * (360/180) = 0,079255$

Die Break-Even Swap-Rate beträgt 7,9255 %. Zum Vergleich: die Zero-Rate für denselben Zeitraum beträgt 8,25095 %.

In diesem Beispiel würde der Kupon halbjährlich gezahlt werden. Die Höhe der ersten Kupons beträgt dann 0,040068 = 0,079255 * 182/360. Diesen Betrag erhält man am Fälligkeitstag des Sept. 1-Kontraktes. Er kann jetzt wieder angelegt werden. Über die Restlaufzeit aufgezinst errechnet sich ein Endbetrag von: 0,040068 * 1,0199 * 1,0202 * 1,02065 * 1,02144 = 0,043464.

Analog verfährt man mit den restlichen Zahlungen. Die Summe der Endbeträge ergibt dann 0,125702. Vergleicht man diese Zahl mit dem Endbetrag aus der Zero-Raten-Berechnung, so wird ersichtlich, daß die Summen der fixen und der variablen Zahlungsströme sich entsprechen.

Als Problem bei einer solchen Arbitrage kann auftreten, daß die Settlementpreise des Swaps von den Settlementpreisen des Futures abweichen. Außerdem, wenn die Referenzzinssätze zwar den gleichen Zeitraum umfassen, aber nicht identisch sind.

Zudem ist es wichtig, daß die Anpassungszeitpunkte des Swaps mit den letzten Handelstagen der verschiedenen Futures übereinstimmen. Ist das nicht der Fall, so besteht ähnlich wie bei einem Hedge, der vor dem Kontraktliefertag aufgelöst wird, ein Basisrisiko. Eine Arbitrage kann nur dann relativ risikolos funktionieren, wenn am Ende keine Basis mehr besteht. Ist zum Zeitpunkt des Endes der Arbitrage noch eine Basis vorhanden, so besteht das Risiko einer ungünstigen Basisentwicklung. Weichen die Zeitpunkte zu stark voneinander ab, so ist zu überlegen, ob die Arbitrage mit FRA's besser durchzuführen ist.

Insgesamt gesehen läuft diese Arbitrage darauf hinaus, daß man mit Hilfe eines Future-Strips die Zahlungströme des Swaps möglichst genau nachbildet.[19]

19 Vgl. *Kawaller, I.:* (Eurodollar Strips), S. 399.

Dies war ein Beispiel für die Arbitrage eines Forward Swaps. Die Arbitrage eines Swaps, der mit dem heutigen Tage beginnt und dessen erste Rate (aktuelle Dreimonats-LIBOR) schon festgesetzt wurde, verläuft analog. Beträgt beispielsweise der Abstand zum März 1-Kontrakt 91 Tage, so würde das Volumen an Futures auf drei Kontraktmonate verteilt (März, September, Dezember). Der Grund dafür ist, daß die erste Rate schon fixiert wurde. Zur Bewertung des Swaps und zur Berechnung der Break-Even Swap-Rate wird daher als erster Zins die aktuelle Dreimonats-LIBOR genommen und nicht die für den März-Future geltende Dreimonats-Forward-Rate.

Ein Swap kann mit einem Portfolio von FRA's nachgebildet werden. Die Variablen, die den Barwert des Swaps beeinflussen, sind dieselben Variablen, die auch den Barwert eines FRA's beeinflussen: die verschiedenen LIBOR-Forward-Raten zwischen dem heutigen Zeitpunkt und der Fälligkeit des Swaps und der Zeitfaktor.[20] Die Zahlungszeitpunkte liegen bei einem FRA, im Gegensatz zu einem Future (bei dem bei Zinsänderungen Variation- Margin-Zahlungen fließen), in der Zukunft. Da die Auszahlung in der Zukunft liegt, ist der Barwert der Auszahlung bei einer gleichen Zinsänderung beim FRA niedriger als beim Future. Der Barwert ist jedoch abhängig von den einzelnen Forward-Raten.[21] Außerdem ist der Effekt einer Zinsänderung auf den Barwert der Auszahlungen nicht linear wie bei einem Future, sondern konvex; ähnlich wie bei einem Wertpapier mit Kupon. Um daher eine exakte Break-Even Swap-Rate zu erhalten, muß die Krümmung der Zinskurve berücksichtigt werden.

8.3 Trading

8.3.1 Long- und Short-Positionen

Long- und Short-Positionen mit kurzfristigen Zinsterminkontrakten funktionieren genauso wie die bei langfristigen Futures. Die Margin-Berechnung und Gewinn- und Verlustberechnung er-

---

20 Vgl. *Wakeman, L. W., Tuffi, R. M.:* (Derivative Products), S. 353 f..
21 Vgl. *Wakeman, L. W., Tuffi, R. M.:* (Derivative Products), S. 349.

folgen analog und werden daher an dieser Stelle nicht mehr erläutert. Der einzige Unterschied besteht in dem Cash Settlement der Kontrakte statt einer physischen Lieferung wie bei Anleihefutures. Die Inhaber von offenen Positionen müssen daher nicht befürchten, Instrumente liefern zu müssen bzw. angedient zu bekommen.

8.3.2 Spread Trading

Spread Trading mit kurzfristigen Zinsterminkontrakten funktioniert ähnlich wie Spread Trading mit mittel- und langfristigen Zinsterminkontrakten. Die Berechnung des Spread Ratios zwischen kurzfristigen Zinsterminkontrakten ist wesentlich einfacher als die Berechnung des Spread Ratios für langfristige Zinsterminkontrakte. Liegt den Kontrakten derselbe Zinssatz zugrunde bzw. umfassen die Zinssätze denselben Zeitraum, so weisen sie dieselbe Zinssensitivität auf. Falls die Kontrakte dasselbe Nominalvolumen besitzen, kann daher ein Renditespread im Verhältnis eins zu eins gehandelt werden.[22] Ansonsten müssen die unterschiedlichen Nominalvolumina ins Verhältnis zueinander gesetzt werden. Werden die Kontrakte in verschiedenen Währungen notiert, so muß aber auch hier das Wechselkursverhältnis berücksichtigt werden.

Das Spread Ratio berechnet sich daher nach folgender Formel:

$$\text{Spread Ratio} = \frac{\text{NW Fut Y}}{\text{NW Fut Z}} * \text{WK} \frac{Z}{Y}$$

mit: NW = Nominalwert
WK = Wechselkurs

8.3.2.1 Intrakontrakt Spread Trading

Werden innerhalb eines Futures Kontrakte mit verschiedenen Liefermonaten gegeneinander gestellt, dann handelt es sich um einen Intrakontrakt Spread oder auch Time Spread. Ein Händler, der ei-

---

22 Eine leichte Abweichung kann sich bei unterschiedlichen Tagen ergeben, z. B. 91 Tage statt 90 Tage.

nen Time Spread aufbaut, spekuliert auf die Veränderung der verschiedenen Dreimonats-Forward-Zinssätze im Verhältnis zueinander. Wird zum Beispiel ein März-Kontrakt des Euro-DM-Futures gekauft und ein September-Kontrakt verkauft, dann wird von der Erwartung ausgegangen, daß die Dreimonats-Forward-Zinssätze per Liefertermin des März-Kontraktes im Verhältnis zu den Dreimonats-September-Forward-Zinssätzen fallen werden. Da hier kein Unterschied im Nominalvolumen und Wechselkurs besteht, können die Kontrakte im Verhältnis eins zu eins ge- bzw. verkauft werden.

8.3.2.2 Interkontrakt Spread Trading

Ein Interkontrakt-Spread mit kurzfristigen Zinsterminkontrakten kann als Geldmarkt-Spread (Euro-DM gegen Euro-Dollar) oder, wenn noch mittel- bzw. langfristige Terminkontrakte hinzugenommen werden, als Renditestruktur Spread gehandelt werden.

Ein Geldmarkt Spread zwischen dem Euro-DM-Future und dem Euro-$-Future berechnet sich bei einem Dollarkurs von DM 1,75 folgendermaßen:

$$\text{Spread Ratio} = \frac{\text{NW Fut Y}}{\text{NW Fut Z}} * \text{WK} \frac{Z}{Y}$$

$$\text{Spread Ratio} = \frac{\$\,1\,000\,000}{\text{DM}\,1\,000\,000} * \frac{1,750}{1}$$

Das heißt, daß Euro-DM und Euro-$-Kontrakte im Verhältnis 1,75 zu 1 gehandelt werden müssen. Z. B. müssen für 100 gekaufte Euro-$-Kontrakte 175 Euro-DM-Kontrakte verkauft werden, bzw. müssen für 100 gekaufte Euro-DM-Kontrakte 57 Euro-$-Kontrakte verkauft werden.

Bei einem Renditestruktur-Spread möchte man von Veränderungen in der Renditestruktur profitieren. Von Parallelverschiebungen der Renditekurve dagegen soll die Position unberührt bleiben. Bei der Berechnung des Spread Ratios muß daher die unterschiedliche Zinssensitivität der verschiedenen Kontrakte ins Verhältnis gesetzt werden.

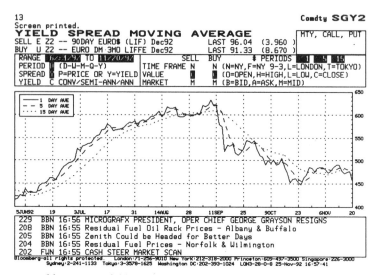

Abb. 8.1: Entwicklung des Renditespread des Dez. 92-Kontrakt
zwischen Euro-$ und Euro-DM-Future
(Quelle: Bloomberg)

Ein Geldmarktfuture besitzt, da sich der Kurs als die Differenz zwischen 100 und dem aktuellen annualisierten Dreimonatszins berechnet, eine *Preis*sensitivität gegenüber Zinsänderungen von eins. Ändert sich beispielsweise der Dreimonats-Forward-Zinssatz um 50 Basispunkte, dann ändert sich der Kurs des Futures um 50 Ticks. Der Zinssatz, der sich ändert, ist jedoch der Dreimonatszinssatz. Die wertmäßige Änderung eines Dreimonats-Futures beträgt daher 90/360 = 0,25 dieser Zinsänderung. 0,25 ist somit die Sensitivität auf Renditeänderungen, die für den Dreimonats-Future in das Spread Ratio eingesetzt wird. Für den langfristigen Kontrakt wird die Dollar Duration des Futures verwendet.

Zusätzlich müssen noch Unterschiede im Kontraktvolumen (Nominalwert) der beiden Kontrakte berücksichtigt werden.

Das Spread Ratio für einen Renditestruktur-Spread berechnet sich dann folgendermaßen:

$$\text{Spread Ratio} = \frac{\text{NW Fut langfr.}}{\text{NW Fut kurzfr.}} * \frac{\text{DD Fut langfr.}}{0,25}$$

mit: NW = Nominalwert
DD = Dollar Duration

Besitzt beispielsweise der Long-Gilt-Future eine augenblickliche Dollar Duration von 6,959, dann berechnet sich das Spread Ratio für einen Spread zwischen Short-Sterling-Future (Nominalvolumen £ 500 000) und Long-Gilt-Future (Nominalvolumen £ 50 000) folgendermaßen:

$$\text{Spread Ratio} = \frac{£ 50\,000}{£ 500\,000} * \frac{6,959}{0,25} = 2,7836$$

Das heißt, daß Short-Sterling- und Long-Gilt-Futures im Verhältnis 2,7826 gehandelt werden müssen. Werden beispielsweise 100 Long-Gilt-Kontrakte gekauft, so müssen 278 Short-Sterling-Kontrakte verkauft werden.

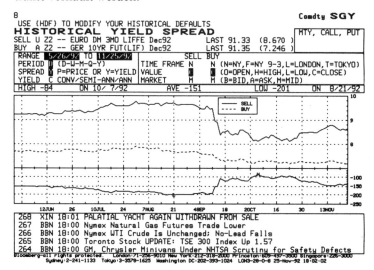

Abb. 8.2: Entwicklung des Renditespread des Dez. 92-Kontrakt
zwischen Euro-DM und Bund Future
(Quelle: Bloomberg)

Eine solche Position profitiert von einer Veränderung des Renditeverhältnisses zwischen dem Dreimonats-Forward-Zinssatz und den Zinssätzen im zehnjährigen Bereich. Der mittelfristige Bereich (z. B. vier- bis fünfjährige Anleihen) wird hiervon jedoch nicht erfaßt.

9. Bildung von synthetischen Instrumenten

Aus der Kombination von Future- und Kassaposition lassen sich synthetische Kassainstrumente bilden. Umgekehrt kann aus verschiedenen Kassainstrumenten eine synthetische Future-Position erzeugt werden.

Die Bildungsweise solcher Instrumente läßt sich mit Hilfe der Arbitragebeziehungen vergegenwärtigen. Möchte man ein Instrument synthetisch darstellen, so muß man sich überlegen, mit welchen Gegenpositionen man dieses Instrument arbitrieren würde. Diese Positionen stellen dann das Instrument mit umgekehrtem Vorzeichen dar. Hat man beispielsweise eine Short-Position in einem Anleihefuture und möchte diese Position neutralisieren bzw. arbitrieren, so muß man Anleihen kaufen und Geld aufnehmen.[1] Eine Anleihe Long-Position in Kombination mit einer Kreditaufnahme stellt somit synthetisch eine Long Future-Position dar.

Hat man zwei Positionen, wie z. B. Long Anleihe und eine Kreditposition, muß man sich überlegen, welche Position man noch benötigt, um sein Risiko zu neutralisieren. In diesem Fall müßte der Future verkauft werden. Da man ihn nicht verkauft hat, hat man ihn gekauft. Hat man umgekehrt eine Position, die zur Neutralisierung des Risikos den Kauf von Terminkontrakten erfordert, so stellt diese Position synthetisch eine Short-Position dar. Was man nämlich nicht verkauft hat, hat man gekauft.

Auf diese Weise lassen sich synthetisch eine Vielzahl von Positionen darstellen. In den folgenden Absätzen werden einige Beispiele dafür genannt.

Die Darstellung einer synthetischen Long Future-Position wurde schon oben erläutert. Den Future hat man synthetisch verkauft, indem man die Vorzeichen umdreht und Anleihen verkauft und Geld anlegt.

Genauso wie Futures lassen sich auch Anleihen synthetisch

---

1 Siehe Kapitel 7. 2. 1 Cash und Carry Arbitrage.

darstellen. Eine synthetische Anleiheposition besteht in dem Kauf des Futures und einer risikolosen Geldanlage.

Hat man einen Kredit aufgenommen und gleichzeitig den Future verkauft, müßte man, um eine risikolose Position zu erhalten, Anleihen kaufen. Da man das aber nicht getan hat, ist man Anleihen synthetisch short.

Auch Geldmarktpositionen lassen sich synthetisch erzeugen. Wie in dem Kapitel über das Ergebnis eines perfekten Hedges mit Anleihe-Terminkontrakten erläutert, erhält man, wenn der Future fair bewertet ist, bei einem Long Hedge die kurzfristigen Fremdfinanzierungskosten für den Kauf der Anleihe. Anders ausgedrückt: Die Anleihe wird gekauft und der Future verkauft. Ist der Future fair bewertet, so erhält man, wenn man diese Position bis zum Kontraktliefertag hält, den kurzfristigen Finanzierungszinssatz. Man hat also synthetisch eine Geldmarkteinlage getätigt. Die Zeitdauer dieser Anlage ist in diesem Fall der Zeitraum vom Eingehen der Position bis zum Kontraktliefertag. Tätigt man dieses Geschäft z. B. mit dem Treasury Bond Future, hat man synthetisch Treasury Bills gekauft.

Verkauft man die Anleihe, kauft den Future und hält die Position bis zum Kontraktliefertag, so hat man synthetisch einen Kredit aufgenommen, der am Kontraktliefertag des Futures endet. Diese synthetischen Beziehungen kann man auch in eine einfache Formel fassen:

Geld = Anleihe – Future[2]

mit: Geld = Geldmarktinstrument

Ein positives Vorzeichen zeigt eine Long-Position an, während ein negatives Vorzeichen eine Short-Position anzeigt. Eine Long-Position in einem Geldmarktinstrument ist äquivalent zu einer Geldanlage, und eine Short-Position in einem Geldmarktinstrument ist äquivalent zu einer Kreditaufnahme.

Synthetische Positionen können in der Praxis äußerst hilfreich sein. Ein Portfoliomanager hat beispielsweise Bundesanleihen in seinem Depot. Er fühlt sich mit dieser Position nicht mehr wohl

---

2 *Pitts, M., Fabozzi, F. J.:* (Options and Futures Markets), S. 705.

und bevorzugt für die nächsten drei Monate eine Geldmarktposition. Außerdem erscheint ihm das Zinsniveau im Dreimonatsbereich attraktiv. Er könnte sein Anleihedepot verkaufen, den Erlös in Einlagen mit einer Laufzeit von drei Monaten investieren und nach Ablauf dieser Zeit die Anleihen zurückkaufen. Durch diese Vorgehensweise werden aber relativ hohe Transaktionskosten verursacht. Außerdem müßten der Verkauf der Anleihen und die Investition in die Geldmarkteinlagen simultan erfolgen. Die wesentlich elegantere Lösung wäre der Verkauf der entsprechenden Anzahl an Bund-Future-Kontrakten. Die Kombination von Anleihe Long und Future Short ergibt nämlich eine kurzfristige Geldanlage.[3]

Auch bei kurzfristigen Zinsterminkontrakten sind Arbitrageüberlegungen die Basis zur Erzeugung synthetischer Positionen. Mehrere dieser Positionen wurden schon in den entsprechenden Kapiteln dargestellt. Einen Kredit mit festgelegter Zinszahlung kann man z. B. synthisch aufnehmen, indem man einen variablen Kredit aufnimmt und kurzfristige Zinsterminkontrakte verkauft.[4]

Durch den Kauf eines Future-Strips, in Kombination mit einer Geldmarkteinlage bis zum letzten Handelstag des ersten Kontraktes, kann eine längere Geldmarkteinlage synthetisch getätigt werden.[5]

Drei-Monats-Futures lassen sich auch synthetisch durch die Kombination von langfristigen Zinsterminkontrakten mit verschiedenen Kontraktmonaten darstellen. Der Kauf eines Anleihefutures im Front-Monat und der Verkauf eines Kontraktes im entferntliegenden Monat (z. B. Kauf März, Verkauf Juni) stellt synthetisch den Kauf eines Dreimonats-Futures dar. Um nämlich eine Long-Position im Front-Monat und eine gleichzeitige Short-Position im Back-Monat in eine Arbitrageposition umzuwandeln,

---

3 Steht kein Kontrakt zur Verfügung, dessen letzter Handelstag genau drei Monate entfernt liegt, müssen Kontrakte mit verschiedenen Liefermonaten kombiniert werden.
4 Je nach Laufzeit wird man einen längeren oder kürzeren Future-Strip verkaufen müssen. Zudem kann es unter Umständen notwendig werden, die erste variable Zahlung zu fixieren.
5 *Oberhofer, G. D.:* (Rate Risk Management), S. 82.

müßte ein Dreimonats-Future verkauft werden. Solange dies nicht geschehen ist, ist man diesen Future long.

Das waren bei weitem noch nicht alle Möglichkeiten, Instrumente synthetisch darzustellen. Diese Beispiele sollten jedoch dem Leser Anregungen geben und eine Hilfe sein bei der Erzeugung einer seinen Bedürfnissen entsprechenden synthetischen Position.

10. Optionen auf Zinsterminkontrakte und Anwendungsmöglichkeiten

Optionen bieten ein äußerst breites Spektrum an Anwendungsmöglichkeiten. In den folgenden Kapiteln werden einige für den Zinsbereich spezifische Anwendungsmöglichkeiten dargestellt.

10.1 Optionen auf kurzfristige Zinsterminkontrakte

10.1.1 Calls und Puts

Eine Call Option auf einen kurzfristigen Zinsterminkontrakt profitiert von sinkenden Zinsen. Eine Option, die von einem Fallen der kurzfristigen Zinsen profitiert, ist ein Put auf diesen Zinssatz. Ein Call auf einen Zinsterminkontrakt ist somit ein Put auf den Zinssatz, der diesem Kontrakt zugrunde liegt. Ein Put auf einen Zinssatz wird als Floor bezeichnet. Floor deshalb, weil durch seinen Kauf ein Floor (Minimalzinssatz) garantiert wird; z. B. eine Minimalverzinsung einer Einlage mit variabler Verzinsung.[1]

Umgekehrt profitiert ein Put auf einen Future von steigenden Zinsen. Dieser Put auf den Future ist somit ein Call auf den entsprechenden Zinssatz. Ein Call auf einen Zinssatz wird auch Cap genannt. Durch den Kauf eines Caps kann z. B. ein Maximalzinssatz (auch Ceiling genannt) für eine Verbindlichkeit mit variabler Zinszahlung gesetzt werden.

Als zugrundeliegender Zinssatz wird sehr oft LIBOR genommen. Es sind aber auch andere Zinssätze möglich.

Optionen auf kurzfristige Zinsterminkontrakte sind Optionen auf den entsprechenden Zinssatz. Im Falle des Euro-Dollar-Futures z. B. sind es Optionen auf Dreimonats-Euro-Dollar-Einlagen. Da der Zinssatz im Future ein Forward-Zinssatz ist, sind es Optionen auf Forward-Zinssätze.

---

1 Vgl. *Haghani, V. J., Stavis, R. M.:* (Interest Rate Caps and Floors), S. 1.

10.1.2 Anwendungsmöglichkeiten

Ist man mit den Anwendungsmöglichkeiten von Optionen etwas vertraut, so ist es nicht weiter schwierig, die Anwendungsmöglichkeiten von Caps und Floors bzw. von Optionen auf kurzfristige Futures zu verstehen. Diese Anwendungsmöglichkeiten (z. B. Collar, Corridor, Cap-Floor Swap Parity) sind nichts anderes als die üblichen Optionsstrategien, übertragen auf Zinssätze und mit einem anderen Namen versehen.[2]

Optionen können für Absicherungszwecke anstelle von Futures verwendet werden. Richtig eingesetzt, bieten sie denselben Schutz wie Terminkontrakte, lassen jedoch aufgrund der asymmetrischen Risikoverteilung die Möglichkeit offen, von steigenden bzw. fallenden Zinsen zu profitieren. Das folgende **Beispiel** wird das kurz verdeutlichen:

Ein Unternehmer weiß, daß er in drei Monaten für den Kauf von Anlagen einen Kredit in Höhe von DM 70 Mio. aufnehmen muß. Er kann sich jedoch nur zu der in drei Monaten gelten LIBOR verschulden und ist besorgt, daß bis zu diesem Zeitpunkt die Zinsen steigen könnten. Der letzte Handelstag des Euro-DM-Futures liegt ebenfalls drei Monate entfernt. Eine Möglichkeit wäre eine Absicherung durch den Verkauf von 70 Euro-DM-Futures. Dies ist die beste Strategie, wenn der Unterehmer absolut sicher ist, daß die Zinsen steigen werden. Er möchte jedoch von eventuell sinkenden Zinsen profitieren. Seine Bank empfiehlt ihm daher den Kauf von Puts auf Euro-DM-Futures. Der Euro-DM-Future notiert zur Zeit bei 91,50. Die Bank empfiehlt ihm den Kauf von 70 Euro-DM-Puts mit einem Strike-Preis von 91,50 zum Preis von 0,69 Basispunkten. Die Kosten für die Absicherung von DM 70 Mio. betragen somit: 70 x 25 x 69 = DM 43 125,00

Der Futurepreis von 91,50 beinhaltet einen Forward-Zinssatz von 8,5 %. Da seine Option am Geld ist (Strike: 91,50), sind diese 8,5 % zuzüglich der Kosten für den Put der Zinssatz zu dem er sich verschulden kann. Dieser Zinssatz beträgt somit: 8,5 % + 0,69 % = 9,19 %

---

2 Bei der Bewertung von solchen Optionen können jedoch starke Unterschiede zu der Bewertung von herkömmlichen Optionen auftreten.

Steigen z. B. die Zinsen bis zum Verfalltag auf 10 % (Future notiert dann bei 90), dann beträgt der Wert seines Puts 1,5. Sein Verschuldungszinssatz berechnet sich dann folgendermaßen:

10 % (aktueller Zins) – 1,5 % (Wert des Puts) + 0,69 % (Kosten für den Kauf des Puts) = 9,19 %

Wären die Zinsen statt zu steigen gefallen, so hätte der Unternehmer daran partizipieren können.

Durch den Kauf des Puts auf den Future in Kombination mit der Short-Zins-Position hat der Käufer eine Position, die identisch zu einem Call auf den Future ist. Der Unternehmer sollte sich jetzt fragen, ob er eine Meinung zur aktuellen Zinsentwicklung am Markt hat. Konkreter: Diese Position ist für ihn nur dann sinnvoll, wenn er überzeugt davon ist, daß die Zinsen sinken. Die Absicherung mit dem Put muß für den Unternehmer nicht unbedingt sinnvoll sein. Meistens wird als Argument angeführt, daß das Risiko nach unten begrenzt ist, während er unbegrenztes Profitpotential hat. Es findet hier jedoch nur eine Verlagerung des Risikos statt. Das Risiko besteht jetzt in dem möglichen Verlust der Optionsprämie. Verkauft man dem Unternehmer einen Put, wäre dies dasselbe, als wenn man ihm sagen würde: Die Zeiten sind günstig, kaufen Sie einen Call. Der Unternehmer sollte sich jetzt unabhängig von den Bankberatern überlegen, ob er unter der gegebenen Marktsituation einen Call kaufen würde. Wenn ja, dann ist das gut für ihn. Wenn nein, dann sollte er diesen Call (gleicher Strikepreis wie der Put) zusätzlich zu dem Kauf des Puts verkaufen. Er hätte dann seinen Fremdfinanzierungszinssatz fixiert.

Die Cost of Carry liegt für den Euro-DM-Future bei Null. Der Call am Geld muß daher denselben Wert haben wie der Put am Geld. Der Verkauf des Calls bewirkt, daß für die Absicherung keine Kosten entstehen. Diese Optionskombination stellt eine synthetische Short Future und somit Long-Zins-Position dar.[3] Zusammen mit der ursprünglichen Short-Zins-Position ergibt dies eine Conversion (im Future) bzw. Reversal (von der Zinsposition her gesehen). Als Endresultat wurde ein Finanzierungszinssatz

---

3 Diese synthetische Position kann selbstverständlich auch mit Optionen aufgebaut werden, deren Strikepreise sich nicht am Geld befinden.

von 8,5 % fixiert. Das gleiche Resultat hätte auch durch den Verkauf von Futures (anstelle der Optionen) erzielt werden können.

Wäre diese Strategie mit Caps und Floors[4] durchgeführt worden, hätte das Resultat der Optionspositionen (Kauf Cap und Verkauf Floor mit gleichem Basispreis) auch durch den Eintritt in einen Swap erzielt werden können, bei dem man fix zahlt und variabel erhält. Wäre man in diesen Swap eingetreten, anstelle eine Optionsposition aufzubauen, wäre der Zinssatz ebenfalls fixiert worden.

Von hier ist es nur noch ein Schritt zu der Cap-Floor Swap Parity. Dies ist nichts anderes als die bekannte Put-Call Parity, auf Zinsoptionen übertragen: Long Cap + Short Floor = Fixed Swap.[5] Die Position Long Cap und Short Floor ist nichts anderes als eine synthetische Long-Position bezüglich eines Zinssatzes (z.B. LIBOR). Die gegenläufige Short-Position könnte durch einen Swap etabliert werden, bei dem man fix erhält und variabel zahlt (Receiver Swap).

Die Absicherung einer zukünftigen Einlage verläuft analog, mit dem Unterschied, daß die Vorzeichen umgedreht werden; d. h., statt des Puts kauft man jetzt den Call.

Einen großen Vorteil gegenüber einer Absicherung mit Futures haben Optionen, wenn der Unternehmer sich nicht sicher ist, ob er sich zu dem zukünftigen Zeitpunkt verschulden muß oder nicht. Bei einem Kauf von Optionen ist er für den Fall einer Kreditaufnahme abgesichert. Muß er keinen Kredit aufnehmen, so besteht sein maximales Risiko in dem Verlust der Optionsprämie. Bei einem Verkauf von Futures hat er dagegen wesentlich höheres Risiko[6] für den Fall, daß er den Kredit nicht aufnehmen muß.

Eine häufig verwendete Strategie ist der sogenannte *Collar*. Ein Collar stellt eine Kombination aus Cap und Floor dar. Ein Collar wird gekauft, wenn der Cap gekauft und der Floor verkauft wird.[7]

---

4 Bei Caps und Floors ist zu beachten, daß es sich hier in der Regel nicht um eine einzelne Option handelt, sondern um einen Strip von Optionen mit verschiedenen Laufzeiten.

5 Vgl. *Bhattacharya, A. K., Breit, J.:* (Interest Rate Risk Agreemnets), S. 1182.

6 Streng genommen ist auch hier das Risiko begrenzt, da der Future nicht über Hundert steigen kann (Zins kann nicht unter Null fallen). Das Risiko ist jedoch ungleich höher als bei dem Einsatz von Optionen.

7 Vgl. *Schwartz, R. J., Smith, C. W.:* (Risk Management), S. 256.

Umgekehrt wird der Collar verkauft, wenn der Cap verkauft und der Floor gekauft wird. Hier ist jedoch zu beachten, daß Cap und Floor unterschiedliche Basispreise haben. Der Collar hat den Effekt, daß in Kombination mit einer entsprechenden Long- bzw. Short-Position eine Bandbreite um einen Zinssatz gelegt wird. Dem Zins wird ein Collar (Kragen, Halsband) angelegt. Das mag sich vielleicht etwas verwirrend anhören, ist jedoch sehr einfach. Die Gesamtposition entspricht nämlich einem einfachen Bull bzw. Bear Spread. Die Finanzierung der Absicherung erfolgt bei dieser Strategie durch eine teilweise Aufgabe des Gewinnpotentials.

Ein Collar wird oft mit dem Argument verkauft, daß die Absicherung mit Optionen u. U. teuer sein kann. Durch den Verkauf einer anderen Option sollen diese Kosten vermindert werden. In dem obigen Beispiel hätte man einen Collar, wenn man zusätzlich zu dem Kauf des Puts einen Call mit einem höheren Basispreis verkaufen würde. Durch den Verkauf des Calls werden die Kosten für den Kauf des Puts vermindert. Solange sich die Kurse innerhalb der beiden Strike-Preise bewegen, betragen die Kosten für die Absicherung Put minus Call. Das Profit-Loss-Profil einer Kombination aus Collar plus der Short-Zins-Position (indirekt Long Future), entspricht entspricht dem Profit-Loss-Profil eines Bull Spreads mit dem Future als Underlying.

Der Collar ist nicht zwangsläufig deshalb eine gute Strategie, weil durch den Verkauf der zweiten Option die Kosten der Absicherung vermindert werden. Vielmehr sollte sich wie im ersten Beispiel der Investor fragen, ob eine derartige Position unter der gegebenen Marktsituation erwünscht ist. Der Collar ist in diesem Beispiel daher nur dann sinnvoll, wenn die Marktmeinung besteht, daß die Zinsen leicht fallen werden. Ansonsten ist eine andere Form der Absicherung sinnvoller.

Eine weitere Absicherungsvariante ist der sogenannte Interest Rate *Corridor*. Hier sollen die Kosten des Kaufs des Caps durch den Verkauf eines weiteren Caps mit einem höheren Strike-Preis vermindert werden. Ein Corridor kann selbstverständlich auch aus einer Kombination von Floors bestehen. In jedem Fall ist der Corridor für sich gesehen entweder eine Bull- oder Bear-Spread-Position. In Kombination mit einer Long- bzw. Short-Position besteht der Schutz nur innerhalb der Strike-Preise. Im obigen Beispiel würde zusätzlich zu dem Kauf des Puts ein zweiter Put mit einem niedrigeren Basispreis verkauft werden. Die urspüngliche Short-Position im Zins bleibt somit bestehen, mit dem Unterschied, daß die Position zwischen den beiden Basispreisen abgesichert ist.

10.2 Optionen auf langfristige Zinsterminkontrakte

Mit Optionen auf langfristige Zinsterminkontrakte können dieselben Positionen eingegangen werden wie bei Optionen auf kurzfristige Zinsterminkontrakte. Dies betrifft sowohl Trading-Positionen, Arbitragestrategien als auch Absicherungsstrategien wie z. B. Collars, Corridors oder Kauf von Calls und Puts.

Diese Optionen stellen eine Alternative zu einer Absicherung mit Futures dar, z. B. bei der Absicherung von Anleiheportefeuilles, von zukünftigen Einzahlungen bzw. Auszahlungen oder von Anleiheemissionen. Im Prinzip verläuft die Absicherung analog zu den in den letzten Kapiteln geschilderten Absicherungen.

Zur weiteren Vertiefung dieses Themas sei dem interessierten Leser folgende Literatur empfohlen:

Hull, J.: (Options, Futures), Kapitel 8: Hedging Positions in Options and Other Derivative Securities S. 181–213.

Stoll, H. R., Whaley, R. E.: (Futures & Options).

Brauer, S. J. Goodman, L. S.: (Hedging with Options), S. 265–294.

11. Ausblick

Optionen und Futures haben sich als unentbehrliche Instrumente für ein professionelles Agieren an den internationalen Kapitalmärkten erwiesen. Erfreulicherweise setzt sich immer mehr die Erkenntnis durch, daß ein Nichteinsetzen dieser Produkte nicht nur einem Verzicht auf wertvolle Anwendungsmöglichkeiten entspricht, sondern vielmehr einem Verschenken von Geld gleichkommt.

Obwohl manche Portfoliomanager noch Vorurteile gegenüber diesen Produkten hegen, haben Derivative ihren festen Platz im modernen Portfoliomanagement eingenommen. Neben gelegentlich bestehenden rechtlichen Hindernissen liegt der Grund für ein Nichteinsetzen dieser Produkte sehr oft in einem mangelnden Verständnis für diese Instrumente. Besonders in Deutschland zeigt sich seltsamerweise gerade die sonst so auf Sicherheit bedachte Versicherungswirtschaft äußerst zögernd bei dem Einsatz von Derivativen, obwohl bekannt ist, daß diese Instrumente besonders zu der Begrenzung und dem Management von Risiken geeignet sind.

Die ständig zunehmende Nachfrage nach diesen Produkten spiegelt sich in dem stürmischen Wachstum wider, das die Options- und Futuresmärkte in den letzten Jahren weltweit erfahren haben. Deutlich wird diese Entwicklung durch die stark steigenden Umsätze an den verschiedenen Börsen. So konnten die 52 wichtigsten Terminbörsen 1992 ihren Umsatz um 62,5 % auf insgesamt 2,295 Mrd. Kontrakte steigern.[1] Ein besonders starkes Wachstum erfuhren hierbei die relativ jungen europäischen Terminmärkte. Die Tatsache, daß diese Märkte gegenüber den amerikanischen Terminmärkten die geringeren Sättigungserscheinungen bzw. das größere Wachstumspotential aufweisen, dürfte dazu führen, daß die europäischen Terminmärkte auch in Zukunft gegenüber ihren amerikanischen Konkurrenten Boden gutmachen werden.

---

1 *Handelsblatt* v. 25.2.1993.

Eine große Bedeutung bezüglich des Anstiegs in der Umsatzentwicklung haben die derivativen Instrumente des Zinsbereiches. Unter den zehn Instrumenten, die 1992 das stärkste Wachstum erfuhren, befanden sich acht Zinsprodukte.

Bei einem Vergleich der internationalen Terminmärkte ist besonders bemerkenswert, daß, gemessen an den Umsatzzahlen, nicht die Chicagoer Märkte den ersten Platz in der weltweiten Rangliste einnehmen, sondern die brasilianischen Terminbörsen. Nach Angaben der EOE-Optiebeurs in Amsterdam betrug der Umsatz in Futures- und Optionskontrakten an der Bolsa de Valores Sao Paulo (Bovespa) 1992 1090,37 Mio. Kontrakte und an der Börse in Rio de Janeiro 264,88 Mio. Kontrakte.[2] Diese Umsatzzahlen sind nicht zwangsläufig inflationär aufgebläht, sondern haben auch eine substantielle Basis. Dies zeigt sich nicht nur in der äußerst großen Vielfalt der dort gehandelten Terminkontrakte und Optionen, sondern auch in der Bedeutung und Liquidität der diesen Instrumenten zugrundeliegenden Märkte. An dritter Stelle rangiert das Chicago Board of Trade mit 150,03. Mio. gehandelten Kontrakten, gefolgt von der Chicago Mercantile Exchange (134,24 Mio. Kontrakte) und der Chicago Board Options Exchange (121,47 Mio. Kontrakte). Die LIFFE und DTB stehen auf dem sechsten bzw. zehnten Platz.

Daß das Wachstum auch in Zukunft anhalten bzw. sich verstärken wird, zeigt sich auch an dem Eindringen der derivativen Märkte in bis vor einiger Zeit davon unberührte Regionen, wie z. B. die osteuropäischen Länder. Der erste Schritt in diese Richtung bestand in der Eröffnung der slowakischen Terminbörse BOE (Bratislava Options Exchange) in Bratislava. Die BOE ist die erste Optionsbörse in Osteuropa und begann im April 1993 mit dem Handel von Terminkontrakten und Optionen auf sieben slowakische Aktiengesellschaften.[3]

Das Wachstum der derivativen Märkte führt dazu, daß die einzelnen Börsen ihre schon vorhandenen Kooperationsbemühungen auch weiterhin verstärken werden. Die Koordinationsbestrebungen finden nicht nur zwischen europäischen Terminbörsen statt, sondern auch weltumgreifend. Hierbei ist ein eindeutiger

2 *Handelsblatt* v. 25. 2. 1993.
3 *Euromoney,* May 1993, S. 17.

Trend zur Globalisierung des Handels festzustellen. Es wird schon eine Anzahl identischer Kontrakte an verschiedenen Börsen in verschiedenen Zeitzonen gehandelt. Ein 24-Stunden-Handel mit einer Weiterreichung von Büchern mit Handelspositionen, wie er z. B. im Devisenhandel seit langem praktiziert wird, wird in absehbarer Zeit auch an den Terminmärkten eine Selbstverständlichkeit sein. In einem solchen Umfeld findet der Börsenhandel weniger auf regionaler bzw. nationaler, sondern verstärkt auf internationaler Ebene statt. In Europa erfährt diese Entwicklung eine Förderung durch die Harmonisierungsbestrebungen bezüglich der unterschiedlichen Rechtsvorschriften durch die EG.

Die fortschreitende Globalisierung, finanzielle Integration der verschiedenen Kapitalmärkte rund um den Globus, wurde durch zwei andere Entwicklungen vorangetrieben bzw. erst ermöglicht: Deregulierung und Innovation, verbunden mit rapiden technologischen Fortschritten in der EDV und den Kommunikationswegen. Durch Deregulierung bezüglich Steuern, Restriktionen und Kontrollen wurde ein freieres Fließen von Kapital möglich. Dies hatte auch entscheidenden positiven Einfluß auf die derivativen Märkte. Die Innovation stellt hierbei die notwendigen Hilfsmittel und Werkzeuge bereit, um die verschiedenen Kapitalmärkte und Börsen miteinander zu verzahnen. Ein Beispiel für eine solche Innovation, die die verschiedenen Märkte verbindet, stellt das elektronische Handelssystem Globex dar. An dieses System, das von den beiden großen Chicagoer Terminbörsen und der Nachrichtenagentur Reuters entwickelt wurde, sind mehrere internationale Terminbörsen mit einer Vielzahl von Produkten angeschlossen.

Die Innovation hat auch entscheidenden Einfluß auf die Form des Handelssystems an dem Terminbörsen. Auch hier ist ein deutlicher Trend auszumachen. Dieser Trend besteht in der Abkehr von dem traditionellen System des Handels auf Zuruf (open outcry) zu einer vollständig computerisierten Börse. Weltweit wird bereits an 27 Terminbörsen der Handel auf elektronischem Wege abgewickelt. Hiervon fungieren 22 Börsen ausschließlich als Computerbörsen, während die anderen Märkte sowohl via Computer als auch als Parkettbörse aktiv sind.[4] Im April 1990 waren es

4 *Handelsblatt* v. 23. 3. 1993.

nur acht Terminmärkte. Bis auf absehbare Zeit wird jedoch das System des open outcry erhalten bleiben. Besonders die amerikanischen Terminbörsen sträuben sich vehement gegen eine vollständige Computerisierung des Handels. Aber auch viele europäische Börsen, wie z. B. die LIFFE, vertreten das traditionelle System des Handels.

Nicht nur die Märkte selber befinden sich in einem rapiden Wachstum und werden auch weiterhin stark expandieren, sondern auch die Anzahl der verschiedenen gehandelten Kontrakte. Bei der Einführung von neuen, oft exotischen Produkten zeigen sich die nordamerikanischen Terminbörsen als besonders kreativ. Die Vielzahl der unterschiedlichen Kontrakte macht es dem außenstehenden Betrachter gelegentlich schwer, den Überblick zu behalten. Hiebei wird oft der Vorwurf erhoben, viele dieser Kontrakte seien unnütz und erfüllten keinen Zweck. Diesem Vorwurf kann entgegengehalten werden, daß Produkte, die unnütz sind und nicht benötigt werden, sich an den Märkten nicht durchsetzen werden und mangels Liquidität in der Regel nach relativ kurzer Zeit wieder verschwinden. Wenn sich einige der neuen Produkte tatsächlich nicht halten können und wieder vom Markt genommen werden müssen, so ist dies nicht notwendigerweise ein schlechtes Zeichen. Vielmehr zeugt dies von der Flexibilität der jeweiligen Börsen, Instrumente, die den Erfordernissen des Marktes nicht entsprechen, zu streichen. Ständige Neuentwicklung von derivativen Produkten ist prinzipiell positiv zu sehen, da dadurch verstärkt den Notwendigkeiten des Marktes Rechnung getragen wird.

Auch im Bereich der DTB wird es zu der Einführung einer Reihe von neuen Instrumente kommen. In der Planung und zum Teil schon im Endstadium der Planung befinden sich zur Zeit folgende Kontrakte:

In der Entwicklungsphase befindet sich der Spread zwischen dem Bund- und dem Bobl-Future. Dieser Spread ist als ein in das System integriertes Buch konzipiert. Das heißt, daß das System die Spread-Order in ein Buch übernimmt und automatisch ausführt, falls die entsprechenden vorgegebenen Preise erreicht werden. Für den Händler, der den Auftrag ausführt, ist es somit nicht mehr notwendig, die beiden Orders separat auszuführen bzw. die

Spreadentwicklung zu verfolgen. Voraussetzung für dieses neue Produkt ist jedoch, unter einem hohen Kostenaufwand, die Entwicklung eines zusätzlichen EDV-Systems. Dieses System kann allerdings auch zur Ausführung von anderen kombinierten Aufträgen (auch Optionskombinationen) verwendet werden.

Entwickelt und erprobt ist bereits ein Terminkontrakt auf kurzfristige DM-Zinsen(Dreimonats-FIBOR-Future). Für März 1994 hat die DTB die Einführung dieses Futures beschlossen. Er stellt für den Finanzplatz Deutschland eine notwendige Bereicherung dar. Die Palette der Zinsprodukte, die an der DTB gehandelt wird, umfaßt dann nicht nur den lang- und mittelfristigen Laufzeitbereich, sondern auch den wichtigen kurzfristigen Bereich.

Im Aktienbereich ist die Einführung von Kontrakten auf Aktien- Teilmärkte geplant. Ermöglicht wurde diese Planung durch die Veröffentlichung des Composite Dax (CDax) der Deutschen Börse AG. Dieser Index umfaßt alle inländischen, zum amtlichen Handel an der Frankfurter Wertpapierbörse zugelassenen Aktien und kann außerdem in 16 Branchenindizes unterteilt werden. Es ist vorgesehen, nicht nur Futures auf den Composite Dax und auf Unterindizes herauszubringen, sondern auch Optionen auf diese Futures und Indizes.

Die weitere Stärkung der Terminmärkte in der Bundesrepublik ist besonders unter dem Aspekt der ausländischen Investoren von Bedeutung. Der deutsche Aktien- und Rentenmarkt wird wesentlich stärker als andere Wertpapiermärkte (z. B. USA oder Japan) durch Käufe bzw. Verkäufe ausländischer Investoren beeinflußt. Für diese Investoren ist es von außerordentlich großer Bedeutung, daß man ihnen eine Palette ausgereifter und liquider derivativer Instrumente an die Hand legt. Nicht nur, aber besonders unter dem Aspekt des Wechselkursrisikos tritt diese Bedeutung hervor. Investoren aus dem Ausland zeigen sich besonders sensibel gegenüber Wechselkursschwankungen. Eine erwartete Verschlechterung der D-Mark am Devisenmarkt kann leicht dazu führen, daß Milliardenbeträge vom deutschen Kapitalmarkt abgezogen werden. Die Gelder werden jedoch eher am deutschen Markt investiert bleiben, wenn zuverlässige Instrumente zur Absicherung dieses Wechselkursrisikos vorhanden sind. $/DM-Optionen werden zwar schon in den USA gehandelt; für viele Investoren ist es jedoch bequemer und günstiger, die Absicherung am selben Markt vorzunehmen wie das Kassageschäft. Werden die Papiere abgesichert statt verkauft, so hat dies eine Kursglättung zur Folge, wodurch der Kapitalmarkt Deutschland stabiler und attraktiver wird. Besonders für den deutschen Rentenmarkt ist dieser Aspekt von Bedeutung. Seit 1990 hat sich an diesem Markt die Gläubigerstruktur deutlich verändert. Es fand ein sprunghafter Anstieg des Anteils ausländischer Käufer statt, während die Bedeutung inländischer Investoren zurückgegangen ist.[5] Auch dieser Fall unterstreicht die Bedeutung der Finanzinnovationen.

Derivative Instrumente, und hier besonders Produkte des Zinsbereichs, sind zum Teil sehr komplex und vielschichtig. Um einen ausreichenden Kenntnisstand zu erlangen, ist eine gewisse Einarbeitungszeit nicht zu vermeiden. Werden jedoch die ersten Hürden überwunden, so erkennt man, welch eine Vielzahl von Anwendungsmöglichkeiten bestehen; Einsatzmöglichkeiten, auf die ein Akteur an den Finanzmärkten nicht mehr verzichten kann und auf die er, nach den ersten positiven Erfahrungen mit diesen Instrumenten, auch nicht mehr verzichten wird.

5 *Handelsblatt* v. 15. 2. 1993, S. 23.

Glossar

APT: Computerisiertes Handelssystem, das die Prinzipien des open outcry am Bildschirm simuliert.

Arbitrage: Ausnutzen von Kursungleichgewichten zur Erzielung eines risikolosen Gewinnes.

Ask(ed): Brief, Angebot.

ATOM: Zentrales Orderbuch, das Limit Orders aufnimmt und gegebenenfalls ausführt.

Autoquote: System der LIFFE, das Preisindikationen für Optionen auf Zinsterminkontrakte liefert.

Back Month: Kontraktliefermonat, der dem Front Month folgt.

Banker's Acceptance: Handelswechsel, gezogen auf eine Bank.

Basis: Kurzfristige Zinsterminkontrakte: Differenz zwischen dem im Future impliziten Forward-Zins und dem aktuellen Dreimonatszinssatz. Langfristige Zinsterminkontrakte: Differenz zwischen dem Kassapreis der Anleihe und dem mit dem Preisfaktor multiplizierten Futurepreis.

Basis Point: Basispunkt, 0,01 Prozent.

Basis Point Value: Wertveränderung einer Anleihe bei einer Renditeveränderung um einen Basispunkt. Wird häufig als Maß für die Zinsreagibilität einer Anleihe bei der Berechnung des Hedge Ratios verwendet.

Basisrisiko: Risiko, daß sich Future und abzusicherndes Instrument nicht analog verhalten.

Basis Trading: Spekulation auf Veränderung der Basis des Futures.

Batch Run: Stapelverarbeitung.

BBAISR: Referenzzinssatz der British Bankers Association.

Bid: Geld, Nachfrage.

Bobl-Future: Zinsterminkontrakt auf Bundesobligationen und Schatzanweisungen.

Bonos-Future: Future auf spanische Staatsanleihen.

Break-Even Swap-Rate: Der theoretisch faire Zinssatz für die fixe Seite des Swaps. Wird zu diesem Zinssatz ein Swap arbitriert, fällt weder ein Gewinn noch ein Verlust an.

BTP-Future: Future auf italienische Staatsanleihen.

Bund-Future: Zinsterminkontrakt auf deutsche Bundesanleihen.

Cap: Call auf einen Zinssatz. Durch den Kauf eines Caps kann z. B. ein Maximalzinssatz (Ceiling) für eine Verbindlichkeit mit variabler Verzinsung festgesetzt werden.

Cash and Carry Arbitrage: Form der Arbitrage. Besteht im Kauf von Anleihen und gleichzeitigem Verkauf der entsprechenden Anzahl an Futures.

Cedel S. A.: Aufbewahrungsstelle und Clearing-Gesellschaft für Wertpapiertransaktionen mit Sitz in Luxemburg.

Certificates of Deposit (CD's): Verbriefte und fungible Termineinlagen.

Cheapest to Deliver: Die Anleihe, die bei Lieferung in den Future den höchsten Ertrag abwirft.

Clearing: Positionsführung, Abrechnung und Abwicklung der Transaktionen. Aufrechnung und Verrechnung der Forderungen der Clearing-Mitglieder. Übernahme des Ausfallrisikos, falls ein Marktteilnehmer seinen Verpflichtungen nicht nachkommen kann.

Clearing House: Organisation, die für jeden Geschäftsabschluß an einem Financial Futures Markt als Kontraktpartner zwischen Käufer und Verkäufer tritt und die Aufgabe einer zentralen Abwicklungsstelle übernimmt.

Collar: Kombination aus Cap und Floor.

Communication Server: Kommunikationsrechner.

Corridor: Kauf eines Caps mit niedrigem Strike-Preis und Verkauf eines Caps mit höherem Strike-Preis.

Corporate Bills: Schatzwechsel, ausgegeben von Körperschaften.

Cross Hedge: Absicherung von Instrumenten, die dem Future nicht zugrunde liegen.

Direct-Clearing-Mitglied: Clearing-Mitglieder, die nur im eigenen Auftrag und im Auftrag von Kunden handeln dürfen.

Diskontsatz: Zinssatz, den die Bundesbank beim Ankauf von Wechseln berechnet.

Duration: Eine Maßzahl für die Preisreagibilität einer Anleihe in bezug auf Renditeänderungen.

Euroclear: Clearing-Gesellschaft für Wertpapiertransaktionen mit Sitz in Brüssel.

Exchange Delivery Settlement Price (EDSP): Abrechnungspreis zur Ermittlung des Andienungsbetrages. Wird nach demselben Verfahren bestimmt wie der tägliche Settlementpreis, der zur Bewertung der offenen Positionen verwendet wird, jedoch zu einer anderen Uhrzeit.

Ex-Dividend Period: Im englischen Sprachgebrauch: Zeitraum zwischen dem Zeitpunkt der Trennung des Kupons von der Anleihe und dem Zeitpunkt der Kuponzahlung. Wird eine Anleihe während der Ex-Dividend-Periode gekauft, so muß der Käufer zwar keine Stückzinsen bezahlen, anderseits erhält er am Kuponzahlungszeitpunkt *nicht* den Kupon. Nach dem Ex-Dividend-Datum (Zeitpunkt der Trennung des Kupons von der Anleihe) notiert die Anleihe somit bis zum nächsten Kupontermin mit einem negativen Stückzins. Ein Käufer wird daher als Ausgleich einen etwas niedrigeren Kaufpreis zahlen.

Federal Funds: Tagesgeld.

Federal Reserve System: Zentralbanksystem der Vereinigten Staaten.

Fed Wire: Elektronisches Clearing-, Kommunikations- und Übertragungssystem der Federal Reserve (FED), das für die Abrechnung und Transaktionen in Staatspapieren und Federal Funds benutzt wird.

Floating-Rate Note: Schuldverschreibung mit variabler Verzinsung.

Forward Contract: Zeitkontrakt, Termingeschäft ohne Standardisierung.

Forwardpreis: Preis, zu dem man ein Wertpapier oder Ware an einem bestimmten Zeitpunkt in der Zukunft kaufen bzw. verkaufen kann.

Forward-Rate Agreement (FRA): Forward-Zinssatz. Der Käufer eines FRA erhält am Fälligkeitstag die positive Differenz zwischen einem Referenzzinssatz (z. B. LIBOR) und dem beim Kauf vereinbarten FRA-Zinssatz.

Forward-Zinssatz (Forward-Rate): Zinssatz, zu dem ein Anleger an einem bestimmten Zeitpunkt in der Zukunft Geld aufnehmen bzw. anlegen kann.

Front Month: Der nächstliegende Kontraktliefermonat des Futures.

Future-Strip-Rate: Ertrag, der realisiert werden kann, wenn Geld zu der LIBOR mit Fälligkeit des naheliegenden Kontraktes angelegt wird und der Ertrag aus diesem Geschäft alle drei Monate mit dem in der Sequenz der Futurepreise impliziten Zinssatz aufgezinst wird.

General-Clearing-Mitglied: Clearing-Mitglieder, die berechtigt sind, im eigenen Auftrag sowie im Auftrag für Kunden und Börsenteilnehmer ohne Clearing-Mitgliedschaft tätig zu werden.

Hedger: Marktteilnehmer, der Positionen absichert.

Hedge Ratio: Anzahl an Kontrakten, die benötigt werden, um eine Kassaposition abzusichern.

Hedging: Absichern von Positionen.

Host: Zentralrechner der DTB.

Implied Forward Yield: Implizite Forward-Rendite des Futures.

Implied Repo Rate: Gibt die prozentuale annualisierte Rendite an, wenn die Kassaanleihe gekauft und der Future verkauft wird, die Anleihe bis zum Kontraktliefertag gehalten und dann als Erfüllung der Verpflichtung in den Future geliefert wird.

Initial Margin: Sicherheitsleistung, die beim Eingehen einer Position zu hinterlegen ist.

JGB-Future: Future auf japanische Staatsanleihen.

Konvexität: Zweite Ableitung der Preis-Rendite-Funktion. Maßzahl für die Änderung der Dollar Duration einer Anleihe.

Lombardsatz: Zinssatz für den Kredit, den die Bundesbank gegen Verpfändung von Wertpapieren in Rechnung stellt; liegt über dem Diskontsatz.

Long: Long-Position, Käufer, Haussier, Wertpapier im Besitz des Inhabers.

Long-Position: Position, bei der Wertpapiere, Futures oder Optionen gekauft werden.

Long-Gilt-Future: Future auf britische Staatsanleihen.

Long Hedge: Absicherung gegen steigende Preise.

Maintenance Level: Mindestniveau für eine Sicherheitsleistung.

Margin: Sicherheitsleistung.

Margin Call: Aufforderung, einen Nachschuß zu leisten.

Market Maker: Marktteilnehmer, der die Verpflichtung hat, auf Anfrage verbindliche Geld- und Briefkurse zu stellen.

Mark to the Market: Tägliche Bewertung von Positionen.

Nochgeschäft: Termingeschäft, das mit einem Nachforderungs- bzw. Nachlieferungsrecht verbunden ist.

Non-Clearing-Member: Börsenteilnehmer ohne Clearing-Mitgliedschaft.

Offer: Brief, Angebot.

Open Interest: Gesamtheit der für einen bestimmten Kontrakttyp zu einem gegebenen Zeitpunkt ausstehenden, d. h. noch nicht glattgestellten oder angedienten Kontrakte.

Over the Counter (OTC): Der OTC-Markt ist der Markt für Finanzinstrumente, die nicht an Börsen gehandelt werden.

Preisfaktor: Gleicht die verschiedenen lieferbaren Anleihen bezüglich des Kupons und der Restlaufzeit an.

Repo Rate: Zinssatz, der bei einem Repurchase Agreement anfällt.

Repurchase Agreement: Verkauf eines Wertpapiers mit der gleichzeitigen Verpflichtung, es zu einem bestimmten Zeitpunkt in der Zukunft zu einem bestimmten Preis zurückzukaufen.

Reuters: Nachrichtenagentur.

Reverse Cash and Carry Arbitrage: Form der Arbitrage. Besteht im Leerverkauf von Anleihen und gleichzeitigem Kauf der entsprechenden Anzahl an Futures.

Router: Kommunikationsrechner, zuständig für die Fernübertragung von Daten.

Seller's Option: Recht des Inhabers der Short-Position im Future, die zu liefernde Anleihe zu bestimmen. Bei einigen Kontrakten umfaßt die Seller's Option auch das Recht, den Zeitpunkt der Lieferung zu bestimmen.

Settlement Preis: Der Börsen-, Bewertungs- und Abrechnungspreis, der börsentäglich ermittelt wird, um die offenen Positionen bei einem bestimmten Kontrakt zu bewerten. Er wird in der Schlußphase der Börsensitzung ermittelt.

Short: Leerverkauf, Leerverkäufer, Baissier.

Short Hedge: Absicherung gegen fallende Preise.

Short-Position: Position, bei der Wertpapiere, Futures oder Optionen leerverkauft werden.

Spot-Rate: Zinssatz am Kassamarkt.

Spread: Bandbreite. Optionsstrategie. Gleichzeitiger Kauf und Verkauf von zwei verschiedenen Kontrakten bzw. Futures.

Spread Ratio: Verhältnis, in dem Terminkontrakte bei einem Spread gehandelt werden.

Stack Hedge: Absicherung, die mit Hilfe von (zunächst) nur einem Kontraktmonat vorgenommen wird.

Stellagegeschäft: Kombination aus Vorprämien- und Rückprämiengeschäft. Der Käufer hat die Wahl bzw. die Verpflichtung eine der Positionen auszuüben. Er kann somit auf Hausse oder Baisse spekulieren.

Stock: Wertpapier. US: Aktie, Aktienkapital (Syn: capital stock), GB: (öffentliche oder private) Schuldverschreibung.

Strip Hedge: Hedge, bei dem die benötigte Anzahl an Futures über mehrere Kontraktmonate verteilt wird.

Tail: Differenz zwischen dem ursprünglichen Hedge Ratio und dem an die Variation Margin-Zahlungen angepaßten Hedge Ratio.

Tailing Factor: Dient der Anpassung des Hedge Ratios an Variation Margin-Zahlungen.

Tailing the Hedge: Anpassung des Hedge Ratios an mögliche Variation Margin-Zahlungen und sich daraus ergebende Zinsaufwendungen bzw. Zinserträge.

Tick: Kleinste mögliche Preisbewegung eines standardisierten Instrumentes.

Time Spread: Future: gleichzeitiger Kauf und Verkauf von verschiedenen Kontraktmonaten desselben Futures.

Treasury Bills: Schatzwechsel, die diskontiert vom Staat mit einer Laufzeit von meist 90 Tagen emittiert werden.

Underlying: Instrument, das einem anderen Instrument (z. B. Option, Terminkontrakt) zugrunde liegt.

User Device: Rechner der Börsenteilnehmer (an der DTB) vor Ort.

Zero-(Kupon)-Rate: Zinssatz einer Anleihe oder Einlage, bei der keine zwischenzeitlichen (Kupon) Zahlungen erfolgen.

Literaturverzeichnis

Anderson, T. J.:

Currency and Interest Rate Hedging: A User's Guide to Options, Futures, Swaps and Forward Contracts, New York 1987.

Anderson, T. J.: (Currency and Interest Rate Hedging).

Anderson, K., Amero, S.:

Scenario Anlalysis and the Use of Options in Total Return Portfolio Management, in: The Handbook of Fixed Income Options, hrsg. v. Fabozzi, F. J., Chicago 1989, S. 191–223.

Anderson, K., Amero, S.: (Scenario Analysis).

Arak, M., Goodman, L.:

Treasury Bond Futures: Valuating the Delivery Options, in: Journal of Futures Markets 7, 1987, S. 269–286.

Arak, M., Goodman, L.: (Delivery Options).

Arak, M., Goodman, L., Ross, S.:

The Cheapest to Deliver Bond on the Treasury Bond Futures Contract, in: Advances in Futures and Options Research 1, Teil B, 1987.

Arak, M., Goodman, L.: (The Cheapest to Deliver).

Arak, M., Goodman, L., Snailer, J.:

Duration equivalent Bond Swaps: A New Tool, Journal of Portfolio Management 12, Sommer 1986, S. 26–32.

Arak, M., Goodman, L., Snailer, J.: (Duration equivalent Bond Swaps).

Asay, M., Edelsburg, C.:

Can a Dynamic Strategy Replicate the Returns of an Option?, in: The Journal of Futures Markets 6, 1986, S. 230–248.

Asay, M., Edelsburg, C.: (Strategy).

Barnhill, T.:

Quality Options Profits, Switching Options Profits and Variation Margin Costs: An Evaluation of Their Size and Impact, in: Journal of Financial and Quantitive Analysis, 25:1, März 1990, S. 65–86.

Barnhill, T.: (Options Profits).

Barnhill, T.:

The Delivery Option on Forward Contracts: A Comment, Journal of Financial and Quantitive Analysis 23, 1988, S. 343–349.

Barnhill, T.: (The Delivery Option).

Barnhill, T., Seale, W.:

Optimal Exercise of the Switching Option in Treasury Bond Arbitrages, in: The Journal of Futures Markets, 8:5, Oktober 1988, S. 65–86.

Barnhill, T., Seale, W.: (Switching Option).

Basler, H.:
Grundbegriffe der Wahrscheinlichkeitsrechnung und Statistischen Methodenlehre, 9. Aufl., Heidelberg–Wien, 1986.
Basler, H.: (Wahrscheinlichkeitsrechnung).

Beidleman, C. R. (Hrsg.):
Interest Rate Swaps, Homewood 1991, 2. Aufl.
Beidleman, C. R.: (Swaps).

Benninga, S., Smirlock, M.:
An Empirical Analysis of the Delivery Option, Marking to Market and the Pricing of Treasury Bond Futures, in: The Journal of Futures Markets, 5:3, Herbst 1985, S. 361–374.
Benninga, S., Smirlock, M.: (Analysis of the Delivery Option).

Berger, M.:
Hedging: Effiziente Kursabsicherung festverzinslicher Wertpapiere mit Finanzterminkontrakten, Wiesbaden 1990.
Berger, M.: (Hedging).

Bestmann, U.:
Börsen und Effekten von A–Z, Fachsprache der klassischen und modernen Finanzmärkte, Beck Verlag, München 1990.
Bestmann, U.: (Börsen und Effekten).

Bhattacharya, A. K.:
Caps and Floors: Alternative Optional Interest Rate Protection Devices, in: The Handbook of Fixed Income Options, hrsg. v. Fabozzi, F. J., Chicago 1989, S. 589–600.
Bhattacharya, A. K.: (Caps and Floors).

Bhattacharya, A. K., Breit, J.:
Customized Interest Rate Risk Agreements and their Applications, in: The Handbook of Fixed Income Securities, hrsg. v. Fabozzi, F. J., 3. Aufl., Homewood 1991, S. 1157–1188.
Bhattacharya, A. K., Breit, I.: (Interest Rate Risk Agreements).

Bierwag, G. O.:
Duration Analysis, Ballinger Publishing, Cambridge 1987.
Bierwag, G. O.: (Duration Analysis).

Bierwag, G. O.:
Immunisation, Duration, and the Term Structure of Interest Rates, in: Journal of Financial and Quantitive Analysis 12, 1977, S. 725–742.
Bierwag, G. O.: (Immunisation, Duration).

Bierwag, G. O., Kaufmann, G.:
Coping with the Risk of Interest Rate Fluctuations: A Note, Journal of Business, 50:3, Juli 1977, S. 364–370.
Bierwag, G. O., Kaufmann, G.: (Risk of Interest Rate Fluctuations).

Bierwag, G. O., Kaufmann, G., Khang, C.:
Duration and Bond Portfolio Analysis: An Overview, in: Journal of Financial and Quantitive Analysis 13, 1978, S. 617–658.

Bierwag, G. O., Kaufmann, G., Khang, C.: (Duration and Bond Portfolio Analysis).

Bierwag, G. O., Kaufmann, G., G., Latta, C. M.:
Bond Portfolio Immunisation: Tests of Maturity, One- and Two Factor Duration Matching Strategies, in Financial Review 13, May 1987, S. 203–219.

Bierwag, G. O., Kaufmann, G., G., Latta, C. M.: (Bond Portfolio Immunisation).

Bierwag, G. O., Kaufmann, G., Toev, A. L.:
Duration: Its Development and Use in Bond Portfolio Management, in: Financial Analysts Journal 39, July/August 1983, S. 15–35.

Bierwag, G. O., Kaufmann, G., Toev, A. L.: (Duration).

Board of Governors of the Federal Reserve System:
Federal Reserve Glossary, Washington DC, 1985.

Federal Reserve: (FED, Glossary).

Blitz, J., Illhard, J.:
Wertpapierleihe beim Deutschen Kassenverein, Die Bank, Heft 3, Frankfurt/M. 1990.

Blitz, J., Illhard, J.: (Wertpapierleihe).

Bookstaber, R. M.:
Option Pricing and Investment Strategies, Probus Publishing, Chicago 1987.

Bookstaber, R. M.: (Option Pricing).

Bookstaber, R.:
The Valuation and Exposure Management of Bonds with Imbedded Options, in: The Handbook of Fixed Income Securities, hrsg. v. Fabozzi, F. J., Pollack, I. M., 2. Aufl., Homewood 1987, S. 862–891.

Bookstaber, R.: (Valuation and Exposure Management).

Bosch, K.:
Finanzmathematik, 2. Aufl., München 1990.

Bosch, K.: (Finanzmathematik).

Boyle, P.:
The Quality Option and Timing Option in Futures Contracts, in: Journal of Finance, 44:1, März 1989, S. 101–113.

Boyle, P.: (The Quality Option and Timing Option).

Brauer, S. J. Goodman, L. S.:
Hedging with Options, in: The Handbook of Fixed Income Options, Pricing, Strategies & Applications, hrsg. v. Fabozzi, F. J., Chicago 1989, S. 265–293.

Brauer, S. J. Goodman, L. S.: (Hedging with Options).

Brooks, R:
A Closed Form Equitation for Bond Convexity, in: Financial Analysts Journal, November-Dezember 1989.

Brooks, R: (Bond Convexity).

Burghard, G., Lane, M., Papa, J.:
The Treasury Bond Basis, Chicago 1989.
Burghard, G., Lane, M., Papa, J.: (Treasury Bond).

Büschgen, H. E.:
Das kleine Börsen-Lexikon, o. O. 1987, 17. Aufl..
Büschgen, H. E.: (Börsen-Lexikon).

Büschgen, H. E.:
Internationales Finanzmanagement, Frankfurt/M. 1986.
Büschgen, H. E.: (Finanzmanagement).

Büschgen, H. E.:
Zinstermingeschäfte, Frankfurt/M. 1986.
Büschgen, H. E.: (Zinstermingeschäfte).

Coprano, E.:
Finanzmathematik, München 1990, Verlag Vahlen.
Coprano, E.: (Finanzmathematik).

Chicago Board of Trade (CBOT):
The Delivery Process in Brief: Treasury Bond and Treasury Note Futures, Chicago 1989.
CBOT: (Delivery Process)

Chicago Board of Trade (CBOT):
Understanding the Delivery Process in Financial Futures, Chicago 1980.
CBOT: (Understanding the Delivery Process)

Chicago Board of Trade (CBOT):
US Treasury Bond Futures, Chicago 1992.
CBOT: (T-Bond Futures)

Cordero, R.:
Risiko Management mit Optionen, Bern–Stuttgart, 1989.
Cordero, R.: (Risiko Management).

Cox, J. C., Rubinstein, M.:
Options Markets, Englewoods Cliffs 1985.
Cox, J. C., Rubinstein, M., (Options Markets).

Cox, J. C., Ingersoll, J. C., Ross, S. A.:
Duration and the Management of Basis Risk, in: Journal of Business 52, 1979, S. 51–61.

Cox, J. C., Ingersoll, J. C., Ross, S. A.:
The Relation between Forward Prices and Futures Prices, in: Journal of Financial Economics 9, 1981, S. 321–345.
Cox, J. C., Ingersoll, J. C., Ross, S. A.: (Relation).

Cucchissi, P. G., Tuffi, R. M.:
Swaptions Applications, in: Interest Rate Swaps, hrsg. v. Beidleman, C. R., Homewood 1991, S. 188–213.
Cucchissi, P. G., Tuffi, R. M.: (Swaptions Applications).

Das, S.:
Swap Financing, Interest Rate and Currency Swaps, LTFX, FRA's, Caps.

Floors and Collars: Structures Pricing, Applications and Markets, London 1989.

Das, S.: (Swap Financing).

Dattatreya, R. E.:
Active Total Return Management of Fixed-Income Portfolios,Prudential Bache Capital Funding, Chicago 1988.

Dattatreya, R. E.: (Return Management).

Dattatreya, R. E.:
Fixed Income Analytics: State of the Art Debt Analysis and Valuation Modeling, hrsg. v. Dattatreya, R. E., Chicago 1991.

Dattatreya, R. E.: (Fixed Income Analytics).

Deutsche Bundesbank:
Monatsberichte der Deutschen Bundesbank, Oktober 1992 bis Januar 1993, Frankfurt/M. 1992–1993.

Deutsche Bundesbank: (Monatsbericht).

Deutsche Bundesbank:
Statistische Beihefte zu den Monatsberichten der Deutschen Bundesbank, Reihe Wertpapierstatistik, Oktober 1992 bis Januar 1993, Frankfurt/M. 1992–1993.

Deutsche Bundesbank: (Statistische Beihefte).

Deutsche Terminbörse (DTB):
Bund-Future, Frankfurt/M. 1990.

DTB: (Bund-Future).

Deutsche Terminbörse (DTB):
Börsenordnung, Frankfurt/M. 1990.

DTB: (Börsenordnung).

Deutsche Terminbörse (DTB):
Clearing-Bedingungen, Frankfurt/M. 1990.

DTB: (Clearing Bedingungen)

Deutsche Terminbörse (DTB):
DTB Dialog, 1. Halbjahr 1990, Frankfurt/M. 1990.

DTB: (Dialog, 1/1990).

Deutsche Terminbörse (DTB):
DTB Dialog, 2. Halbjahr 1990, Frankfurt/M. 1990.

DTB: (Dialog, 2/1990).

Deutsche Terminbörse (DTB):
DTB Dialog, 1. Halbjahr 1991, Frankfurt/M. 1991.

DTB: (Dialog, 1/1991).

Deutsche Terminbörse (DTB):
DTB Dialog, 2. Halbjahr 1991, Frankfurt/M. 1991.

DTB: (Dialog, 2/1991).

Deutsche Terminbörse (DTB):
DTB Dialog, 1. Halbjahr 1992, Frankfurt/M. 1992.

DTB: (Dialog, 1/1992).

Deutsche Terminbörse (DTB):
DTB Dialog, 2. Halbjahr 1992, Frankfurt/M. 1992.
DTB: (Dialog, 2/1992).
Deutsche Terminbörse (DTB):
DTB Dialog, 1. Halbjahr 1993, Frankfurt/M. 1993.
DTB: (Dialog, 1/1993).
Deutsche Terminbörse (DTB):
Geschäftsbericht 1991, Frankfurt/M. 1992.
DTB: (Geschäftsbericht 91).
Deutsche Terminbörse (DTB):
Handelsbedingungen, Frankfurt/M. 1990.
DTB: (Handelsbedingungen).
Deutsche Terminbörse (DTB):
Optionen auf den langfristigen Bund-Future, Frankfurt/M. 1991.
DTB: (Bund Optionen).
Deutsche Terminbörse (DTB):
Rules & Regulations, Frankfurt/M. 1992.
DTB: (Rules & Regulations).
Dichtl, E., Issing, O.:
Vahlens großes Wirtschaftslexikon, Bd. 1&2, München 1990.
Dichtl, E., Issing, O.: (Wirtschaftslexikon)
Douglas, L. G.:
Bond Risk Analysis: A Guide to Duration and Convexity, NY 1990.
Douglas, L. G.: (Bond Risk Analysis).
Eilenberger, G.:
Lexikon der Finanzinnovationen, München 1990.
Eilenberger, G.: (Lexikon der Finanzinnovationen).
Fabozzi, F. J.:
Fixed Income Mathematics, Chicago 1988.
Fabozzi, F. J.: (Income Mathematics).
Fabozzi, F. J.:
The Handbook of Fixed Income Securities, hrsg. v. Fabozzi, F. J.,
3. Aufl., Homewood 1991.
Fabozzi, F. J.: (Handbook).
Fabozzi, F. J. (Hrsg.):
The Handbook of Fixed Income Options, 3. Aufl., Chicago 1989.
Fabozzi, F. J.: (Fixed Income Options)
Fabozzi,F. J.:
Stock Index Futures, Homewood 1984.
Fabozzi, F. J.: (Stock Index).
Fabozzi, F. J.:
Winning the Interest Rate Game: A Guide to Debt Options, Probus
Publishing, Chicago 1985.
Fabozzi, F. J.: (Interest Rate Game).

Fabozzi, F. J., Fabozzi, T. D.:
Bond Markets, Analysis and Strategies, Prentice Hall, Englewood Cliffs, 1989.
Fabozzi, F. J., Fabozzi, T. D.: (Bond Markets)

Fabozzi, F. J., Pitts, M.:
Interest Rate Futures and Options, Probus Publishing, Chicago 1990.
Fabozzi, F. J., Pitts, M.: (Futures and Options).

Fabozzi, F. J., Zorb, F. G.:
Handbook of Financial Markets, hrsg. v. Fabozzi, F. J., Zorb, F. G., Dow Jones Irwin, Homewood 1986.
Fabozzi, F. J., Zorb, F. G.: (Financial Markets).

Fabozzi, F. J., Wilson, R. S., Sauvin, H. C., Ritchie, J. C.:
Corporate Bonds, in: The Handbook of Fixed Income Securities, hrsg. v. Fabozzi, F. J., 3. Aufl., Homewood 1991, S. 253–287.
Fabozzi, F. J., Wilson, R. S., Sauvin, H. C., Ritchie, J. C.: (Corporate Bonds).

Figlewski, S.:
Hedging With Financial Futures For Institutional Investors, Cambridge 1986.
Figlewski, S.: (Hedging).

Fishe, R., Goldberg, L.:
The Effects of Margins on Trading in Futures Markets, in: The Journal of Futures Markets, 6:2, Sommer 1986, S. 261–271.
Fishe, R., Goldberg, L.: (The Effects of Margins).

Fisher, L., Weil, R.:
Coping with the Risk of Interest Rate Fluctuations Returns to Bondholders from Naive and Optimal Strategies, in: Journal of Business 44, 1971, S. 408–431.

Fitzgerald, D. M.:
Pricing and Hedging with Financial Futures, in: Optionen und Futures, hrsg. v. Göppel, H., Bühler, W., von Rosen, R., Frankfurt a. M. 1990.
Fitzgerald, D. M.: (Pricing and Hedging).

Freytag, S., Riekeberg, M.:
Bondlending im Euromarkt, in: Die Bank, Heft 12, Frankfurt/M. 1988, S. 670–678.
Freytag, S., Riekeberg, M.: (Bondlending).

Gay, G. D., Kolb, R. W.:
Immunizing Bond Portfolios with Interest Rate Futures, in: Financial Management, 11:2, Sommer 1982, S. 81–89.
Gay, G. D., Kolb, R. W.: (Immunizing Bond Portfolios).

Gay, G. D., Kolb, R. W.:
Removing the Bias in Duration Based Hedging Models: A Note, in: Journal of Futures Markets, 4:2, Sommer 1984, S. 225–228.
Gay, G. D., Kolb, R. W.: (Removing the Bias).

Gay, G. D., Manaster, S.:
Implicit Delivery Options and Optimal Delivery Strategies, in: Journal of Financial Economics, 16:1, May 1986, S. 41–72.
Gay, G. D., Manaster, S.: (Delivery Options).

Gay, G. D., Manaster, S.:
The Quality Option Implicit in Futures Contracts, in: Journal of Financial Economics 13, September 1984, S. 353–370.
Gay, G. D., Manaster, S.: (Quality Option).

Goodman, L. S.:
The Duration of a Swap, in: Interest Rate Swaps, hrsg. v. Beidleman, C. R., Homewood 1991, 2. Aufl., S. 304–314.
Goodman, L. S.: (The Duration of a Swap).

Haghani, V. J., Stavis, R. M.:
Interest Rate Caps and Floors: Tools for Asset/Liability Management, Bond Portfolio Analysis Group, Goldman Sachs, o. O. May 1986.
Haghani, V. J., Stavis, R. M.: (Interest Rate Caps and Floors).

Hansmann, M., Holschuh, K.:
Der deutsche Rentenmarkt, Struktur, Emittenten, Instrumente und Abwicklung, hrsg. v. Commerzbank AG, Frankfurt a. M., 1990.
Hansmann, M., Holschuh, K.: (Der deutsche Rentenmarkt).

Hartung, J.:
Statistik, 7. Aufl., München 1989.
Hartung, J.: (Statistik).

Hauser, S.:
Management von Portfolios festverzinslicher Wertpapiere, Frankfurt 1992.
Hauser, S.: (Management).

Hedge, S.:
On the Value of the Implicit Delivery Options, in: The Journal of Futures Markets 9:5, Oktober 1989, S. 421–437.
Hedge, S.: (Implicit Delivery Options).

Hielscher, U.:
Investmentanalyse, München 1990.
Hielscher, U.: (Investmentanalyse).

Ho, T. S. Y.:
Strategic Fixed Income Investments, Dow Jones Irwin, Homewood 1990.
Ho, T. S. Y.: (Fixed Income Investments).

Howe, D. M.:
A Guide to Managing Interest Rate Risk, New York 1992.
Howe, D. M.: (Interest Rate Risk).

Hull, J.:
Options, Futures, and Other Derivative Securities, Prentice Hall, Englewood Cliffs 1989.
Hull, J.: (Options, Futures).

Ihring, H., Pflaumer, P.:
Finanzmathematik, Intensivkurs, Oldenbourg Verlag, München 1991.
Issing, O.:
Einführung in die Geldpolitik, München 1987, 2. Aufl.
Issing, O.: (Geldpolitik).
Issing, O.:
Einführung in die Geldtheorie, München 1987, 6. Aufl.
Issing, O.: (Geldtheorie).
Jamshidian, F., Zhu, Y.:
Replication of an Option on a Bond Portfolio, in: Review of Futures Markets 9, S. 84–100.
Jamshidian, F., Zhu, Y.: (Replication).
Jarrow, R. A., Rudd, A.:
Option Pricing, Business One Irwin, Homewood 1983.
Jarrow, R. A., Rudd, A.: (Option Pricing).
Johnson, B. D., Meyer, K. R.:
Managing Yield Curve Risk in an Index Environment, Financial Analysts Journal, November-Dezember 1989, S0.51–59.
Johnson, B. D., Meyer, K. R.: (Yield Curve Risk).
Jonas, S.:
Change in the Cheapest to Deliver, in: Fixed Income Analysis, hrsg. v. Dattatreya, R. E., Chicago 1991, S. 313–336.
Jonas S.: (Change in the Cheapest to Deliver).
Jones, D. J.:
Fed Watching, New York Institute of Finance, New York 1989.
Jones, D. J.: (Fed Watching).
Kane, A., Markus, A.:
Conversion Factor Risk and Hedging in the Treasury Bond Futures Market, in: Journal of Futures Markets 4, 1984, S. 55–64.
Kane, A., Markus, A.: (Conversion Factor Risk).
Kane, A., Markus, A.:
The Quality Option in the Treasury Bond Futures Market: An Empirical Assessment, in: Journal of Futures Markets 6, Summer 1986, S. 230–248.
Kane, A., Markus, A.: (The Quality Option).
Kane, A., Markus, A.:
Valuation and Optimal Exercise of the Wild Card Option in the Treasury Bond Futures Market, in: Journal of Finance, 41:1, März 1986.
Kane, A., Markus, A.: (Wild Card Option).
Kapner, K. R., Marshall, J. F.:
Understanding Swap Finance, Cincinatti 1989.
Kapner, K. R., Marshall, J. F.:
Kapner, K. R., Marshall, J. F.:
The Swaps Handbook: Swaps and Related Risk Management Instru-

ments, New York 1990.

Kapner, K. R., Marshall, J. F.: (The Swaps Handbook).

Kaufmann, G.:

Measuring and Managing Interest Rate Risk: A Primer, in: Economic Perspectives, Januar-Februar 1984, S. 16–29.

Kaufmann, G.: (Interest Rate Risk).

Kawaller, I.:

A Swap Alternative: Eurodollar Strips, in: Interest Rate Swaps, hrsg. v. Beidleman, C. R., Homewood 1991, S. 390–404.

Kawaller, I.: (Eurodollar Strips).

Kawaller, I.:

Hedging with Futures Contracts: Going the Extra Mile, in: Journal of Cash Management, Juli-August 1986, S. 34–36.

Kawaller, I.: (Hedging).

Kawaller, I., Koch, T.:

Managing Cash Flow Risk in Stock Index Futures: The Tail Hedge, in: The Journal of Portfolio Management, 15:1, Herbst 1988, S. 41–44.

Kawaller, I., Koch, T.: (Cash Flow Risk).

Kempfle, W.:

Duration: Ein Instrument zur Reduzierung des Zinsänderungsrisikos von Anlagen in festverzinslichen Wertpapieren, Studien zur Ökonomie Bd. 24, Gabler Wiesbaden 1990.

Kempfle, W.: (Duration).

Kolb, R. W.:

Futures Markets, 3. Aufl., New York u. a. 1991.

Kolb, R. W.: (Futures Markets).

Kopprasch, R. W.:

Understanding Duration and Volatility, Salomon Brothers, New York 1983.

Kopprasch, R. W.: (Duration and Volatility).

Kopprasch, R. W., MacFarlane, J., Showers, J., Ross, D.:

The Interest Rate Swap Market: Yield mathematics, Terminology, and Conventions, in: The Handbook of Fixed Income Securities, hrsg. v. Fabozzi, F. J., 3. Aufl., Homewood 1991, S. 1189–1217.

Kopprasch, R. W., MacFarlane, J., Showers, J., Ross, D.: (Swap Market).

Kosiol, J. D.:

Hedging: Principles, Practices & Strategies for the Financial Markets, John Wiley & Sons, New York 1990.

Kosiol, J. D.: (Hedging).

Kruschwitz, L.:

Finanzmathematik, Lehrbuch der Zins-, Renten-, Tilgungs-, Kurs- und Renditeberechnung. München 1989.

Kruschwitz, L.: (Finanzmathematik).

Labuszewski, J. W., Nyhoff, J. E.:
Trading Financial Futures, New York u. a. 1988.
Labuszewski, J. W., Nyhoff, J. E.: (Trading Futures).

Labuszewski, J. W., Nyhoff, J. E.:
Trading Options on Futures, John Wiley & Sons, New York 1988.
Labuszewski, J. W., Nyhoff, J. E.: (Trading Options).

Lacey, J.:
Financial Instruments Markets: An Advanced Study of Cash-Futures Relationships, Chicago Board of Trade, Chicago 1986.
Lacey, J.: (Cash-Futures Relationship).

Lang, R., Rasche, R.:
A Comparison of Yields on Futures Contracts and Implied Forward-Rates, in: Gay,G., Kolb, R.: Interest Rate Futures: Concepts and Issues, Richmont 1982.

Leibowitz, M.,L.:
A Yield Basis for Financial Futures, in: Financial Analysts Journal 1, 1989, S. 42–60.
Leibowitz, M.,L.: (Yield Basis).

Lippert, H.:
Internationale Finanzmärkte, Frankfurt/M. 1986
Lippert, H.: (Internationale Finanzmärkte)

Little J. M.:
What are Financial Futures, in: The Handbook Of Financial Futures, hrsg. v. Rothstein, N. H., New York 1984, S. 35–65.
Little J. M.: (Financial Futures).

Locarek, H.:
Finanzmathematik, Lehr- und Übungsbuch, Oldenbourg Verlag, München 1991.
Locarek, H.: (Finanzmathematik).

Loosigian, A. M.:
Interest Rate Futures – A Market Guide for Hedgers and Speculators, Princeton 1980.
Loosigian, A. M.: (Interest Rate Futures).

Macaulay F. R.:
Some Theoretical Problems Suggested by the Movement of Interest Rates, Bond Yields and Stock Prices in the U. S. Since 1886, New York 1938.
Macaulay F. R.: (Theoretical Problems).

Marshall, J. F.:
Futures and Options Contracting: Theory and Practice, South Western, Cincinnati O. H. 1989.
Marshall, J. F.: (Futures and Options).

Marshall, J. F., Yavitz, J. B.:
Lower Bounds on Portfolio Performance: An Extension of the Immu-

nization Strategy, Journal of Financial and Quantitive Analysis, März 1982, S. 101–114.

Marshall, J. F., Yavitz, J. B.: (Lower Bounds).

McEnally, R. W., Jordan, J. V.:

The Term Structure of Interest Rates, in: The Handbook of Fixed Income Securities, hrsg. v. Fabozzi, F. J., 3. Aufl., Homewood 1991, S. 1245–1295.

McEnally, R. W., Jordan, J. V.: (Structure of Interest Rates)

McKinzie, J. L., Shap, K.:

Hedging Financial Instruments, Chicago 1988.

McKinzie, J. L., Shap, K.: (Financial Instruments).

McLean, Ezell, J.:

Applications of Debt Options for Banks and Thrifts, in: The Handbook of Fixed Income Options, Pricing, Strategies & Applications, hrsg. v. Fabozzi, F. J., Chicago 1989, S. 421–437.

McLean Ezell, J.: (Applications of Debt Options).

McMillan, L. G.:

Options as a Strategic Investment, New York 1986, 2. Aufl..

McMillan, L. G.: (Options).

McLean, S. K.:

The European Bond Markets, An Overview and Analysis for Money Managers and Traders, hrsg. v. McLean, S. K., The European Bond Commission in Association with International Securities Market Association, Cambridge, Chicago 1993.

McLean, S. K.: (The European Bond Markets).

Melton, C. R., Pukula, T. V.:

Financial Futures: Practical Applications for Financial Institutions, Reston 1984.

Melton, C. R., Pukula, T. V.: (Financial Futures).

Nabben, S.:

Financial Swaps: Instrument des Bilanzstrukturmanagements in Banken, Wiesbaden 1990.

Nabben, S.: (Financial Swaps).

Nadler, D.:

Euro-Dollar/Interst-Rate Swap Arbitrage, in: The Handbook of Fixed Income Securities, hrsg. v. Fabozzi, F. J., 3. Aufl., Homewood 1991, S. 1218–1242.

Nadler, D.: (Euro-Dollar-Futures).

Natenberg, S.:

Option Volatility and Pricing Strategies, Chicago 1988.

Natenberg, S.: (Option Volatility and Pricing Strategies).

Oberhofer, G. D.:

Rate Risk Management, Chicago 1988.

Oberhofer, G. D.: (Rate Risk Management).

Philips, P.:
Inside the New Gilt-Edged Market, Cambridge (England) 1987.
Philips, P.: (Gilt-Edged Market).

Pitts, M., Fabozzi, F. J.:
Fixed Income Options and Futures Markets, in: The Handbook of Fixed Income Securities, hrsg. v. Fabozzi, F. J., 3. Aufl., Homewood 1991, S. 669–741.
Pitts, M., Fabozzi, F. J.: (Options and Futures Markets).

Pitts, M.:
Managing Risk with Interest Rate Futures, in: The Handbook of Fixed Income Securities, hrsg. v. Fabozzi, F. J., Pollack, I. M. 2. Aufl., Homewood 1987, S. 905–963.
Pitts, M.: (Risk with Interest Rate Futures).

Platt, R. B.:
Controlling Interest Rate Risk, John Wiley & Sons, New York 1986.
Platt, R. B.: (Interest Rate Risk).

Powers, M., Vogel D.:
Inside the Financial Futures Markets, New York u. a. 1984, 2. Aufl..
Powers M., Vogel D.: (Futures Markets).

Price, J., Henderson, S. K.:
Currency and Interest Rate Swaps, Butterworth, London 1987, 2. Aufl..
Price, J., Henderson, S. K.: (Currency and Interest Rate Swaps).

Puckler, G.:
Das Bank- und Börsenwesen in den USA, Franfurt/M. 1986.
Puckler, G.: (Bank und Börsenwesen)

Reilly, F. K.:
Investment Analysis and Portfolio Management, New York 1985.
Reilly, F. K.: (Investment Analysis and Portfolio Management).

Rogg, H. O.:
Repurchase Agreements, in: The Handbook of Fixed Income Securities, hrsg. v. Fabozzi, F. J., 3. Aufl., Homewood 1991, S. 238–250.
Rogg, H. O.: (Repurchase Agreements).

Rosen, R. v.:
Finanzplatz Deutschland, Frankfurt/M. 1989.
Rosen, R. v.: (Finanzplatz Deutschland).

Rothstein, N. H.:
Managing the Hedge Program, in: The Handbook Of Financial Futures, hrsg. v. Rothstein, N. H., New York 1984, S. 167–184.
Rothstein N. H.: (Hedge Program).

Rothstein, N. H., Little, J. M.:
The Handbook of Financial Futures: A Guide for Investors and Professional Financial Managers, hrsg. v. Rothstein, N. H., Little, J. M., New York 1984.
Rothstein, N. H.: (Financial Futures).

Rothstein, N. H., Little J. M.:
The Market Participants and their Motivations, in: The Handbook of Financial Futures, Hrsg. Rothstein, N. H., New York 1984, S. 115–137.
Rothstein, N. H., Little J. M.: (Market Participants).

Rudolph, B.:
Duration: Eine Kennzahl zur Beurteilung der Zinsempfindlichkeit von Vermögensanlagen, in: Zeitschrift für das gesamte Kreditwesen, Heft 4, 1981, S. 137–140.
Rudolph, B.: (Duration).

Rudolph, B.:
Eine Strategie zur Immunisierung der Portfeuilleentnahmen gegen Zinsänderungsrisiken, in: Zeitschrift für betriebswirtschaftliche Forschung, 33. Jahrgang 1981, 1. Ausgabe.
Rudolph, B.: (Strategie).

Rudolph, B.:
Zinsänderungsrisiken und die Strategie der durchschnittlichen Selbstliquidationsperiode, in: Kredit und Kapital 12, 1979, S. 181–206.
Rudolph, B.: (Zinsänderungsrisiken).

Rudolph, B., Wondrak, B.:
Modelle zur Planung von Zinsänderungsrisiken und Zinsänderungschancen, in: Zeitschrift für Wirtschafts- und Sozialwissenschaften Nr. 33, 1981, S. 23–35.
Rudolph, B., Wondrak, B.: (Modelle).

Schap, K.:
Controlling duration and convexity to pick up extra yield, in: Futures, März 1990, S. 40–42.
Schap, K.: (Duration and Convexity).

Schäfer, W.:
Financial Dictionary, Fachwörterbuch Finanzen, Banken, Börse, Teil I u. II, München 1992, 2. Aufl..
Schäfer, W.: (Financial Dictionary)

Schöbel, R.:
Zur Theorie der Rentenoptionen, Betriebswirtschaftliche Schriften Heft 124, Dunker & Humblot, Berlin 1987.
Schöbel, R.: (Rentenoptionen).

Schulz, H.:
Erfolgreicher Terminhandel, Wiesbaden 1984.
Schulz, H.: (Terminhandel).

Schwark, E.:
Optionsscheine, in: Wertpapiermitteilungen, 1988, Heft 25, S. 921 ff..
Schwark, E.: (Optionsscheine).

Schwark, E.:
Börsengesetz, Kommentar, München 1976.
Schwark, E.: (Kommentar).

Schwartz, R. J., Smith, C. W.:
The Handbook of Currency and Interest Rate Risk Management, New York 1990.
Schwartz, R. J., Smith, C. W.: (Risk Management).

Schwarz, E. W.:
How to Use Interest Rate Futures, Homewood 1979.
Schwarz, E. W.: (Interest Rate Futures).

Stigum, M.:
Money Market Calculations: Yields, Break-Evens and Arbitrage, Homewood 1981.
Stigum, M.: (Money Market Calculations).

Stigum, M.:
The Money Market, Homewood 1983.
Stigum, M.: (The Money Market).

Stigum, M.:
The Repo and Reverse Markets, Homewood 1989.
Stigum, M.: (Repo).

Stoll, H. R., Whaley, R. E.:
Futures & Options: Theory & Applications, Cincinnati 1993.
Stoll, H. R., Whaley, R. E.: (Futures & Options).

Taylor, R. W.:
Bond Duration with Geometric Mean Returns, Financial Analysts Journal, Januar-Februar 1989.
Taylor, R. W.: (Bond Duration).

The London International Financial Futures Exchange (LIFFE):
Futures & Options, Accounting & Administration, London 1991.
LIFFE: (Accounting & Administration).

The London International Financial Futures Exchange (LIFFE):
An Introduction, London 1991.
LIFFE: (Introduction).

The London International Financial Futures Exchange (LIFFE):
Bonos, Spanish Government Bond Futures Contract, London 1993.
LIFFE: (Bonos Future).

The London International Financial Futures Exchange (LIFFE):
Bund-Futures and Options Review/Fourth Quarter 89 (2. 10. 89–29. 12. 89), London 1989.
LIFFE: (Bund-Futures Review, Fourth Quarter 89)

The London International Financial Futures Exchange (LIFFE):
Bund-Futures and Options Review/First Quarter 90 (2. 1. 90–30. 3. 90), London 1990.
LIFFE: (Bund-Futures Review, First Quarter 90)

The London International Financial Futures Exchange (LIFFE):
Euro-Lira-Futures, Drei-Monats-Zinsterminkontrakt, London 1992.
LIFFE: (Euro-Lira).

The London International Financial Futures Exchange (LIFFE):
Euro-Swiss, Drei-Monats-Zinsterminkontrakte und Optionen, London 1992.
LIFFE: (Euro-Swiss).

The London International Financial Futures Exchange (LIFFE):
International Bond Market, Fact Sheets, London 1992.
LIFFE: (International Bond Market).

The London International Financial Futures Exchange (LIFFE):
Into The Future, London 1992, o. Aufl..
LIFFE: (Into The Future).

The London International Financial Futures Exchange (LIFFE):
Italian Government Bond Futures & Options (BTP), London 1992
LIFFE: (BTP).

The London International Financial Futures Exchange (LIFFE):
Japanese Government Bond Futures Contract, London 1990.
LIFFE: (Japan).

The London International Financial Futures Exchange (LIFFE):
Long-Gilt-Futures and Options Contract, London 1992.
LIFFE: (Long-Gilt).

The London International Financial Futures Exchange (LIFFE):
Price Factor Tables, o. Aufl., London 1990.
LIFFE: (Price Factor).

The London International Financial Futures Exchange (LIFFE):
Short-Sterling, o. Aufl., London 1992.
LIFFE: (Short-Sterling).

The London International Financial Futures Exchange (LIFFE):
Summary of Futures and Options Contracts, o. Aufl., London 1992.
LIFFE: (Summary).

The London International Financial Futures Exchange (LIFFE):
The DM Fact Sheets: Euromark, Bobl, Bund-Futures, London 1993.
LIFFE: (The DM Fact Sheets).

The London International Financial Futures Exchange (LIFFE):
Bonos Future, London 1993.
LIFFE: (Bonos Future).

Toevs, A. L., Jakob, D. P.:
Interest Rate Futures: A Comparison of Alternative Ratio Methodologies, Journal of Portfolio Management, Sommer 1986, S. 60–70.
Toevs, A. L., Jakob, D. P.: (Interest Rate Futures).

Uhlir, H., Steiner, P.:
Analyse anleihespezifischer Risiken, in: Zeitschrift für Betriebswirtschaft 53, 1983, S. 632–657.

Uszczapowski, I.:
Optionen und Futures verstehen, Beck Verlag, München 1993, 2. A.
Uszczapowski, I.: (Optionen und Futures).

Wach,K. J. T.:
Der Terminhandel in Recht und Praxis, Köln 1986.
Wach,K. J. T.: (Der Terminhandel)

Wakeman, L. W., Tuffi, R. M.:
Integrating Interest Rate Derivative Products, in: Interest Rate Swaps, hrsg. v. Beidleman, C. R., Homewood 1991, S0346–358.
Wakeman, L. W., Tuffi, R. M.: (Derivative Products).

Welcker, J., Kloy, J. W.:
Professionelles Optionsgeschäft – alles über Optionen auf Aktien, Renten, Devisen, Waren, Terminkontrakte, Zürich 1988.
Welcker, J., Kloy, J. W.: (Professionelles Optionsgeschäft).

Weil, R. C.:
Macaulay Duration: An Appreciation, in: Journal of Business 46, 1973, S. 589–592.
Weil, R. C.: (Macaulay Duration).

Whaley, R.:
Valuation of American Futures Options: Theory and Empirical Tests, Journal of Finance, 41:1, März 1986, S. 127–150.
Whaley, R.: (Futures Options).

Yavitz, J. B.:
The Relative Importance of Duration and Yield Volatility on Bond Price Volatility, in: Journal of Money, Credit and Banking 9, 1977, S. 97–102.
Yavitz, J. B.: (Importance of Duration)

Yavitz, J. B., Hempel, G. H., Marshall W. J.:
The Use of Average Maturity as a Risk Proxy in Investment Porfolios, in: Journal of Finance, Mai 1975, S. 325–333.
Yavitz, J. B., Hempel, G. H., Marshall W. J.: (Average Maturity).

Yavitz, J. B., Kaufhold, H., Macirowski, T., Smirlock, M.:
The Pricing and Duration of Floating-Rate Notes, Sommer 1987, S. 49–56.
Yavitz, J. B., Kaufhold, H., Macirowski, T., Smirlock, M.: (Floating-Rate Notes).

Yavitz, J. B., Marshall W. J.:
The Shortcoming of Duration as a Risk Measure for Bonds, in: The Journal of Financial Research, Vol. IV, Nr. 2, 1981, S. 91–102.
Yavitz, J. B., Marshall W. J.: (Shortcoming of Duration).

Yavitz, J. B., Marshall, W. J.:
The Use of Financial Futures in Immunized Portfolios, Journal of Portfolio Management, Winter 1985, S. 51–58.
Yavitz, J. B., Marshall, W. J.: (Use of Financial Futures)

Yavitz, J. B., Marshall, W. J.:
Strategies for Managing Bond Portfolios Using Futures and Options, Financial Strategies Group – Goldman Sachs, 2. Aufl. März 1987.
Yavitz, J. B., Marshall, W. J.: (Managing Bond Portfolios)

Veale, S. R.:
Bond Yield Analysis: A guide to predicting bond returns, New York Institute of Finance, New York, 1988.
Veale, S. R.: (Bond Yield Analysis).

Sachverzeichnis